Soziologische Texte | *Band 58*

*Herausgegeben von Heinz Maus
und Friedrich Fürstenberg*

*Theodor W. Adorno*    *Hans Albert*
*Ralf Dahrendorf*    *Jürgen Habermas*
*Harald Pilot*    *Karl R. Popper*

Der Positivismusstreit
in der
deutschen Soziologie

Luchterhand

*Herausgeber*

Prof. Dr. Heinz Maus, Marburg (Lahn)
Prof. Dr. Friedrich Fürstenberg, Linz (Donau)

*Redaktion*

Dr. Frank Benseler, Neuwied (Rhein)

© 1969 by Hermann Luchterhand Verlag GmbH,
Neuwied und Berlin.
Alle Rechte vorbehalten.
Einband Christian Honig.
Gesamtherstellung: Ebner, Ulm, August 1969

# Inhalt

| | | |
|---|---|---|
| Theodor W. Adorno, | Einleitung | 7 |
| Theodor W. Adorno, | Soziologie und empirische Forschung | 81 |
| Karl R. Popper, | Die Logik der Sozialwissenschaften | 103 |
| Theodor W. Adorno, | Zur Logik der Sozialwissenschaften | 125 |
| Ralf Dahrendorf, | Anmerkungen zur Diskussion | 145 |
| Jürgen Habermas, | Analytische Wissenschaftstheorie und Dialektik | 155 |
| Hans Albert, | Der Mythos der totalen Vernunft | 193 |
| Jürgen Habermas, | Gegen einen positivistisch halbierten Rationalismus | 235 |
| Hans Albert, | Im Rücken des Positivismus? | 267 |
| Harald Pilot, | Jürgen Habermas' empirisch falsifizierbare Geschichtsphilosophie | 307 |
| Hans Albert, | Kleines, verwundertes Nachwort zu einer großen Einleitung | 335 |
| Quellenverzeichnis | | 341 |
| Personenverzeichnis | | 345 |

THEODOR W. ADORNO

# Einleitung*

*Für Fred Pollock
zum fünfundsiebzigsten Geburtstag
in herzlicher Freundschaft*

Sesam öffne dich – ich möchte hinaus!
*Stanislaw Jerzy Lec*

In seinen eindringlichen Anmerkungen zur Tübinger Diskussion der beiden Referate, mit denen in Deutschland die öffentliche Kontroverse über Dialektik und in weitestem Sinn[1] positivistische Soziologie begann, beklagt Ralf Dahrendorf, es habe der Diskussion »durchgängig jene Intensität, die den tatsächlich vorhandenen Auffassungsunterschieden angemessen gewesen wäre«[2], gefehlt. Einige der Diskussionsteilnehmer monierten ihm zufolge »die fehlende Spannung zwischen den beiden Hauptreferaten und -referenten«[3]. Demgegenüber spürt Dahrendorf »die Ironie solcher Übereinstimmungen«; verborgen hätten sich hinter Gemeinsamkeiten der Formulierung tiefe Differenzen in der Sache. Daß tatsächlich keine Diskussion zustande kam, in der Gründe und Gegengründe ineinandergriffen, lag nicht allein an der Konzilianz der Referenten: sie waren zunächst bestrebt, überhaupt die Positionen theoretisch kommensurabel zu machen. Verantwortlich aber ist auch nicht bloß die Attitüde mancher Diskussionsteilnehmer, die mit ihrer zuweilen erst erworbenen

---

* Einem Referat von Albrecht Wellmer in dem wissenschaftstheoretischen Privatissimum, das im Sommersemester 1967 Ludwig v. Friedeburg und der Autor abhielten, ist dieser zu besonderem Dank verpflichtet.

1 Vgl. Einleitung zu E. Durkheim, Soziologie und Philosophie, Frankfurt 1967, S. 8 f., Fußnote. Daß Popper und Albert vom spezifischen logischen Positivismus sich abgrenzen, sei vorweg wiederholt. Warum sie trotzdem als Positivisten betrachtet werden, muß aus dem Text hervorgehen.

2 Ralf Dahrendorf, Anmerkungen zur Diskussion der Referate von Karl R. Popper und Theodor W. Adorno, S. 145.

3 a.a.O.

Philosophiefremdheit auftrumpften. Die Dialektiker rekurrieren ausdrücklich auf die Philosophie, aber die methodologischen Interessen der Positivisten sind dem naiv praktizierten research-Betrieb kaum weniger fremd. Als schuldig an einem wahrhaften Mangel jedoch, der der Diskussion im Wege stand, müßten beide Referenten sich bekennen: beiden gelang die volle Vermittlung zur Soziologie als solcher nicht. Vieles von dem, was sie sagten, bezog sich auf Wissenschaft überhaupt. Ein Maß an schlechter Abstraktheit ist aller Erkenntnistheorie gesetzt, auch der Kritik an ihr [4]. Wer bei der bloßen Unmittelbarkeit des wissenschaftlichen Verfahrens nicht sich bescheidet und aus dessen Necessitäten sich herausbegibt, verschafft mit dem freieren Blick sich auch illegitime Vorteile. Daß, wie man zuweilen hörte, die Tübinger Diskussion im Vorfeld verblieben sei und deswegen der Soziologie als bestimmter Wissenschaft nichts genutzt habe, zielt allerdings daneben. Argumente, die sich der analytischen Wissenschaftstheorie anvertrauen, ohne auf deren Axiomata einzugehen – und nur das kann mit »Vorfeld« gemeint sein –, geraten in die logische Höllenmaschine. Wie treu man auch dem Prinzip immanenter Kritik folgen mag, es ist nicht unreflektiert dort anzuwenden, wo logische Immanenz selber, unter Absehung von jeglichem besonderen Inhalt, zum alleinigen Maß erhoben wird. Zur immanenten Kritik der losgelassenen Logik rechnet die an ihrem Zwangscharakter hinzu. Ihn nimmt Denken durch gedankenlose Identifizierung mit formallogischen Prozessen an. Immanente Kritik hat ihre Grenze am fetischisierten Prinzip immanenter Logik: es selbst ist beim Namen zu nennen. Überdies ist die inhaltliche Relevanz der angeblichen Vorfelddiskussionen für die Soziologie keineswegs weit hergeholt. Ob man etwa zwischen Schein und Wesen unterscheiden darf, das tangiert unmittelbar, ob von Ideologie gesprochen werden kann, und damit bis in alle Verästelungen hinein ein zentrales soziologisches Lehrstück. Solche inhaltliche Relevanz dessen, was wie erkenntnistheoretische oder logische Präliminarien anmutet, erklärt sich dadurch, daß die einschlägigen Kontroversen ihrerseits latent inhaltlicher Art sind. Entweder ist Erkenntnis der Gesell-

---

[4] Vgl. Hans Albert, Der Mythos der totalen Vernunft, S. 197 f.

schaft mit dieser verflochten, und Gesellschaft geht konkret in die Wissenschaft von ihr ein, oder diese ist einzig ein Produkt subjektiver Vernunft, jenseits aller Rückfrage nach ihren eigenen objektiven Vermittlungen.

Hinter der gerügten Abstraktheit indessen lauern weit ernstere Schwierigkeiten der Diskussion. Damit sie überhaupt möglich sei, muß sie nach der formalen Logik verfahren. Die These von deren Vorrang ist aber ihrerseits das Kernstück der positivistischen oder – um den vielleicht allzu belasteten Ausdruck auszutauschen durch einen, der allenfalls für Popper akzeptierbar wäre – szientistischen Auffassung von jeglicher Wissenschaft, Soziologie und Gesellschaftstheorie inbegriffen. Nicht auszuschalten ist unter den Gegenständen der Kontroverse, ob die unabdingbare Logizität des Verfahrens tatsächlich der Logik den absoluten Primat verschaffe. Gedanken indessen, welche die kritische Selbstreflexion des Primats der Logik in sachhaltigen Disziplinen fordern, geraten unvermeidlich in taktischen Nachteil. Sie müssen mit Mitteln, unter denen die logischen sich behaupten, über Logik nachdenken – ein Widerspruch jenes Typus, dessen bereits Wittgenstein, der reflektierteste Positivist, mit Schmerz innewurde. Würde eine Debatte wie die gegenwärtig unabweisbare weltanschaulich, von einander äußerlich entgegengesetzten Standpunkten aus geführt, so wäre sie a priori fruchtlos; begibt sie sich aber in die Argumentation, so droht ihr, daß die Spielregeln der einen Position stillschweigend anerkannt werden, die nicht zum letzten den Gegenstand der Diskussion abgeben.

Dahrendorf hat die Bemerkung des Korreferenten, es handle sich um keine Standpunktdifferenz, sondern um entscheidbare Gegensätze, mit der Frage beantwortet, »ob nicht das erstere richtig, das letztere aber falsch« sei [5]. Wohl schlössen ihm zufolge die Positionen Diskussion und Argument nicht aus, die Unterschiede in der Art der Argumentation indessen seien so tiefgehend, »daß man bezweifeln muß, ob Popper und Adorno sich auch nur auf eine Prozedur zu einigen vermöchten, mit deren Hilfe sich ihre Unterschiede entscheiden ließen.« [6] Die Frage ist

---

[5] Dahrendorf, S. 150.

[6] a.a.O., S. 151.

genuin: beantworten läßt sie sich nur im durchgeführten Versuch, eine solche Entscheidung herbeizuführen, nicht früher. Zum Versuch genötigt wird man, weil die friedliche Toleranz für zwei verschiedene nebeneinander koexistierende Typen Soziologie auf nichts Besseres hinausliefe als auf die Neutralisierung des emphatischen Anspruchs von Wahrheit. Die Aufgabe präsentiert sich paradox: die kontroversen Fragen ohne logizistisches Präjudiz, aber auch ohne Dogmatismus zu diskutieren. Die Anstrengung dazu, keine abgefeimten eristischen Künste meint Habermas mit den Formulierungen »unterwandern« oder »hinter dem Rücken«. Ein geistiger Ort wäre zu finden, wo man aufeinander eingehen kann, nicht jedoch einen in der Kontroverse selbst thematischen Regelkanon akzeptiert; ein Niemandsland des Gedankens. Jener Ort ist nicht, nach umfangslogischem Modell, als ein noch Allgemeineres denn die beiden kollidierenden Positionen vorzustellen. Seine Konkretion gewinnt er, weil auch Wissenschaft, die formale Logik inbegriffen, nicht nur gesellschaftliche Produktivkraft, sondern ebenso gesellschaftliches Produktionsverhältnis ist. Ob das Positivisten akzeptieren mögen, steht dahin; es rührt kritisch an die Grundthese von der absoluten Eigenständigkeit der Wissenschaft, von ihrem konstitutiven Charakter für jegliche Erkenntnis. Zu fragen wäre, ob eine bündige Disjunktion gilt zwischen der Erkenntnis und dem realen Lebensprozeß; ob nicht vielmehr die Erkenntnis zu jenem vermittelt sei, ja ob nicht ihre eigene Autonomie, durch welche sie gegenüber ihrer Genese sich produktiv verselbständigt und objektiviert hat, ihrerseits aus ihrer gesellschaftlichen Funktion sich herleite; ob sie nicht einen Immanenzzusammenhang bildet und gleichwohl ihrer Konstitution als solcher nach in einem sie umgreifenden Feld angesiedelt ist, das auch in ihr immanentes Gefüge hineinwirkt. Solche Doppelschlächtigkeit, wie plausibel auch immer, widerstritte dem Prinzip der Widerspruchslosigkeit: Wissenschaft wäre dann eigenständig, und wäre es doch nicht. Dialektik, die das verficht, darf dabei so wenig wie sonstwo als ›privilegiertes Denken‹ sich gebärden; nicht sich als ein subjektives Sondervermögen aufspielen, mit dem der eine begabt, das dem anderen verschlossen sei, oder gar als Intuitionismus sich gerieren. Umgekehrt müssen die Positivisten das Opfer bringen, aus der von Habermas so genannten Kannitverstan-Haltung sich herauszubegeben und nicht alles kurzerhand als unverständlich zu disqualifizieren, was mit Kategorien wie ihren »Sinnkriterien« nicht übereinstimmt. Man wird angesichts der sich ausbreitenden Feindschaft gegen die Philosophie den Verdacht nicht los, als wollten manche Soziologen krampfhaft die eigene Vergangenheit abschütteln; dafür pflegt diese sich zu rächen.

Prima vista stellt die Kontroverse so sich dar, als verträten die Positivisten einen strengen Begriff objektiv wissenschaftlicher Gültigkeit, den Philosophie aufweiche; die Dialektiker verführen, wie die philosophische Tradition nahelegt, spekulativ. Dabei freilich modifiziert der Sprachgebrauch den Begriff des Spekulativen bis in sein Gegenteil. Er wird nicht mehr wie bei Hegel, im Sinn kritischer Selbstreflexion des Verstandes, seiner Begrenztheit und ihrer Selbstkorrektur gedeutet, sondern unvermerkt nach dem populären Modell, das sich unter dem Spekulierenden einen unverbindlich, gerade ohne logische Selbstkritik und ohne Konfrontation mit den Sachen eitel Drauflosdenkenden vorstellt. Seit dem Zusammenbruch des Hegelschen Systems und vielleicht als dessen Folge hat die Idee der Spekulation sich dergestalt verkehrt, willfährig dem Faustischen Cliché vom Tier auf dürrer Heide. Was einmal den Gedanken bezeichnen sollte, der seiner eigenen Borniertheit sich entäußert und dadurch Objektivität gewinnt, wird subjektiver Willkür gleichgesetzt: der Willkür, weil es der Spekulation an allgemein gültigen Kontrollen gebräche; dem Subjektivismus, weil der Begriff der Tatsache von Spekulation durch Emphase auf Vermittlung aufgelöst werde, durch den ›Begriff‹, der als Rückfall in scholastischen Realismus erscheint und, nach positivistischem Ritus, als Veranstaltung des Denkenden, die vermessen mit einem Ansichseienden sich verwechsle. Demgegenüber hat mehr Kraft als das von Albert beargwöhnte tu-quoque-Argument die These, daß die positivistische Position, deren Pathos und deren Wirkung an ihrem Objektivitätsanspruch haften, ihrerseits subjektivistisch sei. Das antezipierte Hegels Kritik an dem, was er Reflexionsphilosophie nannte. Carnaps Triumph, von der Philosophie bleibe nichts übrig als Methode: die logischer Analyse, ist der Prototyp quasiontologischer Vorentscheidung für subjektive Vernunft[7]. Der Positivismus, dem Widersprüche anathema sind, hat seinen innersten und seiner selbst unbewußten daran, daß er der Gesinnung nach äußerster, von allen subjektiven Projektionen gereinigter Objektivität nachhängt, dabei jedoch nur desto mehr in der Partikularität bloß subjektiver, instrumenteller Vernunft sich verfängt. Die sich als Sieger über den Idealismus fühlen, sind diesem weit näher als die kritische Theorie: sie hypostasieren das erkennende Subjekt, nicht länger zwar als erzeugendes, absolutes, doch als den topos noetikos aller Geltung, der wissenschaftlichen Kontrolle. Während sie Philosophie liquidieren möchten, advozieren sie bloß eine, die sich, gestützt auf die Autorität von Wissenschaft, gegen sich selbst abdichtet. Bei Carnap, dem Endglied der Kette Hume-Mach-Schlick, liegt der Zusammenhang mit dem älteren subjektiven Positivismus noch zutage durch seine sensualistische Interpretation der Protokollsätze. Sie hat dann, weil auch jene Sätze der Wissenschaft nicht anders als sprachlich gegeben, nicht unmittelbar sinnlich gewiß sind, die Wittgensteinsche Problematik ausgelöst. Keineswegs indessen wird der latente Subjektivismus durch die Sprachtheorie des Tractatus durchbrochen. »Das Resultat der Philosophie«, heißt es darin, »sind nicht ›philosophische Sätze‹, sondern das Klarwerden von Sätzen. Die Philosophie soll die Gedanken, die sonst, gleichsam, trübe und verschwommen sind, klar machen und scharf abgrenzen.«[8] Klarheit aber kommt einzig dem subjektiven Bewußtsein zu. Wittgenstein überspannt, im szientifischen Geist, den Anspruch von Objektivität derart, daß er zergeht und jener totalen Paradoxie von Philosophie weicht, die den Nimbus Wittgensteins bildet. Latenter Subjektivismus hat den Objektivismus der gesamten nominalistischen Aufklärungsbewegung kontrapunktiert, die permanente reductio ad hominem. Ihr braucht Denken nicht sich zu fügen. Es vermag den latenten Subjektivismus kritisch aufzudecken. Staunenswert, daß die Szientisten, Wittgenstein inbegriffen, an jenem so wenig sich gestört haben wie am permanenten Antagonismus

---

[7] Der Begriff ist entwickelt in: Max Horkheimer, Zur Kritik der instrumentellen Vernunft, Teil I, Frankfurt 1967.

[8] Ludwig Wittgenstein, Tractatus logico-philosophicus, 4.112, Frankfurt 1960 (1963²), S. 31 f.

des formallogischen und des empiristischen Flügels, der innerpositivistisch, verzerrt, einen höchst realen zutage fördert. Schon bei Hume stand die Doktrin von der schlechthinnigen Gültigkeit der Mathematik dem skeptischen Sensualismus heterogen gegenüber. Darin manifestiert sich, wie wenig dem Szientismus die Vermittlung von Faktizität und Begriff gelang; unverbunden werden beide zu einem logisch Unverträglichen. Nicht läßt sich sowohl der absolute Vorrang der Einzelgegebenheit vor den »Ideen« verfechten wie die absolute Eigenständigkeit eines rein idealen Bereichs, eben des mathematischen, festhalten. Solange, gleichviel wie variiert, das Berkeleysche esse est percipi konserviert wird, ist uneinsichtig, woher der Geltungsanspruch der formalen Disziplinen rührt, der in keinem Sinnlichen sein Fundament hat. Umgekehrt postulieren alle verbindenden Denkoperationen des Empirismus, für den ja Verbundenheit der Sätze ein Wahrheitskriterium ist, die formale Logik. Diese simple Überlegung müßte hinreichen, den Szientismus zur Dialektik zu bewegen. Die schlecht abstrakte Polarität des Formalen und Empirischen aber setzt sich höchst fühlbar fort in die Gesellschaftswissenschaften hinein. Formalsoziologie ist das äußerliche Komplement der, nach dem Terminus von Habermas, restringierten Erfahrung. Nicht sind die Thesen des soziologischen Formalismus, etwa die Simmelschen, an sich falsch; wohl aber die Denkakte, die sie von der Empirie losreißen, hypostasieren und dann nachträglich, illustrativ auffüllen. Lieblingsentdeckungen der Formalsoziologie wie die Bürokratisierung proletarischer Parteien haben ihr fundamentum in re, entspringen aber nicht invariant aus dem Oberbegriff »Organisation überhaupt« sondern aus gesellschaftlichen Bedingungen wie dem Zwang, innerhalb eines übermächtigen Systems sich zu behaupten, dessen Gewalt vermöge der Verbreitung seiner eigenen Organisationsformen über das Ganze sich realisiert. Jener Zwang teilt sich den Opponenten mit, nicht bloß durch soziale Ansteckung, sondern auch quasi rational: damit die Organisation die Interessen ihrer Angehörigen momentan wirksam zu vertreten vermag. Nichts hat innerhalb der verdinglichten Gesellschaft eine Chance, zu überleben, was nicht seinerseits verdinglicht wäre. Die konkret historische Allgemeinheit des Monopolkapitalismus verlängert sich ins

Monopol der Arbeit samt all seinen Implikationen. Eine relevante Aufgabe der empirischen Soziologie wäre es, die Zwischenglieder zu analysieren, im einzeln darzutun, wie die Anpassung an die veränderten kapitalistischen Produktionsverhältnisse diejenigen ergreift, deren objektive Interessen à la longue jener Anpassung widerstreiten.

Mit Grund darf die vorherrschende positivistische Soziologie subjektiv heißen im selben Sinn wie die subjektive Ökonomie; in einem von deren Hauptrepräsentanten, Vilfredo Pareto, hat der gegenwärtige soziologische Positivismus eine seiner Wurzeln. ›Subjektiv‹ hat dabei doppelte Bedeutung. Einmal operiert die herrschende Soziologie, wie Habermas es ausdrückt, mit Rastern, aufs Material aufgelegten Schemata. Während in diesen fraglos das Material ebenfalls zur Geltung kommt, je nach dem, in welche Sparte es eingefügt werden muß, macht es eine zentrale Differenz aus, ob Material, Phänomene gemäß einer ihnen an sich vorgeordneten, nicht erst von der Wissenschaft klassifikatorisch hergestellten Struktur interpretiert werden oder nicht. Wie wenig gleichgültig die Wahl der vermeintlichen Koordinatensysteme ist, läßt an der Alternative sich exemplifizieren, gewisse soziale Phänomene unter Begriffe wie Prestige und Status zu bringen, oder sie aus objektiven Herrschaftsverhältnissen abzuleiten. Der letzteren Auffassung zufolge unterliegen Status und Prestige der Dynamik des Klassenverhältnisses und können prinzipiell als abschaffbar vorgestellt werden; ihre klassifikatorische Subsumtion dagegen nimmt tendenziell jene Kategorien als schlechthin Gegebenes und virtuell Unveränderliches hin. So inhaltlich konsequenzreich ist eine scheinbar bloß die Methodologie betreffende Unterscheidung. In Konkordanz damit ist der Subjektivismus der positivistischen Soziologie in seiner zweiten Bedeutung. Zumindest in einem sehr erheblichen Sektor ihrer Tätigkeit geht sie von Meinungen, Verhaltensweisen, vom Selbstverständnis der einzelnen Subjekte und der Gesellschaft aus anstatt von dieser. Gesellschaft ist einer solchen Konzeption weithin das statistisch zu ermittelnde, durchschnittliche Bewußtsein oder Unbewußtsein vergesellschafteter und gesellschaftlich handelnder Subjekte, nicht das Medium, in dem sie sich bewegen. Die Objektivität der Struktur, für die Positivisten ein mythologisches Relikt, ist, der dialektischen Theorie zufolge, das Apriori der erkennenden subjektiven Vernunft. Würde sie dessen inne, so hätte sie die Struktur in ihrer eigenen Gesetzlichkeit zu bestimmen, nicht von sich aus nach den Verfahrensregeln begrifflicher Ordnung aufzubereiten. Bedingung und Gehalt der an Einzelsubjekten zu erhebenden sozialen Tatsachen werden von jener Struktur beigestellt. Gleichgültig, wie weit die dialektische Konzeption von der Gesellschaft ihren Objektivitätsanspruch eingelöst hat, und ob ihr das überhaupt noch möglich ist – sie nimmt ihn schwerer als ihre Opponenten, welche die scheinbare Sekurität ihrer objektiv gültigen Befunde damit erkaufen, daß sie von Anbeginn auf die nachdrückliche Idee von Objektivität verzichten, die einmal vom Begriff des An sich gemeint war. Die Positivisten präjudizieren die Debatte insoweit, wie sie durchblicken lassen, sie verträten einen neuen, fortgeschrittenen Denktyp, dessen Auffassungen sich zwar, wie Albert es nennt, nicht heute schon überall durchgesetzt hätten, demgegenüber aber die Dialektik Archaismus sei. Diese Ansicht vom Fortschritt läßt den Preis außer acht, der ihn sabotiert. Geist soll dadurch fortschreiten, daß er als Geist zugunsten der Fakten sich fesselt, wahrhaft ein logischer Widerspruch. »Warum«, fragt Albert, »sollten neue Ideen nicht ebenfalls eine Chance bekommen sich zu bewähren?«[9] Gemeint wird mit den neuen Ideen eine Gesinnung, die im allgemeinen keineswegs ideenfreundlich ist. Ihr Anspruch auf Modernität kann kein anderer sein als der fortgeschrittener Aufklärung. Er jedoch bedarf der kritischen Selbstreflexion subjektiver Vernunft. Deren Fortschritt, bis ins Innerste zusammengewachsen mit der Dialektik von Aufklärung, ist nicht umstandslos als höhere Objektivität zu supponieren. Das ist der Brennpunkt der Kontroverse.

Daß Dialektik keine von ihrem Gegenstand unabhängige Methode ist, verhindert ihre Darstellung als ein Für sich, wie das deduktive System sie gestattet. Dem Kriterium der Definition willfahrt sie nicht, sie kritisiert es. Schwerer wiegt, daß sie nach dem unwiderruflichen Zusammenbruch des Hegelschen Systems auch das einstige und tief fragwürdige Bewußtsein philosophi-

---

9 Hans Albert, Der Mythos der totalen Vernunft, S. 208.

scher Sicherheit eingebüßt hat. Was ihr die Positivisten vorrechnen, der Mangel eines Fundaments, auf dem alles Weitere sich aufbaue, wird gegen sie auch von der herrschenden Philosophie ausgespielt: es gebreche ihr an der ἀρχή. In ihrer idealistischen Version vermaß sie sich, das Seiende, durch ungezählte Vermittlungen hindurch, ja kraft seiner eigenen Nichtidentität mit dem Geist, als ohne Rest mit diesem identisch darzutun. Das mißlang, und deswegen steht Dialektik in ihrer aktuellen Gestalt nicht minder polemisch zum »Mythos der totalen Vernunft« als Alberts Szientismus. Sie darf nicht ihren Wahrheitsanspruch als garantiert sich zuschreiben wie in idealistischen Zeiten. Als umfassendes Erklärungsprinzip verstand die dialektische Bewegung bei Hegel sich umstandslos als ›Wissenschaft‹. Denn in ihren ersten Schritten oder Setzungen war stets schon die Identitätsthese mit enthalten, die im Fortgang der Analysen nicht sowohl erhärtet als expliziert wurde; Hegel hat sie mit dem Gleichnis des Kreises beschrieben. Derlei Geschlossenheit, die dafür sorgte, daß nichts als wesentlich unerkannt und zufällig aus der Dialektik draußenblieb, ist ihr samt Zwang und Eindeutigkeit zersprungen; sie besitzt keinen Kanon, der sie regulierte. Ihre raison d'être hat sie dennoch. Gesellschaftlich ist die Idee eines objektiven, ansichseienden Systems nicht so schimärisch, wie es nach dem Sturz des Idealismus dünkte und wie der Positivismus es beteuert. Der Begriff großer Philosophie, den jener für überholt erachtet[10], verdankt sich keinen vorgeblich ästhetischen Qualitäten von Denkleistungen, sondern einem Erfahrungsgehalt, der eben um seiner Transzendenz zum einzelmenschlichen Bewußtsein willen zu seiner Hypostasis als Absolutes verlockte. Zu legitimieren vermag sich Dialektik durch Rückübersetzung jenes Gehalts in die Erfahrung, aus der er entsprang. Das ist aber die von der Vermitteltheit alles Einzelnen durch die objektive gesellschaftliche Totalität. Sie war in der traditionellen Dialektik auf den Kopf gestellt mit der These, die vorgängige Objektivität, das Objekt selbst, als Totalität verstanden, sei Subjekt. Albert hat beanstandet, der Tübinger Korreferent lasse es bei bloßen Andeutungen über Totalität sein Be-

---

10 Vgl. Helmut F. Spinner, Wo warst du, Platon. Ein kleiner Protest gegen eine »große Philosophie«, in: Soziale Welt, Jg. 18/1967, Heft 2/3, S. 174 ff.

wenden haben[11]. Nun ist es fast tautologisch, daß auf den Begriff der Totalität nicht in gleicher Weise mit dem Finger zu deuten ist wie auf jene *facts*, von denen er als Begriff sich abhebt. »Zur ersten, noch allzu abstrakten Annäherung sei an die Abhängigkeit aller Einzelnen von der Totalität erinnert, die sie bilden. In dieser sind auch alle von allen abhängig. Das Ganze erhält sich nur vermöge der Einheit der von seinen Mitgliedern erfüllten Funktionen. Generell muß jeder Einzelne, um sein Leben zu fristen, eine Funktion auf sich nehmen und wird gelehrt, zu danken, so lange er eine hat.«[12]

Habermas wird von Albert einer totalen Vernunftidee geziehen, mit allen Sünden der Identitätsphilosophie. Objektiv gewandt: Dialektik gehe, hegelianisch obsolet, mit einer Vorstellung vom gesellschaftlichen Ganzen um, die von der Forschung nicht einzuholen sei und auf den Schutthaufen gehöre. Die Faszination, welche Mertons Theory of the Middle Range ausübt, ist nicht zuletzt aus der Skepsis gegen die Totalitätskategorie zu erklären, während die Gegenstände solcher Theoreme gewaltsam aus übergreifenden Zusammenhängen herausgebrochen sind. Nach dem einfachsten common sense treibt Empirie zur Totalität. Studiert man etwa sozialen Konflikt an einem Fall wie den Berliner Ausschreitungen gegen Studenten 1967, so reicht der Anlaß der Einzelsituation zur Erklärung nicht aus. Eine These wie die, daß die Bevölkerung eben spontan reagierte gegen eine Gruppe, welche ihr die Interessen der unter prekären Bedingungen gehaltenen Stadt zu gefährden scheine, wäre unzulänglich nicht nur wegen der Fragwürdigkeit der von ihr unterstellten politisch-ideologischen Zusammenhänge. Sie macht keineswegs die unmittelbar in physischer Gewalt ausbrechende Wut gegen eine spezifische, sichtbare und nach popularem Vorurteil leicht zu identifizierende Minderheit plausibel. Die verbreitetesten, wirksamsten Stereotypen, welche gegen die Studenten im Schwang sind: daß sie demonstrierten, anstatt zu arbeiten – eine flagrante Unwahrheit –, daß sie die Gelder der Steuerzahler vergeudeten,

---

11 Vgl. Albert, a.a.O., S. 194, Fußnote 1.

12 Theodor W. Adorno, Stichwort Gesellschaft, in: Evangelisches Staatslexikon, Stuttgart 1967, Spalte 637.

die ihr Studium bezahlen, und Ähnliches, haben offensichtlich mit der akuten Situation nichts zu tun. Wie sehr solche Parolen denen der Jingopresse gleichen, liegt auf der Hand; doch fände jene Presse kaum ihre Resonanz, knüpfte sie nicht an Dispositionen der Meinung und der Triebrichtung zahlreicher Individuen an, die sie bestätigt und verstärkt. Anti-Intellektualismus, die Bereitschaft, Unzufriedenheit mit fragwürdigen Zuständen auf die zu projizieren, welche die Fragwürdigkeit aussprechen, gehen in die Reaktionen auf die unmittelbaren Anlässe ein; diese fungieren als Vorwand, als Rationalisierung. Wäre selbst die Situation von Berlin ein Faktor, welcher das massenpsychologische Potential zu entbinden beiträgt, so wäre sie wiederum anders als aus den übergreifenden Zusammenhängen der internationalen Politik nicht zu verstehen. Aus der sogenannten Berliner Situation abzuleiten, was von Machtkämpfen herrührt, die im Berliner Konflikt sich aktualisieren, ist borniert. Verlängert, führen die Linien auf das soziale Geflecht. Zwar ist es, um der unendlichen Vielzahl seiner Momente willen, kaum nach szientifischen Vorschriften in den Griff zu bekommen. Eliminiert man es jedoch aus der Wissenschaft, so werden die Phänomene falschen Ursachen zugerechnet; regelmäßig profitiert davon die vorwaltende Ideologie. Daß Gesellschaft nicht als Faktum sich festnageln läßt, nennt eigentlich nur den Tatbestand der Vermittlung: daß die Fakten nicht jenes Letzte und Undurchdringliche sind, als welches die vorherrschende Soziologie nach dem Muster der sinnlichen Daten der älteren Erkenntnistheorie sie betrachtet. In ihnen erscheint etwas, was sie nicht selbst sind [13]. Nicht die geringfügigste der Differenzen von positivistischer und dialektischer Konzeption ist, daß der Positivismus nach der Schlickschen Maxime nur Erscheinung gelten lassen möchte, während Dialektik den Unterschied von Wesen und Erscheinung nicht sich ausreden läßt. Es ist seinerseits gesellschaftliches Gesetz, daß entscheidende Strukturen des sozialen Prozesses wie die der Ungleichheit der vermeintlichen Äquivalente, die getauscht werden, ohne Eingriff der Theorie nicht offenbar werden können. Dem Verdacht dessen, was Nietzsche hinterweltlerisch nannte, begegnet dialektisches Denken da-

---

[13] Vgl. Max Horkheimer, a.a.O., S. 20 f.

mit, daß das verborgene Wesen das Unwesen sei. Unversöhnlich mit der philosophischen Tradition, bejaht es dies Unwesen nicht seiner Gewalt wegen, sondern kritisiert es an seinem Widerspruch zum »Erscheinenden«, schließlich zum realen Leben der einzelnen Menschen. Festzuhalten ist der Hegelsche Satz, das Wesen müsse erscheinen; damit gerät es in jenen Widerspruch zur Erscheinung. Totalität ist keine affirmative, vielmehr eine kritische Kategorie. Dialektische Kritik möchte retten oder herstellen helfen, was der Totalität nicht gehorcht, was ihr widersteht oder was, als Potential einer noch nicht seienden Individuation, erst sich bildet. Die Interpretation der Fakten geleitet zur Totalität, ohne daß diese selbst Faktum wäre. Nichts sozial Faktisches, das nicht seinen Stellenwert in jener Totalität hätte. Sie ist allen einzelnen Subjekten vorgeordnet, weil diese auch in sich selbst ihrer contrainte gehorchen und noch in ihrer monadologischen Konstitution, und durch diese erst recht, die Totalität vorstellen. Insofern ist sie das Allerwirklichste. Weil sie aber der Inbegriff des gesellschaftlichen Verhältnisses der Individuen untereinander ist, das gegen die Einzelnen sich abblendet, ist sie zugleich auch Schein, Ideologie. Eine befreite Menschheit wäre länger nicht Totalität; ihr Ansichsein ist ebenso deren Unfreiheit, wie es sie über sich selbst als das wahre gesellschaftliche Substrat täuscht. Damit ist zwar nicht das Desiderat einer logischen Analyse des Begriffs der Totalität[14], als eines Widerspruchslosen, erfüllt, das Albert gegen Habermas anmeldet, denn die Analyse terminiert im objektiven Widerspruch der Totalität. Aber die Analyse dürfte den Rekurs auf Totalität dem Vorwurf dezisionistischer Willkür entziehen[15]. Habermas so wenig wie ein anderer Dialektiker bestreitet die Möglichkeit einer Explikation von Totalität, nur seine Verifizierbarkeit nach dem Faktenkriterium, das durch die Bewegung zur Totalitätskategorie transzendiert wird. Gleichwohl ist sie nicht χωρίς von den Fakten sondern als deren Vermittlung ihnen immanent. Totalität ist, provokatorisch formuliert, die Gesellschaft als Ding an sich, mit aller Schuld von Verdinglichung. Gerade aber weil dies Ding an sich noch nicht gesellschaftliches Gesamt-

---

14 Vgl. Hans Albert, Der Mythos der totalen Vernunft, S. 197 f.

15 Vgl. a.a.O., S. 199.

Subjekt, noch nicht Freiheit ist, sondern heteronom Natur fortsetzt, eignet ihm objektiv ein Moment von Unauflöslichkeit, wie es Durkheim, einseitig genug, zum Wesen des Sozialen schlechthin erklärte. Insofern ist sie auch »faktisch«. Der Begriff von Faktizität, den die positivistische Anschauung als ihr letztes Substrat hütet, ist Funktion der gleichen Gesellschaft, von welcher die szientistische Soziologie, insistierend auf dem undurchsichtigen Substrat, zu schweigen gelobt. Die absolute Trennung von Faktum und Gesellschaft ist ein Kunstprodukt der Reflexion, durch zweite Reflexion abzuleiten und zu widerrufen.

Eine Fußnote Alberts lautet: »Habermas zitiert in diesem Zusammenhang den Hinweis Adornos auf die Unprüfbarkeit der Abhängigkeit jedes sozialen Phänomens ›von der Totalität‹. Das Zitat entstammt einem Kontext, in dem Adorno unter Bezugnahme auf Hegel behauptet, Widerlegung sei nur als immanente Kritik fruchtbar; siehe dazu Adorno, Zur Logik der Sozialwissenschaften, a.a.O., S. 133 f. Dabei wird der Sinn der Popperschen Ausführungen zum Problem der kritischen Prüfung durch ›Weiterreflektieren‹ ungefähr in sein Gegenteil verkehrt. Mir scheint, die Unprüfbarkeit des erwähnten Adornoschen Gedankens hängt zunächst wesentlich damit zusammen, daß weder der verwendete Begriff der Totalität noch die Art der behaupteten Abhängigkeit auch nur einer bescheidenen Klärung zugeführt wird. Es steckt wohl nicht viel mehr dahinter als die Idee, daß irgendwie alles mit allem zusammenhänge. Inwiefern aus einer solchen Idee irgendeine Auffassung einen methodischen Vorteil gewinnen könnte, müßte eigentlich nachgewiesen werden. Verbale Beschwörungen der Totalität dürften da kaum genügen.«[16] Die »Unprüfbarkeit« besteht jedoch nicht darin, daß für den Rekurs auf die Totalität kein triftiger Grund zu nennen wäre, sondern darin, daß Totalität nicht faktisch ist wie die sozialen Einzelphänomene, auf welche das Albertsche Kriterium der Überprüfbarkeit limitiert ist. Auf den Einwand, es stecke hinter dem Begriff der Totalität nicht mehr als die Trivialität, daß alles mit allem zusammenhängt, ist zu erwidern, es sei die schlechte Abstraktheit jenes Satzes »nicht sowohl dünnes Denkprodukt als

---

16 a.a.O., S. 207, Fußnote 26.

schlechter Grundbestand der Gesellschaft: der des Tausches. In dessen universalem Vollzug, nicht erst in der wissenschaftlichen Rechenschaft darüber, wird objektiv abstrahiert; wird abgesehen von der qualitativen Beschaffenheit der Produzierenden und Konsumierenden, vom Modus der Produktion, sogar vom Bedürfnis, das der gesellschaftliche Mechanismus beider, als Sekundäres befriedigt. Noch die in Kundenschaft verkehrte Menschheit, das Subjekt der Bedürfnisse, ist über alle naive Vorstellung hinaus gesellschaftlich präformiert, nicht erst vom technischen Stand der Produktivkräfte, sondern ebenso von den wirtschaftlichen Verhältnissen, in denen jene funktionieren. Die Abstraktheit des Tauschwertes ist a priori mit der Herrschaft des Allgemeinen über das Besondere, der Gesellschaft über ihre Zwangsmitglieder verbündet. Sie ist nicht, wie die Logizität des Reduktionsvorgangs auf Einheiten wie die gesellschaftlich durchschnittliche Arbeitszeit vorspiegelt, gesellschaftlich neutral. Durch die Reduktion der Menschen auf Agenten und Träger des Warentauschs hindurch realisiert sich die Herrschaft von Menschen über Menschen. Der totale Zusammenhang hat die konkrete Gestalt, daß alle dem abstrakten Tauschgesetz sich unterwerfen müssen, wenn sie nicht zugrunde gehen wollen, gleichgültig, ob sie subjektiv von einem ›Profitmotiv‹ geleitet werden oder nicht.«[17] Die Differenz der dialektischen Ansicht von der Totalität und der positivistischen spitzt sich darauf zu, daß der dialektische Totalitätsbegriff ›objektiv‹, nämlich zum Verständnis jeglicher sozialen Einzelfeststellung intendiert ist, während die positivistischen Systemtheorien lediglich durch Wahl möglichst allgemeiner Kategorien Feststellungen widerspruchslos in einem logischen Kontinuum zusammenfassen möchten, ohne die obersten Strukturbegriffe als Bedingung der Sachverhalte zu erkennen, die unter ihnen subsumiert werden. Schwärzt der Positivismus diesen Totalitätsbegriff als mythologischen, vorwissenschaftlichen Rückstand an, so mythologisiert er im unverdrossenen Kampf gegen Mythologie die Wissenschaft. Ihr instrumenteller Charakter, will sagen, ihre Orientierung am Primat verfügbarer Methoden anstatt an der Sache und ihrem Interesse, inhibiert Einsichten, die

---

[17] Adorno, Stichwort Gesellschaft, a.a.O., Spalte 639. Leicht überarbeitet.

ebenso das wissenschaftliche Verfahren treffen wie dessen Gegenstand. Kern der Kritik am Positivismus ist, daß er der Erfahrung der blind herrschenden Totalität ebenso wie der treibenden Sehnsucht, daß es endlich anders werde, sich sperrt und vorliebnimmt mit den sinnverlassenen Trümmern, die nach der Liquidation des Idealismus übrig sind, ohne Liquidation und Liquidiertes ihrerseits zu deuten und auf ihre Wahrheit zu bringen. Statt dessen hat er es mit Disparatem zu tun, dem subjektivistisch interpretierten Datum und, komplementär, den reinen Denkformen des Subjekts. Diese auseinandergebrochenen Momente von Erkenntnis bringt der gegenwärtige Szientivismus so äußerlich zusammen wie einst die Reflexionsphilosophie, die eben darum ihre Kritik durch die spekulative Dialektik verdiente. Dialektik enthält auch das Gegenteil idealistischer Hybris. Sie beseitigt den Schein einer irgend naturhaft-transzendentalen Dignität des Einzelsubjekts und wird seiner und seiner Denkformen als eines an sich Gesellschaftlichen inne: insofern ist sie ›realistischer‹ als der Szientivismus samt seinen ›Sinnkriterien‹.

Weil aber Gesellschaft aus Subjekten sich zusammensetzt und durch ihren Funktionszusammenhang sich konstituiert, ist ihre Erkenntnis durch lebendige, unreduzierte Subjekte der »Sache selbst« weit kommensurabler als in den Naturwissenschaften, welche von der Fremdheit eines nicht seinerseits menschlichen Objekts dazu genötigt werden, Objektivität ganz und gar in den kategorialen Mechanismus, in abstrakte Subjektivität hineinzuverlegen. Freyer hat darauf aufmerksam gemacht; die südwestdeutsche Unterscheidung des Nomothetischen und Idiographischen darf dabei um so eher außer Betracht bleiben, als eine unverkürzte Theorie der Gesellschaft auf Gesetze, die ihrer strukturellen Bewegung, nicht verzichten kann. Kommensurabilität des Objekts Gesellschaft ans erkennende Subjekt existiert sowohl, wie sie nicht existiert; auch das ist schwer mit der diskursiven Logik zu vereinbaren. Gesellschaft ist verstehbar und unverstehbar in eins. Verstehbar insofern, als der in ihr objektiv maßgebende Sachverhalt des Tauschs selbst Abstraktion, seiner Objektivität nach einen subjektiven Akt impliziert: in ihm erkennt das Subjekt wahrhaft sich selbst wieder. Das erklärt wissenschaftstheoretisch, weshalb die Webersche Soziologie im Begriff der

Rationalität zentriert ist. In ihr tastete er, gleichgültig ob mit Bewußtsein oder nicht, nach jenem Gleichen zwischen Subjekt und Objekt, das etwas wie Erkenntnis der Sache anstatt ihrer Zersplitterung in Gegebenheiten und deren Aufbereitung gestattete. Aber die objektive Rationalität der Gesellschaft, die des Tauschs, entfernt sich durch ihre Dynamik immer weiter von dem Modell der logischen Vernunft. Darum ist Gesellschaft, das Verselbständigte, wiederum auch nicht länger verstehbar; einzig das Gesetz von Verselbständigung. Unverstehbarkeit bezeichnet nicht nur ein Wesentliches ihrer Struktur sondern ebenso die Ideologie, durch welche sie gegen die Kritik ihrer Irrationalität sich panzert. Weil Rationalität, Geist, von den lebendigen Subjekten als Teilmoment sich abgespalten hat, zur Rationalisierung sich beschied, bewegt sie sich fort in der Richtung auf ein den Subjekten Entgegengesetztes. Der Aspekt von Objektivität als Unveränderlichkeit, den sie dadurch annimmt, spiegelt sich dann wiederum zurück in der Verdinglichung des erkennenden Bewußtseins. Der Widerspruch im Begriff der Gesellschaft als einer verständlichen und unverständlichen ist der Motor rationaler Kritik, die auf Gesellschaft und ihre Art Rationalität, die partikulare, übergreift. Sucht Popper das Wesen von Kritik darin, daß fortschreitende Erkenntnis ihre logischen Widersprüche beseitigt, so wird sein eigenes Ideal zur Kritik an der Sache, wofern der Widerspruch seinen erkennbaren Ort in ihr hat, nicht bloß in der Erkenntnis von ihr. Bewußtsein, das sich nicht vor der antagonistischen Beschaffenheit der Gesellschaft, auch nicht vorm ihr immanenten Widerspruch von Rationalität und Irrationalität Scheuklappen vorbindet, muß zur Kritik an der Gesellschaft schreiten ohne μετάβασις εἰς ἄλλο γένος, ohne andere Mittel als vernünftige.

Habermas hat, in seiner Abhandlung über analytische Wissenschaftstheorie, den Übergang zur Dialektik als notwendig begründet mit Hinblick auf spezifisch sozialwissenschaftliche Erkenntnis[18]. Nicht nur ist seiner Argumentation zufolge, wie der Positivismus zugestände, das Objekt der Erkenntnis durch das Subjekt vermittelt, sondern ebenso umgekehrt: das Subjekt seiner-

---

18 Vgl. Jürgen Habermas, Analytische Wissenschaftstheorie und Dialektik. Ein Nachtrag zur Kontroverse zwischen Popper und Adorno, S. 191.

seits fällt als Moment in die von ihm zu erkennende Objektivität, den gesellschaftlichen Prozeß. In diesem ist Erkenntnis, mit steigender Verwissenschaftlichung in steigendem Maß, Produktivkraft. Dialektik möchte dem Szientismus auf dessen eigenem Feld begegnen insoweit, wie sie die gegenwärtige gesellschaftliche Realität richtiger erkennen will. Sie möchte den Vorhang vor dieser durchdringen helfen, an dem Wissenschaft mitwebt. Deren harmonistische Tendenz, welche die Antagonismen der Wirklichkeit durch ihre methodische Aufbereitung verschwinden läßt, liegt in der klassifikatorischen Methode, ohne alle Absicht derjenigen, die ihrer sich bedienen. Sie bringt wesentlich Ungleichnamiges, einander Widerstreitendes, durch die Wahl der Begriffsapparatur und im Dienst von deren Einstimmigkeit, auf den gleichen Begriff. Aus jüngerer Zeit ist ein Beispiel für diese Tendenz der allbekannte Versuch von Talcott Parsons, eine Einheitswissenschaft vom Menschen zu stiften, deren Kategoriensystem Individuum und Gesellschaft, Psychologie und Soziologie gleichermaßen unter sich befaßt oder wenigstens auf einem Kontinuum anträgt [19]. Das seit Descartes und zumal Leibniz gängige Kontinuitätsideal ist nicht allein durch die jüngste naturwissenschaftliche Entwicklung dubios geworden. Gesellschaftlich täuscht es über die Kluft zwischen Allgemeinem und Besonderem, in welcher der fortwährende Antagonismus sich ausdrückt; die Einheit der Wissenschaft verdrängt die Widersprüchlichkeit ihres Objekts. Für die offenbar ansteckende Befriedigung, die gleichwohl von der Einheitswissenschaft ausgeht, ist zu zahlen: das gesellschaftlich gesetzte Moment der Divergenz von Individuum und Gesellschaft, und der der beiden gewidmeten Disziplinen, entgleitet ihr. Das pedantisch organisierte Totalschema, das vom Individuum und von seinen Gesetzmäßigkeiten zu komplexen sozialen Gebilden reicht, hat für alles Raum, nur dafür nicht, daß Individuum und Gesellschaft, obwohl kein radikal Verschiedenes, geschichtlich auseinander getreten sind. Ihr Verhältnis ist widerspruchsvoll, weil die Gesellschaft den Individuen weithin verweigert, was sie, stets Gesellschaft von Individuen, ihnen verheißt und warum

---

[19] Vgl. Theodor W. Adorno, Zum Verhältnis von Soziologie und Psychologie, in: Sociologica, Frankfurter Beiträge zur Soziologie, 1955, Bd. 1, S. 12 ff.

sie überhaupt sich zusammenfügt, während wiederum die blinden und losgelassenen Interessen der einzelnen Individuen die Bildung eines möglichen gesellschaftlichen Gesamtinteresses inhibieren. Dem einheitswissenschaftlichen Ideal gebührt ein Titel, der ihm am letzten behagte, der des Ästhetischen, so, wie man in der Mathematik von elegant redet. Die organisatorische Rationalisierung, auf welche das Programm der Einheitswissenschaft gegenüber den disparaten Einzelwissenschaften hinausläuft, präjudiziert aufs äußerste die wissenschaftstheoretischen Fragen, welche die Gesellschaft aufwirft. Wird, nach Wellmers Worten, »sinnvoll zu einem Synonym für wissenschaftlich«, so usurpiert Wissenschaft, ein gesellschaftlich Vermitteltes, Gesteuertes und Kontrolliertes, das der bestehenden Gesellschaft und ihrer Tradition den kalkulablen Tribut zollt, die Rolle des arbiter veri et falsi. In Kantischen Zeiten hieß die erkenntnistheoretische Konstitutionsfrage die nach der Möglichkeit von Wissenschaft. Nun wird sie an die Wissenschaft in einfacher Tautologie zurückverwiesen. Einsichten und Verfahrungsarten, welche, anstatt innerhalb der geltenden Wissenschaft sich zu halten, diese selbst kritisch betreffen, werden a limine verscheucht. So hat der scheinbar neutrale Begriff »konventionalistischer Bindung« fatale Implikationen. Durch die Hintertür der Konventionstheorie wird gesellschaftlicher Konformismus als Sinnkriterium der Sozialwissenschaften eingeschmuggelt; es lohnte die Mühe, die Verfilzung von Konformismus und Selbstinthronisierung der Wissenschaft im einzelnen zu analysieren. Auf den gesamten Komplex hat Horkheimer vor mehr als dreißig Jahren in dem Aufsatz ›Der neueste Angriff auf die Metaphysik‹[20] hingewiesen. Der Begriff von Wissenschaft wird auch von Popper, um seiner Gegebenheit willen, supponiert, als wäre er selbstverständlich. Er hat indessen seine historische Dialektik in sich. Als um die Wende des achtzehnten Jahrhunderts zum neunzehnten die Fichtesche Wissenschaftslehre und die Hegelsche Wissenschaft der Logik geschrieben wurden, hätte man, was gegenwärtig mit Exklusivitätsanspruch den Wissenschaftsbegriff okkupiert, kritisch auf der Stufe des Vorwissenschaftlichen angesiedelt, während nunmehr, was damals Wissen-

20 Jetzt in: Max Horkheimer, Kritische Theorie, Frankfurt 1968, Band II, S. 82 ff.

schaft, das wie immer auch schimärisch absolutes Wissen genannt ward, von dem von Popper so genannten Szientismus als außerwissenschaftlich verworfen würde. Der Gang der Geschichte, und nicht bloß der geistigen, der es dahin brachte, ist keineswegs, wie die Positivisten es möchten, eitel Fortschritt. Alles mathematische Raffinement der vorangetriebenen wissenschaftlichen Methodik zerstreut nicht den Verdacht, daß die Zurüstung von Wissenschaft zu einer Technik neben den anderen ihren eigenen Begriff unterhöhle. Das stärkste Argument dafür wäre, daß, was der szientivistischen Interpretation als Ziel erscheint, das fact finding, für emphatische Wissenschaft nur Mittel der Theorie ist; ohne sie unterbleibt, warum das Ganze veranstaltet wird. Allerdings beginnt die Umfunktionierung der Wissenschaftsidee schon bei den Idealisten, zumal bei Hegel, dessen absolutes Wissen mit dem entfalteten Begriff des so und nicht anders Seienden koinzidiert. Angriffspunkt der Kritik jener Entwicklung ist nicht die Auskristallisierung spezialwissenschaftlicher Methoden, deren Fruchtbarkeit außer Frage steht, sondern die vorwaltende, von Max Webers Autorität schroff urgierte Vorstellung, außerwissenschaftliche Interessen seien der Wissenschaft äußerlich, beides sei mit der Sonde zu scheiden. Während auf der einen Seite die vorgeblich rein wissenschaftlichen Interessen Kanalisierungen, vielfach Neutralisierungen außerwissenschaftlicher sind, die in ihrer entschärften Gestalt in die Wissenschaft hinein sich verlängern, ist das wissenschaftliche Instrumentarium, das den Kanon dessen liefert, was wissenschaftlich sei, auch auf eine Weise instrumentell, von der die instrumentelle Vernunft nichts sich träumen läßt: Mittel zur Beantwortung von Fragen, die ihren Ursprung jenseits der Wissenschaft haben und über sie hinaustreiben. Soweit die Zweck-Mittel-Rationalität der Wissenschaft das im Begriff des Instrumentalismus gelegene Telos ignoriert und sich zum alleinigen Zweck wird, widerspricht sie ihrer eigenen Instrumentalität. Eben das verlangt die Gesellschaft der Wissenschaft ab. In einer bestimmbar falschen, den Interessen ihrer Mitglieder wie des Ganzen widersprechenden partizipiert jede Erkenntnis, die sich den in Wissenschaft geronnenen Regeln dieser Gesellschaft willfährig unterordnet, an ihrer Falschheit.

Die gängige und akademisch attraktive Unterscheidung des

Wissenschaftlichen und Vorwissenschaftlichen, die auch Albert sich zu eigen macht, hält nicht stand. Die stets wieder beobachtete, auch von Positivisten bestätigte Tatsache einer Spaltung ihres Denkens, soweit sie als Wissenschaftler und soweit sie außerwissenschaftlich, aber mit Vernunft reden, legitimiert die Revision jener Dichotomie. Das als vorwissenschaftlich Klassifizierte ist nicht einfach, was durch die von Popper urgierte selbstkritische Arbeit der Wissenschaft noch nicht hindurchgegangen ist oder sie vermeidet. Vielmehr fällt darunter auch alles an Rationalität und Erfahrung, was von den instrumentellen Bestimmungen der Vernunft ausgeschieden wird. Beide Momente sind unabdingbar ineinander. Wissenschaft, welche die vorwissenschaftlichen Impulse nicht verwandelnd in sich aufnimmt, verurteilt sich nicht weniger zur Gleichgültigkeit als die amateurhafte Unverbindlichkeit. Im verrufenen Bereich des Vorwissenschaftlichen versammeln sich die Interessen, welche der Prozeß der Verwissenschaftlichung coupiert, und es sind nicht die unwesentlichen. So gewiß ohne wissenschaftliche Disziplin kein Fortschritt des Bewußtseins wäre, so gewiß paralysiert die Disziplin gleichzeitig die Organe der Erkenntnis. Je mehr Wissenschaft zu dem von Max Weber der Welt prophezeiten Gehäuse erstarrt, desto mehr wird das als vorwissenschaftlich Verfemte zum Refugium von Erkenntnis. Der Widerspruch im Verhältnis des Geistes zur Wissenschaft antwortet auf deren eigenen: Wissenschaft postuliert einen kohärenten immanenten Zusammenhang und ist Moment der Gesellschaft, welche Kohärenz ihr versagt. Entzieht sie sich dieser Antinomie, sei es, indem sie durch wissenssoziologische Relativierung ihren Wahrheitsgehalt durchstreicht, sei es, indem sie ihre Verflochtenheit in die faits sociaux verkennt und sich als Absolutes, sich selbst Genügendes aufwirft, so befriedigt sie sich mit Illusionen, die sie in dem beeinträchtigen, was sie vermöchte. Jene beiden Momente sind zwar disparat, jedoch nicht indifferent gegeneinander; zur Objektivität der Wissenschaft hilft allein Einsicht in die ihr innewohnenden gesellschaftlichen Vermittlungen, während sie keineswegs bloßes Vehikel gesellschaftlicher Verhältnisse und Interessen ist. Ihre Verabsolutierung und ihre Instrumentalisierung, beides Produkte subjektiver Vernunft, ergänzen sich. Indem der Szientismus einseitig sich für das Einheitsmoment von Individuum und Gesellschaft, der logischen Systematik zuliebe, engagiert und das solcher Logik nicht sich einfügende antagonistische Moment zum Epiphänomen entwertet, wird er angesichts zentraler Sachverhalte falsch. Nach vordialektischer Logik kann das Konstitutum nicht Konstituens, das Bedingte nicht Bedingung seiner eigenen Bedingung sein. Die Reflexion auf den Stellenwert gesellschaftlicher Erkenntnis innerhalb des von ihr Erkannten drängt über diese einfache Widerspruchslosigkeit hinaus. Die Nötigung zur Paradoxie, die Wittgenstein unverhohlen aussprach, bezeugt, daß allgemein Widerspruchslosigkeit für konsequentes Denken selbst dort nicht das letzte Wort behalten kann, wo es ihre Norm sanktioniert. Die Überlegenheit Wittgensteins über die Positivisten des Wiener Kreises zeigt daran sich schlagend: der Logiker gewahrt die Grenze von Logik. In ihrem Rahmen war das Verhältnis von Sprache und Welt, wie es Wittgenstein sich darstellte, nicht einstimmig zu behandeln. Denn für ihn bildet die Sprache einen in sich geschlossenen Immanenzzusammenhang, durch welchen die nicht-sprachlichen Momente der Erkenntnis, die sinnlichen Daten etwa, vermittelt sind; nicht minder jedoch liegt es im Sinn von Sprache, auf Nichtsprachliches sich zu beziehen. Sie ist sowohl Sprache als Autarkes, nach szientistischer Annahme mit bloß in ihr geltenden Spielregeln, wie ein Moment innerhalb der Realität, fait social [21]. Wittgenstein mußte dem Rechnung tragen, daß sie von allem faktisch Seienden sich abhebt, weil es nur durch sie »gegeben« wird, und dennoch denkbar ist nur als Moment der Welt, von der seiner Reflexion gemäß anders als durch Sprache hindurch nichts gewußt werden

---

[21] Der Doppelcharakter der Sprache prägt sich darin aus, daß sie, soweit im Bündnis mit den Positivisten, Objektivität einzig durch die subjektive Intention hindurch gewinnt. Nur wer, was er subjektiv meint, so genau ausdrückt wie nur möglich, willfahrt der Objektivität der Sprache und kräftigt sie, während jeder Versuch, sich auf das Ansichsein der Sprache gleichwie auf ihr ontologisches Wesen zu verlassen, im schlechten Subjektivismus der Hypostase sprachlicher Figuren verendet. Benjamin hat das gewahrt; im Positivismus selbst kommt, mit Ausnahme des einen Wittgenstein, jenes positivistische Motiv zu kurz. Die stilistische Nachlässigkeit vieler Szientisten, die sich mit dem Tabu über dem Ausdrucksmoment der Sprache rationalisieren mag, verrät verdinglichtes Bewußtsein. Weil Wissenschaft dogmatisch zu einer Objektivität gemacht wird, die nicht durch das Subjekt hindurchgegangen sein soll, wird der sprachliche Ausdruck bagatellisiert. Wer immer Sachverhalte als Ansichseiendes, ohne subjektive Vermittlung setzt, dem wird die Formulierung gleichgültig, auf Kosten der vergötzten Sache.

kann. Damit hat er die Schwelle eines dialektischen Bewußtseins von den sogenannten Konstitutionsproblemen erreicht und das Recht des Szientismus ad absurdum geführt, dialektisches Denken abzuschneiden. Affiziert wird davon ebenso die gängige szientistische Vorstellung vom Subjekt, auch von einem transzendentalen der Erkenntnis, das danach als auf eine Bedingung der eigenen Möglichkeit auf sein Objekt verwiesen ist, wie die vom Objekt. Nicht länger ist es ein X, dessen Substrat aus dem Zusammenhang subjektiver Bestimmungen zu komponieren wäre, sondern bestimmt als seinerseits bestimmtes die subjektive Funktion mit.

Wohl ist die Gültigkeit von Erkenntnissen, und nicht nur von Naturgesetzen, von ihrer Entstehung weithin unabhängig. In Tübingen waren Referent und Korreferent sich einig in der Kritik der Wissenssoziologie und des Soziologismus vom Paretoschen Typus. Ihm ist die Marxische Theorie konträr: die Lehre von der Ideologie, dem falschen Bewußtsein, dem gesellschaftlich notwendigen Schein, wäre ohne den Begriff richtigen Bewußtseins und objektiver Wahrheit Nonsens. Trotzdem sind auch Genesis und Geltung nicht widerspruchslos zu trennen. Objektive Geltung bewahrt das Moment ihres Entsprungenseins, und es wirkt permanent in sie hinein. So unangreifbar die Logik – der Abstraktionsprozeß, welcher sie dem Angriff entrückt, ist der des verfügenden Willens. Er scheidet aus, disqualifiziert, worüber er verfügt. Nach dieser Dimension ist die Logik ›unwahr‹; ihre Unangreifbarkeit selber der vergeistigte gesellschaftliche Bann. Sein Scheinhaftes manifestiert sich an den Widersprüchen, auf welche die Vernunft in ihren Gegenständen trifft. In der Distanzierung des Subjekts vom Objekt, welche die Geschichte des Geistes erfüllt, war das Subjekt der realen Übermacht der Objektivität ausgewichen. Seine Herrschaft war die eines Schwächeren über ein Stärkeres. Anders wäre die Selbstbehauptung der Gattung Mensch vielleicht nicht möglich gewesen, gewiß nicht der Prozeß wissenschaftlicher Objektivation. Aber je mehr das Subjekt die Bestimmungen des Objekts an sich riß, desto mehr hat es sich seinerseits, bewußtlos, zum Objekt gemacht. Das ist die Urgeschichte der Verdinglichung des Bewußtseins. Was der Szientismus schlicht als Fortschritt unterstellt, war immer auch Opfer. Durch die Maschen schlüpft, was am Objekt dem Ideal eines für sich seienden, »reinen«, der eigenen lebendigen Erfahrung entäußerten Subjekts nicht gemäß ist; insofern war das fortschreitende Bewußtsein vom Schatten des falschen begleitet. Subjektivität hat an sich ausgemerzt, was der Eindeutigkeit und Identität ihres Herrschaftsanspruchs nicht sich fügt; hat sich, die in Wahrheit immer auch Objekt ist, nicht weniger reduziert als die Objekte. Zu erinnern ist gleichermaßen an die Momente, um welche wissenschaftliche Methodik die Objektivität verkürzt, und an den Verlust der Spontaneität der Erkenntnis, den das Subjekt sich selbst zufügt, um seiner einsinnigen Leistungen mächtig zu sein. Carnap, einer der radikalsten Positivisten, hat es einmal als Glücksfall bezeichnet, daß die Gesetze der Logik und reinen Mathematik auf die Realität zutreffen. Ein Denken, das sein ganzes Pathos an seiner Aufgeklärtheit hat, zitiert an zentraler Stelle einen irrationalen – mythischen – Begriff wie den des Glücksfalls, nur um die freilich an der positivistischen Position rüttelnde Einsicht zu vermeiden, daß der vermeintliche Glücksumstand keiner ist, sondern Produkt des naturbeherrschenden oder, nach der Terminologie von Habermas, »pragmatistischen« Ideals von Objektivität. Die von Carnap aufatmend registrierte Rationalität der Wirklichkeit ist nichts als die Rückspiegelung subjektiver ratio. Erkenntnistheoretische Metakritik dementiert die Geltung des Kantischen subjektiven Apprioritätsanspruchs, bestätigt jedoch Kant dergestalt, daß seine Erkenntnistheorie, intendiert als eine der Geltung, die Genese der szientistischen Vernunft höchst adäquat beschreibt. Was ihm, in großartiger Konsequenz der szientistischen Verdinglichung, als die Kraft der subjektiven Form dünkt, welche die Wirklichkeit konstituiert, ist in Wahrheit die Summa jenes geschichtlichen Prozesses, in dem die sich loslösende und damit vergegenständlichende Subjektivität als totale Herrscherin von Natur sich aufwarf, das Herrschaftsverhältnis vergaß und es verblendet in die Schöpfung des Beherrschten durch den Herrscher umdeutete. Wohl sind Genesis und Geltung in den einzelnen Erkenntnisakten und Disziplinen kritisch zu distinguieren. Im Bereich der sogenannten Konstitutionsprobleme indessen sind sie unablöslich ineinander, wie sehr das auch der diskursiven Logik widerstrebt. Weil die szientistische Wahrheit die ganze sein will, ist sie nicht die ganze. Dessen überführt sie dieselbe ratio, die anders als durch Wissenschaft nie sich würde gebildet haben. Sie ist fähig zur Kritik an ihrem eigenen Begriff und vermag konkret zu bezeichnen, was der Wissenschaft entgeht, in der Soziologie die Gesellschaft.

Im Nachdruck auf dem Begriff der Kritik stimmten der Tübinger Referent und der Korreferent überein [22]. Dahrendorf hat dann, im Anschluß an eine Bemerkung von Peter Ludz, darauf aufmerksam gemacht, er sei äquivok gebraucht worden. Bei Popper bedeutet er, ohne alle inhaltliche Bestimmtheit, einen »reinen Mechanismus der vorläufigen Bewährung allgemeiner Sätze der Wissenschaft«, beim Korreferenten »die Entfaltung der Widersprüche der Wirklichkeit durch deren Erkenntnis«; immerhin hatte schon der Korreferent die Äquivokation klargestellt [23]. Sie ist aber keine bloße Kontamination verschiedener Bedeutungen im gleichen Wort, sondern inhaltlich begründet. Akzeptiert man den Popperschen rein cognitiven oder, wenn man will, ›subjektiven‹ Begriff der Kritik, die nur der Einstimmigkeit der Erkenntnis, nicht der Legitimation der erkannten Sache gelten soll, so kann es dabei fürs Denken nicht sein Bewenden haben. Denn hier und dort ist die kritische Vernunft ein Gleiches, nicht treten zwei ›Vermögen‹ in Aktion; die Identität des Wortes ist kein Zufall. Cognitive Kritik, die an Erkenntnissen und vor allem an Theoremen, untersucht notwendig auch, ob die Gegenstände der Erkenntnis sind, was sie ihrem eigenen Begriff nach zu sein beanspruchen. Sonst wäre sie formalistisch. Nie ist immanente Kritik rein logische allein, sondern stets auch inhaltliche, Konfrontation von Begriff und Sache. An ihr ist es, der Wahrheit zu folgen, welche die Begriffe, Urteile, Theoreme von sich aus sagen wollen, und sie erschöpft sich nicht in der hermetischen Stimmigkeit der Gedankengebilde. An einer weithin irrationalen Gesellschaft

---

22 Die einundzwanzigste These Poppers enthält, in abstrakter Allgemeinheit, etwas wie einen gemeinsamen Nenner zwischen beiden. Vgl. Popper, Zur Logik der Sozialwissenschaften, a.a.O., S. 119.

23 Er erklärte sich mit Poppers Kritik am »verfehlte(n) und mißverständliche(n) methodologische(n) Naturalismus oder Szientismus« zunächst zwar einverstanden (vgl. Popper, a.a.O., S. 107, und Adorno, Zur Logik der Sozialwissenschaften, Korreferat, S. 128), verschwieg dann jedoch nicht, daß er in seiner Vorstellung von Kritik weitergeen müsse als Popper es billige (vgl. Adorno, a.a.O., 128 ff.).

steht gerade der wissenschaftlich stipulierte Primat der Logik zur Diskussion. Sachhaltigkeit, deren keine Erkenntnis, auch nicht das rein logische Verfahren, ohne Rest sich entledigen kann, erheischt, daß immanente Kritik, soweit sie auf das von wissenschaftlichen Sätzen Gemeinte, nicht auf »Sätze an sich« geht, nicht allein argumentativ verfahre, sondern untersuche, ob dies denn so sei. Sonst verfällt das Argumentieren jener Borniertheit, die am Scharfsinn nicht selten zu beobachten ist. Der Begriff des Arguments ist nicht das Selbstverständliche, als das Popper ihn behandelt, sondern bedürfte der kritischen Analyse; die phänomenologische Parole »Zu den Sachen« hat das einst angemeldet. Argumentation wird fragwürdig, sobald sie die diskursive Logik gegenüber dem Inhalt supponiert. Hegel hat in der ›Wissenschaft der Logik‹ kaum im herkömmlichen Sinn argumentiert, in der Einleitung zur Phänomenologie des Geistes das »reine Zusehen« verlangt. Popper dagegen, der die Objektivität der Wissenschaft in der Objektivität der kritischen Methode erblickt, erläutert sie mit dem Satz, »daß die logischen Hilfsmittel der Kritik – die Kategorie des logischen Widerspruchs – objektiv sind« [24]. Darin ist zwar kein Exklusivitätsanspruch der formalen Logik erhoben, wie wenn Kritik einzig an dieser ihr Organon besäße, aber er wird doch zumindest nahegelegt. Auch der an Popper orientierte Albert dürfte Kritik nicht anders interpretieren [25]. Er läßt zwar »Untersuchungen über solche faktischen Zusammenhänge« [26] zu, wie Habermas sie erwähnt, möchte aber sie und die logischen »auseinanderhalten«. Die Einheit beider Typen von Kritik, welche deren Begriff indiziert, wird durch begriffliche Ordnung eskamotiert. Treten jedoch in sozialwissenschaftlichen Sätzen logische Widersprüche auf wie der nicht eben irrelevante, daß das gleiche soziale System die Produktivkräfte entfessele und fessele, dann vermag theoretische Analyse derlei logische Unstimmigkeiten auf Strukturmomente der Gesellschaft zurückzuführen, muß sie nicht als bloße Inkonzinnitäten des wissenschaftlichen Denkens wegschaffen, wo sie doch nur durch Veränderung

---

24 Popper, Die Logik der Sozialwissenschaften, S. 106.

25 Vgl. Hans Albert, Im Rücken des Positivismus?, S. 286 f.

26 a.a.O., S. 288.

der Realität beseitigt werden könnten. Wäre es selbst möglich, solche Widersprüche in lediglich semantische zu übersetzen, also darzutun, daß die kontradiktorischen Sätze jeweils auf ein Verschiedenes sich bezögen, so prägt doch deren Gestalt schärfer die Struktur des Gegenstands aus als ein Verfahren, welches wissenschaftliche Befriedigung erreicht, indem es vom Unbefriedigenden des außerwissenschaftlichen Gegenstands der Erkenntnis sich abwendet. Übrigens mag die Möglichkeit der Abwälzung objektiver Widersprüche auf die Semantik damit zusammenhängen, daß der Dialektiker Marx keine voll entfaltete Vorstellung von Dialektik hegte, mit der er bloß zu »kokettieren« vermeinte. Denken, das darüber sich belehrt, daß zu seinem eigenen Sinn gehört, was nicht seinerseits Gedanke ist, sprengt die Logik der Widerspruchslosigkeit. Ihr Gefängnis hat Fenster. Die Enge des Positivismus ist, daß er davon keine Kenntnis nimmt und sich als in eine letzte Zuflucht in Ontologie, wäre es auch nur die gänzlich formalisierte, inhaltslose des Deduktionszusammenhangs von Sätzen an sich, verschanzt.

Kritik am Verhältnis wissenschaftlicher Sätze zu dem, worauf sie gehen, wird jedoch unaufhaltsam zur Kritik der Sache gedrängt. Vernünftig muß sie entscheiden, ob die Insuffizienzen, auf die sie stößt, bloß wissenschaftliche sind, oder ob die Sache dem nicht genügt, was die Wisenschaft durch ihre Begriffe von ihr ausdrückt. So wenig die Trennung zwischen den Gebilden der Wissenschaft und der Realität absolut ist, so wenig darf der Begriff der Wahrheit jenen allein zugesprochen werden. Nicht weniger sinnvoll ist es, von der Wahrheit einer gesellschaftlichen Institution zu reden, als von der der Theoreme, die mit ihr sich beschäftigen. Legitimer Weise visiert der Sprachgebrauch bei Kritik nicht nur Selbstkritik – auf die sie eigentlich bei Popper hinausläuft – sondern auch die an der Sache. Daran hat die Antwort von Habermas auf Albert[27] ihr Pathos. Der Begriff von Gesellschaft, spezifisch bürgerlich und antifeudal, impliziert die Vorstellung einer Assoziation freier und selbständiger Subjekte um der Möglichkeit eines besseren Lebens willen, und damit Kritik an naturwüchsigen gesellschaftlichen Verhältnissen. Die Verhär-

---

27 Vgl. Jürgen Habermas, Gegen einen positivistisch halbierten Rationalismus, S. 249.

tung der bürgerlichen Gesellschaft zu einem undurchdringlich Naturwüchsigen ist ihre immanente Rückbildung. Etwas von der entgegengesetzten Intention war in den Vertragstheorien ausgedrückt. So wenig sie historisch zutreffen, so eindringlich erinnern sie Gesellschaft an den Begriff einer Einheit von Individuen, deren Consensus schließlich ihre Vernunft, Freiheit und Gleichheit postuliert. Großartig bekundet sich die Einheit von Kritik im wissenschaftlichen und metawissenschaftlichen Sinn im Werk von Marx: es heißt Kritik der politischen Ökonomie, weil es aus Tausch und Warenform und ihrer immanenten, ›logischen‹ Widersprüchlichkeit das seinem Existenzrecht nach zu kritisierende Ganze herzuleiten sich anschickt. Die Behauptung der Äquivalenz des Getauschten, Basis allen Tausches, wird von dessen Konsequenz desavouiert. Indem das Tauschprinzip kraft seiner immanenten Dynamik auf die lebendige Arbeit von Menschen sich ausdehnt, verkehrt es sich zwangvoll in objektive Ungleichheit, die der Klassen. Prägnant lautet der Widerspruch: daß beim Tausch alles mit rechten Dingen zugeht und doch nicht mit rechten Dingen. Logische Kritik und die emphatisch praktische, die Gesellschaft müsse verändert werden, allein schon um den Rückfall in Barbarei zu verhindern, sind Momente der gleichen Bewegung des Begriffs. Daß auch eine solche Analyse die Trennung des Verbundenen, die von Wissenschaft und Politik, nicht einfach ignorieren kann, wird vom Marxischen Verfahren bezeugt. Er hat die Trennung sowohl kritisiert wie respektiert; der in seiner Jugend die Feuerbachthesen verfaßte, blieb gleichwohl sein Leben lang theoretischer Nationalökonom. Der Poppersche Begriff von Kritik sistiert die Logik, indem er sie auf wissenschaftliche Sätze einschränkt ohne Rücksicht auf die Logizität ihres Substrats, die es doch seinem eigenen Sinn nach verlangt. Sein »kritischer Rationalismus« hat etwas vor-Kantisches, formallogisch auf Kosten des Inhalts. Soziologische ›constructs‹ indessen, die bei ihrer logischen Widerspruchsfreiheit sich beschieden, hielten der inhaltlichen Reflexion nicht stand: der einer durchaus funktionalen, aber einzig durch die Härte unentwegter Repression ad Kalendas Graecas sich perpetuierenden Gesellschaft darum nicht, weil sie unstimmig ist, weil der Zwang, unter welchem sie sich am Leben erhält und auch das Leben ihrer Mitglieder, deren Leben nicht derart reproduziert, wie es dem Stand der Rationalität der Mittel nach möglich wäre, den gerade integrale bürokratische Herrschaft voraussetzt. Funktionieren kann auch der Schrecken ohne Ende, aber Funktionieren als Selbstzweck, getrennt von dem, wofür es funktioniert, ist nicht weniger ein Widerspruch als irgendein logischer, und Wissenschaft, die davor verstummt, wäre irrational. Kritik heißt nicht allein die Entscheidung darüber, ob vorgeschlagene Hypothesen als richtig oder falsch erwiesen werden können: sie geht durchsichtig zum Objekt über. Sind Theoreme widerspruchsvoll, so müssen, den Satz von Lichtenberg zu variieren, nicht immer die Theoreme daran schuld sein. Der dialektische Widerspruch drückt die realen Antagonismen aus, die innerhalb des logisch-szientistischen Denksystems nicht sichtbar werden. Den Positivisten ist das System, nach dem Modell des logisch-deduktiven, ein Erstrebenswertes, ›Positives‹; den Dialektikern, real nicht weniger als philosophisch, der Kern des zu Kritisierenden. Zu den Verfallsformen dialektischen Denkens im Diamat rechnet es, daß er die Kritik des übergeordneten Systems reprimiert. Dialektische Theorie muß von der Systemform zunehmend sich entfernen: die Gesellschaft selbst entfernt sich weiter stets von dem liberalistischen Modell, das ihr den Systemcharakter verlieh, und ihr cognitives System büßt den Charakter des Ideals darum ein, weil in der postliberalen Gestalt der Gesellschaft deren systematische Einheit als Totalität mit Repression sich amalgamiert. Wo dialektisches Denken heute, auch und gerade im Kritisierten, allzu unflexibel dem Systemcharakter nachhängt, neigt es dazu, das bestimmte Seiende zu ignorieren und in wahnhafte Vorstellungen überzugehen. Darauf aufmerksam zu machen, ist ein Verdienst des Positivismus, dessen Systembegriff, als bloß innerwissenschaftlich-klassifikatorischer, nicht ebenso zur Hypostase verlockt wird. Hypostasierte Dialektik wird undialektisch und bedarf der Korrektur durch jenes fact finding, dessen Interesse die empirische Sozialforschung wahrnimmt, die dann von der positivistischen Wissenschaftslehre ihrerseits zu Unrecht hypostasiert wird. Die vorgegebene, nicht erst aus der Klassifizierung stammende Struktur, das Durkheimsche Undurchdringliche, ist ein wesentlich Negatives, mit seinem eigenen Zweck, der Erhaltung und Befriedigung der Menschheit Unvereinbares. Ohne einen solchen Zweck wäre, inhaltlich betrachtet, der Begriff der Gesellschaft wahrhaft das, was die Wiener Positivisten sinnleer zu nennen pflegten; soweit ist Soziologie auch als kritische Theorie der Gesellschaft ›logisch‹. Das nötigt dazu, den Begriff von Kritik über seine Limitationen bei Popper auszudehnen. Die Idee wissenschaftlicher Wahrheit ist nicht abzuspalten von der einer wahren Gesellschaft. Sie erst wäre frei von Widerspruch und Widerspruchslosigkeit gleichermaßen. Diese wird vom Szientismus resigniert den bloßen Formen der Erkenntnis allein überantwortet.

Gegen Kritik am Gegenstand anstatt bloß an logischen Unstimmigkeiten wehrt sich der Szientismus unter Berufung auf seine gesellschaftliche Neutralität. Der Problematik einer solchen Beschränkung kritischer Vernunft scheinen Albert wie Popper eingedenk zu sein; dessen, was Habermas so ausdrückte, daß die szientifische Askese dem Dezisionismus der Zwecke, dem Irrationalismus Vorschub leiste, der schon in der Weberschen Wissenschaftslehre sich abzeichnete. Die Konzession Poppers, daß »Protokollsätze nicht unantastbar sind, scheint mir ein erheblicher Fortschritt zu sein« [28], daß universelle Gesetzeshypothesen sinnvollerweise nicht als verifizierbar aufgefaßt werden könnten, und daß das sogar für die Protokollsätze [29] gelte, treibt tatsächlich den Begriff von Kritik produktiv weiter. Absichtlich oder nicht wird dem Rechnung getragen, daß, worauf sogenannte soziologische Protokollsätze gehen, die einfachen Beobachtungen, präformiert sind durch die Gesellschaft, die ihrerseits wiederum sich nicht auf Protokollsätze reduzieren läßt. Ersetzt man freilich das herkömmliche positivistische Verifizierungspostulat durch das von ›Bestätigungsfähigkeit‹, so büßt der Positivismus sein Salz ein. Jede Erkenntnis bedarf der Bestätigung, jede muß, rational, Wahres und Falsches unterscheiden, ohne daß sie doch die Kategorien Wahr und Falsch autologisch nach den Spielregeln etablierter Wissenschaft einrichtete. Popper kontrastiert seine ›Soziologie des Wissens‹ der seit Mannheim und Scheler gängigen Wissenssoziologie.

---

[28] Popper, Logik der Forschung, Tübingen 1966, S. 63.

[29] »Das Schicksal, gestrichen zu werden, kann auch einem Protokollsatz widerfahren.« (Otto Neurath, Protokollsätze, in: Erkenntnis, hrsg. v. Rudolf Carnap und Hans Klüthenbach, 3. Band 1932/33, Leipzig, S. 209.

Er verficht eine »Theorie der wissenschaftlichen Objektivität«. Sie gelangt aber über den szientistischen Subjektivismus [30] nicht hinaus, sondern fällt unter den unüberholten Satz von Durkheim, daß »zwischen den Sätzen Ich mag das und Eine bestimmte Anzahl von uns mag das kein wesentlicher Unterschied«[31] besteht. Popper erläutert die von ihm verfochtene wissenschaftliche Objektivität: »Diese kann nur durch solche soziale Kategorien erklärt werden, wie zum Beispiel: Wettbewerb (sowohl der einzelnen Wissenschaftler wie auch der verschiedenen Schulen); Tradition (nämlich die kritische Tradition); soziale Institution (wie zum Beispiel Veröffentlichungen in verschiedenen konkurrierenden Journalen und durch verschiedene konkurrierende Verleger; Diskussionen auf Kongressen); Staatsmacht (nämlich die politische Toleranz der freien Diskussion).«[32] Die Fragwürdigkeit dieser Kategorien ist eklatant. So steckt in der des Wettbewerbs der gesamte Konkurrenzmechanismus mitsamt dem Funesten, von Marx Denunzierten, daß der Erfolg auf dem Markt vor den Qualitäten der Sache, auch geistiger Gebilde, den Primat hat. Die Tradition, auf die Popper baut, wurde innerhalb der Universitäten offensichtlich zur Fessel der Produktivkraft. In Deutschland fehlt es durchaus an einer kritischen Tradition, von den »Diskussionen auf Kongressen« zu schweigen, die als Instrument von Wahrheit empirisch anzuerkennen Popper ebenso zögern dürfte, wie er die tatsächliche Reichweite der »politischen Toleranz der freien Diskussion« in der Wissenschaft nicht überschätzen wird. Seine forcierte Arglosigkeit alldem gegenüber atmet den Optimismus der Verzweiflung. Die apriorische Negation einer objektiven Struktur der Gesellschaft und deren Substitution durch Ordnungsschemata merzt Gedanken aus, die gegen jene Struktur sich kehren, während Poppers aufklärerischer Impuls doch auf solche Gedanken hinauswill. Die Verleugnung sozialer Objektivität läßt ihrer puren Form nach diese unbehelligt; Logik, verabsolutiert, ist Ideologie. Habermas referiert Popper: »Gegen eine positivistische Lösung des Basisproblems insistiert Popper

---

30 s. Text oben, S. 11 f.

31 Emile Durkheim, Soziologie und Philosophie, Frankfurt 1967, S. 141.

32 Popper, Die Logik der Sozialwissenschaften, a.a.O., S. 113.

auf der Einsicht, daß die Beobachtungssätze, die sich zur Falsifikation von Gesetzesannahmen eignen, nicht empirisch zwingend gerechtfertigt werden können; statt dessen muß in jedem Fall ein Beschluß gefaßt werden, ob die Annahme eines Basissatzes durch Erfahrung ausreichend motiviert ist. Im Forschungsprozeß müssen alle Beobachter, die an Versuchen der Falsifikation bestimmter Theorien beteiligt sind, über relevante Beobachtungssätze zu einem vorläufigen und jederzeit widerrufbaren Konsensus gelangen: diese Einigung beruht in letzter Instanz auf einem Entschluß, sie kann weder logisch noch empirisch erzwungen werden.«[33] Dem entspricht Poppers Referat. Er plädiert zwar: »Es ist gänzlich verfehlt anzunehmen, daß die Objektivität der Wissenschaft von der Objektivität des Wissenschaftlers abhängt.«[34] Tatsächlich aber krankt jene Objektivität weniger an der persönlichen Gleichung von anno dazumal als an der wiederum objektiv-gesellschaftlichen Präformation der vergegenständlichten wissenschaftlichen Apparatur. Der Nominalist Popper hat dafür kein kräftigeres Korrektiv als Intersubjektivität innerhalb der organisierten Wissenschaft: »Was man als wissenschaftliche Objektivität bezeichnen kann, liegt einzig und allein in der kritischen Tradition; in jener Tradition, die es trotz aller Widerstände so oft ermöglicht, ein herrschendes Dogma zu kritisieren. Anders ausgedrückt, die Objektivität der Wissenschaft ist nicht eine individuelle Angelegenheit der verschiedenen Wissenschaftler, sondern eine soziale Angelegenheit ihrer gegenseitigen Kritik, der freundlich-feindlichen Arbeitsteilung der Wissenschaftler, ihres Zusammenarbeitens und auch ihres Gegeneinanderarbeitens.«[35] Das Vertrauen darauf, daß sehr divergente Positionen sich vermöge der anerkannten Spielregeln der Kooperation, wie es wienerisch heißt, »zusammenraufen« und dadurch den je erreichbaren Grad von Objektivität der Erkenntnis gewinnen, folgt dem veralteten liberalistischen Modell derer, die sich um den runden Tisch versammeln, um ein Kompromiß auszuhandeln. Die Formen wissenschaftlicher Kooperation enthalten un-

---

33 Habermas, Analytische Wissenschaftstheorie und Dialektik, a.a.O., S. 178 f.

34 Popper, a.a.O., S. 112.

35 a.a.O.

endlich viel an gesellschaftlicher Vermittlung; Popper nennt sie zwar eine »soziale Angelegenheit«, kümmert sich aber nicht um deren Implikate. Sie reichen von den Selektionsmechanismen, die kontrollieren, ob einer akademisch überhaupt kooptiert wird und einen Ruf erhält – Mechanismen, in denen offensichtlich Konformität mit der herrschenden Gruppenmeinung entscheidet –, bis zur Gestalt der communis opinio und ihrer Irrationalitäten. Vollends Soziologie, die es thematisch mit explosiven Interessen zu tun hat, ist auch der eigenen Gestalt nach, nicht nur privat, sondern gerade in ihren Institutionen, ein Mikrokosmos jener Interessen. Dafür sorgt bereits das klassifikatorische Prinzip an sich. Der Umfang von Begriffen, die nichts sein wollen als Abbreviaturen je vorfindlicher Tatsachen, führen nicht über deren Umkreis hinaus. Je tiefer die approbierte Methode ins gesellschaftliche Material sich hineinbegibt, desto offenbarer ihre Parteiischkeit. Will etwa die Soziologie der »Massenmedien« – der eingebürgerte Titel verbreitet das Vorurteil, von den Subjekten, den Konsumentenmassen her sei zu ermitteln, was in der Produktionssphäre geplant und am Leben erhalten wird – nichts anderes als Probandenmeinungen und -attitüden eruieren und dann daraus ›sozialkritische‹ Konsequenzen ziehen, so wird stillschweigend das vorhandene System, zentral gesteuert und durch Massenreaktionen hindurch sich reproduzierend, zur Norm seiner selbst. Die Affinität der gesamten Sphäre des von Paul F. Lazarsfeld so genannten administrative research zu den Zwecken von Verwaltung schlechthin ist fast tautologisch; nicht weniger evident jedoch, daß diese Zwecke, tabuiert man nicht gewaltsam den Begriff objektiver Herrschaftsstruktur, nach deren Bedürfnissen, vielfach über die Köpfe der einzelnen Administratoren hinweg, gemodelt sind. Administrative research ist der Prototyp einer Sozialwissenschaft, die sich auf die szientistische Wissenschaftstheorie stützt und die dieser wiederum vor Augen steht. So wie, gesellschaftlich-inhaltlich, politische Apathie als Politikum sich erweist, verhält es sich mit der gepriesenen wissenschaftlichen Neutralität. Seit Pareto arrangiert sich positivistische Skepsis mit je bestehender Macht, auch der Mussolinis. Weil jede gesellschaftliche Theorie mit der realen Gesellschaft verflochten ist, kann gewiß eine jede ideologisch mißbraucht oder umfunktioniert werden; der Positivismus aber leiht sich, gleich der gesamten nominalistisch-skeptischen Tradition[36], spezifisch dem ideologischen Mißbrauch vermöge seiner inhaltlichen Unbestimmtheit, seiner einordnenden Verfahrungsweise, schließlich der Bevorzugung von Richtigkeit vor Wahrheit.

Das szientistische Maß aller Dinge, die Tatsache als das Feste, Irreduzible, woran das Subjekt nicht rütteln dürfe, ist eben der Welt entlehnt, die doch more scientifico erst aus den Tatsachen und ihrem nach logischen Vorschriften gebildeten Zusammenhang konstituiert werden soll. Gegebenheit, auf welche die szientistische Analyse führt, das letzte erkenntniskritisch postulierte, subjektive Phänomen, das nicht weiter zurückführbar sei, ist seinerseits das dürftige Nachbild eben der Objektivität, die da aufs Subjekt reduziert wird. Im Geist eines unbeirrten Objektivitätsanspruchs darf die Soziologie nicht beim Faktum, dem bloß dem Anschein nach Objektivsten, sich bescheiden. Anti-idealistisch wird darin etwas vom Wahrheitsgehalt des Idealismus bewahrt. Die Gleichsetzung von Objekt mit Subjekt gilt so weit, wie das Subjekt Objekt ist, zunächst in dem von Habermas betonten Sinn, daß die soziologische Forschung ihrerseits dem objektiven Zusammenhang angehört, den sie erforschen will[37]. Albert repliziert: »Will er« – Habermas – »den gesunden Menschenverstand – oder, etwas erhabener ausgedrückt: ›die natürliche Hermeneutik der sozialen Lebenswelt‹ – für sakrosankt erklären? Wenn nicht, worin besteht dann die Besonderheit seiner Methode? Inwiefern kommt in ihr ›die Sache‹ ›ihrem eigenen Gewicht nach‹ mehr ›zur Geltung‹ als in den üblichen Methoden der Realwissenschaften?«[38] Keineswegs jedoch sistiert die dialektische Theorie, wie einst Hegel, artifiziell-dogmatisch die Kritik am sogenannten vorwissenschaftlichen Bewußtsein. Auf dem Frankfurter Soziologentag 1968 apostrophierte Dahrendorf ironisch die Dialektiker: Sie wissen eben viel mehr als ich. Er bezweifelt die Kenntnis vorgängiger sozialer Objektivität, da doch das Soziale an sich ver-

---

36 Vgl. Max Horkheimer, Montaigne und die Funktion der Skepsis, in: Kritische Theorie II, a.a.O., S. 220, passim.

37 Vgl. Habermas, Gegen einen positivistisch halbierten Rationalismus, a.a.O., S. 260.

38 Albert, Der Mythos der totalen Vernunft, a.a.O., S. 204.

mittelt sei durch subjektive Kategorien des Verstandes. Die von den Dialektikern angegriffene Vorherrschaft der Methode sei nichts als die fortschreitende Reflexion der intentio recta, durch welche der Fortschritt der Wissenschaft sich vollziehe. Aber die Dialektiker kritisieren gerade die erkenntnistheoretische Kritik, die intentio obliqua, an ihrer eigenen Konsequenz. Dabei allerdings kassieren sie die Verbote, in denen der Szientismus bis zur jüngeren Entwicklung der ›analytischen Philosophie‹ sich zuspitzte, weil sie auf Kosten der Erkenntnis gehen. Der Begriff der Sache selbst wärmt nicht, wie Albert argwöhnt, »bestimmte Vorurteile« oder gar den Vorrang der geistigen »Abstammung« gegenüber der »Leistung« auf, wobei übrigens die des Szientismus innerhalb des Ganges der Soziologie nicht gar so sehr imponiert. Die von Albert zitierte Auffassung Poppers, der zufolge Theoreme »als Versuche verstanden werden können, die strukturellen Züge der Wirklichkeit aufzuhellen«[39], ist vom Begriff jener Sache selbst nicht so gar weit entfernt. Popper verleugnet nicht, wie seinerzeit Reichenbach, die philosophische Tradition. Kriterien wie das der »Relevanz«[40] oder der »erklärenden Kraft«[41], die er freilich später in einem dem naturwissenschaftlichen Modell angenäherten Sinn interpretiert, besagten wenig, stünde nicht implizit trotz allem ein Begriff von Gesellschaft dahinter, den manche Positivisten, wie in Deutschland König und Schelsky, lieber abschafften. Die Mentalität, die keine objektive Gesellschaftsstruktur Wort haben will, zuckt vor dem von ihr tabuierten Gegenstand zurück. Während die Szientisten ihre Gegner als träumerische Metaphysiker karikieren, werden sie unrealistisch. Operationell ideale Techniken entfernen sich unabdingbar von den Situationen, in denen seinen Ort hat, was ermittelt werden soll; insbesondere am sozialpsychologischen Experiment wäre das zu demonstrieren, aber auch an den vorgeblichen Verbesserungen der Skalierung. Die Objektivität, welcher doch eigentlich der methodologische Schliff, das Vermeiden von

---

39 Albert, Im Rücken des Positivismus?, a.a.O., S. 285, dazu Fußnote 41: »Vgl. dazu auch Popper, Die Zielsetzung der Erfahrungswissenschaft, in: Ratio, Jg. 1, 1957; wiederabgedruckt in: Theorie und Realität, hrsg. von Hans Albert, Tübingen 1964.«

40 Popper, Logik der Sozialwissenschaften, a.a.O., S. 114.

41 a.a.O.

Fehlerquellen dienen soll, wird zum Sekundären, vom operationellen Ideal gnädig Mitgeschleiften; das Zentrale peripher. Herrscht der methodologische Wille, Probleme eindeutig entscheidbar, »falsifizierbar« zu machen, unreflektiert vor, so schrumpft die Wissenschaft auf Alternativen zusammen, die nur durch Elimination von »variables«, also abstrahierend vom Objekt und dadurch es verändernd, herausspringen. Nach diesem Schema arbeitet der methodologische Empirismus in entgegengesetzter Richtung als Erfahrung.

Daß ohne Beziehung auf Totalität, das reale, aber in keine handfeste Unmittelbarkeit zu übersetzende Gesamtsystem nichts Gesellschaftliches zu denken ist, daß es jedoch nur soweit erkannt werden kann, wie es in Faktischem und Einzelnem ergriffen wird, verleiht in der Soziologie der *Deutung* ihr Gewicht. Sie ist die gesellschaftliche Physiognomik des Erscheinenden. Deuten heißt primär: an Zügen sozialer Gegebenheit der Totalität gewahr werden. Die Idee des »Vorgriffs« auf Totalität, die allenfalls ein sehr liberaler Positivismus zu billigen bereit wäre, reicht nicht aus: sie visiert die Totalität in Erinnerung an Kant als ein zwar unendlich Aufgegebenes und Verschobenes, aber prinzipiell durch Gegebenheiten zu Erfüllendes, ohne Rücksicht auf den qualitativen Sprung zwischen Wesen und Erscheinung in der Gesellschaft. Ihm wird Physiognomik gerechter, weil sie die Totalität, die ›ist‹ und keine bloße Synthesis logischer Operationen darstellt, in ihrem doppelschlächtigen Verhältnis zu den Fakten zur Geltung bringt, welche sie dechiffriert. Die Fakten sind nicht identisch mit ihr, aber sie existiert nicht jenseits von den Fakten. Gesellschaftliche Erkenntnis, die nicht mit dem physiognomischen Blick anhebt, verarmt unerträglich. Kanonisch ist ihm der soupçon gegen die Erscheinung als Schein. Dabei darf Erkenntnis nicht verharren. Indem sie die Vermittlungen des Erscheinenden und des in ihnen sich Ausdrückenden entfaltet, differenziert und berichtigt die Deutung sich zuweilen radikal. Menschenwürdige Erkenntnis beginnt zum Unterschied vom in Wahrheit vorwissenschaftlich stumpfen Registrieren damit, daß der Sinn für das geschärft wird, was an jedem sozialen Phänomen aufleuchtet: er, wenn irgend etwas, wäre als das Organ wissenschaftlicher Erfahrung zu definieren. Die etablierte Soziologie treibt diesen Sinn aus: daher ihre Sterilität. Einzig wofern er erst einmal entwikkelt wird, ist er zu disziplinieren. Seine Disziplin bedarf ebenso gesteigerter Genauigkeit empirischer Beobachtung wie der Kraft der Theorie, welche die Deutung inspiriert und an ihr sich wandelt. Manche Szientisten mögen das generös einräumen, ohne daß doch die Divergenz dadurch verschwände. Es ist eine der Konzeptionen. Der Positivismus betrachtet Soziologie als eine Wissenschaft unter den anderen und hält seit Comte die bewährten Methoden der älteren, zumal der von der Natur, für übertragbar auf die Soziologie. Das birgt das eigentliche Pseudos. Denn Soziologie hat Doppelcharakter: in ihr ist das Subjekt aller Erkenntnis, eben Gesellschaft, der Träger logischer Allgemeinheit, zugleich das Objekt. Subjektiv ist Gesellschaft, weil sie auf die Menschen zurückweist, die sie bilden, und auch ihre Organisationsprinzipien auf subjektives Bewußtsein und dessen allgemeinste Abstraktionsform, die Logik, ein wesentlich Intersubjektives. Objektiv ist sie, weil auf Grund ihrer tragenden Struktur ihr die eigene Subjektivität nicht durchsichtig ist, weil sie kein Gesamtsubjekt hat und durch ihre Einrichtung dessen Instauration hintertreibt. Solcher Doppelcharakter aber modifiziert das Verhältnis sozialwissenschaftlicher Erkenntnis zu ihrem Objekt, und davon nimmt der Positivismus keine Notiz. Er behandelt Gesellschaft, potentiell das sich selbst bestimmende Subjekt, umstandslos so, als ob sie Objekt wäre, von außen her zu bestimmen. Buchstäblich vergegenständlicht er, was seinerseits Vergegenständlichung verursacht und woraus Vergegenständlichung zu erklären ist. Solche Substitution von Gesellschaft als Subjekt durch Gesellschaft als Objekt macht das verdinglichte Bewußtsein der Soziologie aus. Verkannt wird, daß durch die Wendung aufs Subjekt als auf ein sich selbst fremd und gegenständlich Gegenüberstehendes notwendig das Subjekt, das gemeint ist, wenn man will also gerade der Gegenstand der Soziologie ein Anderes wird. Freilich hat die Veränderung durch die Blickrichtung der Erkenntnis ihr fundamentum in re. Die Entwicklungstendenz der Gesellschaft läuft ihrerseits auf Verdinglichung hinaus; das verhilft einem verdinglichten Bewußtsein von ihr zur adaequatio. Nur verlangt Wahrheit, daß dies quid pro quo mitbegriffen werde. Gesellschaft als Subjekt und Gesellschaft als Objekt sind dasselbe und doch nicht dasselbe. Die objektivierenden Akte der Wissenschaft eliminieren das an der Gesellschaft, wodurch sie nicht nur Objekt ist, und der Schatten davon fällt über alle szientistische Objektivität. Das einzusehen fällt einer Doktrin, deren oberste Norm Widerspruchslosigkeit heißt, am schwersten. Darin differiert zuinnerst eine kritische Theorie der Gesellschaft von dem, was im allgemeinen Sprachgebrauch Soziologie heißt: kritische Theorie orientiert sich trotz aller Erfahrung von der Verdinglichung, und gerade indem sie diese Erfahrung ausspricht, an der Idee der Gesellschaft als Subjekt, während die Soziologie die Verdinglichung akzeptiert, in ihren Methoden sie wiederholt und dadurch die Perspektive verliert, in der Gesellschaft und ihr Gesetz erst sich enthüllte. Zurück datiert das auf den soziologischen Herrschaftsanspruch, den Comte anmeldete und der heute mehr oder minder offen sich reproduziert in der Vorstellung, Soziologie könne, weil es ihr möglich ist, einzelne gesellschaftliche Situationen und Felder erfolgreich zu kontrollieren, ihre Kontrolle aufs Ganze ausdehnen. Wäre eine solche Übertragung irgend möglich; verkennte sie nicht gröblich die Machtverhältnisse, in deren Gegebenheit sie konstitutiv sich hält, so bliebe die wissenschaftlich total kontrollierte Gesellschaft Objekt, das der Wissenschaft, unmündig wie stets. Noch in der Rationalität einer wissenschaftlichen Betriebsführung der Gesamtgesellschaft, die scheinbar ihrer Schranken sich entledigt hätte, überlebte Herrschaft. Die der Forscher verquickte sich, auch gegen deren Willen, mit den Interessen der mächtigen Cliquen; eine Technokratie der Soziologen behielte elitären Charakter. Unter den Momenten, welche der Philosophie und der Soziologie gemeinsam bleiben müssen, wenn nicht beide – jene aufs Inhaltlose, diese aufs Begriffslose – herabsinken sollen, rangiert demgegenüber obenan, daß beiden ein in Wissenschaft nicht gänzlich Transformierbares innewohnt. Hier wie dort ist nichts durchaus wörtlich gemeint, weder statement of fact noch reine Geltung. Dies nicht Wörtlichsein, Nietzsche zufolge ein Stück Spiel, umschreibt den Begriff von Deutung, die ein Seiendes auf ein Nichtseiendes interpretiert. Das nicht ganz Wörtliche bezeugt die gespannte Nichtidentität von Wesen und Erscheinung. Emphatische Erkenntnis läuft nicht zum

Irrationalismus über, wenn sie darin von der Kunst nicht absolut sich lossagt. Der szientistische Erwachsenenspott über »Gedankenmusik« übertäubt einzig das Knirschen der Rollschränke, in denen die Fragebogen abgelegt werden, das Geräusch des Betriebs purer Wörtlichkeit. Es assoziiert sich dem probaten Einwand gegen den Solipsismus eines sich selbst befriedigenden Denkens über Gesellschaft, das weder deren Sachverhalte respektiere noch in ihr eine nützliche Funktion erfülle. Manches immerhin spricht dafür, daß theoretisch ausgebildete Studenten, die ein Flair für die Realität haben und das, was sie zusammenhält, auch in ihr eher noch befähigt sind, ihnen zufallende Aufgaben vernünftig zu erfüllen als vereidigte Spezialisten, denen die Methode über alles geht. Das Stichwort Solipsismus jedoch stellt den Sachverhalt auf den Kopf. Dialektik befriedigt sich so wenig beim subjektiven Vernunftbegriff, wie ihr das Individuum, auf das sogar Max Weber in seiner Definition sozialen Handelns glaubt rekurrieren zu müssen, als Substrat gilt; und eben darauf beruht aller Solipsismus. In den philosophischen Publikationen der Frankfurter Schule ist all das eingehend expliziert. Den Schein des Solipsismus zeitigt, daß offenbar in der gegenwärtigen Situation nur das noch den subjektivistischen Bann durchbricht, was sich von der allgemeinen Kommunikationsfreude der subjektiven Soziologie nicht begeistern läßt. Etwas davon scheint seit jüngstem die rebellische öffentliche Meinung zu bekunden, die als glaubwürdig allein das empfindet, was nicht durch die Form der Mitteilung, als ›Kommunikation‹, nach Kulturkonsumenten schielt, denen etwas aufgeschwätzt werden soll.

Was den Positivisten wie Musik in den Ohren mißtönt, ist das nicht ganz in Sachverhalten Vorhandene, das der Form der Sprache bedarf. Je strikter diese den Sachverhalten sich anschmiegt, desto höher entragt sie der bloßen Signifikation und nimmt etwas wie Ausdruck an. Das bislang Unfruchtbare der Positivismus-Kontroverse rührt wohl auch daher, daß dialektische Erkenntnisse von ihren Gegnern allzu wörtlich genommen werden; Wörtlichkeit und Präzision sind nicht dasselbe, eher tritt beides auseinander. Ohne ein Gebrochenes, Uneigentliches gibt es keine Erkenntnis, die mehr wäre als einordnende Wiederholung. Daß sie dabei gleichwohl die Idee der Wahrheit nicht opfert, wie es dem Positivismus in seinen folgerechtesten Repräsentanten weit näher liegt, umschreibt einen wesentlichen Widerspruch: Erkenntnis ist, und keineswegs per accidens, Übertreibung. Denn so wenig irgendein Einzelnes ›wahr‹ ist, sondern vermöge seiner Vermitteltheit immer auch sein eigenes Anderes, so wenig wahr ist wiederum das Ganze. Daß es mit dem Einzelnen unversöhnt bleibt, ist Ausdruck seiner eigenen Negativität. Wahrheit ist die Artikulation dieses Verhältnisses. In alten Zeiten wußte das noch die große Philosophie: die des Platon, welche vorkritisch den äußersten Anspruch auf Wahrheit anmeldet, sabotiert in der Darstellungsform der »aporetischen« Dialoge unablässig diesen Anspruch als wörtlich erfüllten; Spekulationen wären nicht abwegig, welche die Sokratische Ironie darauf bezögen. Die Kardinalsünde des deutschen Idealismus, die sich heute durch die positivistische Kritik an jenem rächt, war, daß er durch das subjektivistische Pathos der voll erreichten Identität mit dem Objekt, im absoluten Wissen, über solche Gebrochenheit sich und seine Anhänger betrog. Damit gerade begab er sich auf den Schauplatz der statements of fact und der Geltungen terre à terre, auf dem er dann unvermeidlich von einer Wissenschaft geschlagen wird, die ihm demonstrieren kann, daß er ihren Desideraten nicht genügt. Schwach wird die deutende Verfahrensweise in dem Augenblick, da sie, terrorisiert vom einzelwissenschaftlichen Fortschritt, beteuert, auch sie sei Wissenschaft so gut wie die anderen. Kein Einwand gegen Hegel ist stringenter als der bereits von Kierkegaard geäußerte, er nehme seine Philosophie wörtlich. Ebensowenig jedoch ist Deutung beliebig. Vermittelt wird zwischen dem Phänomen und seinem der Deutung bedürftigen Gehalt durch Geschichte: was an Wesentlichem im Phänomen erscheint, ist das, wodurch es wurde, was es ist, was in ihm stillgestellt ward und was im Leiden seiner Verhärtung das entbindet, was erst wird. Auf dies Stillgestellte, die Phänomenalität zweiten Grades richtet sich der Blick von Physiognomik. Unter dem Habermasschen Terminus »natürliche Hermeneutik der sozialen Lebenswelt«[42], den Albert moniert, ist keine erste Natur

---

42 Habermas, Analytische Wissenschaftstheorie und Dialektik, a.a.O., S. 158; s. Text oben, S. 40.

zu denken; vielmehr der Ausdruck, den die Prozesse sozialen Werdens im Gewordenen empfangen. Deutung ist denn auch nicht nach dem Usus phänomenologischer Invarianz zu verabsolutieren. Sie bleibt mit dem Gesamtprozeß der Erkenntnisse verflochten; Habermas zufolge verbietet es »die Abhängigkeit dieser Ideen und Interpretationen von den Interessenanlagen eines objektiven Zusammenhangs der gesellschaftlichen Reproduktion..., bei einer subjektiv sinnverstehenden Hermeneutik zu verharren; eine objektiv sinnverstehende Theorie muß auch von jenem Moment der Verdinglichung Rechenschaft geben, das die objektivierenden Verfahren ausschließlich im Auge haben« [43]. Soziologie hat es nur peripher mit der subjektiv von Handelnden verfolgten Zweck-Mittel-Relation zu tun; mehr mit den Gesetzen, die durch solche Intentionen hindurch und wider sie sich realisieren. Deutung ist das Gegenteil subjektiver Sinngebung durch den Erkennenden oder den sozial Handelnden. Der Begriff solcher Sinngebung verleitet zum affirmativen Fehlschluß, der gesellschaftliche Prozeß und die soziale Ordnung sei als ein vom Subjekt her Verstehbares, Subjekt-Eigenes mit dem Subjekt versöhnt und gerechtfertigt. Ein dialektischer Sinnbegriff wäre kein Korrelat des Weberschen sinnhaften Verstehens, sondern das die Erscheinungen prägende, in ihnen erscheinende und in ihnen sich verbergende gesellschaftliche Wesen. Es bestimmt die Phänomene, kein Allgemeingesetz im üblichen szientifischen Verstande. Sein Modell wäre etwa das sei's auch heute bis zur Unkenntlichkeit sich versteckende Marxische Zusammenbruchsgesetz, das aus der Tendenz der sinkenden Profitrate deduziert war. Seine Milderungen wären ihrerseits aus ihm abzuleiten, systemimmanent vorgezeichnete Anstrengungen, die systemimmanente Tendenz abzubiegen oder aufzuschieben. Keineswegs steht fest, daß das auf die Dauer möglich ist; ob nicht jene Anstrengungen schließlich doch das Zusammenbruchsgesetz wider ihren eigenen Willen exekutieren. Lesbar ist das Menetekel langsamer inflationärer Verelendung.

Der Gebrauch von Kategorien wie Totalität und Wesen bestärkt das Vorurteil, die Dialektiker beschäftigten sich mit un-

---

[43] a.a.O., S. 480.

verbindlich Globalem, während die Positivisten es mit soliden Details zu tun hätten, die Fakten von aller windigen begrifflichen Zutat säuberten. Dem szientifischen Usus, Dialektik als durch die Hintertür eingeschlichene Theologie zu brandmarken, ist die Differenz des gesellschaftlichen Systemcharakters vom sogenannten ganzheitlichen Denken entgegenzuhalten. System ist die Gesellschaft als Synthesis eines atomisierten Manrigfaltigen, als reale, doch abstrakte Zusammenfassung eines keineswegs unmittelbar, ›organisch‹ Verbundenen. Das Tauschverhältnis verleiht dem System in weitem Maß mechanischen Charakter: es ist seinen Elementen objektiv aufgestülpt, durchaus nicht, wie es im Organismusbegriff liegt, dem Modell einer göttlichen Teleologie ähnlich, durch welche jedes Organ seine Funktion im Ganzen hätte und von diesem Sinn empfinge. Der Zusammenhang, welcher das Leben perpetuiert, zerreißt es zugleich und hat darum an sich schon jenes Totenhafte, auf das seine Dynamik sich hinbewegt. In der Kritik ganzheitlicher und organizistischer Ideologie bleibt die Dialektik an Schärfe nicht hinter den Positivisten zurück. Eine Variante des gleichen Sachverhalts ist, daß der Begriff der gesellschaftlichen Totalität nicht ontologisiert, nicht seinerseits zu einem ansichseienden Ersten gemacht werden darf. Positivisten wie jüngst noch Scheuch, die das der dialektischen Theorie zuschreiben, mißverstehen sie schlicht. Den Begriff eines ansichseienden Ersten überhaupt akzeptiert Dialektik weniger als die Positivisten. Das τέλος dialektischer Betrachtung der Gesellschaft ist der globalen konträr. Trotz der Reflexion auf Totalität verfährt Dialektik nicht von oben her, sondern trachtet, das antinomische Verhältnis von Allgemeinem und Besonderem durch ihr Verfahren theoretisch zu bewältigen. Die Szientisten beargwöhnen die Dialektiker als Größenwahnsinnige: anstatt daß sie goethisch-männlich das Endliche nach allen Seiten durchschritten, am Erreichbaren die Forderung des Tages erfüllten, ließen sie sich wohl sein im unverbindlich Unendlichen. Als Vermittlung aller sozialen Tatsachen indessen ist die Totalität nicht unendlich, sondern, gerade vermöge ihres Systemcharakters, geschlossen, endlich, so wenig sie auch dingfest sich machen läßt. Waren die großen metaphysischen Kategorien Projektionen innerweltlicher gesellschaftlicher Erfahrung auf den seinerseits gesellschaftlich entsprungenen Geist, so behalten sie, einmal in die Gesellschaft zurückgeholt, nicht den Schein des Absoluten, den jene Projektion ihnen anschuf. Keine gesellschaftliche Erkenntnis darf sich anmaßen, des Unbedingten mächtig zu sein. Gleichwohl heißt ihre Kritik an der Philosophie nicht, daß diese spurlos in ihr untergehe. Bewußtsein, das auf den gesellschaftlichen Bereich sich zurücknimmt, setzt durch seine Selbstbesinnung auch das an Philosophie frei, was nicht ohne weiteres in Gesellschaft sich löst. Wird jedoch gegen den gesellschaftlichen Systembegriff als den eines Objektiven angeführt, er säkularisiere den Systembegriff der Metaphysik, so ist das wahr, trifft aber auf alles zu und darum auf nichts. Mit keinem geringeren Recht ließe dem Positivismus sich vorhalten, sein Begriff des zweifelsfrei Gewissen sei Säkularisierung der göttlichen Wahrheit. Der Vorwurf von Krypto-Theologie bleibt auf halbem Weg stehen. Die metaphysischen Systeme hatten apologetisch den gesellschaftlichen Zwangscharakter auf das Sein projiziert. Wer denkend aus dem System herauswill, muß es aus der idealistischen Philosophie in die gesellschaftliche Realität übersetzen, aus der es abstrahiert ward. Dadurch wird der Begriff der Totalität, den gerade Szientisten wie Popper in der Idee des deduktiven Systems konservieren, der Aufklärung konfrontiert; entscheidbar, was daran unwahr, aber auch was wahr ist.

Nicht minder ungerecht ist der Vorwurf des Megalomanischen inhaltlich. Hegels Logik wußte die Totalität als das, was sie auch gesellschaftlich ist: kein dem Singulären, in Hegels Sprache: den Momenten bloß Vorgeordnetes, vielmehr untrennbar von jenen und ihrer Bewegung. Das einzelne Konkrete wiegt der dialektischen Konzeption schwerer als der szientifischen, die es erkenntnistheoretisch fetischisiert, erkenntnispraktisch als Rohmaterial oder Exempel traktiert. Die dialektische Anschauung von der Gesellschaft hält es mehr mit Mikrologie als die positivistische, die zwar in abstracto dem einzelnen Seienden den Primat vor seinem Begriff zuspricht, in ihrer Verfahrensweise jedoch darüber hinwegeilt mit jener zeitlosen Hast, die in den Computern zu sich selbst kommt. Weil das einzelne Phänomen in sich die gesamte Gesellschaft birgt, kontrapunktieren Mikrologie und Vermittlung durch die Totalität einander. Ein Beitrag über den sozialen Konflikt heute[44] wollte das erläutern; die alte Kontroverse mit Benjamin über die dialektische Interpretation gesellschaftlicher Phänomene[45] bewegte sich ums Gleiche: kritisiert ward Benjamins soziale Physiognomik als allzu unmittelbar, ohne Reflexion auf die gesamtgesellschaftliche Vermittlung. Diese mochte ihm als idealistisch suspekt sein, doch ohne sie hinkte die materialistische Konstruktion sozialer Phänomene hinter der Theorie her. Der eingeschworene Nominalismus, der den Begriff zum Schein oder zur Abbreviatur relegiert und die Fakten als Begriffsloses, im emphatischen Verstande Unbestimmtes vorstellt, wird dadurch notwendig abstrakt; Abstraktion ist der unbedachte Schnitt zwischen Allgemeinem und Besonderem, nicht der Blick aufs Allgemeine als die Bestimmung des Besonderen in sich. Soweit der dialektischen Methode, etwa gegenüber der soziographischen Deskription einzelner Befunde, Abstraktheit nachgesagt werden kann, ist sie vom Gegenstand diktiert, der Immergleichheit einer Gesellschaft, die eigentlich nichts qualitativ Verschiedenes duldet und trostlos im Detail wiederkehrt. Gleichwohl sind die Einzelphänomene, die das Allgemeine ausdrücken, weit substantieller, als wenn sie lediglich dessen logische Repräsentanten wären. Der Emphase auf dem Einzelnen, die es, um seiner immanenten Allgemeinheit willen, nicht der komparativen Allgemeinheit opfert, ist gemäß die dialektische Formulierung sozialer Gesetze als historisch konkreter. Die dialektische Bestimmtheit des Einzelnen als eines zugleich Besonderen und Allgemeinen verändert den gesellschaftlichen Gesetzesbegriff. Er hat nicht länger die Form des »immer wenn – dann«, sondern die »nachdem – muß«; sie gilt prinzipiell nur unter der Bedingung von Unfreiheit, weil den Einzelmomenten in sich bereits bestimmte, aus der spezifischen Gesellschaftsstruktur folgende Gesetzlichkeit innewohnt, nicht erst Produkt ihrer wissenschaftlichen Synthesis ist. Derart mögen die Ausführungen von Habermas über die historischen Bewegungsgesetze ausgelegt werden, im Kontext der objektiv-

---

44 Vgl. Theodor W. Adorno und Ursula Jaerisch, »Anmerkungen zum sozialen Konflikt heute«, in: Gesellschaft, Recht und Politik, Neuwied und Berlin 1968, S. 1 ff.

45 Vgl. Walter Benjamin, Briefe, Frankfurt 1966, S. 782 ff.

immanenten Bestimmtheit des Einzelnen selber[46]. Dialektische Theorie weigert sich, historische und gesellschaftliche Erkenntnis, als eine vom Individuellen, der Gesetzeserkenntnis blank zu kontrastieren, weil das vorgeblich bloß Individuelle – Individuation ist eine gesellschaftliche Kategorie – in sich selbst ein Besonderes und Allgemeines verschränkt: die notwendige Unterscheidung von beidem hat bereits den Charakter falscher Abstraktion. Modelle des Prozesses von Allgemeinem und Besonderem sind Entwicklungstendenzen der Gesellschaft wie die zur Konzentration, zur Überakkumulation und zur Krise. Längst bemerkte die empirische Soziologie, was sie an spezifischem Gehalt durch statistische Generalisierung einbüßt. Am Detail geht oftmals ein Entscheidendes übers Allgemeine auf, das der bloßen Verallgemeinerung entschlüpft. Daher die grundsätzliche Ergänzung statistischer Erhebungen durch case studies. Das Ziel auch quantitativer gesellschaftlicher Methoden wäre qualitative Einsicht; Quantifizierung ist nicht Selbstzweck sondern Mittel dazu. Statistiker erkennen das bereitwilliger an als die gängige Logik der Sozialwissenschaften. Das Verhalten dialektischen Denkens zum Singulären ist vielleicht am besten zu pointieren gegenüber einer Formulierung Wittgensteins, die Wellmer zitierte: »Der einfachste Satz, der Elementarsatz, behauptet das Bestehen eines Sachverhaltes.«[47]. Die scheinbare Selbstverständlichkeit, daß die logische Analyse von Sätzen auf Elementarsätze führe, ist alles andere als selbstverständlich. Noch von Wittgenstein wird dem Cartesianischen Discours de la méthode das Dogma nachgesprochen, das Einfachste – was immer man sich dabei vorzustellen habe – sei »wahrer« als das Zusammengesetzte und darum die Zurückführung von Komplizierterem aufs Einfache a priori verdienstlich. Tatsächlich ist für die Szientivisten Einfachheit ein Wertkriterium sozialwissenschaftlicher Erkenntnis; so in Poppers fünfter These aus dem Tübinger Referat[48]. Durch die Assoziation mit Ehrlichkeit wird Einfachheit zur wissenschaft-

---

46 Vgl. Habermas, Analytische Wissenschaftstheorie und Dialektik, a.a.O., S. 163; dazu auch: Theodor Adorno, Soziologie und empirische Forschung. S. 90.

47 Wittgenstein, Tractatus, 4.21., a.a.O., S. 37.

48 Vgl. Popper, Logik der Sozialwissenschaften, a.a.O., S. 105.

lichen Tugend; nicht überhörbar der Oberton, das Komplizierte entspringe der Verworrenheit oder Wichtigmacherei des Betrachters. Ob jedoch soziale Theoreme einfach oder komplex sein müssen, darüber entscheiden objektiv die Gegenstände.

Poppers Satz: »Was es aber wirklich gibt, das sind die Probleme und die wissenschaftlichen Traditionen«[49], bleibt hinter seiner unmittelbar vorhergehenden Einsicht zurück, ein sogenanntes wissenschaftliches Fach sei ein Konglomerat von Problemen und Lösungsversuchen. Die Aussonderung stillschweigend abgezirkelter Probleme als des szientifisch »allein Wirklichen« installiert Simplifizierung als Norm. Wissenschaft soll sich allein mit entscheidbaren Fragen befassen. Selten stellt das Material jene so bündig. Im selben Geist definiert Popper die Methode der Sozialwissenschaften »wie auch die der Naturwissenschaften«. Sie bestünde darin, »Lösungsversuche für ihre Probleme – die Probleme von denen sie ausgeht – auszuprobieren. Lösungen werden vorgeschlagen und kritisiert. Wenn ein Lösungsversuch der sachlichen Kritik nicht zugänglich ist, so wird er eben deshalb als unwissenschaftlich ausgeschaltet, wenn auch vielleicht nur vorläufig.«[50] Der dabei verwendete Problembegriff ist kaum minder atomistisch als das Wittgensteinsche Wahrheitskriterium. Postuliert wird, daß alles, womit Soziologie legitim sich abzugeben habe, in Einzelprobleme sich zerlegen lasse. Nimmt man die Poppersche These streng, so wird sie, trotz des common sense, der sie auf den ersten Blick empfiehlt, zur hemmenden Zensur wissenschaftlichen Denkens. Marx hat nicht die »Lösung eines Problems« vorgeschlagen – allein im Begriff des Vorschlagens schleicht die Fiktion des Consensus als des Garanten von Wahrheit sich ein –; ist darum das ›Kapital‹ keine Sozialwissenschaft? Im Kontext der Gesellschaft setzt die sogenannte Lösung eines jeden Problems jenen Kontext voraus. Die Panazee von trial and error geht auf Kosten von Momenten, nach deren Beseitigung die Probleme ad usum scientiae zurechtgestutzt und womöglich zu Scheinproblemen werden. Theorie hat die durch die Cartesianische Zerlegung in Einzelprobleme verschwindenden Zusammenhänge mitzudenken

---

[49] a.a.O., S. 108.

[50] a.a.O., S. 105 f.

und zu den Fakten zu vermitteln. Sogar wenn ein Lösungsversuch der »sachlichen Kritik«, wie Popper sie festsetzt, also der Widerlegung nicht ohne weiteres zugänglich ist, kann gleichwohl das Problem von der Sache her zentral sein. Ob, wie Marx lehrte, die kapitalistische Gesellschaft durch ihre eigene Dynamik zu ihrem Zusammenbruch getrieben wird oder nicht, ist nicht nur eine vernünftige Frage, solange man nicht schon das Fragen manipuliert: es ist eine der wichtigsten, mit denen der Sozialwissenschaft sich zu beschäftigen anstünde. Noch die bescheidensten und darum überzeugendsten Thesen des sozialwissenschaftlichen Szientivismus gleiten, sobald sie vom Problembegriff handeln, über die wahrhaft schwierigsten Probleme hinweg. Begriffe wie der der Hypothese und der ihm zugeordnete der Testbarkeit sind von den Naturwissenschaften auf die von der Gesellschaft nicht blank zu übertragen. Das impliziert kein Einverständnis mit der geisteswissenschaftlichen Ideologie, die höhere Würde des Menschen dulde keine Quantifizierung. Die herrschaftliche Gesellschaft hat sich und die Menschen, ihre Zwangsmitglieder, nicht erst jener Würde beraubt, sondern sie nie zu den mündigen Wesen werden lassen, denen nach Kants Doktrin Würde zukäme. Was ihnen heute wie vormals als verlängerte Naturgeschichte widerfährt, ist gewiß nicht über das Gesetz der großen Zahl erhaben, das bei Wahlanalysen bestürzend sich durchsetzt. Wohl aber hat der Zusammenhang an sich eine andere, jedenfalls erkennbarere Gestalt als zumindest in jener älteren Naturwissenschaft, von der die Modelle szientifischer Soziologie bezogen sind. Er ist, als ein Verhältnis zwischen Menschen, ebenso in ihnen fundiert, wie er sie umgreift und konstituiert. Gesellschaftliche Gesetze sind dem Hypothesenbegriff inkommensurabel. Die babylonische Verwirrung zwischen den Positivisten und den kritischen Theoretikern beginnt dort, wo jene zwar der Theorie gegenüber Toleranz bekennen, ihr aber durch Transformation in Hypothesen jenes Moment von Selbständigkeit rauben, das ihnen die objektive Vormacht sozialer Gesetze verleiht. Überdies sind, worauf Horkheimer zuerst hinwies, soziale Fakten nicht ebenso voraussehbar wie naturwissenschaftliche innerhalb ihrer einigermaßen homogenen Kontinuen. Zur objektiven Gesetzlichkeit von Gesellschaft rechnet ihr widerspruchsvoller Charakter, schließlich ihre Irrationalität hinzu. An der Theorie der Gesellschaft ist es, diese mitzureflektieren, womöglich sie abzuleiten; nicht aber sie durch übereifrige Anpassung an das Ideal zu bestätigender oder zu widerlegender Prognosen wegzudisputieren.

Ähnlich ist der ebenfalls den Naturwissenschaften entlehnte Begriff allgemeiner, quasi demokratischer Nachvollziehbarkeit von Erkenntnisoperationen und Einsichten in der Sozialwissenschaft keineswegs so axiomatisch, wie er sich gibt. Er ignoriert die Gewalt des notwendig falschen, selbst wiederum erst kritisch zu durchdringenden Bewußtseins, das die Gesellschaft über die Ihren verhängt; im hochstrebenden Typus des sozialwissenschaftlichen Forschungsangestellten verkörpert es sich als zeitgemäße Gestalt des Weltgeistes. Wer so durchaus unter Bedingungen der Kulturindustrie aufgewachsen ist, daß sie ihm zur zweiten Natur wurde, ist zunächst kaum fähig und gewillt, Einsichten mit zu vollziehen, die ihrer Sozialstruktur und Funktion gelten. Reflexartig wird er derlei Einsichten abwehren, mit Vorliebe unter Berufung eben auf die szientifische Spielregel allgemeiner Nachvollziehbarkeit. Dreißig Jahre hat es gedauert, bis die kritische Theorie der Kulturindustrie durchdrang; zahlreiche Instanzen und Agenturen versuchen heute noch, sie zu ersticken, weil sie dem Geschäft schadet. Die Erkenntnis der objektiven gesellschaftlichen Gesetzmäßigkeiten, erst recht ihre kompromißlos reine, unverwässerte Darstellung, mißt sich keineswegs am consensus omnium. Widerstand gegen die repressive Gesamttendenz kann kleinen Minderheiten vorbehalten sein, die sich auch noch dafür beschimpfen lassen müssen, daß sie elitär sich aufführten. Nachvollziehbarkeit ist ein Potential der Menschheit, nicht jetzt, hier, unter den bestehenden Umständen vorhanden. Wohl vermag, was *einer* verstehen kann, der Möglichkeit nach auch jeder andere verstehen, denn im Verstehenden ist jenes Ganze am Werk, durch welches auch Allgemeinheit mitgesetzt wird. Aber um diese Möglichkeit zu aktualisieren, genügt nicht der Appell an den Verstand der anderen, wie sie sind, nicht einmal Erziehung; wahrscheinlich bedürfte es der Veränderung jenes Ganzen, das seinem eigenen Gesetz nach heute weniger das Bewußtsein entfaltet als deformiert. Das Postulat der Einfachheit harmoniert mit solcher regressiven Sinnesart. Unfähig zu anderen Denkoperationen als bei aller Perfektion mechanisch verfahrenden, ist sie auch noch stolz auf ihre intellektuelle Redlichkeit. Unwillkürlich verleugnet sie die Kompliziertheit gerade gesellschaftlicher Verhältnisse, wie sie die unterdessen überbeanspruchten Termini Entfremdung, Verdinglichung, Funktionalität, Struktur indizieren. Die logische Methode der Reduktion auf Elemente, aus denen Soziales sich aufbaue, eliminiert virtuell objektive Widersprüche. Geheimes Einverständnis waltet zwischen dem Lob einfachen Lebens und der anti-intellektuellen Präferenz fürs Einfache als das vom Denken zu Erlangende; die Richtungstendenz vereidigt das Denken selbst auf Einfachheit. Sozialwissenschaftliche Erkenntnis indessen, welche die komplexe Beschaffenheit des Produktions- und Distributionsvorgangs ausdrückt, ist offensichtlich fruchtbarer als Zerlegung in einzelne Produktionselemente durch Erhebungen über Fabriken, Einzelgesellschaften, Einzelarbeiter und Ähnliches; fruchtbarer auch als die Reduktion auf den allgemeinen Begriff solcher Elemente, die doch ihrerseits erst im komplexeren Strukturzusammenhang ihren Stellenwert finden. Um zu wissen, was ein Arbeiter sei, muß man wissen, was kapitalistische Gesellschaft ist; umgekehrt ist auch diese sicherlich nicht »elementarer« als die Arbeiter. Begründet Wittgenstein seine Methode mit dem Satz: »Die Gegenstände bilden die Substanz der Welt. Darum können sie nicht zusammengesetzt sein[51]«, so folgt er dabei, mit der historischen Naivetät des Positivisten, dem dogmatischen Rationalismus des siebzehnten Jahrhunderts. Zwar betrachtet der Szientivismus die res, die einzelnen Gegenstände als das allein und wahrhaft Seiende, enteignet sie jedoch dadurch so sehr all ihrer Bestimmungen, als bloßer begrifflicher Superstruktur, daß jenes allein Wirkliche ihm zu einem ganz Nichtigen wird, das dann tatsächlich zu mehr nicht taugt als zum Beleg einer nach nominalistischem Glauben ebenfalls nichtigen Allgemeinheit.

Die positivistischen Kritiker der Dialektik verlangen mit Fug zumindest Modelle soziologischer Verfahrensweisen, die, obwohl sie nicht auf die empiristischen Spielregeln zugeschnitten sind, als sinnvoll sich erweisen; dabei allerdings dürfte das von

---

51 Wittgenstein, Tractatus, 2.021, a.a.O., S. 13.

dem Empiristen so genannte »Sinnkriterium« sich verändern. Der von Otto Neurath namens des Wiener Kreises seinerzeit geforderte Index verborum prohibitorum wäre dann abgeschafft. Als Modell mag genannt werden, was gewiß nicht als Wissenschaft auftrat, die Sprachkritik, die Karl Kraus, der Wittgenstein sehr beeindruckte, über Jahrzehnte in der Fackel übte. Sie setzt immanent ein, vielfach orientiert an den Verstößen der Journalistik gegen die Grammatik. Die ästhetische Kritik hatte jedoch von Anbeginn ihre soziale Dimension: sprachliche Verwüstung war für Kraus der Sendbote der realen; schon im Ersten Krieg sah er die Mißbildungen und Phrasen zu sich selbst kommen, deren lautlosen Schrei er längst vorher vernommen hatte. Dies Verfahren ist der Prototyp eines nicht wörtlichen; der welterfahrene Kraus wußte, daß die Sprache, wie sehr auch Konstituens der Erfahrung, doch nicht die Realität schlicht schafft. Durch ihre Verabsolutierung wurde ihm die Sprachanalyse der Zerrspiegel realer Tendenzen sowohl wie das Medium, darin seine Kritik am Kapitalismus zu zweiter Unmittelbarkeit sich konkretisierte. Die sprachlichen Greuel, die er gestaltete und deren Disproportion zu den realen am liebsten von denen hervorgehoben wird, welche die realen vertuschen möchten, sind Exkretionen gesellschaftlicher Prozesse, die in den Worten urbildlich erscheinen, ehe sie das vermeintlich normale Leben der bürgerlichen Gesellschaft jäh zerstören, in der sie unbemerkt fast, jenseits gängiger wissenschaftlicher Beobachtung, heranreiften. Die von Kraus entfaltete Physiognomik der Sprache hat darum mehr Schlüsselgewalt über die Gesellschaft als meist empirisch-soziologische Befunde, weil sie seismographisch das Unwesen aufzeichnet, von dem die Wissenschaft aus eitel Objektivität zu handeln borniert sich weigert. Die von Kraus zitierten und angeprangerten Sprachfiguren parodieren und überbieten, was der Research eben nur unter der saloppen Spitzmarke »juicy quotes« durchläßt; die Unwissenschaft, Antiwissenschaft von Kraus beschämt die Wissenschaft. Soziologie mag Vermittlungen beitragen, die Kraus freilich als Milderungen seiner Diagnosen, die doch immer noch hinter der Realität herhinkten, verschmähte; noch zu seinen Lebzeiten hat die Wiener sozialistische Arbeiterzeitung die gesellschaftlichen Bedingungen genannt, welche den Wiener Journalismus zu dem machten, als was Kraus ihn durchschaute, und Lukács erkannte in einer Bemerkung aus ›Geschichte und Klassenbewußtsein‹ den sozialen Typus des Journalisten als dialektisches Extrem von Verdinglichung: in ihm überziehe der Warencharakter das dem Warenwesen an sich schlechthin Konträre und zerfresse es, die primäre, spontane Reaktionsfähigkeit der Subjekte, die sich auf dem Markt verkauft. Die Kraus'sche Sprachphysiognomik hätte nicht in Wissenschaft und Geschichtsphilosophie so tief hineingewirkt ohne den Wahrheitsgehalt der tragenden Erfahrungen, die von der Zunft mit subalternem Hochmut als bloße Kunst abgetan werden[52]. Die von Kraus mikrologisch gewonnenen Analysen sind keineswegs so »unverbunden« mit der Wissenschaft, wie es dieser genehm wäre. Spezifisch dürften seine sprachanalytischen Thesen über die Mentalität des Commis – des späteren Angestellten – als neobarbarische Norm mit bildungssoziologischen Aspekten der Weberschen Lehre vom Heraufdämmern bürokratischer Herrschaft und dem daraus erklärten Niedergang von Bildung sich berühren. Die strenge Beziehung der Kraus'schen Analysen auf die Sprache und ihre Objektivität trägt

---

[52] Der positivistische Gebrauch des Begriffs Kunst bedürfte der kritischen Analyse. Den Positivisten dient er als Mülleimer für alles, was der eingeschränkte Wissenschaftsbegriff aussperren will, der doch, da er ja das Geistesleben nur allzu willig als Tatsache hinnimmt, zugestehen muß, daß geistige Erfahrung nicht in dem sich erschöpft, was er toleriert. Im positivistischen Kunstbegriff wird der Nachdruck auf vermeintlich freie Erfindung fiktiver Wirklichkeit gelegt. Sie war in Kunstwerken stets sekundär, tritt heute in Malerei und Literatur gänzlich zurück. Dafür wird die Teilhabe von Kunst an Erkenntnis: daß sie Wesentliches auszudrücken vermag, was der Wissenschaft entgleitet, und dafür ihren Preis zu zahlen hat, verkannt oder, nach hypostasierten szientifischen Kriterien, vorweg bestritten. Bände man sich so streng an gegebene Sachverhalte, wie der Positivismus impliziert, so wäre man dazu auch der Kunst gegenüber verpflichtet. Dann dürfte man sie nicht als abstrakte Negation von Wissenschaft placieren. Selten reicht der Rigorismus der Positivisten so weit, daß sie die von ihnen en canaille traktierte Kunst, von der sie wenig Kenntnis verraten, im Ernst verböten, wie es doch in ihrer Konsequenz läge. Verantwortlich dafür ist ihre unkritisch-neutralistische Haltung, die meist der Kulturindustrie zugute kommt; arglos halten sie wie Schiller die Kunst für ein Reich der Freiheit. Freilich dann doch nicht durchaus: vielfach verhalten sie sich fremd oder feindselig zur radikalen Moderne, die vom Bildrealismus sich abkehrt: auch was nicht Wissenschaft ist, messen sie insgeheim nach wissenschaftlichen Modellen wie dem des Tatsächlichen oder gar jener Abbildlichkeit, die in der Wissenschaftslehre Wittgensteins seltsam geistert. Hier wie dort ist bei ihnen der Gestus des ›Das verstehe ich nicht‹ automatisiert. Kunst- und Theoriefeindschaft sind im Kern identisch.

sie über die prompt und automatisch angeführte Zufälligkeit bloß subjektiver Reaktionsformen hinaus. Aus den Einzelphänomenen extrapolieren sie ein Ganzes, dessen die komparative Allgemeinheit nicht mächtig ist und das im Ansatz der Kraus'schen Analyse als prä-existent miterfahren wird. Sein Werk mag keine Wissenschaft sein, aber ihm müßte eine gleichen, die auf den Namen Anspruch hätte. – Die Theorie Freuds war in der Phase ihrer Ausbreitung von Kraus verfemt. Trotzdem, und trotz Freuds eigener positivistischer Gesinnung, steht sie so quer zur etablierten Wissenschaft wie jener. Entwickelt an einer relativ geringen Zahl von Einzelfällen, träfe sie nach szientifischem Regelsystem vom ersten bis zum letzten Satz das Verdikt, sie sei falsche Generalisierung. Ohne ihre Produktivität fürs Verständnis sozialer Verhaltensweisen, zumal das des »Kitts« der Gesellschaft indessen wäre nicht vorzustellen, was allenfalls als sachlicher Fortschritt der Soziologie während der letzten Dezennien verbucht werden mag. Sie, die aus Gründen komplexer Art die etablierte Wissenschaft zum Achselzucken reizte – die Psychiatrie hat es sich immer noch nicht abgewöhnt –, lieferte innerwissenschaftlich praktikable Hypothesen zur Erklärung des sonst Unerklärbaren, daß die überwältigende Mehrheit der Menschen sich Herrschaftsverhältnisse gefallen läßt, mit ihnen sich identifiziert und von ihnen zu irrationalen Attitüden veranlaßt wird, deren Widerspruch zu den simpelsten Interessen ihrer Selbsterhaltung auf der Hand liegt. Ob allerdings durch die Verwandlung der Psychoanalyse in Hypothesen ihrem Erkenntnistyp Gerechtigkeit widerfährt, ist zu bezweifeln. Ihre Verwertung in Erhebungsverfahren geht auf Kosten jener Versenkung ins Detail, der sie ihren Reichtum an gesellschaftlich neuer Erkenntnis verdankt, während sie freilich selbst auf Allgemeingesetzlichkeit nach dem Schema traditioneller Theorie hoffte.

Albert scheint solchen Modellen gegenüber konziliant[53]. Nur verkappt sich in seinem Begriff der prinzipiellen Überprüfbarkeit das eigentlich Kontroverse. Beobachtet ein soziologisch Denkender wiederholt in New Yorker Untergrundbahnhöfen auf Plakaten, daß von den blendend weißen Zähnen einer Reklame-

---

53 Vgl. Albert, Der Mythos der totalen Vernunft, a.a.O., S. 207.

schönheit der eine geschwärzt ist, so wird er daraus Folgerungen ziehen wie die, daß der glamor der Kulturindustrie, als bloße Ersatzbefriedigung, durch welche der Betrachter vorbewußt sich betrogen fühlt, zugleich dessen Aggression erweckt; dem epistemologischen Prinzip nach hat Freud seine Theoreme nicht anders konstruiert. Empiristisch überprüfbar sind derlei Extrapolationen schwerlich, es sei denn, einem fielen besonders ingeniöse Experimente ein. Wohl aber können solche Beobachtungen zu sozialpsychologischen Denkstrukturen sich kristallisieren, die dann, in verändertem Kontext und zu »items« verdichtet, wiederum Befragungs- und klinischen Methoden zugänglich sind. Pochen demgegenüber die Positivisten darauf, daß die Dialektiker, im Gegensatz zu ihnen, keine bindenden Verhaltensregeln soziologischer Erkenntnis anzugeben vermöchten und deswegen das Aperçu verteidigten, so supponiert das Postulat jene strikte Trennung von Sache und Methode, welche die Dialektik angreift. Wer der Struktur seines Objekts sich anschmiegen möchte und es als ein in sich Bewegtes denkt, verfügt über keine davon unabhängige Verfahrungsweise.

Als Widerpart zur positivistischen Generalthesis von der Verifizierbarkeit des Sinns sei aus der musiksoziologischen Arbeit des Autors ein exponiertes Modell zitiert; nicht weil er dessen Dignität überschätzte, sondern weil ein Soziologe naturgemäß an eigenen Untersuchungen des Ineinander materialer und methodischer Motive am ehesten innewird. In der in der Zeitschrift für Sozialforschung veröffentlichten Arbeit ›Über Jazz‹ von 1936, wiedergedruckt in den ›Moments musicaux‹, wurde der Begriff eines »Jazzsubjekts« verwendet, einer generell in jenem Typus von Musik sich darstellenden Ich-imago; Jazz sei durchweg ein symbolischer Vollzug, in dem dies Jazzsubjekt vor kollektiven, vom Grundrhythmus repräsentierten Anforderungen versagt, stolpert, »herausfällt«, als herausfallendes jedoch in einer Art Ritual als allen anderen Ohnmächtigen Gleiches sich enthüllt und, um den Preis seiner Selbstdurchstreichung, dem Kollektiv integriert wird. Weder läßt auf das Jazzsubjekt in Protokollsätzen der Finger sich legen noch die Symbolik des Vollzugs auf sinnliche Daten mit voller Stringenz sich reduzieren. Trotzdem ist die Konstruktion, welche das eingeschliffene Idiom Jazz deutet, dessen Stereotype wie eine Geheimschrift solche Dechiffrierung erwarten, schwerlich sinnleer. Sie dürfte zur Ergründung des Inwendigen des Jazzphänomens, dessen, was es gesellschaftlich überhaupt besagt, mehr helfen als Erhebungen über die Ansichten verschiedener Bevölkerungs- oder Altersgruppen über den Jazz, basierten sie auch auf soliden Protokollsätzen wie den Uräußerungen von nach einer Zufallsstichprobe ausgewählten Probanden. Ob der Gegensatz der Positionen und Kriterien schlechthin unversöhnlich ist, wäre wohl erst zu entscheiden, wenn einmal insistent versucht würde, Theoreme jenes Typus in empirische Forschungsprojekte umzusetzen. Das hat den social research bislang wenig gelockt, obwohl doch der mögliche Gewinn an triftiger Einsicht kaum sich wird leugnen lassen. Ohne daß man einem faulen Kompromiß nachhinge, springen immerhin mögliche Sinnkriterien solcher Deutungen ins Auge: so Extrapolationen aus der technologischen Analyse eines massenkulturellen Phänomens – darum handelt es sich bei der Theorie des Jazzsubjekts – oder die Verbindbarkeit der Theoreme mit anderen, den üblichen Kriterien näheren Phänomenen wie dem Exzentrik-Clown und gewissen älteren Typen des Films. Jedenfalls ist das von einer These wie der vom Jazzsubjekt als dem latenten Träger jener Art von Unterhaltungsmusik Gemeinte verständlich, auch wenn sie durch die Reaktionen von Jazz hörenden Versuchspersonen nicht verifiziert oder falsifiziert wird; subjektive Reaktionen brauchen sich keineswegs mit dem bestimmbaren Gehalt der geistigen Phänomene zu decken, auf die reagiert wird. Die Momente, welche die Idealkonstruktion eines Jazzsubjekts motivieren, sind zu nennen; in dem alten Text über Jazz wurde das, wie unzulänglich auch immer, versucht. Als evidentes Sinnkriterium zeichnet sich ab, ob und wie weit ein Theorem Zusammenhänge ins Licht rückt, die ohne es dunkel blieben; ob durch es disparate Aspekte des gleichen Phänomens wechselseitig sich aufhellen. Rekurrieren kann die Konstruktion auf weitgreifende gesellschaftliche Erfahrungen wie die von der Integration der Gesellschaft in ihrer monopolistischen Phase auf Kosten der virtuell ohnmächtigen Individuen und durch sie hindurch. Hertha Herzog hat in einer späteren Studie über die damals im amerikanischen Radio beliebten »Seifenopern« – Seriensendungen für Hausfrauen – die der

Jetzztheorie nahe verwandte Formel »getting into trouble and out of it« auf eine nach üblichen Kriterien empirische content analysis angewandt und dabei analoge Resultate erlangt. Ob die innerpositivistische Erweiterung des sogenannten Verifizierbarkeitskriteriums derart, daß es nicht auf zu verifizierende Beobachtungen sich beschränkt, sondern Sätze einbegreift, für die überhaupt Bedingungen ihrer Verifikation faktisch sich herstellen lassen[54], den angezogenen Modellen Raum verschafft, oder ob die unter Umständen allzu indirekte und durch zusätzliche ›Variablen‹ belastete Verifizierungsmöglichkeit jener Sätze sie nach wie vor den Positivisten untragbar macht, dazu müßten wohl diese sich äußern. An der Soziologie wäre es zu analysieren, welche Probleme überhaupt adäquat empirisch behandelt werden können und welche, ohne an Sinn einzubüßen, nicht; strikt a priori kann nicht darüber geurteilt werden. Zu vermuten ist ein Bruch zwischen tatsächlich durchgeführter empirischer Forschung und positivistischer Methodologie. Daß diese bis heute auch in ihrer Gestalt als »analytische Philosophie« zur soziologischen Forschung so wenig Produktives beitrug, dürfte zum Grund haben, daß in der Forschung, mitunter durch krud pragmatistische Rücksichten, das Interesse an der Sache gegen die methodologische Obession doch sich behauptet; die lebendige Wissenschaft wäre vor der aus ihr herausgelesenen und dann sie gängelnden Philosophie zu retten. Man muß sich nur fragen, ob die F-Skala der mit empirischen Methoden arbeitenden ›Authoritarian Personality‹, mit all ihren Mängeln, überhaupt hätte eingeführt und verbessert werden können, wäre sie von Anbeginn nach den positivistischen Kriterien der Gutman-Skala entworfen worden. Der Spruch jenes akademischen Lehrers: »Sie sind hier, Research zu machen, nicht zu denken«, vermittelt zwischen der Subalternität ungezählter sozialwissenschaftlicher Erhebungen und ihrem sozialen Standort. Der Geist, der das Was zugunsten des Wie, den Erkenntniszweck zugunsten der Mittel der Erkenntnis vernachlässigt, ändert sich selbst zum Schlechteren. Heteronomes Rädchen, büßt er in der Maschinerie jegliche Freiheit ein. Entgeistet wird er durch

---

54 Vgl. Wellmer, a.a.O., S. 15.

die Rationalisierung hindurch[55]. Das in Angestelltenfunktionen eingespannte Denken wird zum Angestelltendenken an sich. Virtuell dürfte der entgeistete Geist dadurch sich ad absurdum führen, daß er vor seinen eigenen pragmatischen Aufgaben versagt. Die Diffamierung der Phantasie; die Unkraft sich vorzustellen, was noch nicht ist, wird Sand selbst im Getriebe der Apparatur, sobald sie mit Phänomenen sich konfrontiert sieht, die in ihren Schemata nicht vorgesehen sind. An der Hilflosigkeit der Amerikaner im vietnamesischen Guerillakrieg trägt fraglos seine Mitschuld das, was drüben »brass« heißt. Bürokratische Generale betreiben eine kalkulierende Strategie, welche die nach ihren Normen irrationale Taktik Giaps nicht antezipieren kann; die wissenschaftliche Betriebsführung, zu der die Kriegsführung geworden ist, wird zum militärischen Nachteil. Gesellschaftlich übrigens verträgt das Phantasieverbot nur allzugut sich mit der trotz aller Gegenbeteuerungen sich abzeichnenden gesellschaftlichen Statik, dem Rückgang der kapitalistischen Expansion. Es wird gleichsam überflüssig, was der eigenen Beschaffenheit nach auf Erweiterung hinauswill, und das wiederum schädigt die Interessen des Kapitals, das, um sich zu erhalten, sich ausdehnen muß. Wer nach der Maxime safety first sich verhält, steht in Gefahr, alles zu verlieren, Mikrokosmos des herrschenden Systems, dessen Stagnation sowohl durch die Gefahrensituation ringsum wie durch Deformationen gezeigt wird, die dem Fortschritt immanent sind.

Eine Geistesgeschichte der Phantasie zu schreiben, um die es in den positivistischen Verboten eigentlich geht, verlohnte sich. Im achtzehnten Jahrhundert, bei Saint-Simon sowohl wie im Dis-

---

[55] Auf der Höhe des philosophischen Rationalismus unterschied Pascal mit Nachdruck zwei Typen des Geistes, den esprit de géométrie und den esprit de finesse. Beides sei, nach der vieles antezipierenden Einsicht des großen Mathematikers, selten in einer Person vereint, aber gleichwohl versöhnbar. Pascal hat, zu Beginn einer seitdem widerstandslos weiterrollenden Entwicklung, noch gewahrt, was an produktiven intellektuellen Kräften dem Prozeß der Quantifizierung zum Opfer fällt, und den gesunden, ›vorwissenschaftlichen‹ Menschenverstand als Ressource begriffen, die ebenso dem Geist der Mathematik zugute kommen könne wie umgekehrt. Die Verdinglichung der Wissenschaft in den dreihundert Jahren danach schnitt eine solche Wechselwirkung ab; der esprit de finesse ist disqualifiziert. Daß der Terminus, in der Wasmuthschen Übersetzung von 1946, mit »Geist des Feinsinns« wiedergegeben wird, zeigt ebenso die schmähliche Zunahme des letzteren wie den Verfall der finesse als des qualitativen Moments von Rationalität.

cours préliminaire von d'Alembert, wird sie samt der Kunst zur produktiven Arbeit gerechnet, hat teil an der Idee der Entfesselung der Produktivkräfte; erst Comte, dessen Soziologie apologetisch-statisch sich umwendet, ist als Feind von Metaphysik auch der von Phantasie. Ihre Diffamierung, oder Abdrängung in ein arbeitsteiliges Spezialbereich, ist ein Urphänomen der Regression bürgerlichen Geistes, doch nicht als dessen vermeidbarer Fehler sondern im Zug einer Fatalität, welche die instrumentelle Vernunft, deren die Gesellschaft bedarf, mit jenem Tabu verkoppelt. Daß nur verdinglicht: abstrakt der Realität gegenübergestellt, Phantasie überhaupt noch geduldet wird, lastet nicht weniger denn auf der Wissenschaft auf der Kunst; verzweifelt sucht die legitime die Hypothek zu tilgen. Phantasie heißt weniger frei erfinden als geistig operieren ohne das Äquivalent eilends erfüllender Faktizität. Eben das wird durch die positivistische Lehre vom sogenannten Sinnkriterium abgewehrt. So, ganz formal, durch das berühmte Postulat von Klarheit: »Alles, was überhaupt gedacht werden kann, kann klar gedacht werden. Alles, was sich aussprechen läßt, läßt sich klar aussprechen.«[56] Aber jegliches sinnlich nicht Eingelöste behält einen Hof von Unbestimmtheit; keine Abstraktion ist je ganz klar, eine jede durch die Vielheit möglicher Verinhaltlichungen auch undeutlich. Zudem überrascht der sprachphilosophische Apriorismus von Wittgensteins These. Erkenntnis, die so vorurteilsfrei wäre, wie der Positivismus es erheischt, hätte mit Sachverhalten zu rechnen, die an sich alles andere als klar, die an sich verworren sind. Nichts garantiert, daß sie klar sich ausdrücken lassen. Das Verlangen danach, oder vielmehr das, der Ausdruck müsse der Sache streng gerecht werden, ist legitim. Doch dem läßt nur stufenweise sich genügen, nicht mit einer Unmittelbarkeit, die allein eine sprachfremde Ansicht von der Sprache erwartet, wofern man nicht gemäß der Cartesianischen Lehre von der clara et distincta perceptio den Vorrang des Erkenntnisinstruments bis in die Subjekt-Objekt-Beziehung hinein dogmatisch für prästabiliert hält. So gewiß das Objekt der Soziologie, die gegenwärtige Gesellschaft, strukturiert ist, so fraglos trägt sie mit ihrem immanenten Rationalitätsan-

---

[56] Wittgenstein, Tractatus, 4.116, a.a.O., S. 32.

spruch unvereinbare Züge. Diese veranlassen allenfalls zur Anstrengung, Nichtklares klar zu denken; nicht aber kann das zum Kriterium der Sache selbst gemacht werden. Wittgenstein wäre am letzten das Abgründige entgangen: ob das Denken eines an sich Unklaren seinerseits, für sich überhaupt klar sein kann. Vollends spotten in der Sozialwissenschaft neue, erst sich bildende Erfahrungen des Klarheitskriteriums; an diesem sie jetzt und hier messen ließe die tastende Erfahrung überhaupt nicht sich regen. Klarheit ist ein Moment im Prozeß der Erkenntnis, nicht deren ein und alles. Die Wittgensteinsche Formulierung dichtet ihren Horizont dagegen ab, das vermittelt, komplex, in Konstellationen auszusprechen, was klar, unmittelbar nicht sich aussprechen läßt. Sein eigenes Verhalten war darin weit schmiegsamer als seine Parole; so schrieb er an Ludwig von Ficker, der einen größeren von Wittgenstein gestifteten Betrag Georg Trakl schenkte, er, Wittgenstein, verstehe zwar Trakls Gedichte nicht, sei indessen von ihrer Qualität überzeugt. Da das Medium von Dichtung Sprache ist und Wittgenstein von Sprache überhaupt handelt, nicht von Wissenschaft allein, bestätigte er ungewollt, es lasse sich aussprechen, was sich nicht aussprechen läßt; solche Paradoxie war seinem Denkhabitus kaum fremd. Demgegenüber sich auf die irrevokale Dichotomie von Erkenntnis und Dichtung zurückzuziehen, wäre bloße Ausflucht. Kunst ist Erkenntnis sui generis; in Dichtung gerade ist emphatisch, worauf Wittgensteins Wissenschaftslehre ihren Nachdruck legt, die Sprache.

Die Hypostasis des Erkenntnismoments Klarheit als des Kanons von Erkenntnis durch Wittgenstein kollidiert mit anderen seiner Haupttheoreme. Seine Formulierung: »Die Welt ist alles, was der Fall ist«, seitdem Glaubensartikel des Positivismus, ist in sich so vieldeutig, daß sie als »Sinnkriterium« nach Wittgensteins eigenem Klarheitspostulat nicht ausreicht. Ihre scheinbare Unanfechtbarkeit und ihre Vieldeutigkeit dürften miteinander verwachsen sein: der Satz ist gepanzert durch eine Sprachform, die verhindert, seinen Gehalt zu fixieren. »Der Fall« sein kann einmal soviel heißen wie faktisch da sein, im Sinne des Seienden der Philosophie, τὰ ὄντα; dann aber: logisch gelten; daß zwei mal zwei vier sei, ist »der Fall«. Das Grundprinzip der Positivisten verdeckt den auch von ihnen nicht geschlichteten Konflikt von

Empirismus und Logistik, der in Wahrheit die gesamte philosophische Tradition durchherrscht und in den Positivismus als Neues eindringt nur, weil er von ihr nichts wissen möchte. Wittgensteins Satz ist fundiert in seinem innerpositivistisch mit Recht kritisierten logischen Atomismus; »der Fall« können nur Einzeltatbestände sein, ein ihrerseits Abstrahiertes. Jüngst hat Wellmer Wittgenstein vorgehalten, man suche nach Beispielen für Elementarsätze im Tractatus vergebens[57]: denn in der Bündigkeit, auf der jener bestehen müßte, »gibt« es keine. In seinem Verzicht auf Beispiele schlägt implizit die Kritik an der Kategorie des Ersten durch; hascht man danach, so verflüchtigt es sich. Wittgenstein hat, im Gegensatz zu den Positivisten des eigentlichen Wiener Kreises, sich dagegen gesträubt, durch den Primat des Wahrnehmungsbegriffs den philosophiefeindlichen Positivismus mit einer ihrerseits fragwürdigen Philosophie, letztlich der sensualistischen, zu versetzen. Andererseits transzendieren die sogenannten Protokollsätze tatsächlich die Sprache, in deren Immanenz Wittgenstein sich verschanzen möchte: die Antinomie ist unausweichlich. Der magische Zirkel der Sprachreflexion wird nicht durchbrochen durch Rückgriff auf krude und fragwürdige Begriffe wie den des unmittelbar ›Gegebenen‹. Philosophische Kategorien wie die der Idee und des Sinnlichen, samt der Dialektik, die sie seit dem Platonischen Theätet entbunden haben, erstehen in der philosophiefeindlichen Wissenschaftslehre auf und annullieren damit deren Philosophiefeindschaft. Philosophische Fragen werden nicht dadurch erledigt, daß man sie erst gewaltsam vergißt und dann mit dem Effekt der dernière nouveauté wiederentdeckt. Carnaps Modifikation des Wittgensteinschen Sinnkriteriums ist ein Rückfall. Er verdrängt durch die Frage nach Geltungskriterien die nach der Wahrheit; am liebsten möchten sie diese zur Metaphysik relegieren. Nach Carnap sind »metaphysische Sätze nicht ›Erfahrungssätze‹«[58], eine einfache Tautologie. Was Metaphysik motiviert, ist nicht die sinnliche Erfahrung, auf die Carnap alle Erkenntnis schließlich reduziert, sondern vermittelt. Kant ist nicht müde geworden, daran zu erinnern.

---

57 Vgl. Wellmer, a.a.O., S. 8.

58 A.a.O., S. 10.

Daß die Positivisten in gigantischem Zirkel aus der Wissenschaft die Regeln extrapolieren, welche jene begründen und rechtfertigen sollen, hat seine verhängnisvollen Konsequenzen auch für die Wissenschaft, deren tatsächlicher Fortgang ja Typen von Erfahrung einbegreift, die ihrerseits nicht von Wissenschaft verordnet und approbiert sind. Die spätere Entwicklung des Positivismus bestätigte, wie wenig die Behauptung Carnaps sich halten läßt, daß »die Protokollsätze... selbst nicht einer Bewährung bedürfen, sondern als Grundlage für alle übrigen Sätze der Wissenschaft dienen«[59]. Wohl geht es logisch wie innerwissenschaftlich ohne Unmittelbarkeit nicht ab; die Kategorie der Vermittlung ihrerseits hätte sonst keinen vernünftigen Sinn. Noch Kategorien, die von Unmittelbarkeit so weit sich entfernen wie die der Gesellschaft, könnten ohne ein Unmittelbares nicht gedacht werden; wer nicht primär an sozialen Phänomenen das Gesellschaftliche wahrnimmt, das in ihnen sich ausdrückt, kann zu keinem authentischen Begriff von Gesellschaft fortschreiten. Aber das Moment von Unmittelbarkeit ist im Fortgang der Erkenntnis aufzuheben. Daß, wie gerade die Sozialwissenschaftler Neurath und Popper gegen Carnap eingewandt haben, die Protokollsätze revidierbar seien, ist ein Symptom von deren eigener Vermitteltheit zunächst durch jenes nach dem Modell der Physik vorgestellte Subjekt der Wahrnehmung, über das gründlicher nachzudenken der Positivismus seit Humeschen Zeiten für überflüssig erachtete, und das darum stets wieder als unvermerkte Voraussetzung sich einschlich. Affiziert wird davon der Wahrheitsgehalt der Protokollsätze: sie sind wahr und sind es nicht. Zu erläutern wäre das an manchen Fragebogen aus Erhebungen der politischen Soziologie. Die Antworten sind gewiß, als Ausgangsmaterial, ›wahr‹, trotz ihrer Bezogenheit auf subjektive Meinungen selber ein Stück sozialer Objektivität, zu der auch Meinungen gehören. Die Probanden haben dies und nichts anderes gesagt oder angekreuzt. Andererseits jedoch sind die Antworten im Kontext der Fragebogen vielfach unstimmig und widerspruchsvoll, etwa auf abstraktem Niveau prodemokratisch, angesichts konkreter »items« antidemokratisch. Dann aber kann

[59] a.a.O., S. 14.

die Soziologie bei den Daten nicht sich bescheiden, sondern muß die Widersprüche abzuleiten versuchen; die empirische Forschung verfährt demgemäß. Daß die Wissenschaftstheorie derlei der Wissenschaft geläufige Erwägungen ab ovo verschmäht, bietet, subjektiv betrachtet, den Angriffspunkt dialektischer Kritik. Nie sind die Positivisten jenen latenten Anti-Intellektualismus ganz losgeworden, der schon in der *Humeschen* dogmatischen Degradation der ideas, Vorstellungen zu bloßen Nachbildern der impressions präformiert war. Denken ist ihnen nicht mehr als Nachvollzug, sein Mehr ein Übel. Solcher verkappte Anti-Intellektualismus, mit seinen ungewollten politischen Obertönen, fördert fraglos die Wirkung der positivistischen Doktrin; ein bestimmter Typus seiner Anhänger zeichnet durch Absenz der Reflexionsdimension sich aus und durch Rancune gegen geistige Verhaltensweisen, die wesentlich auf jener sich bewegen.

Der Positivismus verinnerlicht die Zwänge zur geistigen Haltung, welche die total vergesellschaftete Gesellschaft auf das Denken ausübt, damit es in ihr funktioniert. Er ist der Puritanismus der Erkenntnis[60]. Was dieser in der moralischen Sphäre bewirkt, das sublimiert sich im Positivismus zu den Normen der Erkenntnis. Die ihrer Sprachform nach äquivoke Warnung *Kants*, nicht in intelligible Welten auszuschweifen, der gegenüber bereits *Hegel* ironisch von den »schlimmen Häusern« sprach, präludiert das; freilich nur als Stimme im polyphonen Gewebe der philosophischen Partitur, während bei den Positivisten die trivial vordringliche Oberstimmenmelodie daraus wurde. Was Erkenntnis will, wonach sie Sehnsucht hat, verbietet sie sich vorweg, weil

---

60 Auf dem Frankfurter Kongreß 1968 ist insbesondere von *Erwin Scheuch* eine Soziologie verfochten worden, »die nichts sein will als Soziologie«. Zuweilen erinnern wissenschaftliche Verhaltensweisen an neurotische Berührungsangst. Reinheit wird überwertig. Zöge man von der Soziologie all das ab, was nicht, beispielsweise, der *Weberschen* Definition zu Beginn von ›Wirtschaft und Gesellschaft‹ strikt entspricht, so bliebe nichts von ihr übrig. Ohne alle ökonomischen, geschichtlichen, psychologischen, anthropologischen Momente schlotterte sie um jegliches soziale Phänomen herum. Ihre raison d'être ist nicht die eines Sachgebiets, eines ›Fachs‹, sondern der konstitutive und eben darum vernachlässigte Zusammenhang jener Sachgebiete älteren Stils; ein Stück geistiger Wiedergutmachung der Arbeitsteilung, nicht ihrerseits wiederum bedingungslos arbeitsteilig zu fixieren. Ebensowenig indessen bringt sie bloß die Bestände der Sachgebiete in mehr oder minder fruchtbaren Kontakt. Was man mit interdisziplinärer Kooperation bezeichnet, reicht nicht an Soziologie her-

das Desiderat gesellschaftlich nützlicher Arbeit es ihr verbietet, und projiziert dann das Tabu, das sie sich auferlegt hat, auf das Ziel, verteufelt das ihr Unerreichbare. Der Prozeß, welcher sonst dem Subjekt unerträglich wäre: die Integration des Gedankens in das ihm Entgegengesetzte, von ihm zu Durchdringende, wird vom Positivismus dem Subjekt integriert, zu dessen eigener Sache gemacht. Das Glück von Erkenntnis soll nicht sein. Wollte man den Positivismus jener reductio ad hominem unterwerfen, die er so gern mit der Metaphysik betreibt, so wäre zu mutmaßen, er logisiere die sexualen Tabus, die nicht erst heute in Denkverbote sich umgesetzt haben. Daß man nicht vom Baum der Erkenntnis essen solle, wird im Positivismus zur Maxime von Erkenntnis selbst. Neugier wird bestraft im Neuen des Gedankens, die Utopie soll ihm in jeglicher Gestalt, auch der von Negation ausgetrieben werden. Erkenntnis resigniert zur wiederholenden Nachkonstruktion. Sie verarmt wie das Leben unter der Arbeitsmoral. Im Begriff der Tatsachen, an die man sich zu halten habe, von denen man sich nicht, auch nicht durch ihre Interpolation, entfernen dürfe, wird Erkenntnis zur bloßen Reproduktion dessen verhalten, was ohnehin vorhanden ist. Das Ideal des deduktiven, lückenlosen Systems, aus dem nichts draußen bleibt, ist dafür der zu Logik verflüchtigte Ausdruck. Besinnungslose Aufklärung schlägt in Regression um. Das Subalterne, Quisquilienhafte der positivistischen Doktrin ist nicht die Schuld ihrer Repräsentanten; oft haben sie, wenn sie den Talar ablegen, gar nichts davon. Objektiver bürgerlicher Geist hat sich zum Ersatz der Philosophie aufgespreizt. Unverkennbar dabei der parti pris fürs

---

an. An ihr ist es, die Vermittlungen der Sachkategorien in sich aufzudecken, deren jede auf die andere führt. Sie zielt auf die immanente Wechselwirkung der von Ökonomie, Geschichte, Psychologie, Anthropologie relativ unabhängig voneinander bearbeiteten Elemente; versucht wissenschaftlich die Einheit zu restituieren, die sie an sich, als gesellschaftliche, bilden und die sie durch Wissenschaft, freilich nicht erst durch sie, immer wieder einbüßen. Am leichtesten läßt sich das an der Psychologie einsehen. Sogar in der monadologisch ansetzenden *Freudschen* Schule ›steckt‹ in zahllosen Momenten Gesellschaft. Das Individuum, ihr Substrat, hat gegenüber der Gesellschaft aus gesellschaftlichen Gründen sich verselbständigt. Vollends der Formalismus, auf den die Instrumentalisierung der soziologischen Vernunft unweigerlich hinausläuft, die virtuelle Mathematisierung, liquidierte die quantitative Differenz der Soziologie von anderen Wissenschaften und damit ihre von den Szientisten proklamierte Autarkie.

Tauschprinzip, abstrahiert zu jener Norm des Füranderesseins, der der das Nachvollziehbarkeitskriterium und der letztlich an der Kulturindustrie gebildete Begriff von Kommunikation als Maß alles Geistigen willfahrt. Kaum ist es illoyal, was die Positivisten mit empirisch meinen, als das zu bestimmen, was etwas für ein anderes ist, nie soll die Sache selbst begriffen werden. Der einfache Mangel, daß Erkenntnis nicht ihr Objekt erreicht, sondern es lediglich in ihm äußerliche Relationen setzt, wird reaktiv als Unmittelbarkeit, Reinheit, Gewinn, Tugend verbucht. Die Repression, welche der positivistische Geist sich selbst bereitet, unterdrückt was ihm nicht gleicht. Das prägt ihn, trotz seines Bekenntnisses zur Neutralität, wenn nicht kraft dieses Bekenntnisses, zum Politikum. Seine Kategorien sind latent die praktischen der bürgerlichen Klasse, in deren Aufklärung von Anbeginn mitschwang, man dürfe nicht auf Gedanken verfallen, welche die Rationalität der herrschenden ratio in Zweifel rücken.

Solche Physiognomik des Positivismus ist auch die seines eigenen Zentralbegriffs, des Empirischen, der Erfahrung. Allgemein werden Kategorien dann thematisch, wenn sie nicht mehr, nach *Hegels* Terminologie, substantiell sind, nicht mehr unbefragt lebendig. Im Positivismus dokumentiert sich eine geschichtliche Verfassung des Geistes, die Erfahrung nicht mehr kennt und darum sowohl deren Rudiment ausrottet wie sich als ihren Ersatz, als allein legitime Form von Erfahrung anbietet. Die Immanenz des virtuell sich abdichtenden Systems toleriert weder ein qualitativ Anderes, das sich erfahren ließe, noch befähigt sie die ihr angepaßten Subjekte zur unreglementierten Erfahrung. Der Zustand universaler Vermittlung, der Verdinglichung aller Beziehungen zwischen Menschen, sabotiert die objektive Möglichkeit spezifischer Erfahrung der Sache – ist diese Welt überhaupt noch ein lebendig zu Erfahrendes? – samt der anthropologischen Fähigkeit dazu. *Schelsky* hat mit Recht den Begriff unreglementierter Erfahrung einen der zentralen Kontroverspunkte zwischen Dialektikern und Positivisten genannt. Die reglementierte Erfahrung, welche der Positivismus verordnet, annulliert Erfahrung selbst, schaltet der Absicht nach das erfahrende Subjekt aus. Korrelat der Gleichgültigkeit dem Objekt gegenüber ist die Beseitigung des Subjekts, ohne dessen spontane Rezeptivität doch nichts

Objektives sich gibt. Als soziales Phänomen ist der Positivismus auf den Typus des erfahrungs- und kontinuitätslosen Menschen geeicht und bestärkt ihn darin, sich wie Babbit für die Krone der Schöpfung zu halten. In seiner apriorischen Adaptation an jenen Typus dürfte der appeal des Positivismus zu suchen sein. Hinzu kommt ein Scheinradikalismus, der tabula rasa macht, ohne inhaltlich etwas anzugreifen, und der mit jedem inhaltlich radikalen Gedanken fertig wird, indem er ihn als Mythologem, Ideologie, überholt denunziert. Verdinglichtes Bewußtsein schnappt automatisch ein bei jedem nicht vorweg durch facts and figures gedeckten Gedanken in dem Einwand: where is the evidence? Die vulgärempirische Praxis begriffloser Sozialwissenschaft, die meist von der analytischen Philosophie keine Notiz nimmt, verrät etwas über diese. Der Positivismus ist Geist der Zeit analog zur Mentalität von Jazzfans; ähnlich auch die Attraktion, die er auf junge Menschen ausübt. Hereinspielt die absolute Sicherheit, die er, nach dem Sturz der traditionellen Metaphysik, verspricht. Aber sie ist scheinhaft: die reine Widerspruchslosigkeit, zu der sie sich zusammenzieht, nichts als Tautologie, der Begriff gewordene Wiederholungszwang ohne Inhalt. Sicherheit wird zu einem ganz Abstrakten und hebt sich auf: die Sehnsucht, in einer Welt ohne Angst zu leben, befriedigt sich an der puren sich selbst Gleichheit des Gedankens. Paradox ähnelt das Faszinosum des Positivismus, Sekurität, der angeblichen Geborgenheit, welche die Amtswalter der Eigentlichkeit von der Theologie beziehen und um deretwillen sie ungeglaubte Theologie advozieren. In der geschichtlichen Dialektik der Aufklärung schrumpft Ontologie zum dimensionslosen Punkt; er, in Wahrheit ein Nichts, wird zur Bastion, zum ineffabile der Szientisten. Das harmoniert mit dem Bewußtsein der Massen, die gleichzeitig sich als gesellschaftlich überflüssig, nichtig empfinden und daran sich klammern, daß das System, will es fortbestehen, sie doch nicht verhungern lassen könne. Nichtigkeit wird mitgenossen als Destruktion, während der leere Formalismus jeglichem Bestehenden gegenüber gleichgültig und darum versöhnlich ist: reale Ohnmacht wird sich zur autoritären geistigen Haltung. Vielleicht übt objektive Leere auf den heraufkommenden anthropologischen Typus des erfahrungslos Leeren spezifische Anziehung aus. Vermittelt wird die affektive Besetzung des instrumentellen, seiner Sache entäußerten Denkens durch dessen Technifizierung: sie präsentiert es als avantgardistisch. Popper verficht eine »offene« Gesellschaft. Ihrer Idee jedoch widerspricht das nicht offene, reglementierte Denken, das seine Wissenschaftslogik als »deduktives System« postuliert. Der jüngste Positivismus ist der verwalteten Welt auf den Leib geschrieben. Meinte zu den Ursprungszeiten des Nominalismus und noch fürs frühe Bürgertum Bacons Empirismus die Freigabe von Erfahrung gegenüber dem ordo vorgegebener Begriffe, das Offene als Ausbruch aus der hierarchischen Struktur der feudalen Gesellschaft, so wird heute, da die losgelassene Dynamik der bürgerlichen erneuter Statik zutreibt, durch Restitution geschlossener geistiger Kontrollsysteme jene Offenheit durch das szientistische Denksyndrom versperrt. Um auf den Positivismus seinen eigenen obersten Grundsatz anzuwenden: er ist, wahlverwandt dem Bürgertum, widerspruchsvoll in sich insofern, als er Erfahrung zum ein und allen erklärt und im gleichen Atemzug verbietet. Die Exklusivität, die er dem Erfahrungsideal zuspricht, systematisiert es und hebt es damit potentiell auf.

Die Poppersche Theorie ist beweglicher als der übliche Positivismus. Nicht ebenso unreflektiert beharrt er auf Wertfreiheit wie die einflußreichste Tradition der deutschen Soziologie seit Weber. Albert etwa erklärt: »Adornos Urteil, das gesamte Wertproblem sei falsch gestellt, hat keinen Bezug auf eine bestimmte Formulierung dieses Problems und ist daher kaum zu beurteilen: eine umfassend klingende, aber risikolose Behauptung.«[61] Darauf ist zu entgegnen, daß die monierte Abstraktheit der Formulierung der seit Weber in Deutschland sakrosankten Dichotomie entspricht und einzig deren Inauguratoren, nicht deren Kritikern zur Last gelegt werden kann. Die Antinomien indessen, in welche der Positivismus durch die Norm der Wertfreiheit sich verwikkelt, ließen durchaus sich konkretisieren. So wie eine strikt apolitische Haltung im politischen Kräftespiel zum Politikum, zur Kapitulation vor der Macht wird, so ordnet generell Wertneutralität unreflektiert dem sich unter, was den Positivisten gel-

---

61 Albert, Der Mythos der totalen Vernunft, a.a.O., S. 218.

tende Wertsysteme heißt. Auch Popper selbst nimmt mit der Forderung »daß es eine der Aufgaben der wissenschaftlichen Kritik sein muß, Wertvermischungen bloßzulegen und die rein wissenschaftlichen Wertfragen nach Wahrheit, Relevanz, Einfachheit und so weiter von außerwissenschaftlichen Fragen zu trennen«[62], einigermaßen zurück, was er zunächst gewährt. Tatsächlich ist die Problematik jener Dichotomie konkret in die Sozialwissenschaften hinein zu verfolgen. Handhabt man die Wertfreiheit so rigoros, wie Max Weber offenbar bei öffentlichen Anlässen – nicht stets in seinen Texten – verfuhr, so freveln die soziologischen Forschungen leicht gegen das von Popper immerhin aufgeführte Kriterium der Relevanz. Will etwa Kunstsoziologie die Frage nach dem Rang der Gebilde von sich wegschieben, mit deren Wirkungen sie sich beschäftigt, so entgehen ihr so relevante Komplexe wie der der Manipulation durch die Bewußtseinsindustrie, der Wahrheits- oder Unwahrheitsgehalt der ›Reize‹, denen die Probanden exponiert sind, schließlich jede bestimmte Einsicht in Ideologie als gesellschaftlich falsches Bewußtsein. Eine Kunstsoziologie, die zwischen dem Rang eines integren und bedeutenden Werkes und dem eines nach Wirkungszusammenhängen kalkulierten Kitschprodukts nicht unterscheiden kann oder will, begibt sich nicht erst der kritischen Funktion, die sie doch ausüben möchte, sondern bereits der Erkenntnis solcher faits sociaux wie der Autonomie oder Heteronomie geistiger Gebilde, die von ihrem sozialen Ort abhängt und ihre soziale Wirkung determiniert. Wird davon abgesehen, so bleibt der schale Rest eines allenfalls mathematisch perfektionierten nose counting nach likes und dislikes, folgenlos für die soziale Signifikanz der ermittelten Vorlieben und Abneigungen. Nicht ist die Kritik am wertenden Verhalten der Sozialwissenschaften zu widerrufen und etwa die ontologische Wertlehre des mittleren Scheler als Norm für die Sozialwissenschaften zu restaurieren. Unhaltbar ist die Dichotomie von Wert und Wertfreiheit, nicht das eine oder das andere. Konzediert Popper, die szientistischen Ideale von Objektivität und Wertfreiheit seien ihrerseits Werte, so reicht das bis in die Wahrheit der Urteile hinein; deren Sinn impliziert die ›wer-

---

62 Popper, Die Logik der Sozialwissenschaften, a.a.O., S. 115.

tende‹ Vorstellung, ein wahres sei besser als ein falsches. Die Analyse irgend inhaltsvoller sozialwissenschaftlicher Theoreme müßte auf ihre axiologischen Elemente stoßen, auch wenn die Theoreme von ihnen nicht Rechenschaft geben. Dies axiologische Moment steht aber nicht abstrakt dem Vollzug des Urteils gegenüber, sondern ist ihm immanent. Wert und Wertfreiheit sind nicht getrennt, sondern ineinander; allein wäre jedes falsch, das an einen ihm äußerlichen Wert festgemachte Urteil ebenso wie eines, das durch Exstirpation des ihm immanenten und untilgbaren wertenden Moments sich lähmte. Das thema probandum samt der Beweisführung der Weberschen Abhandlung über die protestantische Ethik ist nur bei völliger Blindheit von der keineswegs wertfreien Absicht seiner Kritik an der Marxischen Überbau-Unterbau-Lehre abzuspalten. Sie nährt die einzelnen Argumente, vor allem aber auch die Abdichtung jener Untersuchung gegenüber der gesellschaftlich-ökonomischen Herkunft der Theologumena, die ihr zufolge den Kapitalismus sollen konstituiert haben. Die antimaterialistische Grundposition Webers motiviert nicht nur – wie er zugestände – die Fragestellung seiner Religionssoziologie, sondern auch deren Blickrichtung, die Auswahl der Materialien, das gedankliche Geflecht; seine Beweisführung stellt befangen die ökonomische Ableitung auf den Kopf. Die Starrheit eines dem Gedanken wie der Sache äußerlichen Wertbegriffs war auf beiden Seiten die Ursache des Unbefriedigenden der Debatte über die Wertfreiheit; übrigens hatte ein Positivist wie Durkheim, ohne Weber zu nennen, unumwunden erklärt, erkennende und wertende Vernunft seien dieselbe und darum die absolute Trennung von Wert und Erkenntnis untriftig. In ihr sind die Positivisten mit den Ontologen einig. Die von Albert bei den Dialektikern vermißte Lösung des angeblichen Wertproblems dürfte, um dies eine Mal einen positivistischen Begriff zu verwenden, darin zu suchen sein, daß die Alternative als Scheinproblem begriffen wird, als Abstraktion, die dem konkreten Blick auf die Gesellschaft und der Reflexion auf das Bewußtsein von ihr zergeht. Darauf zielte die These von der Verdinglichung des Wertproblems: daß die sogenannten Werte, seien sie nun als aus den Sozialwissenschaften zu Eliminierendes oder als deren Segen angesehen, zum Selbständigen, quasi Ansichseienden erhöht werden, während sie das weder real geschichtlich noch als Kategorien der Erkenntnis sind. Der Wertrelativismus ist das Korrelat zur absolutistischen Apotheose der Werte: sobald sie, aus der Willkür und Not des erkennenden Bewußtseins heraus, dessen Reflexion und dem geschichtlichen Zusammenhang entrissen werden, in dem sie auftreten, verfallen sie eben der Relativität, die ihre Beschwörung bannen möchte. Der ökonomische Wertbegriff, der dem philosophischen Lotzes, den Südwestdeutschen und dann dem Objektivitätsstreit als Modell diente, ist das Urphänomen von Verdinglichung, der Tauschwert der Ware. An ihn schloß Marx die Fetischismusanalyse, die den Wertbegriff dechiffrierte als Zurückspiegelung eines Verhältnisses zwischen Menschen, wie wenn es eine Eigenschaft von Sachen wäre. Die normativen Probleme steigen auf aus geschichtlichen Konstellationen, die gleichsam von sich aus ihre Änderung stumm, ›objektiv‹ verlangen. Was der historischen Erinnerung, nachträglich, zu Werten gerinnt, sind in Wahrheit Fragegestalten der Realität, formal gar nicht so verschieden vom Popperschen Problembegriff. Nicht ließ als Wert abstrakt sich etwa dekretieren, daß alle Menschen zu essen haben müßten, solange die Produktivkräfte nicht zur Befriedigung der primitiven Bedürfnisse aller hinreichten. Wird jedoch in einer Gesellschaft, in der Hunger angesichts vorhandener und offensichtlich möglicher Güterfülle jetzt und hier vermeidbar wäre, gleichwohl gehungert, so verlangt das Abschaffung des Hungers durch Eingriff in die Produktionsverhältnisse. Dies Verlangen springt aus der Situation, ihrer Analyse nach allen Dimensionen heraus, ohne daß es dazu der Allgemeinheit und Notwendigkeit einer Wertvorstellung bedürfte. Die Werte, auf welche jenes aus der Situation aufsteigende Verlangen projiziert wird, sind dessen dünner, meist fälschender Abguß. Die Vermittlungskategorie ist immanente Kritik. Sie enthält das Moment der Wertfreiheit in Gestalt ihrer undogmatischen Vernunft, pointiert in der Konfrontation dessen, als was eine Gesellschaft auftritt und was sie ist; das Wertmoment aber lebt in der praktischen Aufforderung, die aus der Situation herauszulesen ist und die herauszulesen es allerdings der gesellschaftlichen Theorie bedarf. Der falsche Chorismos von Wertfreiheit und Wert enthüllt sich als der gleiche wie der von Theorie und Praxis. Gesellschaft, wofern man sie als Funktionszusammenhang menschlicher Selbsterhaltung versteht, ›meint‹: bezweckt objektiv die dem Stand ihrer Kräfte adäquate Reproduktion ihres Lebens; sonst ist jegliche gesellschaftliche Veranstaltung, ja Vergesellschaftung selber im einfachsten cognitiven Verstande widersinnig. Die subjektive Vernunft der Zweck-Mittel-Relation schlüge, sobald sie tatsächlich durch gesellschaftliche oder szientifische Machtgebote nicht aufgehalten würde, in jene objektive Vernunft um, die das axiologische Moment als eines von Erkenntnis selber enthält. Wert und Wertfreiheit sind dialektisch durch einander vermittelt. Keine auf das nicht unmittelbar seiende Wesen der Gesellschaft gerichtete Erkenntnis wäre wahr, die es nicht anders wollte, insofern also »wertende« wäre; nichts ist von der Gesellschaft zu fordern, was nicht aus dem Verhältnis von Begriff und Empirie aufstiege, nicht also wesentlich Erkenntnis ist.

Wie eine dialektische Theorie der Gesellschaft nicht einfach das Desiderat von Wertfreiheit wegwischt, sondern es samt dem entgegengesetzten in sich aufzuheben trachtet, so sollte sie zum Positivismus insgesamt sich verhalten. Die Marxsche Distinktion zwischen Darstellung und Herkunft von Erkenntnissen, durch die er den Vorwurf abwehren wollte, er entwerfe ein deduktives System, mag Dialektik, aus dégoût an der Philosophie, philosophisch allzu leicht nehmen; wahr daran ist jedenfalls der schwere Akzent auf dem Seienden gegenüber dem losgelassenen Begriff, die Zuspitzung der kritischen Theorie gegen den Idealismus. Dem immanent sich fortbewegenden Gedanken ist die Versuchung eingeboren, die Fakten zu mißachten. Der dialektische Begriff jedoch ist Vermittlung, kein Ansichseiendes; das bürdet ihm die Pflicht auf, keine Wahrheit χωρίς von dem Vermittelten, den Tatsachen zu prätendieren. Dialektische Kritik am Positivismus hat ihren vordringlichsten Angriffspunkt an Verdinglichung, der von Wissenschaft und von unreflektierter Faktizität; desto weniger darf sie ihre Begriffe ihrerseits verdinglichen. Albert sieht richtig, daß zentrale, aber nicht sinnlich verifizierbare Begriffe wie Gesellschaft oder Kollektivität nicht zu hypostasieren, nicht naiv realistisch als Ansichseiendes zu setzen und zu fixieren sind. Allerdings wird eine von solcher Verdinglichung gefährdete Theorie insoweit zu jener vom Gegenstand bewogen, als dieser selbst so verhärtet ist, wie es dann in der Theorie, wofern sie bloß ›widerspiegelt‹, als deren Dogmatismus sich wiederholt. Bleibt Gesellschaft, ein Funktions- und kein Substanzbegriff, allen einzelnen Phänomenen gleichwohl objektiv vorgeordnet, so kann vom Aspekt ihrer Dinghaftigkeit auch dialektische Soziologie nicht absehen; sonst verfälscht sie das Entscheidende, die Herrschaftsverhältnisse. Sogar der geistige Phänomene eminent verdinglichende Durkheimsche Begriff des Kollektivbewußtseins hat seinen Wahrheitsgehalt an dem Zwang, den die gesellschaftlichen mores ausüben; nur wäre dieser Zwang wiederum aus den Herrschaftsverhältnissen im realen Lebensprozeß abzuleiten, nicht als ein letztes Vorfindliches, als ›Sache‹ zu akzeptieren. In primitiven Gesellschaften erfordert – vielleicht – der Mangel an Lebensmitteln organisatorische Zwangszüge, die in den durch die Produktionsverhältnisse verursachten und insofern unnötigen Mangelsituationen vorgeblich reifer Gesellschaften wiederkehren. Die Frage, ob die gesellschaftlich notwendige Trennung von physischer und geistiger Arbeit oder das usurpatorische Privileg des Medizinmanns vorgängig seien, hat etwas von der nach dem Primat von Huhn oder Ei; jedenfalls bedarf der Schamane der Ideologie, ohne ihn ginge es nicht. Zugunsten der sakrosankten Theorie ist keineswegs die Möglichkeit zu exorzieren, daß der soziale Zwang tierisch-biologisches Erbe sei; der ausweglose Bann der Tierwelt reproduziert sich in der brutalen Herrschaft stets noch naturgeschichtlicher Gesellschaft. Daraus jedoch ist nicht die Unabänderlichkeit von Zwang apologetisch zu folgern. Am Ende ist es das tiefste Wahrheitsmoment des Positivismus, wenngleich eines, gegen das er sich sträubt wie gegen das Wort, auf das er verzaubert ist: daß die Fakten, das nun einmal so und nicht anders Seiende, einzig in einer Gesellschaft der Unfreiheit, deren ihre eigenen Subjekte nicht mächtig sind, jene undurchdringliche Gewalt angenommen haben, die dann der szientifische Faktenkult im wissenschaftlichen Gedanken verdoppelt. Auch die philosophische Rettung des Positivismus bedürfte des von ihm verpönten Verfahrens der Deutung, der Interpretation dessen am Weltlauf, was Interpretation verwehrt. Der Positivismus ist die begriffslose Erscheinung der negativen Gesellschaft in der Gesellschaftswissenschaft. In der Debatte animiert Dialektik den Positivismus zum Bewußtsein solcher Negativität, seiner eigenen. Bei Wittgenstein fehlt es nicht an Spuren solchen Bewußtseins. Je weiter der Positivismus getrieben wird, desto energischer treibt er über sich hinaus. Der von Wellmer hervorgehobene Satz Wittgensteins, »daß schon viel in der Sprache vorbereitet sein muß, damit das bloße Benennen einen Sinn hat«[63], erreicht nicht weniger als den Sachverhalt, daß für die Sprache Tradition konstitutiv sei und damit, gerade im Sinn Wittgensteins, für Erkenntnis überhaupt. Wellmer berührt einen Nervenpunkt, wenn er daraus eine objektive Absage an den Reduktionismus der Wiener Schule, an das Geltungskriterium der Protokollsätze entnimmt; um so weniger ist der Reduktionismus autoritatives Vorbild der Sozialwissenschaften. Selbst Carnap verzichtet, Wellmer zufolge, auf das Prinzip der Reduktion aller Terme auf Beobachtungsprädikate und führt neben der Beobachtungssprache eine nur noch partiell interpretierte theoretische Sprache ein[64]. Man wird darin eine bestimmende Entwicklungstendenz des gesamten Positivismus vermuten dürfen. Mit fortschreitender Differenzierung und Selbstreflexion zehrt er sich auf. Noch davon profitiert seine Apologetik, nach einem verbreiteten Topos: zentrale Einwände gegen die Schule werden als durch deren eigenen Stand überholt abgetan. Vor kurzem hat Dahrendorf, dem Sinn nach, gesagt, den von der Frankfurter Schule kritisierten Positivismus gebe es gar nicht mehr. Je weniger indessen die Positivisten ihre suggestiv schroffen Normen aufrecht erhalten können, desto mehr schwindet der Schein einer Legitimation ihrer Verachtung der Philosophie und der von dieser durchdrungenen Vefahrungsweisen. Auch Albert scheint, ähnlich wie Popper, die Verbotsnormen preiszugeben[65]. Gegen Schluß seines Aufsatzes ›Der Mythos der totalen Vernunft‹ wird es schwer, eine scharfe Grenze zwischen dem Popper-Albertschen Wissenschaftsbegriff und dialektischem Denken über Gesellschaft zu ziehen. Übrig bleibt, als Differenz: »Der dialektische Kult der totalen Vernunft ist zu anspruchsvoll,

---

63 Wellmer, a.a.O., S. 12.
64 Vgl. a.a.O., S. 23 f.
65 Vgl. Albert, Im Rücken des Positivismus, a.a.O., S. 268.

um sich mit ›partikularen‹ Lösungen zu begnügen. Da es keine Lösungen gibt, die seinen Ansprüchen genügen, ist er genötigt, sich mit Andeutungen, Hinweisen und Metaphern zufriedenzugeben.«[66] Die dialektische Theorie jedoch betreibt gar keinen Kult der totalen Vernunft; sie kritisiert jene. Hochmut gegen partikulare Lösungen ist ihr fremd, nur läßt sie von ihnen nicht das Maul sich stopfen.

Gleichwohl ist nicht aus dem Blick zu verlieren, was vom Positivismus nach wie vor ungemildert sich durchhält. Symptomatisch die ironische Äußerung Dahrendorfs über die Frankfurter Schule als die letzte der Soziologie. Gemeint dürfte sein, die Zeit der Schulenbildung innerhalb der Soziologie sei vorbei, Einheitswissenschaft überrolle triumphal die Schulen als ein archaisch Qualitatives. So demokratisch und egalitär das Selbstverständnis der Prophezeiung, ihre Erfüllung wäre intellektuell totalitär, unterbände eben jenen Streit, den doch gerade Dahrendorf für das Agens allen Fortschritts hält. Das Ideal fortschreitender technischer Rationalisierung auch der Wissenschaft desavouiert die pluralistischen Vorstellungen, denen die Gegner der Dialektik sonst huldigen. Keinem soziologischen Psychologismus braucht sich zu verschreiben, wer angesichts des Slogans von der letzten Schule an die Frage des kleinen Mädchens beim Anblick eines großen Hundes sich erinnert: wie alt kann so ein Hund werden?

Trotz des von beiden Seiten bekundeten Willens, in rationalem Geist die Kontroverse auszutragen, behält diese ihren quälenden Stachel. In den Äußerungen der Presse zum Positivismusstreit, zumal denen nach dem sechzehnten deutschen Soziologentag, die im übrigen vielfach nicht einmal dem Verlauf der Debatte gerecht und sachkundig folgten, wiederholte sich stereotyp, man sei nicht weitergekommen, die Argumente seien bereits bekannt, keine Schlichtung der Gegensätze absehbar und damit die Fruchtbarkeit der Debatte in Zweifel gerückt. Diese von Rancune prallen Bedenken zielen daneben. Sie erwarten sich handgreifliche Fortschritte der Wissenschaft dort, wo ihre Handgreiflichkeit ebenso in Frage steht wie ihre gängige Konzeption. Nicht ist ausgemacht, ob die beiden Positionen durch wechselseitige Kritik, so

---

[66] Albert, Der Mythos der totalen Vernunft, a.a.O., S. 233.

wie es dem Popperschen Modell entspräche, zu befrieden sind; Alberts billig ad spectatores gerichtete Äußerungen zum Komplex Hegel, von seinen jüngsten zu schweigen, geben der Hoffnung darauf wenig Nahrung. Beteuerungen, man selber sei mißverstanden worden, helfen so wenig weiter wie der augenzwinkernde Appell ans Einverständnis mit Hinblick auf die berüchtigte Unverständlichkeit des Kontrahenten. Die Kontamination von Dialektik und Irrationalismus stellt sich blind dagegen, daß Kritik an der Logik der Widerspruchslosigkeit diese nicht außer Kurs setzt sondern reflektiert. Was schon in Tübingen an den Äquivokationen des Wortes Kritik beobachtet wurde, ist zu generalisieren: auch wo die gleichen Begriffe verwandt werden, ja selbst wo darüber hinaus Übereinstimmung sich herstellt, dürften die Kontrahenten in Wahrheit so Verschiedenes meinen und anstreben, daß der Konsens Fassade vor Antagonismen bleibt. Eine Fortsetzung der Kontroverse hätte wohl jene tragenden, durchaus noch nicht ganz artikulierten Antagonismen sichtbar zu machen. Oft war in der Geschichte der Philosophie zu beobachten, daß Lehren, deren eine sich als getreue Darstellung der anderen empfindet, durch das Klima des geistigen Zusammenhangs bis ins Innerste divergieren; das Verhältnis von Fichte zu Kant wäre dafür der hervorragendste Beleg. Um die Soziologie ist es nicht anders bestellt. Ob sie als Wissenschaft die Gesellschaft in ihrer je funktionierenden Gestalt zu erhalten habe, so wie es von Comte bis Parsons tradiert ward, oder ob sie aus der gesellschaftlichen Erfahrung heraus zur Veränderung ihrer Kernstrukturen drängt, das determiniert in alle Kategorien hinein die Wissenschaftstheorie und wird darum wissenschaftstheoretisch kaum zu entscheiden sein. Maßgebend ist nicht einmal das unmittelbare Verhältnis zur Praxis; viel eher, welchen Stellenwert man der Wissenschaft im Leben des Geistes, schließlich in der Realität zuwägt. Divergenzen darin sind keine von Weltanschauung. Sie haben ihre Stätte in den logischen und erkenntnistheoretischen Fragen, der Auffassung von Widerspruch und Widerspruchslosigkeit, von Wesen und Erscheinung, von Beobachtung und Deutung. Dialektik verhält sich in dem Streit intransigent, weil sie dort weiterzudenken glaubt, wo ihre Widersacher innehalten, vor der unbefragten Autorität des Wissenschaftsbetriebs.

THEODOR W. ADORNO

# Soziologie und empirische Forschung

I

Die unter dem Namen Soziologie als akademische Disziplin zusammengefaßten Verfahrensweisen sind miteinander verbunden nur in einem höchst abstrakten Sinn: dadurch, daß sie allesamt in irgendeiner Weise Gesellschaftliches behandeln. Weder aber ist ihr Gegenstand einheitlich noch ihre Methode. Manche gelten der gesellschaftlichen Totalität und ihren Bewegungsgesetzen, andere, in pointiertem Gegensatz dazu, einzelnen sozialen Phänomenen, welche auf einen Begriff der Gesellschaft zu beziehen als spekulativ verfemt wird. Die Methoden variieren demgemäß. Dort soll aus strukturellen Grundbedingungen, wie dem Tauschverhältnis, Einsicht in den gesellschaftlichen Zusammenhang folgen; hier wird ein solches Bestreben, mag es auch keineswegs das Tatsächliche aus selbstherrlichem Geist rechtfertigen wollen, als philosophischer Rückstand in der Entwicklung der Wissenschaft abgetan und soll der bloßen Feststellung dessen weichen, was der Fall sei. Beiden Konzeptionen liegen historisch divergente Modelle zugrunde. Die Theorie der Gesellschaft ist aus der Philosophie entsprungen, während sie zugleich deren Fragestellungen umzufunktionieren trachtet, indem sie die Gesellschaft als jenes Substrat bestimmt, das der traditionellen Philosophie ewige Wesenheiten hieß oder Geist. Wie die Philosophie dem Trug der Erscheinungen mißtraute und auf Deutung aus war, so mißtraut die Theorie desto gründlicher der Fassade der Gesellschaft, je glatter diese sich darbietet. Theorie will benennen, was insgeheim das Getriebe zusammenhält. Die Sehnsucht des Gedankens, dem einmal die Sinnlosigkeit dessen, was bloß ist, unerträglich war, hat sich säkularisiert in dem Drang zur Entzauberung. Sie möchte den Stein aufheben, unter dem das Unwesen brütet; in seiner Erkenntnis allein ist ihr der Sinn bewahrt. Gegen solchen Drang sträubt sich die soziologische Tatsachenforschung. Entzauberung, wie noch Max Weber sie bejahte, ist ihr nur ein Spezialfall von Zauberei; die Besinnung aufs verborgen Waltende, das zu verändern wäre, bloßer Zeitverlust auf dem Weg zur Änderung des Offenbaren. Zumal was heute allgemein mit dem Namen empirische Sozialforschung bedacht wird, hat seit Comtes Positivismus mehr oder minder eingestandenermaßen die Naturwissenschaften zum Vorbild. Die beiden Tendenzen verweigern sich dem gemeinsamen Nenner. Theoretische Gedanken über die Gesellschaft insgesamt sind nicht bruchlos durch empirische Befunde einzulösen: sie wollen diesen entwischen wie spirits der parapsychologischen Versuchsanordnung. Eine jede Ansicht von der Gesellschaft als ganzer transzendiert notwendig deren zerstreute Tatsachen. Die Konstruktion der Totale hat zur ersten Bedingung einen Begriff von der Sache, an dem die disparaten Daten sich organisieren. Sie muß, aus der lebendigen, nicht selber schon nach den gesellschaftlich installierten Kontrollmechanismen eingerichteten Erfahrung; aus dem Gedächtnis des ehemals Gedachten; aus der unbeirrten Konsequenz der eigenen Überlegung jenen Begriff immer schon ans Material herantragen und in der Fühlung mit diesem ihn wiederum abwandeln. Will Theorie aber nicht trotzdem jenem Dogmatismus verfallen, über dessen Entdeckung zu jubeln die zum Denkverbot fortgeschrittene Skepsis stets auf dem Sprung steht, so darf sie dabei nicht sich beruhigen. Sie muß die Begriffe, die sie gleichsam von außen mitbringt, umsetzen in jene, welche die Sache von sich selber hat, in das, was die Sache von sich aus sein möchte, und es konfrontieren mit dem, was sie ist. Sie muß die Starrheit des hier und heute fixierten Gegenstandes auflösen in ein Spannungsfeld des Möglichen und des Wirklichen: jedes von beiden ist, um nur sein zu können, aufs andere verwiesen. Mit anderen Worten, Theorie ist unabdingbar kritisch. Darum aber sind aus ihr abgeleitete Hypothesen, Voraussagen von regelhaft zu Erwartendem ihr nicht voll adäquat. Das bloß zu Erwartende ist selber ein Stück gesellschaftlichen Betriebs, inkommensurabel dem, worauf die Kritik geht. Die wohlfeile Genugtuung darüber, daß es wirklich so kommt, wie sie es geargwöhnt hatte, darf die gesellschaftliche Theorie nicht darüber hinwegtäuschen, daß sie, sobald sie als Hypothese auftritt, ihre innere Zusammensetzung verändert. Die Einzelfeststellung, durch die sie verifiziert wird, gehört ihrerseits schon wieder dem Verblendungszusammenhang an, den sie durchschlagen möchte. Für die gewonnene Konkretisierung und Verbindlichkeit hat sie mit Verlust an eindringender Kraft zu zahlen; was aufs Prinzip geht, wird auf die Erscheinung eingeebnet, an der man es überprüft. Will man umgekehrt von Einzelerhebungen, nach allgemeiner wissenschaftlicher Sitte, zur Totalität der Gesellschaft aufsteigen, so gewinnt man bestenfalls klassifikatorische Oberbegriffe, aber nie solche, welche das Leben der Gesellschaft selber ausdrücken. Die Kategorie ›arbeitsteilige Gesellschaft überhaupt‹ ist höher, allgemeiner als die ›kapitalistische Gesellschaft‹, aber nicht wesentlicher, sondern unwesentlicher, sagt weniger über das Leben der Menschen und das, was sie bedroht, ohne daß doch darum eine logisch niedrigere Kategorie wie ›Urbanismus‹ mehr darüber besagte. Weder nach oben noch nach unten entsprechen soziologische Abstraktionsniveaus einfach dem gesellschaftlichen Erkenntniswert. Deswegen ist von ihrer systematischen Vereinheitlichung durch ein Modell wie das »funktionelle« von Parsons so wenig zu erhoffen. Noch weniger aber von den seit soziologischen Urzeiten immer wieder gegebenen und vertagten Versprechungen einer Synthese von Theorie und Empirie, welche fälschlich Theorie mit formaler Einheit gleichsetzen und nicht Wort haben wollen, daß eine von den Sachgehalten gereinigte Gesellschaftstheorie sämtliche Akzente verrückt. Erinnert sei daran, wie gleichgültig der Rekurs auf die ›Gruppe‹ gegenüber dem auf die Industriegesellschaft ist. Gesellschaftliche Theorienbildung nach dem Muster klassifikatorischer Systeme substituiert den dünnsten begrifflichen Abhub für das, was der Gesellschaft ihr Gesetz vorschreibt: Empirie und Theorie lassen sich nicht in ein Kontinuum eintragen. Gegenüber dem Postulat der Einsicht ins Wesen der modernen Gesellschaft gleichen die empirischen Beiträge Tropfen auf den heißen Stein; empirische Beweise aber für zentrale Strukturgesetze bleiben, nach empirischen Spielregeln, allemal anfechtbar. Nicht darauf kommt es an, derlei Divergenzen zu glätten und zu harmonisieren: dazu läßt bloß eine harmonistische Ansicht von der Gesellschaft sich verleiten. Sondern die Spannungen sind fruchtbar auszutragen.

2

Heute herrscht, nach der Enttäuschung sowohl an der geisteswissenschaftlichen wie an der formalen Soziologie, die Neigung vor, der empirischen Soziologie den Primat zuzuerkennen. Ihre unmittelbar praktische Verwertbarkeit, ihre Affinität zu jeglicher Verwaltung spielt dabei sicherlich mit. Aber die Reaktion auf sei's willkürliche, sei's leere Behauptungen über die Gesellschaft von oben her ist legitim. Dennoch gebührt den empirischen Verfahren kein Vorrang schlechthin. Nicht bloß gibt es außer ihnen noch andere: das bloße Vorhandensein von Disziplinen und Denkweisen rechtfertigt diese nicht. Sondern ihre Grenze wird ihnen von der Sache vorgezeichnet. Die empirischen Methoden, deren Attraktionskraft im Anspruch ihrer Objektivität entspringt, bevorzugen paradoxerweise, wie es ihr Ursprung in der Marktforschung erklärt, Subjektives, nämlich abgesehen von statistischen Daten des Zensustyps wie Geschlecht, Alter, Personenstand, Einkommen, Bildung und ähnlichem Meinungen, Einstellungen, allenfalls Verhaltensweisen von Subjekten. Nur in diesem Umkreis bewährt sich bislang jedenfalls ihr Spezifisches: als Inventare sogenannter objektiver Tatbestände wären sie von vorwissenschaftlicher Information für administrative Zwecke nur schwer zu unterscheiden. Allgemein ist die Objektivität der empirischen Sozialforschung eine der Methoden, nicht des Erforschten. Durch die statistische Aufbereitung werden aus Ermittlungen über mehr oder minder zahlreiche einzelne Personen Aussagen abgeleitet, die, nach den Gesetzen der Wahrscheinlichkeitsrechnung, generalisierbar und von individuellen Schwankungen unabhängig sind. Aber die gewonnenen Durchschnittswerte, mag auch ihre Gültigkeit objektiv sein, bleiben meist doch objektive Aussagen über Subjekte; ja darüber, wie die Subjekte sich und die Realität sehen. Die gesellschaftliche Objektivität, den Inbegriff all der Verhältnisse, Institutionen, Kräfte innerhalb dessen die Menschen agieren, haben die empirischen Methoden: Fragebogen, Interview und was immer an deren Kombination und Ergänzung möglich ist, ignoriert, allenfalls sie als Akzidenzien berücksichtigt. Schuld daran tragen nicht nur interessierte Auftraggeber, die bewußt oder unbewußt die Erhellung jener Verhältnisse verhindern und in Amerika schon bei der Vergebung von Forschungsprojekten etwa über Medien der Massenkommunikation darüber wachen, daß lediglich Reaktionen innerhalb des herrschenden ›commercial system‹ festgestellt, nicht Struktur und Implikationen jenes Systems selbst analysiert werden. Vielmehr sind darauf bereits die empirischen Mittel objektiv zugeschnitten, mehr oder minder genormte Befragungen vieler Einzelner und deren statistische Behandlung, die vorweg verbreitete – und als solche präformierte – Ansichten als Rechtsquelle fürs Urteil über die Sache selbst anzuerkennen tendieren. Wohl spiegeln in diesen Ansichten auch die Objektivitäten sich wider, aber sicherlich nicht vollständig und vielfach verzerrt. Jedenfalls aber ist im Vergleich mit jenen Objektivitäten, wie der flüchtigste Blick auf das Funktionieren der Arbeitenden in ihren Berufen zeigt, das Gewicht subjektiver Meinungen, Einstellungen und Verhaltensweisen sekundär. So positivistisch die Verfahrungsweisen sich gebärden, ihnen liegt implizit die etwa von den Spielregeln demokratischer Wahl hergeleitete und allzu bedenkenlos verallgemeinerte Vorstellung zugrunde, der Inbegriff der Bewußtseins- und Unbewußtseinsinhalte der Menschen, die ein statistisches Universum bilden, habe ohne weiteres Schlüsselcharakter für den gesellschaftlichen Prozeß. Trotz ihrer Vergegenständlichung, ja um dieser willen durchdringen die Methoden nicht die Vergegenständlichung der Sache, den Zwang zumal der ökonomischen Objektivität. Alle Meinungen gelten ihnen virtuell gleich, und so elementare Differenzen wie die des Gewichts von Meinungen je nach der gesellschaftlichen Macht fangen sie lediglich in zusätzlichen Verfeinerungen, etwa der Auswahl von Schlüsselgruppen, auf. Das Primäre wird zum Sekundären. Solche Verschiebungen innerhalb der Methode sind aber gegenüber dem Erforschten nicht indifferent. Bei aller Aversion der empirischen Soziologie gegen die gleichzeitig mit ihr in Schwang gekommenen philosophischen Anthropologien teilt sie mit diesen eine Blickrichtung derart, als käme es jetzt und hier bereits auf die Menschen an, anstatt daß sie die vergesellschafteten Menschen heute vorweg als Moment der gesellschaftlichen Totalität – ja überwiegend als deren Objekt – bestimmte. Die Dinghaftigkeit der Methode, ihr eingeborenes Bestreben, Tatbestände festzunageln, wird auf ihre Gegenstände, eben die ermittelten subjektiven Tatbestände, übertragen, so als ob dies Dinge an sich wären und nicht vielmehr verdinglicht. Die Methode droht sowohl ihre Sache zu fetischisieren wie ihrerseits zum Fetisch zu entarten. Nicht umsonst – und aus der Logik der in Rede stehenden wissenschaftlichen Verfahren mit allem Recht – überwiegen in den Diskussionen der empirischen Sozialforschung Methodenfragen gegenüber den inhaltlichen. Anstelle der Dignität der zu untersuchenden Gegenstände tritt vielfach als Kriterium die Objektivität der mit einer Methode zu ermittelnden Befunde, und im empirischen Wissenschaftsbetrieb richten sich die Auswahl der Forschungsgegenstände und der Ansatz der Untersuchung, wenn nicht nach praktisch-administrativen Desideraten, weit mehr nach den verfügbaren und allenfalls weiterzuentwickelnden Verfahrungsweisen als nach der Wesentlichkeit des Untersuchten. Daher die unzweifelhafte Irrelevanz so vieler empirischer Studien. Das in der empirischen Technik allgemein gebräuchliche Verfahren der operationellen oder instrumentellen Definition, das etwa eine Kategorie wie ›Konservatismus‹ definiert durch bestimmte Zahlenwerte der Antworten auf Fragen innerhalb der Erhebung selbst, sanktioniert den Primat der Methode über die Sache, schließlich die Willkür der wissenschaftlichen Veranstaltung. Prätendiert wird, eine Sache durch ein Forschungsinstrument zu untersuchen, das durch die eigene Formulierung darüber entscheidet, was die Sache sei: ein schlichter Zirkel. Der Gestus wissenschaftlicher Redlichkeit, der sich weigert, mit anderen Begriffen zu arbeiten als mit klaren und deutlichen, wird zum Vorwand, den selbstgenügsamen Forschungsbetrieb vors Erforschte zu schieben. Vergessen werden mit dem Hochmut des Ununterrichteten die Einwände der großen Philosophie gegen die Praxis des Definierens[1]; was jene als scholastischen Restbestand verbannte, wird von den unreflektierten Einzelwissenschaften im Namen wissenschaftlicher Exaktheit weitergeschleppt. Sobald dann, wie es fast unvermeidlich ist, von den instrumentell defi-

---

[1] Vgl. etwa Kant, Kritik der reinen Vernunft, Inselausgabe, S. 553 f.; Hegel, Wissenschaft der Logik, Stuttgart 1949, II. Teil, S. 289 f., S. 292 f.; zahlreiche Stellen auch bei Nietzsche.

nierten Begriffen auch nur auf die konventionell üblichen extrapoliert wird, macht sich die Forschung eben der Unsauberkeit schuldig, die sie mit ihren Definitionen ausrotten wollte.

3

Daß das naturwissenschaftliche Modell nicht frisch-fröhlich und uneingeschränkt auf die Gesellschaft übertragen werden kann, liegt in dieser. Aber nicht, wie die Ideologie es will und wie gerade die reaktionären Widerstände gegen die neuen Techniken in Deutschland es rationalisieren, weil die Würde des Menschen, an deren Abbau die Menschheit eifrig arbeitet, Methoden enthoben wäre, welche ihn als ein Stück Natur betrachten. Eher frevelt die Menschheit, indem ihr Herrschaftsanspruch das Eingedenken ihres Naturwesens verdrängt und dadurch blinde Naturwüchsigkeit perpetuiert, als wenn die Menschen an ihre Naturhaftigkeit gemahnt werden. »Soziologie ist keine Geisteswissenschaft.«[2] Insofern die Verhärtung der Gesellschaft die Menschen mehr stets zu Objekten herabsetzt und ihren Zustand in ›zweite Natur‹ verwandelt, sind Methoden, die sie eben dessen überführen, kein Sakrileg. Die Unfreiheit der Methoden dient der Freiheit, indem sie wortlos die herrschende Unfreiheit bezeugt. Die wütenden Brusttöne und raffinierteren Abwehrgesten, welche die Untersuchungen Kinseys hervorgerufen haben, sind das stärkste Argument für Kinsey. Dort, wo die Menschen unter dem Druck der Verhältnisse in der Tat auf die »Reaktionsweise von Lurchen«[3] heruntergebracht werden, wie als Zwangskonsumenten von Massenmedien und anderen reglementierten Freuden, paßt die Meinungsforschung, über welche sich der ausgelaugte Humanismus entrüstet, besser auf sie als etwa eine »verstehende« Soziologie: denn das Substrat des Verstehens, das in sich einstimmige und sinnhafte menschliche Verhalten, ist in den Subjekten selbst schon durch bloßes Reagieren ersetzt. Eine zugleich atomistische und

---

[2] Soziologie und empirische Sozialforschung, in: Frankfurter Beiträge zur Soziologie, Bd. 4: Exkurse, Frankfurt am Main 1956, S. 112.

[3] M. Horkheimer und T. W. Adorno, Dialektik der Aufklärung, Amsterdam 1947, S. 50.

von Atomen zu Allgemeinheiten klassifikatorisch aufsteigende Sozialwissenschaft ist der Medusenspiegel einer zugleich atomisierten und nach abstrakten Klassifikationsbegriffen, denen der Verwaltung, eingerichteten Gesellschaft. Aber diese adaequatio rei atque cogitationis bedarf erst noch der Selbstreflexion, um wahr zu werden. Ihr Recht ist einzig das kritische. In dem Augenblick, in dem man den Zustand, den die Researchmethoden treffen zugleich und ausdrücken, als immanente Vernunft der Wissenschaft hypostasiert, anstatt ihn zum Gegenstand des Gedankens zu machen, trägt man, willentlich oder nicht, zu seiner Verewigung bei. Dann nimmt die empirische Sozialforschung das Epiphänomen, das, was die Welt aus uns gemacht hat, fälschlich für die Sache selbst. In ihrer Anwendung steckt eine Voraussetzung, die nicht sowohl aus den Forderungen der Methode als aus dem Zustand der Gesellschaft, also historisch, zu deduzieren wäre. Die dinghafte Methode postuliert das verdinglichte Bewußtsein ihrer Versuchspersonen. Erkundigt sich ein Fragebogen nach musikalischem Geschmack und stellt dabei die Kategorien ›classical‹ und ›popular‹ zur Auswahl, so hält er – mit Recht – dessen sich versichert, daß das erforschte Publikum nach diesen Kategorien hört, so wie man beim Einschalten des Radioapparats jeweils ohne Besinnung, automatisch wahrnimmt, ob man an ein Schlagerprogramm, an angeblich ernste Musik, an die Untermalung eines religiösen Akts geraten ist. Aber solange nicht die gesellschaftlichen Bedingungen derartiger Reaktionsformen mitgetroffen werden, bleibt der richtige Befund zugleich irreführend; er suggeriert, daß die Spaltung musikalischer Erfahrung in ›classical‹ und ›popular‹ ein Letztes, gleichsam natürlich wäre. Die gesellschaftlich relevante Frage indessen hebt genau bei jener Spaltung, bei deren Verewigung zum Selbstverständlichen erst an und führt notwendig die mit sich, ob nicht die Wahrnehmung von Musik unterm Apriori von Sparten die spontane Erfahrung des Wahrgenommenen aufs empfindlichste tangiert. Bloß die Einsicht in die Genese der vorfindlichen Reaktionsformen und ihr Verhältnis zum Sinn des Erfahrenen würde es erlauben, das registrierte Phänomen zu entschlüsseln. Die herrschende empiristische Gewohnheit aber würde die Frage nach dem objektiven Sinn des erscheinenden Kunstwerks verwerfen, jenen Sinn als bloß subjektive Projektion der Hörer abfertigen und das Gebilde zum bloßen ›Reiz‹ einer psychologischen Versuchsanordnung entqualifizieren. Dadurch würde sie vorweg die Möglichkeit abschneiden, das Verhältnis der Massen zu den ihnen von der Kulturindustrie oktroyierten Gütern thematisch zu machen; jene Güter selbst wären ihr schließlich durch die Massenreaktionen definiert, deren Beziehung zu den Gütern zur Diskussion stünde. Über das isolierte Studium hinauszugehen, wäre aber heute um so dringlicher, als bei fortschreitender kommunikativer Erfassung der Bevölkerungen die Präformation ihres Bewußtseins so zunimmt, daß es kaum mehr eine Lücke läßt, die es erlaubte, ohne weiteres jener Präformation innezuwerden. Noch ein positivistischer Soziologe wie Durkheim, der in der Ablehnung des »Verstehens« mit dem Social Research einig ging, hat mit gutem Grund die statistischen Gesetze, denen auch er nachhing, mit der contrainte sociale[4] zusammengebracht, ja in ihr das Kriterium gesellschaftlicher Allgemeingesetzlichkeit erblickt. Die zeitgenössische Sozialforschung verleugnet diese Verbindung, opfert damit aber auch die ihrer Generalisierungen mit konkreten gesellschaftlichen Strukturbestimmungen. Werden jedoch solche Perspektiven, etwa als Aufgabe einmal anzustellender Spezialuntersuchungen, abgeschoben, bleibt die wissenschaftliche Spiegelung in der Tat bloße Verdoppelung, verdinglichte Apperzeption des Dinghaften, und entstellt das Objekt gerade durch die Verdoppelung, verzaubert das Vermittelte in ein Unmittelbares. Zur Korrektur genügt auch nicht, wie es schon Durkheim im Sinne lag, einfach deskriptiv »Mehrzahlbereich« und »Einzahlbereich« zu unterscheiden. Sondern das Verhältnis beider Bereiche wäre zu vermitteln, selbst theoretisch zu begründen. Der Gegensatz quantitativer und qualitativer Analyse ist nicht absolut: kein Letztes in der Sache. Wer quantifiziert, muß, wie man weiß, immer erst von qualitativen Differenzen der Elemente absehen; und alles gesellschaftlich Einzelne trägt die allgemeinen Bestimmungen in sich, denen die quantitativen Generalisierungen gelten. Deren eigene Kategorien sind allemal qualitativ. Eine Methode, die dem nicht gerecht wird und etwa die qualitative Analyse

4 Vgl. Émile Durkheim, Les Règles de la méthode sociologique, Paris 1950, S. 6 ff.

als mit dem Wesen des Mehrzahlbereichs unvereinbar verwirft, tut dem Gewalt an, was sie erforschen soll. Die Gesellschaft ist Eine; auch dort, wo heute die großen gesellschaftlichen Mächte noch nicht hinreichen, hängen die ›unentwickelten‹ und die zur Rationalität und einheitlichen Vergesellschaftung gediehenen Bereiche funktionell zusammen. Soziologie, die das nicht beachtet und sich bei einem Pluralismus der Verfahrungsweisen bescheidet, den sie dann etwa mit so mageren und unzulänglichen Begriffen wie Induktion und Deduktion[5] rechtfertigt, unterstützt was ist, im Übereifer, zu sagen was ist. Sie wird Ideologie im strengen Sinn, notwendiger Schein. Schein, weil die Vielfalt der Methoden an die Einheit des Gegenstands nicht heranreicht und sie hinter sogenannten Faktoren versteckt, in die sie ihn der Handlichkeit wegen zerlegt; notwendig, weil der Gegenstand, die Gesellschaft, nichts so sehr fürchtet, wie beim Namen gerufen zu werden, und darum unwillkürlich nur solche Erkenntnisse ihrer selbst fördert und duldet, die von ihr abgleiten. Das Begriffspaar Induktion und Deduktion ist der szientifische Ersatz der Dialektik. Wie aber verbindliche gesellschaftliche Theorie sich mit Material vollgesogen haben muß, so muß das Faktum, das verarbeitet wird, kraft des Prozesses, der es ergreift, selber bereits auf das gesellschaftliche Ganze transparent sein. Hat die Methode es statt dessen einmal zum factum brutum zugerichtet, so ist ihm auch nachträglich kein Licht einzublasen. In der starren Entgegensetzung und Ergänzung formaler Soziologie und blinder Tatsachenfeststellung schwindet das Verhältnis von Allgemeinem und Besonderem, an dem die Gesellschaft ihr Leben hat und darum die Soziologie ihr einzig menschenwürdiges Objekt. Addiert man aber das Getrennte nachträglich zusammen, so bleibt durch den Stufengang der Methode das sachliche Verhältnis auf den Kopf gestellt. Kein Zufall der Eifer, qualitative Befunde ihrerseits alsogleich wieder zu quantifizieren. Die Wissenschaft möchte die Spannung von Allgemeinem und Besonderem durch ihr einstimmiges System aus der Welt schaffen, die an der Unstimmigkeit ihre Einheit hat.

---

[5] Vgl. Erich Reigrotzki, Soziale Verflechtungen in der Bundesrepublik, Tübingen 1956, S. 4.

Jene Unstimmigkeit ist der Grund dafür, daß der Gegenstand der Soziologie, die Gesellschaft und ihre Phänomene, nicht die Art Homogenität besitzt, mit der die sogenannte klassische Naturwissenschaft rechnen konnte. In Soziologie ist nicht im gleichen Maße von partiellen Feststellungen über gesellschaftliche Sachverhalte zu deren – sei's auch eingeschränkter – Allgemeingültigkeit fortzuschreiten, wie man von der Beobachtung der Eigentümlichkeiten eines Stücks Blei auf die allen Bleis zu schließen gewohnt war. Die Allgemeinheit der sozialwissenschaftlichen Gesetze ist überhaupt nicht die eines begrifflichen Umfangs, dem die Einzelstücke bruchlos sich einfügten, sondern bezieht sich stets und wesentlich auf das Verhältnis von Allgemeinem und Besonderem in seiner historischen Konkretion. Das bezeugt, negativ, die Inhomogenität des gesellschaftlichen Zustands – die ›Anarchie‹ aller bisherigen Geschichte – ebenso wie positiv das Moment von Spontaneität, das vom Gesetz der großen Zahl nicht sich einfangen läßt. Nicht verklärt die Welt der Menschen, wer sie von der relativen Regelhaftigkeit und Konstanz der Gegenstände mathematischer Naturwissenschaften, wenigstens des ›Makrobereichs‹, abhebt. Zentral ist der antagonistische Charakter der Gesellschaft, und er wird von der bloßen Generalisierung eskamotiert. Der Aufklärung bedarf eher die Homogenität, soweit sie menschliches Verhalten dem Gesetz der großen Zahl unterwirft, als ihre Absenz. Die Anwendbarkeit jenes Gesetzes widerspricht dem principium individuationis; dem trotz allem nicht einfach zu Überspringenden, daß die Menschen keine bloßen Gattungswesen sind. Ihre Verhaltensweisen sind vermittelt durch ihre Vernunft. Diese enthält zwar in sich ein Moment des Allgemeinen, das dann sehr wohl in der statistischen Allgemeinheit wiederzukehren vermag; es ist aber zugleich auch spezifiziert durch die Interessenlagen der je Einzelnen, die in der bürgerlichen Gesellschaft auseinanderweisen und tendenziell bei aller Uniformität einander entgegengesetzt sind; zu schweigen von der gesellschaftlich zwangvoll reproduzierten Irrationalität in den Individuen. Nur die Einheit des Prinzips einer individualistischen Gesellschaft bringt die zerstreuten Interessen der Individuen auf die einheitliche Formel ihrer ›Meinung‹. Die heute verbreitete Rede vom sozialen Atom wird zwar der Ohnmacht des Einzelnen gegenüber der Totale gerecht, bleibt aber gleichwohl gegenüber dem naturwissenschaftlichen Begriff des Atoms bloß metaphorisch. Die Gleichheit kleinster sozialer Einheiten, der Individuen, kann selbst vorm Fernsehschirm nicht im Ernst so strikt behauptet werden wie bei der physikalisch-chemischen Materie. Die empirische Sozialforschung aber verfährt so, als ob sie die Idee des sozialen Atoms wörtlich nähme. Daß sie damit einigermaßen durchkommt, sagt etwas Kritisches über die Gesellschaft. Die Allgemeingesetzlichkeit, welche die statistischen Elemente entqualifiziert, bezeugt, daß Allgemeines und Besonderes nicht versöhnt, daß gerade in der individualistischen Gesellschaft das Individuum dem Allgemeinen blind unterworfen, selber entqualifiziert ist. Die Rede von der gesellschaftlichen »Charaktermaske« hat das einmal bezeichnet; der gegenwärtige Empirismus hat daran vergessen. Die Gemeinsamkeit des sozialen Reagierens ist wesentlich die des sozialen Drucks. Nur darum vermag die empirische Sozialforschung in ihrer Konzeption des Mehrzahlbereichs so souverän über die Individuation sich hinwegzusetzen, weil diese bis heute ideologisch blieb, weil die Menschen noch keine sind. In einer befreiten Gesellschaft würde die Statistik positiv, was sie heute negativ ist, eine Verwaltungswissenschaft, aber wirklich eine zur Verwaltung von Sachen, nämlich Konsumgütern, und nicht von Menschen. Trotz ihrer fatalen Basis in der gesellschaftlichen Struktur jedoch sollte die empirische Sozialforschung der Selbstkritik insofern mächtig bleiben, als die Verallgemeinerungen, die ihr gelingen, nicht ohne weiteres der Sache, der standardisierten Welt, sondern stets auch der Methode zuzuschreiben sind, die allein schon durch die Allgemeinheit der an die Einzelnen gerichteten Fragen oder deren begrenzte Auswahl – die »cafeteria« – vorweg das Erfragte, etwa die zu ermittelnden Meinungen, so zurichtet, daß es zum Atom wird.

Die Einsicht in die Inhomogenität der Soziologie als eines Wissenschaftsgefüges, also der kategorialen, nicht bloß graduellen und beliebig zu überbrückenden Divergenz von Disziplinen wie Gesellschaftstheorie, Analyse objektiver sozialer Verhältnisse und Institutionen, und subjektiv gerichteter Sozialforschung im engeren Sinne, meint nicht, man solle es bei der sterilen Trennung jener Disziplinen belassen. Wohl ist die formale Forderung der Einheit einer Wissenschaft nicht zu respektieren, die selbst die Male willkürlicher Arbeitsteilung trägt und sich nicht so aufspielen kann, als erschaute sie umstandslos jene allbeliebten Ganzheiten, deren gesellschaftliche Existenz ohnehin fragwürdig ist. Die kritische Verbindung der auseinanderweisenden soziologischen Methoden wird jedoch inhaltlich, vom Erkenntnisziel gefordert. Angesichts der spezifischen Verflechung sozialer Theorienbildung mit partikularen sozialen Interessen ist ein Korrektiv, wie es die Researchmethoden anbieten, heilsam, wie sehr diese im übrigen auch ihrerseits, ihrer ›administrativen‹ Struktur nach, mit partikularen Interessenlagen verflochten sind. Zahllose handfeste Behauptungen sozialer Theorien – genannt seien zum Beleg nur die Max Schelers über die typischen Bewußtseinsformen der Unterklasse[6] – können durch strenge Erhebungen überprüft und widerlegt werden. Umgekehrt ist der Social Research auf die Konfrontation mit der Theorie und auf Kenntnis objektiver sozialer Gebilde verwiesen, wenn er nicht zur Irrelevanz verkommen oder apologetischen Parolen wie den zeitweise populären von der Familie willfahren will. Unwahr wird der isolierte Social Research, sobald er die Totalität, weil sie seinen Methoden prinzipiell entgleitet, als ein krypto-metaphysisches Vorurteil ausmerzen möchte. Die Wissenschaft wird dann auf das bloße Phänomen vereidigt. Indem man die Frage nach dem Wesen als Illusion, als ein mit der Methode nicht Einzulösendes tabuiert, sind die Wesenszusammenhänge – das, worauf es in der

---

6 Vgl. Ideologie und Handeln, in: Max Horkheimer und Theodor W. Adorno, Sociologica II. Reden und Vorträge, Frankfurter Beiträge zur Soziologie, Bd. 10, 2. Aufl. Frankfurt 1967, S. 41 f.

Gesellschaft eigentlich ankommt – a priori vor der Erkenntnis geschützt. Müßig zu fragen, ob diese Wesenszusammenhänge ›wirklich‹ seien oder bloß begriffliche Gebilde. Den Vorwurf des Idealismus hat nicht ein jeder zu fürchten, der Begriffliches der gesellschaftlichen Realität zurechnet. Gemeint ist nicht sowohl die konstitutive Begrifflichkeit des erkennenden Subjekts als eine in der Sache selbst waltende: auch in der Lehre von der begrifflichen Vermitteltheit alles Seienden hat Hegel ein real Entscheidendes visiert. Das Gesetz, nach dem die Fatalität der Menschheit abrollt, ist das des Tausches. Das aber wiederum ist keine bloße Unmittelbarkeit, sondern begrifflich: der Tauschakt impliziert die Reduktion der gegeneinander zu tauschenden Güter auf ein ihnen Äquivalentes, Abstraktes, keineswegs, nach herkömmlicher Rede, Materielles. Diese vermittelnde Begrifflichkeit jedoch ist keine allgemeine Formulierung durchschnittlicher Erwartungen, keine abkürzende Zutat der Ordnung stiftenden Wissenschaft, sondern ihr gehorcht die Gesellschaft tel quel, und sie liefert das objektiv gültige, vom Bewußtsein der einzelnen ihr unterworfenen Menschen ebenso wie von dem der Forscher unabhängige Modell alles gesellschaftlich wesentlichen Geschehenden. Mag man, gegenüber der leibhaften Realität und allen handfesten Daten, dies begriffliche Wesen Schein nennen, weil es beim Äquivalententausch mit rechten Dingen und doch nicht mit rechten Dingen zugeht: es ist doch kein Schein, zu dem organisierende Wissenschaft die Realität sublimierte, sondern dieser immanent. Auch die Rede von der Unwirklichkeit sozialer Gesetze hat ihr Recht nur als kritisches, mit Hinblick auf den Fetischcharakter der Ware. Der Tauschwert, gegenüber dem Gebrauchswert ein bloß Gedachtes, herrscht über das menschliche Bedürfnis und an seiner Stelle; der Schein über die Wirklichkeit. Insofern ist die Gesellschaft der Mythos und dessen Aufklärung heute wie je geboten. Zugleich aber ist jener Schein das Allerwirklichste, die Formel, nach der die Welt verhext ward. Seine Kritik hat nichts zu tun mit der positivistischen der Wissenschaft, derzufolge das objektive Tauschwesen nicht als wirklich gelten soll, dessen Geltung doch gerade von der Wirklichkeit unablässig bestätigt wird. Beruft der soziologische Empirismus sich darauf, das Gesetz sei keine reale Vorfindlichkeit, so benennt er unwillentlich etwas vom gesellschaftlichen Schein in der Sache, den er fälschlich der Methode aufbürdet. Gerade der vorgebliche Anti-Idealismus szientifischer Gesinnung kommt dann dem Fortbestand der Ideologie zugute. Sie soll der Wissenschaft unzugänglich sein, weil sie ja eben kein Faktum sei; während doch nichts mehr Macht hat als die begriffliche Vermittlung, die den Menschen das Füranderesseiende als ein An sich vorgaukelt und sie am Bewußtsein der Bedingungen hindert, unter denen sie leben. Sobald die Soziologie sich gegen die Erkenntnis dessen sperrt, sich dabei bescheidet, zu registrieren und zu ordnen, was ihr Faktum heißt, und die dabei abdestillierten Regeln verwechselt mit dem Gesetz, das über den Fakten waltet und nach dem sie verlaufen, hat sie sich bereits der Rechtfertigung verschrieben, mag sie nichts davon ahnen. In den Gesellschaftswissenschaften läßt darum nicht ebenso vom Sektor zum Ganzen sich fortschreiten wie in den Naturwissenschaften, weil ein vom logischen Umfang, der Merkmaleinheit irgendwelcher Einzelelemente total verschiedenes Begriffliches jenes Ganze konstituiert, das gleichwohl, eben um seines vermittelten begrifflichen Wesens willen, auch nichts gemein hat mit ›Ganzheiten‹ und Gestalten, die notwendig stets als unmittelbar vorgestellt werden; die Gesellschaft ähnelt eher dem System als dem Organismus. Gegen die Gesellschaft als System, ihr eigentliches Objekt, verblendet sich die theorielose, mit bloßen Hypothesen haushaltende empirische Forschung, weil dies Objekt nicht mit dem Inbegriff aller Sektoren zusammenfällt, die Sektoren nicht subsumiert, auch nicht, wie eine geographische Karte, aus ihrem Neben- und Miteinander, aus ›Land und Leuten‹ sich zusammenfügt. Kein Sozialatlas, im wörtlichen und übertragenen Sinn, repräsentiert die Gesellschaft. Insofern diese nicht im unmittelbaren Leben ihrer Angehörigen und den darauf bezogenen subjektiven und objektiven Tatsachen aufgeht, greift eine Forschung daneben, die in der Ermittlung solcher Unmittelbarkeit sich erschöpft. Bei aller Dinghaftigkeit der Methode und gerade vermöge solcher Dinghaftigkeit, dem Idol des schlicht Feststellbaren, bringt sie einen Schein des Lebendigen, gleichsam Nachbarlichen von Angesicht zu Angesicht hervor, dessen Auflösung unter den Aufgaben gesellschaftlicher Erkenntnis nicht die letzte wäre, hätte man sie nicht längst gelöst. Heute aber wird sie verdrängt. Daran macht sich die verklärende Metaphysik vom Dasein und die sture Beschreibung dessen, was der Fall sei, gleich schuldig. Im übrigen aber entspricht die Praxis der empirischen Soziologie im weitesten Maße nicht einmal ihrem eigenen Zuständnis der Notwendigkeit von Hypothesen. Während man widerwillig das Bedürfnis nach diesen konzediert, begegnet man doch einer jeglichen mißtrauisch, weil sie zum »bias«, zur Beeinträchtigung der unvoreingenommenen Forschung werden könne[7]. Zugrunde liegt eine »Residualtheorie der Wahrheit«; die Vorstellung, Wahrheit sei, was nach Abzug der vorgeblich bloßen subjektiven Zutat, einer Art von Gestehungskosten, übrigbleibt. Die der Psychologie seit Georg Simmel und Freud vertraute Einsicht, daß die Bündigkeit der Erfahrung von Gegenständen, wofern diese ihrerseits, wie die Gesellschaft, wesentlich subjektiv vermittelt sind, mit dem Maß des subjektiven Anteils der Erkennenden steigt und nicht fällt, haben die Sozialwissenschaften sich noch nicht einverleibt. Man sucht, sobald man die eigene gemeine Menschenvernunft zugunsten des verantwortlichen Gestus des Forschers beurlaubt, sein Heil in möglichst hypothesenlosen Verfahren. Des Aberglaubens, daß die Forschung als tabula rasa zu beginnen habe, auf welcher die voraussetzungslos sich einfindenden Daten zugerichtet werden, müßte die empirische Sozialforschung gründlich sich entschlagen und dabei freilich längst durchgefochtener erkenntnistheoretischer Kontroversen sich erinnern, die das kurzatmige Bewußtsein unter Berufung auf die vordringlichen Erfordernisse des Betriebs nur zu gern vergißt. Der skeptischen Wissenschaft ziemt Skepsis ihren eigenen asketischen Idealen gegenüber. Der Satz, ein Forscher benötige zehn Prozent Inspiration und neunzig Prozent Transpiration, der so gern zitiert wird, ist subaltern und zielt aufs Denkverbot. Längst schon bestand die entsagungsvolle Arbeit des Gelehrten meist darin, daß er gegen schlechte Bezahlung auf die Gedanken verzichtete, die er ohnehin nicht hatte. Heute, da der besser bezahlte Bürochef in die Nachfolge des Gelehrten einrückt, wird der Mangel an Geist nicht nur als Tugend dessen gefeiert, der un-

---

[7] Vgl. etwa René König, Beobachtung und Experiment in der Sozialforschung, in: Praktische Sozialforschung, Köln 1956, II, S. 27.

eitel und wohlangepaßt dem Team sich eingliedert, sondern obendrein durch die Einrichtung der Forschungsgänge institutionalisiert, welche die Spontaneität der Einzelnen kaum anders kennen denn als Reibungskoeffizienten. Subaltern aber ist die Antithese von großartiger Inspiration und gediegener Forscherarbeit als solche. Die Gedanken kommen nicht angeflogen, sondern kristallisieren sich, auch wenn sie plötzlich hervortreten, in langwährenden unterirdischen Prozessen. Das Jähe dessen, was Researchtechniker herablassend Intuition nennen, markiert den Durchbruch der lebendigen Erfahrung durch die verhärtete Kruste der communis opinio; es ist der lange Atem des Gegensatzes zu dieser, keineswegs das Privileg begnadeter Augenblicke, der dem unreglementierten Gedanken jene Fühlung mit dem Wesen gestattet, die von der aufgeschwollenen Apparatur, die sich dazwischenschaltet, oft unwiderstehlich sabotiert wird. Umgekehrt ist der wissenschaftliche Fleiß immer zugleich auch die Arbeit und Anstrengung des Begriffs, das Gegenteil jenes mechanischen, verbissen bewußtlosen Verfahrens, dem man ihn gleichsetzt. Wissenschaft hieße: der Wahrheit und Unwahrheit dessen innewerden, was das betrachtete Phänomen von sich aus sein will; keine Erkenntnis, die nicht kraft der ihr einwohnenden Unterscheidung von Wahr und Falsch zugleich kritisch wäre. Erst eine Soziologie, die die versteinerten Antithesen ihrer Organisation in Bewegung brächte, käme zu sich selbst.

6

Die kategoriale Differenz der Disziplinen wird dadurch bestätigt, daß das, worauf es eigentlich ankäme, die Verbindung empirischer Erhebungen mit theoretisch zentralen Fragestellungen, trotz vereinzelter Ansätze bis heute nicht gelungen ist. Die bescheidenste und zugleich, im Sinne immanenter Kritik, also nach den eigenen Spielregeln der ›Objektivität‹, für die empirische Sozialforschung plausibelste Forderung wäre, alle ihre auf das subjektive Bewußtsein und Unbewußtsein von Menschen und Menschengruppen gerichteten Aussagen zu konfrontieren mit den objektiven Gegebenheiten ihrer Existenz. Was dem Bereich der

Sozialforschung bloß akzidentell, bloße »background study« dünkt, macht die Bedingung der Möglichkeit dafür aus, daß sie überhaupt Wesentliches erreiche. Unvermeidlicherweise wird sie unter jenen Gegebenheiten zunächst das hervorheben, was mit dem subjektiven Meinen, Fühlen und Verhalten der Untersuchten zusammenhängt, obwohl gerade diese Zusammenhänge so weit gespannt sind, daß eigentlich eine solche Konfrontation sich gar nicht mit der Kenntnis einzelner Institutionen begnügen dürfte, sondern wiederum auf die Gesellschaftsstruktur zu rekurrieren hätte: die kategoriale Schwierigkeit ist durch den Vergleich bestimmter Meinungen und bestimmter Bedingungen nicht beseitigt. Noch unter diesem lastenden Vorbehalt jedoch gewinnen die Ergebnisse der Meinungsforschung veränderten Stellenwert, sobald sie gemessen werden können an der realen Beschaffenheit dessen, worauf die Meinungen gehen. Die dabei hervortretenden Differenzen von sozialer Objektivität und dem wie immer auch allgemein verbreiteten Bewußtsein von jener Objektivität markieren eine Einbruchstelle der empirischen Sozialforschung in die Erkenntnis der Gesellschaft: in die der Ideologien, ihrer Genese und ihrer Funktion. Solche Erkenntnis wäre wohl das eigentliche, wenn auch gewiß nicht das einzige Ziel der empirischen Sozialforschung. Isoliert genommen jedoch hat diese nicht das Gewicht gesellschaftlicher Erkenntnis: die Marktgesetze, in deren System sie reflexionslos verbleibt, sind noch Fassade. Brächte auch etwa eine Befragung die statistisch überwältigende Evidenz dafür bei, daß die Arbeiter sich nicht mehr für Arbeiter halten und leugnen, daß es so etwas wie Proletariat überhaupt noch gibt, so wäre der Beweis für die Nichtexistenz des Proletariats keineswegs geführt. Es müßten vielmehr solche subjektiven Befunde mit objektiven, wie der Stellung der Befragten im Produktionsprozeß, ihrer Verfügung oder Nichtverfügung über die Mittel der Produktion, ihrer gesellschaftlichen Macht oder Ohnmacht verglichen werden. Dabei behielten freilich die empirischen Befunde über die Subjekte durchaus ihre Bedeutung. Nicht bloß wäre im Sinne der Ideologienlehre zu fragen, wie derlei Bewußtseinsinhalte zustande kommen, sondern auch, ob durch ihre Existenz nicht an der sozialen Objektivität etwas Wesentliches sich geändert habe. In ihr kann Beschaffenheit und Selbstbewußtsein der Menschen, wie immer auch produziert und reproduziert, nur vom wahnhaften Dogma vernachlässigt werden. Auch sie ist, sei's als Element der Affirmation des Bestehenden, sei's als Potential eines Anderen, Moment der gesellschaftlichen Totalität. Nicht nur die Theorie, sondern ebenso deren Absenz wird zur materiellen Gewalt, sobald sie die Massen ergreift. Korrektiv ist die empirische Sozialforschung nicht nur insofern, als sie blinde Konstruktionen von oben her verhindert, sondern auch im Verhältnis von Erscheinung und Wesen. Hat die Theorie der Gesellschaft den Erkenntniswert der Erscheinung kritisch zu relativieren, so hat umgekehrt die empirische Forschung den Begriff des Wesensgesetzes vor Mythologisierung zu behüten. Die Erscheinung ist immer auch eine des Wesens, nicht nur bloßer Schein. Ihre Änderungen sind dem Wesen nicht gleichgültig. Weiß in der Tat schon keiner mehr, daß er ein Arbeiter ist, so affiziert das die innere Zusammensetzung des Begriffs des Arbeiters, selbst wenn dessen objektive Definition – die durch die Trennung von den Produktionsmitteln – erfüllt bleibt.


7

Die empirische Sozialforschung kommt darum nicht herum, daß alle von ihr untersuchten Gegebenheiten, die subjektiven nicht weniger als die objektiven Verhältnisse, durch die Gesellschaft vermittelt sind. Das Gegebene, die Fakten, auf welche sie ihren Methoden nach als auf ihr Letztes stößt, sind selber kein Letztes sondern ein Bedingtes. Sie darf daher nicht ihren Erkenntnisgrund – die Gegebenheit der Fakten, um welche ihre Methode sich müht – mit dem Realgrund verwechseln, einem Ansichsein der Fakten, ihrer Unmittelbarkeit schlechthin, ihrem Fundamentalcharakter. Gegen diese Verwechslung kann sie insofern sich wehren, als sie durch Verfeinerung der Methoden die Unmittelbarkeit der Daten aufzulösen vermag. Daher die Bedeutung der Motivationsanalysen, obwohl sie im Bannkreis subjektiven Reagierens verbleiben. Sie können freilich kaum je auf direkte Fragen sich stützen, und Korrelationen zeigen funktionelle Zusammenhänge an, klären aber nicht über kausale Abhängigkeiten auf. Daher ist die Entwicklung indirekter Methoden prinzipiell die Chance der empirischen Sozialforschung, über bloße Feststellung und Aufbereitung von Fassadentatsachen hinauszugelangen. Das Erkenntnisproblem ihrer selbstkritischen Entwicklung bleibt, daß die ermittelten Fakten nicht getreu die darunterliegenden gesellschaftlichen Verhältnisse spiegeln, sondern zugleich den Schleier ausmachen, durch den jene, und zwar notwendig, sich verhüllen. Es gilt danach für die Befunde dessen, was nicht umsonst »Meinungsforschung« heißt, die Formulierung Hegels über die öffentliche Meinung schlechthin aus der Rechtsphilosophie: sie verdiene, ebenso geachtet als verachtet zu werden[8]. Geachtet, weil auch Ideologien, das notwendige falsche Bewußtsein, ein Stück gesellschaftlicher Wirklichkeit sind, das kennen muß, wer diese erkennen will. Verachtet aber: ihr Wahrheitsanspruch kritisiert. Die empirische Sozialforschung wird selbst zur Ideologie, sobald sie die öffentliche Meinung absolut setzt. Dazu verleitet ein unreflektiert nominalistischer Wahrheitsbegriff, der die volonté de tous als Wahrheit schlechthin unterschiebt, weil eine andere doch nicht zu ermitteln sei. Diese Tendenz ist zumal in der amerikanischen empirischen Sozialforschung ungemein markiert. Ihr wäre aber nicht die bloße Behauptung einer volonté générale als einer ansichseienden Wahrheit dogmatisch gegenüberzustellen, etwa in Form postulierter ›Werte‹. Ein solches Verfahren bliebe mit der gleichen Willkür behaftet wie die Instauration der verbreiteten Meinung als des objektiv Gültigen: in der Geschichte hat seit Robespierre die dekretorische Festsetzung der volonté générale womöglich noch mehr Unheil angerichtet als die begriffslose Annahme der volonté de tous. Aus der verhängnisvollen Alternative führte einzig die immanente Analyse hinaus, die der Stimmigkeit oder Unstimmigkeit der Meinung in sich und ihres Verhältnisses zur Sache, nicht aber die abstrakte Antithese eines objektiv Geltenden zur Meinung. Nicht ist die Meinung mit Platonischem Hochmut zu verwerfen, sondern ihre Unwahrheit aus der Wahrheit: aus dem tragenden gesellschaftlichen Verhältnis, schließlich

---

[8] Vgl. Hegel, Grundlinien der Philosophie des Rechts, ed. Lasson, Leipzig 1921, § 318, S. 257.

dessen eigener Unwahrheit abzuleiten. Andererseits jedoch stellt die Durchschnittsmeinung keinen Approximationswert der Wahrheit dar sondern den gesellschaftlich durchschnittlichen Schein. An ihm hat teil, was der unreflektierten Sozialforschung ihr ens realissimum dünkt, die Befragten, die Subjekte. Ihre eigene Beschaffenheit, ihr Subjektsein, hängt ab von der Objektivität, den Mechanismen, denen sie gehorchen, und die ihren Begriff ausmachen. Der aber läßt sich bestimmen nur, indem man in den Fakten selber der Tendenz innewird, die über sie hinaustreibt. Das ist die Funktion der Philosophie in der empirischen Sozialforschung. Wird sie verfehlt oder unterdrückt, werden also bloß die Fakten reproduziert, so ist solche Reproduktion zugleich die Verfälschung der Fakten zur Ideologie.

KARL R. POPPER

# Die Logik der Sozialwissenschaften

*Referat*

In meinem Referat über die Logik der Sozialwissenschaften möchte ich von zwei Thesen ausgehen, die den Gegensatz zwischen unserem Wissen und unserem Nichtwissen aussprechen.

*Erste These:* Wir wissen eine ganze Menge – und nicht nur Einzelheiten von zweifelhaftem intellektuellen Interesse, sondern vor allem auch Dinge, die nicht nur von größter praktischer Bedeutung sind, sondern die uns auch tiefe theoretische Einsicht und ein erstaunliches Verständnis der Welt vermitteln können.

*Zweite These:* Unsere Unwissenheit ist grenzenlos und ernüchternd. Ja, es ist gerade der überwältigende Fortschritt der Naturwissenschaften (auf den meine erste These anspielt), der uns immer von neuem die Augen für unsere Unwissenheit öffnet, gerade auch auf dem Gebiet der Naturwissenschaften selbst. Damit hat aber die sokratische Idee des Nichtwissens eine völlig neue Wendung genommen. Mit jedem Schritt, den wir vorwärts machen, mit jedem Problem, das wir lösen, entdecken wir nicht nur neue und ungelöste Probleme, sondern wir entdecken auch, daß dort, wo wir auf festem und sicherem Boden zu stehen glaubten, in Wahrheit alles unsicher und im Schwanken begriffen ist.

Meine beiden Thesen vom Wissen und Nichtwissen stehen natürlich nur dem Anschein nach in Widerspruch zueinander. Der anscheinende Widerspruch entsteht hauptsächlich dadurch, daß das Wort »Wissen« in der ersten These in einer etwas anderen Bedeutung verwendet wird als in der zweiten These. Aber die beiden Bedeutungen sind wichtig, und beide Thesen sind wichtig; so sehr, daß ich das in der folgenden dritten These formulieren möchte.

*Dritte These:* Es ist eine grundlegend wichtige Aufgabe und vielleicht sogar ein entscheidender Prüfstein einer jeden Erkenntnistheorie, daß sie unseren beiden ersten Thesen gerecht wird, und die Beziehungen aufklärt zwischen unserem erstaunlichen und dauernd zunehmenden Wissen und unserer dauernd zunehmenden Einsicht, daß wir eigentlich nichts wissen.

Es ist, wenn man es sich ein wenig überlegt, eigentlich fast selbstverständlich, daß die Erkenntnislogik an die Spannung zwischen Wissen und Nichtwissen anzuknüpfen hat. Eine wichtige Konsequenz dieser Einsicht ist in meiner vierten These formuliert; aber bevor ich diese vierte These hier vorbringe, möchte ich ein Wort zur Entschuldigung für die vielen Thesen sagen, die da noch kommen werden. Meine Entschuldigung ist, daß es mir nahegelegt wurde, dieses Referat in Form von Thesen zusammenzufassen [um dem Korreferenten eine scharfe Zuspitzung seiner kritischen Antithesen zu erleichtern]. Ich fand diese Anregung sehr nützlich, obzwar diese Form vielleicht einen Eindruck von Dogmatismus erwecken kann. Meine vierte These ist also die folgende.

*Vierte These:* Soweit man überhaupt davon sprechen kann, daß die Wissenschaft oder die Erkenntnis irgendwo beginnt, so gilt folgendes: Die Erkenntnis beginnt nicht mit Wahrnehmungen oder Beobachtungen oder der Sammlung von Daten oder von Tatsachen, sondern sie beginnt mit *Problemen*. Kein Wissen ohne Probleme – aber auch kein Problem ohne Wissen. Das heißt, daß sie mit der Spannung zwischen Wissen und Nichtwissen beginnt: Kein Problem ohne Wissen – kein Problem ohne Nichtwissen. Denn jedes Problem entsteht durch die Entdeckung, daß etwas in unserem vermeintlichen Wissen nicht in Ordnung ist; oder logisch betrachtet, in der Entdeckung eines inneren Widerspruches zwischen unserem vermeintlichen Wissen und den Tatsachen; oder vielleicht noch etwas richtiger ausgedrückt, in der Entdeckung eines anscheinenden Widerspruches zwischen unserem vermeintlichen Wissen und den vermeintlichen Tatsachen.

Im Gegensatz zu meinen drei ersten Thesen, die durch ihre Abstraktheit vielleicht den Eindruck erwecken, daß sie von meinem Thema, der Logik der Sozialwissenschaften, etwas weit entfernt waren, möchte ich von meiner vierten These behaupten, daß wir mit ihr geradezu im Zentrum unseres Themas angelangt sind. Das kann in meiner fünften These folgendermaßen formuliert werden.

*Fünfte These:* Ebenso wie alle anderen Wissenschaften, so sind auch die Sozialwissenschaften erfolgreich oder erfolglos, interessant oder schal, fruchtbar oder unfruchtbar, in genauem Verhältnis zu der Bedeutung oder dem Interesse der Probleme, um die es sich handelt; und natürlich auch in genauem Verhältnis zur Ehrlichkeit, Gradlinigkeit und Einfachheit, mit der diese Probleme angegriffen werden. Dabei muß es sich keineswegs immer um theoretische Probleme handeln. Ernste praktische Probleme, wie das Problem der Armut, des Analphabetentums, der politischen Unterdrückung und der Rechtsunsicherheit, waren wichtige Ausgangspunkte der gesellschaftswissenschaftlichen Forschung. Aber diese praktischen Probleme führen zum Nachdenken, zum Theoretisieren, und damit zu theoretischen Problemen. In allen Fällen, ohne Ausnahme, ist es der Charakter und die Qualität des Problems – zusammen natürlich mit der Kühnheit und Eigenart der vorgeschlagenen Lösung –, die den Wert oder Unwert der wissenschaftlichen Leistung bestimmt.

Der Ausgangspunkt ist also immer das Problem; und die Beobachtung wird nur dann zu einer Art Ausgangspunkt, wenn sie ein Problem enthüllt; oder mit anderen Worten, wenn sie uns überrascht, wenn sie uns zeigt, daß etwas in unserem Wissen – in unseren Erwartungen, in unseren Theorien nicht ganz stimmt. Beobachtungen führen zu Problemen also nur dann, wenn sie gewissen unserer bewußten oder unbewußten Erwartungen widersprechen. Und was dann zum Ausgangspunkt der wissenschaftlichen Arbeit wird, ist nicht so sehr die Beobachtung als solche, sondern die Beobachtung in ihrer eigentümlichen Bedeutung – das heißt aber eben, die problem-erzeugende Beobachtung.

Damit bin ich nun so weit gelangt, daß ich meine *Hauptthese* als These Nummer sechs formulieren kann. Diese besteht in folgendem.

*Sechste These* (Hauptthese):

a) Die Methode der Sozialwissenschaften wie auch die der Naturwissenschaften besteht darin, Lösungsversuche für ihre Probleme – die Probleme von denen sie ausgeht – auszuprobieren.

Lösungen werden vorgeschlagen und kritisiert. Wenn ein Lösungsversuch der sachlichen Kritik nicht zugänglich ist, so

wird er eben deshalb als unwissenschaftlich ausgeschaltet, wenn auch vielleicht nur vorläufig.
b) Wenn er einer sachlichen Kritik zugänglich ist, dann versuchen wir, ihn zu widerlegen; denn alle Kritik besteht in Widerlegungsversuchen.
c) Wenn ein Lösungsversuch durch unsere Kritik widerlegt wird, so versuchen wir es mit einem anderen.
d) Wenn er der Kritik standhält, dann akzeptieren wir ihn vorläufig; und zwar akzeptieren wir ihn vor allem als würdig, weiter diskutiert und kritisiert zu werden.
e) Die Methode der Wissenschaft ist also die des tentativen Lösungsversuches (oder Einfalls), der von der schärfsten Kritik kontrolliert wird. Es ist eine kritische Fortbildung der Methode des Versuchs und Irrtums (»trial and error«).
f) Die sogenannte Objektivität der Wissenschaft besteht in der Objektivität der kritischen Methode; das heißt aber vor allem darin, daß keine Theorie von der Kritik befreit ist, und auch darin, daß die logischen Hilfsmittel der Kritik – die Kategorie des logischen Widerspruchs – objektiv sind.

Man könnte die Grundidee, die hinter meiner Hauptthese steht, vielleicht auch folgendermaßen zusammenfassen.

*Siebente These:* Die Spannung zwischen Wissen und Nichtwissen führt zum Problem und zu den Lösungsversuchen. Aber sie wird niemals überwunden. Denn es stellt sich heraus, daß unser Wissen immer nur in vorläufiger und versuchsweisen Lösungsvorschlägen besteht und daher prinzipiell die Möglichkeit einschließt, daß es sich als irrtümlich und also als Nichtwissen herausstellen wird. Und die einzige Form der Rechtfertigung unseres Wissens ist wieder nur vorläufig: Sie besteht in der Kritik, oder genauer darin, daß unsere Lösungsversuche *bisher* auch unserer scharfsinnigsten Kritik standzuhalten scheinen.

Eine darüber hinausgehende positive Rechtfertigung gibt es nicht. Insbesondere können sich unsere Lösungsversuche nicht als wahrscheinlich (im Sinne der Wahrscheinlichkeitsrechnung) erweisen.

Man könnte diesen Standpunkt vielleicht als *kritizistisch* bezeichnen.

Um den Gehalt dieser meiner Hauptthese und ihre Bedeutung

für die Soziologie ein wenig anzudeuten, wird es zweckmäßig sein, ihr gewisse andere Thesen einer weitverbreiteten und oft ganz unbewußt absorbierten Methodologie gegenüberzustellen.

Da ist zum Beispiel der verfehlte und mißverständliche methodologische Naturalismus oder Szientismus, der verlangt, daß die Sozialwissenschaften endlich von den Naturwissenschaften lernen, was wissenschaftliche Methode ist. Dieser verfehlte Naturalismus stellt Forderungen auf wie: Beginne mit Beobachtungen und Messungen; das heißt zum Beispiel, mit statistischen Erhebungen; schreite dann induktiv zu Verallgemeinerungen vor und zur Theorienbildung. Auf diese Weise wirst Du dem Ideal der wissenschaftlichen Objektivität näher kommen, soweit das in den Sozialwissenschaften überhaupt möglich ist. Dabei mußt Du Dir darüber klar sein, daß in den Sozialwissenschaften die Objektivität weit schwieriger zu erreichen ist (falls sie überhaupt zu erreichen ist) als in den Naturwissenschaften; denn Objektivität bedeutet Wertfreiheit, und der Sozialwissenschaftler kann sich nur in den seltensten Fällen von den Wertungen seiner eigenen Gesellschaftsschicht soweit emanzipieren, um auch nur einigermaßen zur Wertfreiheit und Objektivität vorzudringen.

Meiner Meinung nach ist jeder der Sätze, die ich hier diesem verfehlten Naturalismus zugeschrieben habe, grundfalsch und auf ein Mißverständnis der naturwissenschaftlichen Methode begründet, ja geradezu auf einen Mythus – einen leider allzu weit verbreiteten und einflußreichen Mythus vom induktiven Charakter der naturwissenschaftlichen Methode und vom Charakter der naturwissenschaftlichen Objektivität. Ich habe vor, im folgenden einen kleinen Teil der mir zur Verfügung stehenden kostbaren Zeit auf eine Kritik des verfehlten Naturalismus aufzuwenden.

Obwohl nämlich ein Großteil der Sozialwissenschaftler der einen oder der anderen Teilthese dieses verfehlten Naturalismus ablehnend gegenüberstehen dürfte, so hat doch dieser Naturalismus gegenwärtig in den Sozialwissenschaften außerhalb der Nationalökonomie im großen und ganzen die Oberhand gewonnen, zumindest in den angelsächsischen Ländern. Die Symptome dieses Sieges will ich in meiner achten These formulieren.

*Achte These:* Während noch vor dem zweiten Weltkrieg die

Idee der Soziologie die einer allgemeinen theoretischen Sozialwissenschaft war – vergleichbar vielleicht mit der theoretischen Physik – und während die Idee der sozialen Anthropologie die einer auf sehr spezielle, nämlich primitive Gesellschaften angewandten Soziologie war, so hat sich dieses Verhältnis heute in der erstaunlichsten Weise umgekehrt. Die soziale Anthropologie oder Ethnologie ist zur allgemeinen Sozialwissenschaft geworden; und es scheint, daß sich die Soziologie mehr und mehr damit abfindet, ein Teil der sozialen Anthropologie zu werden; nämlich die auf eine sehr spezielle Gesellschaftsform angewandte soziale Anthropologie – die Anthropologie der hochindustrialisierten westeuropäischen Gesellschaftsformen. Um es nochmals etwas kürzer zu sagen, das Verhältnis zwischen der Soziologie und der Anthropologie hat sich völlig umgekehrt. Die soziale Anthropologie ist von einer angewandten Spezialwissenschaft zur Grundwissenschaft avanciert, und der Anthropologe ist aus einem bescheidenen und etwas kurzsichtigen fieldworker zum weitblickenden und tiefsinnigen Sozialtheoretiker und zum Sozial-Tiefen-Psychologen geworden. Der frühere theoretische Soziologe aber muß froh sein, als fieldworker und als Spezialist sein Unterkommen zu finden – als Beobachter und Beschreiber der Totems und Tabus der Eingeborenen weißer Rasse der westeuropäischen Länder und der Vereinigten Staaten.

Nun soll man wohl diesen Wandel im Geschick der Sozialwissenschaftler nicht allzu ernst nehmen; vor allem deshalb nicht, weil es ja ein solches Ding-an-sich wie ein wissenschaftliches Fach gar nicht gibt. Als These formuliert, ergibt sich Nummer neun.

*Neunte These:* Ein sogenanntes wissenschaftliches Fach ist nur ein abgegrenztes und konstruiertes Konglomerat von Problemen und Lösungsversuchen. Was es aber wirklich gibt, das sind die Probleme und die wissenschaftlichen Traditionen.

Trotz dieser neunten These ist jene Umwälzung in den Beziehungen zwischen Soziologie und Anthropologie äußerst interessant; nicht wegen der Fächer oder ihrer Namen, sondern weil sie den Sieg der pseudo-naturwissenschaftlichen Methode anzeigt. So komme ich zu meiner nächsten These.

*Zehnte These:* Der Sieg der Anthropologie ist der Sieg einer angeblich beobachtenden, angeblich beschreibenden und angeblich objektiveren und daher dem Anschein nach naturwissenschaftlichen Methode. Es ist ein Pyrrhussieg: noch ein solcher Sieg, und wir sind verloren – das heißt nämlich die Anthropologie und die Soziologie.

Meine zehnte These ist, wie ich gerne zugebe, ein wenig zu scharf gefaßt. Vor allem muß ich zugeben, daß viel Interessantes und Wichtiges von der sozialen Anthropologie entdeckt wurde und daß sie eine der erfolgreichsten Sozialwissenschaften ist. Und ich will auch gerne zugeben, daß es für uns Europäer von großem Reiz und von großem Interesse sein kann, uns einmal selbst durch die Brille des sozialen Anthropologen zu betrachten. Aber obwohl diese Brille vielleicht farbiger ist als andere Brillen, so ist sie eben deshalb wohl kaum objektiver. Der Anthropologe ist nicht der Beobachter vom Mars, der er oft zu sein glaubt, und dessen soziale Rolle er nicht selten und nicht ungern zu spielen versucht; und es gibt auch keinen Grund, anzunehmen, daß ein Bewohner vom Mars uns »objektiver« sehen würde, als wir uns zum Beispiel selbst sehen.

In diesem Zusammenhang möchte ich eine Geschichte erzählen, die zwar extrem, aber keineswegs vereinzelt ist. Es ist eine wahre Geschichte, aber darauf kommt es im gegenwärtigen Zusammenhang überhaupt nicht an. Sollte Ihnen die Geschichte zu unwahrscheinlich vorkommen, so nehmen Sie sie, bitte, als freie Erfindung hin – als eine frei erfundene Illustration, die einen wichtigen Punkt durch krasse Übertreibungen deutlich machen soll.

Vor einigen Jahren war ich Teilnehmer einer viertägigen Konferenz, initiiert von einem Theologen, an der Philosophen, Biologen, Anthropologen und Physiker teilnahmen – ein bis zwei Vertreter von jedem Fach; im ganzen waren etwa acht Teilnehmer anwesend. Das Thema war »Wissenschaft und Humanismus«. Nach einigen anfänglichen Schwierigkeiten und der Elimination eines Versuches, uns durch erhabene Tiefe zu beeindrucken, gelang es den dreitägigen gemeinsamen Anstrengungen von etwa vier oder fünf Teilnehmern, die Diskussion auf ein ganz ungewöhnlich hohes Niveau zu heben. Unsere Konferenz hatte – wenigstens schien es mir so – das Stadium erreicht, in dem wir alle das freudige Gefühl hatten, etwas voneinander zu lernen.

Jedenfalls waren wir alle voll und ganz bei der Sache, als der anwesende Sozialanthropologe das Wort ergriff.

»Sie werden sich vielleicht wundern«, so sagte er ungefähr, »daß ich bisher noch kein Wort auf dieser Tagung gesprochen habe. Das hängt damit zusammen, daß ich ein Beobachter bin. Als Anthropologe kam ich zu dieser Tagung nicht so sehr, um mich an Ihrem verbalen Verhalten zu beteiligen, sondern um Ihr verbales Verhalten zu studieren. Das habe ich denn auch getan. Ich habe dabei Ihren sachlichen Auseinandersetzungen nicht immer folgen können; aber wenn jemand so wie ich Dutzende von Diskussionsgruppen studiert hat, so lernt er, daß es ja auf das Was, auf die Sache, recht wenig ankommt. Wir Anthropologen«, so sagte er fast wörtlich, »lernen es, solche Sozialphänomene von außen und von einem objektiveren Standpunkt aus zu betrachten. Was uns interessiert, ist das Wie; es ist, zum Beispiel, die Art, wie der eine oder andere versucht, die Gruppe zu dominieren und wie seine Versuche von den anderen, entweder allein oder durch Koalitionsbildung, abgewiesen werden; wie nach verschiedenen Versuchen dieser Art sich dann eine hierarchische Rangordnung und damit ein Gruppen-Gleichgewicht entwickelt und ein Gruppen-Ritual des Verbalisierens; und diese Dinge sind sich immer sehr ähnlich, wie verschieden die Fragestellung auch zu sein scheint, die da als Thema der Diskussion vorliegt.«

Wir hörten unseren anthropologischen Besucher vom Mars bis zum Ende an, und ich stellte ihm dann zwei Fragen: zunächst, ob er zu unseren sachlichen Ergebnissen etwas zu bemerken habe, und später, ob er nicht glaube, daß es so etwas wie sachliche Gründe oder Argumente gäbe, die gültig oder ungültig sein können. Er antwortete, daß er sich zu sehr auf die Beobachtung unseres Gruppenverhaltens habe konzentrieren müssen, um unseren sachlichen Auseinandersetzungen im einzelnen folgen zu können. Auch hätte er andernfalls seine Objektivität gefährdet – er wäre vielleicht in diese Auseinandersetzungen hineinverwickelt worden, und wenn er sich am Ende gar hätte mitreißen lassen, dann wäre er einer von uns geworden –, und mit seiner Objektivität wäre es aus gewesen. Überdies hätte er es gelernt, Verbalverhalten (er verwendete immer wieder die Ausdrücke »verbal behaviour« und »verbalisation«) nicht wörtlich zu beurteilen oder wörtlich wichtig zu nehmen. Worauf es ihm ankomme, sagte er, sei die soziale und psychologische Funktion dieses Verbalverhaltens. Und er setzte folgendes hinzu: »Wenn Ihnen als Diskussionsteilnehmer Argumente oder Gründe einen Eindruck machen, so kommt es uns auf die Tatsache an, daß Sie sich durch solche Medien gegenseitig beeindrucken oder beeinflussen können, und natürlich vor allem auf die Symptome dieser Beeinflussung; was uns interessiert, sind solche Begriffe wie Nachdruck, Zögern, Einlenken und Nachgeben. Was den tatsächlichen Inhalt der Diskussion betrifft, so kommt es uns darauf eigentlich gar nicht an, sondern immer nur auf das Rollenspiel, auf den dramatischen Wechsel als solchen; und was sogenannte Argumente betrifft, so ist das natürlich nur eine Art des Verbalverhaltens, die nicht wichtiger ist als alle anderen. Es ist eine rein subjektive Illusion zu glauben, daß man zwischen Argumenten und anderen eindrucksvollen Verbalisierungen scharf unterscheiden kann; und schon gar nicht zwischen objektiv gültigen und objektiv ungültigen Argumenten. Äußerstenfalls könnte man Argumente einteilen in solche, die in gewissen Gruppen zu gewissen Zeiten als gültig oder als ungültig *akzeptiert* werden. Das Zeitelement zeigt sich denn auch darin, daß sogenannte Argumente, die in einer Diskussionsgruppe wie der gegenwärtigen akzeptiert wurden, dann doch wieder später von einem der Teilnehmer angegriffen oder abgelehnt werden können.«

Ich will die Beschreibung dieses Vorfalles nicht weiter fortsetzen. Es wird auch wohl in diesem Kreise hier nicht nötig sein, darauf hinzuweisen, daß die etwas extreme Haltung meines anthropologischen Freundes ihrem ideengeschichtlichen Ursprung nach nicht nur vom Objektivitätsideal des Behaviourimus beeinflußt ist, sondern auch von Ideen, die auf deutschem Boden gewachsen sind: Ich meine den allgemeinen Relativismus – den historischen Relativismus, der da glaubt, daß es keine objektive Wahrheit gibt, sondern nur Wahrheiten für dieses oder jenes Zeitalter, und den soziologischen Relativismus, der da lehrt, daß es Wahrheiten oder Wissenschaften für diese oder jene Gruppe oder Klasse gibt, zum Beispiel eine proletarische Wissenschaft und eine bürgerliche Wissenschaft; und ich meine auch, daß die sogenannte Wissenssoziologie ihren vollen Anteil an der Vorgeschichte der Dogmen meines anthropologischen Freundes hat.

Obzwar zugegebenermaßen mein anthropologischer Freund auf jener Konferenz eine extreme Position einnahm, so ist doch diese Position, insbesondere wenn man sie etwas mildert, keineswegs untypisch und keineswegs unwichtig.

Aber diese Position ist *absurd*. Da ich den historischen und soziologischen Relativismus und die Wissenssoziologie anderwärts ausführlich kritisiert habe, will ich hier auf eine Kritik verzichten. Nur die naive und verfehlte Idee der wissenschaftlichen Objektivität, die hier zugrunde liegt, will ich kurz besprechen.

*Elfte These:* Es ist gänzlich verfehlt anzunehmen, daß die Objektivität der Wissenschaft von der Objektivität des Wissenschaftlers abhängt. Und es ist gänzlich verfehlt zu glauben, daß der Naturwissenschaftler objektiver ist als der Sozialwissenschaftler. Der Naturwissenschaftler ist ebenso parteiisch wie alle anderen Menschen, und er ist leider – wenn er nicht zu den wenigen gehört, die dauernd neue Ideen produzieren – gewöhnlich äußerst einseitig und parteiisch für seine eigenen Ideen eingenommen. Einige der hervorragendsten zeitgenössischen Physiker haben sogar Schulen gegründet, die neuen Ideen einen mächtigen Widerstand entgegensetzen.

Meine These hat aber auch eine positive Seite, und diese ist wichtiger. Sie ist der Inhalt meiner zwölften These.

*Zwölfte These:* Was man als wissenschaftliche Objektivität bezeichnen kann, liegt einzig und allein in der kritischen Tradition, die es trotz aller Widerstände so oft ermöglicht, ein herrschendes Dogma zu kritisieren. Anders ausgedrückt, die Objektivität der Wissenschaft ist nicht eine individuelle Angelegenheit der verschiedenen Wissenschaftler, sondern eine soziale Angelegenheit ihrer gegenseitigen Kritik, der freundlich-feindlichen Arbeitsteilung der Wissenschaftler, ihres Zusammenarbeitens und auch ihres Gegeneinanderarbeitens. Sie hängt daher zum Teil von einer ganzen Reihe von gesellschaftlichen und politischen Verhältnissen ab, die diese Kritik ermöglichen.

*Dreizehnte These:* Die sogenannte Wissenssoziologie, die die Objektivität im Verhalten der verschiedenen einzelnen Wissenschaftler sieht und die die Nichtobjektivität aus dem sozialen

Standort der Wissenschaftler erklärt, hat diesen entscheidenden Punkt – ich meine die Tatsache, daß die Objektivität einzig und allein in der Kritik fundiert ist – völlig verfehlt. Was die Soziologie des Wissens übersehen hat, ist nichts anderes als eben die Soziologie des Wissens – die Theorie der wissenschaftlichen Objektivität. Diese kann nur durch solche soziale Kategorien erklärt werden, wie zum Beispiel: Wettbewerb (sowohl der einzelnen Wissenschaftler wie auch der verschiedenen Schulen); Tradition (nämlich die kritische Tradition); soziale Institution (wie zum Beispiel Veröffentlichungen in verschiedenen konkurrierenden Journalen und durch verschiedene konkurrierende Verleger; Diskussionen auf Kongressen); Staatsmacht (nämlich die politische Toleranz der freien Diskussion).

Solche Kleinigkeiten wie zum Beispiel der soziale oder ideologische Standort des Forschers schalten sich auf diese Weise mit der Zeit von selber aus, obwohl sie natürlich kurzfristig immer ihre Rolle spielen.

In ganz ähnlicher Weise wie das Problem der Objektivität können wir auch das sogenannte Problem der Wert*freiheit* in viel *freierer* Weise lösen als das gewöhnlich geschieht.

*Vierzehnte These:* In der kritischen Diskussion unterscheiden wir solche Fragen wie: (1) Die Frage der Wahrheit einer Behauptung; die Frage ihrer Relevanz, ihres Interesses und ihrer Bedeutung relativ zu den Problemen, die wir gerade behandeln. (2) Die Frage ihrer Relevanz und ihres Interesses und ihrer Bedeutung relativ zu verschiedenen *außerwissenschaftlichen Problemen*, zum Beispiel dem Problem der menschlichen Wohlfahrt, oder zum Beispiel dem ganz anders gearteten Problem der nationalen Verteidigung oder einer nationalen Angriffspolitik oder der industriellen Entwicklung oder der persönlichen Bereicherung.

Es ist natürlich unmöglich, solche außerwissenschaftlichen Interessen aus der wissenschaftlichen Forschung auszuschalten; und es ist genauso unmöglich, sie aus der naturwissenschaftlichen Forschung – zum Beispiel aus der physikalischen Forschung – auszuschalten, wie aus der sozialwissenschaftlichen Forschung.

Was möglich ist und was wichtig ist und was der Wissenschaft ihren besonderen Charakter gibt, ist nicht die Ausschaltung, sondern die Unterscheidung jener nicht zur Wahrheitssuche gehörenden Interessen von dem rein wissenschaftlichen Interesse an der Wahrheit. Aber obwohl die Wahrheit der leitende wissenschaftliche Wert ist, so ist sie nicht der einzige: Die Relevanz, das Interesse und die Bedeutung einer Behauptung relativ zu einer rein wissenschaftlichen Problemlage sind ebenfalls wissenschaftliche Werte ersten Ranges, und ähnlich steht es mit Werten wie dem der Fruchtbarkeit, der erklärenden Kraft, der Einfachheit und der Genauigkeit.

Mit anderen Worten, es gibt *rein* wissenschaftliche Werte und Unwerte und *außer*wissenschaftliche Werte und Unwerte. Und obwohl es unmöglich ist, die Arbeit an der Wissenschaft von außerwissenschaftlichen Anwendungen und Wertungen frei zu halten, so ist es eine der Aufgaben der wissenschaftlichen Kritik und der wissenschaftlichen Diskussion, die Vermengung der Wertsphären zu bekämpfen, und insbesondere außerwissenschaftliche Wertungen aus den *Wahrheitsfragen* auszuschalten.

Das kann natürlich nicht ein für allemal durch Dekret geschehen, sondern ist und bleibt eine der dauernden Aufgaben der gegenseitigen wissenschaftlichen Kritik. Die Reinheit der reinen Wissenschaft ist ein Ideal, das vermutlich unerreichbar ist, für das aber die Kritik dauernd kämpft und dauernd kämpfen muß.

In der Formulierung dieser These habe ich es als praktisch unmöglich bezeichnet, die außerwissenschaftlichen Werte aus dem Wissenschaftsbetrieb zu verbannen. Es ist das ähnlich wie mit der Objektivität: Wir können dem Wissenschaftler nicht seine Parteilichkeit rauben, ohne ihm auch seine Menschlichkeit zu rauben. Ganz ähnlich können wir nicht seine Wertungen verbieten oder zerstören, ohne ihn als Menschen *und als Wissenschaftler* zu zerstören. Unsere Motive und unsere rein wissenschaftlichen Ideale, wie das Ideal der reinen Wahrheitssuche, sind zutiefst in außerwissenschaftlichen und zum Teil religiösen Wertungen verankert. Der objektive und der wertfreie Wissenschaftler ist nicht der ideale Wissenschaftler. Ohne Leidenschaft geht es nicht, und schon gar nicht in der reinen Wissenschaft. Das Wort »Wahrheits*liebe*« ist keine bloße Metapher.

Es ist also nicht nur so, daß Objektivität und Wertfreiheit für den einzelnen Wissenschaftler praktisch unerreichbar sind, sondern Objektivität und Wertfreiheit sind ja selbst *Werte*. Und da also die Wertfreiheit selbst ein Wert ist, ist die Forderung der unbedingten Wertfreiheit paradox. Dieser Einwand ist nicht eben sehr wichtig, aber es ist doch zu bemerken, daß die Paradoxie ganz von selbst verschwindet, wenn wir die Forderung der Wertfreiheit durch die Forderung ersetzen, daß es eine der Aufgaben der wissenschaftlichen Kritik sein muß, Wertvermischungen bloßzulegen und die rein wissenschaftlichen Wertfragen nach Wahrheit, Relevanz, Einfachheit und so weiter von außerwissenschaftlichen Fragen zu trennen.

Bisher habe ich versucht, kurz die These zu entwickeln, daß die Methode der Wissenschaft in der Wahl von Problemen und in der Kritik unserer immer versuchsweisen und vorläufigen Lösungsversuche besteht. Und ich habe weiter versucht, am Beispiel zweier viel diskutierter Methodenfragen der Sozialwissenschaften zu zeigen, daß diese kritizistische Methodenlehre (wie ich sie vielleicht nennen darf) zu recht vernünftigen methodologischen Resultaten kommt. Aber obwohl ich ein paar Worte über Erkenntnistheorie oder Erkenntnislogik sagen konnte und obwohl ich jedenfalls ein paar kritische Worte über die Methodologie der Sozialwissenschaften sagen konnte, so habe ich eigentlich noch recht wenig Positives über mein Thema, die Logik der Sozialwissenschaften, gesagt.

Ich will uns nicht damit aufhalten, Gründe oder Entschuldigungen dafür vorzubringen, daß ich es für wichtig halte, zunächst einmal die wissenschaftliche Methode mit der kritischen Methode zu identifizieren. Statt dessen möchte ich jetzt direkt auf einige rein logische Fragen und Thesen eingehen.

*Fünfzehnte These:* Die wichtigste Funktion der reinen deduktiven Logik ist die eines Organons der Kritik.

*Sechzehnte These:* Die duktive Logik ist die Theorie von der Gültigkeit der logischen Schlüsse oder der logischen Folgebeziehung. Eine notwendige und entscheidende Bedingung für die Gültigkeit einer logischen Folgebeziehung ist die folgende: Wenn die Prämissen eines gültigen Schlusses *wahr* sind, so muß auch die Konklusion *wahr* sein.

Das kann man dann auch so ausdrücken: Die deduktive Logik ist die Theorie der Übertragung der Wahrheit von den Prämissen auf die Konklusion.

*Siebzehnte These:* Wir können sagen: Wenn alle Prämissen wahr sind und der Schluß gültig ist, dann *muß* auch die Konklusion wahr sein; und wenn daher in einem gültigen Schluß die Konklusion falsch ist, so ist es nicht möglich, daß die Prämissen alle wahr sind.

Dieses triviale, aber entscheidend wichtige Ergebnis kann man auch so ausdrücken: Die deduktive Logik ist nicht nur die Theorie der *Übertragung der Wahrheit* von den Prämissen auf die Konklusion, sondern gleichzeitig auch umgekehrt die Theorie der *Rückübertragung der Falschheit* von der Konklusion auf wenigstens eine der Prämissen.

*Achtzehnte These:* Damit wird die deduktive Logik zur Theorie der rationalen Kritik. Denn alle rationale Kritik hat die Form, daß wir versuchen, zu zeigen, daß aus der zu kritisierenden Behauptung unannehmbare Folgerungen abgeleitet werden können. Gelingt es uns, aus einer Behauptung unannehmbare Folgerungen logisch abzuleiten, dann ist die Behauptung widerlegt.

*Neunzehnte These:* In den Wissenschaften arbeiten wir mit Theorien, das heißt, mit deduktiven Systemen. Das hat zwei Gründe. Erstens, eine Theorie oder ein deduktives System ist ein Erklärungsversuch und daher ein Versuch, ein wissenschaftliches Problem zu lösen; zweitens, eine Theorie, also ein deduktives System, ist durch seine Folgerungen rational kritisierbar. Es ist also ein Lösungsversuch, der der rationalen Kritik unterliegt.

So viel über die formale Logik als das Organon der Kritik.

Zwei grundlegende Begriffe, die ich hier verwendet habe, bedürfen einer kurzen Erläuterung: der Begriff der Wahrheit und der Begriff der Erklärung.

*Zwanzigste These:* Der Wahrheitsbegriff ist für den hier entwickelten Kritizismus unentbehrlich. Was wir kritisieren, das ist der Wahrheitsanspruch. Was wir als Kritiker einer Theorie zu zeigen versuchen, das ist, natürlich, daß ihr Wahrheitsanspruch nicht zu Recht besteht – daß sie falsch ist.

Die fundamentale methodologische Idee, daß wir aus unseren Irrtümern lernen, kann nicht ohne die regulative Idee der Wahrheit verstanden werden: Der Irrtum, den wir begehen, besteht ja eben darin, daß wir, mit dem Maßstab oder der Richtschnur der

Wahrheit gemessen, das uns gesetzte Ziel, unseren Standard, nicht erreicht haben. Wir nennen eine Aussage »wahr«, wenn sie mit den Tatsachen übereinstimmt oder den Tatsachen entspricht oder wenn die Dinge so sind, wie die Aussage sie darstellt. Das ist der sogenannte absolute oder objektive Wahrheitsbegriff, den jeder von uns dauernd verwendet. Eines der wichtigsten Ergebnisse der modernen Logik besteht darin, daß sie diesen absoluten Wahrheitsbegriff mit durchschlagendem Erfolg rehabilitiert hat.

Diese Bemerkung setzt voraus, daß der Wahrheitsbegriff unterminiert war. Und in der Tat, die Unterminierung des Wahrheitsbegriffes hat zu den herrschenden relativistischen Ideologien unserer Zeit den Hauptanstoß gegeben.

Das ist der Grund, warum ich die Rehabilitierung des Wahrheitsbegriffes durch den Logiker und Mathematiker *Alfred Tarski* als das philosophisch wichtigste Ergebnis der modernen mathematischen Logik bezeichnen möchte.

Ich kann natürlich dieses Ergebnis hier nicht diskutieren; ich kann nur ganz dogmatisch sagen, daß es Tarski gelungen ist, in der denkbar einfachsten und überzeugendsten Weise zu erklären, worin die Übereinstimmung eines Satzes mit den Tatsachen besteht. Aber das war eben jene Aufgabe, deren hoffnungslose Schwierigkeit zum skeptischen Relativismus geführt hat – mit sozialen Folgen, die ich hier wohl nicht ausmalen muß.

Der zweite Begriff, den ich verwendet habe und der einer Erläuterung bedürftig ist, ist der Begriff der Erklärung, oder genauer, der *kausalen Erklärung*.

Ein rein theoretisches Problem – ein Problem der reinen Wissenschaft – besteht immer darin, eine Erklärung zu finden – die Erklärung einer Tatsache oder eines Phänomens oder einer merkwürdigen Regelmäßigkeit oder einer merkwürdigen Ausnahme. Das, was wir zu erklären hoffen, kann man das Explikandum nennen. Der Lösungsversuch – das heißt: die Erklärung – besteht immer in einer Theorie, einem deduktiven System, das es uns erlaubt, das Explikandum dadurch zu erklären, daß wir es mit anderen Tatsachen (den sogenannten Anfangsbedingungen) logisch verknüpfen. Eine völlig explizite Erklärung besteht immer in der logischen Ableitung (oder Ableitbarkeit) des Explikandums aus der Theorie, zusammen mit den Anfangsbedingungen.

Das logische Grundschema jeder Erklärung besteht also in einem logischen, deduktiven Schluß, dessen Prämissen aus der Theorie und den Anfangsbedingungen besteht und dessen Konklusion das Explikandum ist.

Dieses Grundschema hat erstaunlich viele Anwendungen. Man kann zum Beispiel mit seiner Hilfe zeigen, was der Unterschied zwischen einer *ad-hoc*-Hypothese und einer unabhängig überprüfbaren Hypothese ist; und man kann, was Sie vielleicht mehr interessieren wird, in einfacher Weise den Unterschied zwischen theoretischen Problemen, historischen Problemen und Problemen der Anwendung logisch analysieren. Dabei stellt sich heraus, daß die berühmte *Unterscheidung* zwischen theoretischen oder nomothetischen und historischen oder ideographischen Wissenschaften logisch völlig gerechtfertigt werden kann – wenn man nämlich hier unter einer »Wissenschaft« die Beschäftigung mit einer bestimmten logisch unterscheidbaren Art von Problemen versteht.

Soviel zur Erläuterung der von mir bisher verwendeten logischen Begriffe.

Jeder dieser beiden Begriffe, der der Wahrheit und der der Erklärung, geben zur logischen Entwicklung von weiteren Begriffen Anlaß, die vom Standpunkt der Erkenntnislogik oder der Methodologie vielleicht noch wichtiger sind: Der erste dieser Begriffe ist der der *Annäherung an die Wahrheit*, und der zweite der der *Erklärungskraft* oder des *Erklärungsgehaltes* einer Theorie.

Diese beiden Begriffe sind insofern rein logische Begriffe, als sie sich mit den rein logischen Begriffen der Wahrheit eines Satzes und des Gehaltes eines Satzes – das heißt, der Klasse der logischen Folgerungen einer Theorie – definieren lassen.

Beide sind relative Begriffe: Obwohl jeder Satz einfach wahr oder falsch ist, so kann doch *ein* Satz eine bessere Annäherung an die Wahrheit darstellen als ein *anderer* Satz. Das wird zum Beispiel der Fall sein, wenn der erste Satz »mehr« wahre und »weniger« falsche logische Konsequenzen hat als der zweite. (Vorausgesetzt ist hier, daß die wahren und falschen Teilmengen der Folgerungsmengen der beiden Sätze vergleichbar sind.) Es läßt sich dann leicht zeigen, warum wir, mit Recht, annehmen, daß *Newtons* Theorie eine bessere Annäherung an die Wahrheit ist als *Keplers* Theorie. Ähnlich läßt sich zeigen, daß die Erklärungskraft der Theorie *Newtons* größer ist als die *Keplers*.

Wir gewinnen also hier logische Begriffe, die der Beurteilung unserer Theorien zugrunde liegen und uns erlauben, in bezug auf wissenschaftliche Theorien sinnvoll von Fortschritt oder Rückschritt zu sprechen.

Soviel über die allgemeine Erkenntnislogik. Über die besondere Erkenntnislogik der Sozialwissenschaften möchte ich noch einige weitere Thesen anführen.

*Einundzwanzigste These:* Es gibt keine rein beobachtende Wissenschaft, sondern nur Wissenschaften, die mehr oder weniger bewußt und kritisch theoretisieren. Das gilt auch für die Sozialwissenschaften.

*Zweiundzwanzigste These:* Die Psychologie ist eine Sozialwissenschaft, da unser Denken und Handeln weitgehend von sozialen Verhältnissen abhängt. Kategorien wie a) Nachahmung, b) Sprache, c) Familie, sind offenbar soziale Kategorien; und es ist klar, daß die Psychologie des Lernens und des Denkens, aber auch zum Beispiel die Psychoanalyse, ohne die eine oder die andere dieser sozialen Kategorien unmöglich sind. Das zeigt, daß die Psychologie gesellschaftliche Begriffe voraussetzt; woraus wir schließen können, daß es unmöglich ist, die Gesellschaft restlos psychologisch zu erklären oder auf Psychologie zurückzuführen. Die Psychologie kann also nicht als die Grundwissenschaft der Sozialwissenschaften angesehen werden.

Das, was wir prinzipiell nicht psychologisch erklären können, und das, was wir in jeder psychologischen Erklärung voraussetzen müssen, das ist die soziale Umwelt des Menschen. Die Aufgabe, diese soziale Umwelt zu beschreiben – und zwar mit Hilfe erklärender Theorien, da es ja, wie schon angedeutet, eine reine Beschreibung nicht gibt – ist also die grundlegende Aufgabe der Sozialwissenschaft. Es dürfte angemessen sein, diese Aufgabe der Soziologie zuzuteilen. Das wird denn auch im folgenden angenommen.

*Dreiundzwanzigste These:* Die Soziologie ist autonom in dem Sinn, daß sie sich von der Psychologie sehr weitgehend unabhängig machen kann und muß. Das geht, abgesehen von der abhängigen Situation der Psychologie, auch daraus hervor, daß die

Soziologie immer wieder vor der Aufgabe steht, ungewollte und oft unerwünschte soziale Folgen menschlichen Handelns zu erklären. Beispiel: Die Konkurrenz ist ein soziales Phänomen, das den Konkurrenten gewöhnlich unerwünscht ist, das aber als eine (gewöhnlich unvermeidliche) nichtgewollte Folge von (bewußten und planmäßigen) Handlungen der Konkurrenten erklärt werden kann und muß.

Was immer auch hier von den Handlungen der Konkurrenten psychologisch erklärbar sein mag, das soziale Phänomen der Konkurrenz ist eine psychologisch unerklärbare soziale Folge dieser Handlungen.

*Vierundzwanzigste These:* Die Soziologie ist aber noch in einem zweiten Sinn autonom, nämlich als das, was man oft »verstehende Soziologie« genannt hat.

*Fünfundzwanzigste These:* Die logische Untersuchung der nationalökonomischen Methoden führt zu einem Resultat, das auf alle Gesellschaftswissenschaften anwendbar ist. Dieses Resultat zeigt, daß es eine *rein objektive Methode* in den Sozialwissenschaften gibt, die man wohl als die *objektiv*-verstehende Methode oder als Situationslogik bezeichnen kann. Eine *objektiv*-verstehende Sozialwissenschaft kann unabhängig von allen subjektiven oder psychologischen Ideen entwickelt werden. Sie besteht darin, daß sie die *Situation* des handelnden Menschen hinreichend analysiert, um die Handlung aus der Situation heraus ohne weitere psychologische Hilfe zu erklären. Das objektive »Verstehen« besteht darin, daß wir sehen, daß die Handlung objektiv *situationsgerecht* war. Mit anderen Worten, die Situation ist so weitgehend analysiert, daß die zunächst anscheinend psychologischen Momente, zum Beispiel Wünsche, Motive, Erinnerungen und Assoziationen, in Situationsmomente verwandelt wurden. Aus dem Mann mit diesen oder jenen Wünschen wird dann ein Mann, zu dessen Situation es gehört, daß er diese oder jene objektiven *Ziele* verfolgt. Und aus einem Mann mit diesen oder jenen Erinnerungen oder Assoziationen wird dann ein Mann, zu dessen Situation es gehört, daß er objektiv mit diesen oder jenen Theorien oder mit dieser oder jener Information ausgestattet ist.

Das ermöglicht es uns dann, seine Handlungen in dem objektiven Sinn zu verstehen, daß wir sagen können: Zwar habe ich andere Ziele und andere Theorien (als zum Beispiel Karl der Große); aber wäre ich in seiner so-und-so analysierten Situation gewesen – wobei die Situation Ziele und Wissen einschließt –, dann hätte ich, und wohl auch du, ebenso gehandelt. Die Methode der Situationsanalyse ist also zwar eine individualistische Methode, aber keine psychologische, da sie die psychologischen Momente prinzipiell ausschaltet und durch objektive Situationselemente ersetzt. Ich nenne sie gewöhnlich »Situationslogik« (»situational logic« oder »logic of the situation«).

*Sechsundzwanzigste These:* Die hier beschriebenen Erklärungen der Situationslogik sind rationale, theoretische Rekonstruktionen. Sie sind über-vereinfacht und über-schematisiert und daher im allgemeinen *falsch*. Dennoch können sie einen großen Wahrheitsgehalt haben, und sie können im streng logischen Sinn gute Annäherungen an die Wahrheit sein – und sogar bessere als andere überprüfbare Erklärungen. In diesem Sinn ist der logische Begriff der Annäherung an die Wahrheit unentbehrlich für die situations-analytischen Sozialwissenschaften. Vor allem aber sind die Situationsanalysen rational und empirisch kritisierbar und verbesserungsfähig. Wir können zum Beispiel einen Brief finden, der zeigt, daß das Karl dem Großen zur Verfügung stehende Wissen von dem ganz verschieden war, das wir in unserer Analyse angenommen haben. Im Gegensatz dazu sind psychologisch-charakterologische Hypothesen kaum je durch rationale Argumente kritisierbar.

*Siebenundzwanzigste These:* Die Situationslogik nimmt im allgemeinen eine physische Welt an, in der wir handeln. Diese Welt enthält zum Beispiel physische Hilfsmittel, die uns zur Verfügung stehen und von denen wir etwas wissen, und physische Widerstände, von denen wir im allgemeinen auch etwas (oft nicht sehr viel) wissen. Darüber hinaus muß die Situationslogik auch eine soziale Welt annehmen, ausgestattet mit anderen Menschen, über deren Ziele wir etwas wissen (oft nicht sehr viel), und überdies mit *sozialen Institutionen*. Diese sozialen Institutionen bestimmen den eigentlichen sozialen Charakter unserer sozialen Umwelt. Sie bestehen aus allen jenen sozialen Wesenheiten der sozialen Welt, die den Dingen der physischen Welt entsprechen. Eine

Gemüsehandlung oder ein Universitätsinstitut oder eine Polizeimacht oder ein Gesetz sind in diesem Sinn soziale Institutionen. Auch Kirche und Staat und Ehe sind soziale Institutionen, und gewisse zwingende Gebräuche, wie zum Beispiel in Japan Harakiri. Aber in unserer europäischen Gesellschaft ist Selbstmord keine Institution in dem Sinn, in dem ich das Wort verwende und in dem ich behaupte, daß die Kategorie von Wichtigkeit ist.

Das ist meine letzte These. Was folgt, ist ein Vorschlag und eine kurze abschließende Betrachtung.

*Vorschlag:* Als die Grundprobleme der reinen theoretischen Soziologie könnten vielleicht vorläufig die allgemeinen Situationslogik und die Theorie der Institutionen und Traditionen angenommen werden. Das würde solche Probleme einschließen wie die beiden folgenden.

1. Institutionen handeln nicht, sondern nur Individuen in oder für Institutionen. Die allgemeine Situationslogik dieser Handlungen wäre die Theorie der quasi-Handlungen der Institutionen.

2. Es wäre eine Theorie der gewollten und ungewollten institutionellen Folgen von Zweckhandlungen aufzubauen. Das könnte auch zu einer Theorie der Entstehung und der Entwicklung von Institutionen führen.

Zum Schluß noch eine Bemerkung. Ich glaube, daß die Erkenntnistheorie nicht nur wichtig für die Einzelwissenschaften ist, sondern auch für die Philosophie, und daß das religiöse und philosophische Unbehagen unserer Zeit, das uns wohl alle beschäftigt, zum erheblichen Teil ein erkenntnis-philosophisches Unbehagen ist. *Nietzsche* hat es den europäischen Nihilismus genannt und *Benda* den Verrat der Intellektuellen. Ich möchte es als eine Folge der sokratischen Entdeckung charakterisieren, daß wir nichts wissen, das heißt, unsere Theorien niemals rational rechtfertigen können. Aber diese wichtige Entdeckung, die unter vielen anderen Malaisen auch den Existenzialismus hervorgebracht hat, ist nur eine halbe Entdeckung; und der Nihilismus kann überwunden werden. Denn obwohl wir unsere Theorien nicht rational rechtfertigen und nicht einmal als wahrscheinlich erweisen können, so können wir sie rational kritisieren. Und wir können bessere von schlechteren unterscheiden.

Aber das wußte, sogar schon vor *Sokrates*, der alte *Xenophanes*, als er die Worte schrieb:

Nicht vom Beginn an enthüllten die Götter den Sterblichen alles.

Aber im Laufe der Zeit finden wir suchend das Bess're.

THEODOR W. ADORNO

# Zur Logik der Sozialwissenschaften

*Korreferat*

Der Korreferent hat im allgemeinen die Wahl, als Pedant sich zu verhalten oder als Parasit. Herrn *Popper* möchte ich zunächst dafür danken, daß er jener peinlichen Situation mich enthebt. An das von ihm Gesagte vermag ich anzuknüpfen, ohne mit Adam und Eva anzufangen, ohne aber auch so dicht an den Wortlaut seines Referats mich zu heften, daß ich davon mich abhängig machen müßte. Das ist, bei Autoren so verschiedener geistiger Herkunft, nicht weniger überraschend als die zahlreichen sachlichen Übereinstimmungen. Oft muß ich nicht seinen Thesen die Antithesis gegenüberstellen, sondern kann das von ihm Gesagte aufnehmen und versuchen, weiterzureflektieren. Den Begriff Logik freilich fasse ich weiter als er; mir schwebt dabei mehr die konkrete Verfahrensweise der Soziologie vor als allgemeine Denkregeln, die deduktive Disziplin. Deren eigene Problematik in der Soziologie möchte ich hier nicht anschneiden.

Statt dessen gehe ich aus von *Poppers* Unterscheidung zwischen der Fülle von Wissen und grenzenloser Unwissenheit. Sie ist plausibel genug, ganz gewiß in der Soziologie. Jedenfalls wird diese unablässig daran gemahnt, daß sie es bis heute nicht zu einem den Naturwissenschaften vergleichbaren Corpus anerkannter Gesetze gebracht habe. Doch enthält jene Unterscheidung ein fragwürdiges Potential, das einer gängigen Ansicht, die sicherlich nicht in *Poppers* Sinn liegt. Ihr zufolge soll die Soziologie, wegen ihrer eklatanten Zurückgebliebenheit hinter den exakten Wissenschaften, zunächst einmal sich bescheiden, Fakten sammeln, Methoden klären, ehe sie den Anspruch auf verbindliches und zugleich relevantes Wissen erhebt. Theoretische Erwägungen über die Gesellschaft und ihre Struktur werden dann häufig als ein unerlaubter Vorgriff auf die Zukunft verpönt. Aber läßt man die Soziologie mit *Saint-Simon* und nicht erst mit ihrem Taufvater *Comte* beginnen, so ist sie mehr als 160 Jahre alt. Sie sollte nicht länger verschämt mit ihrer Jugend kokettieren. Was in ihr als einstweiliges Nichtwissen erscheint, ist nicht in fortschreitender Forschung und Methodologie schlicht abzulösen durch das, was ein fataler und unangemessener Terminus Synthese nennt. Sondern die Sache widersteht der blanken systematischen Einheit verbundener Sätze. Ich ziele nicht auf die herkömmlichen Unterscheidungen zwischen Natur- und Geisteswissenschaften, wie die *Rickert*sche zwischen nomothetischer und idiographischer Methode, die *Popper* positiver sieht als ich. Aber das Erkenntnisideal der einstimmigen, möglichst einfachen, mathematisch eleganten Erklärung versagt, wo die Sache selbst: die Gesellschaft nicht einstimmig, nicht einfach ist, auch nicht neutral dem Belieben kategorialer Formung anheimgegeben, sondern anders, als das Kategoriensystem der diskursiven Logik von seinen Objekten vorweg erwartet. Die Gesellschaft ist widerspruchsvoll und doch bestimmbar; rational und irrational in eins, System und brüchig, blinde Natur und durch Bewußtsein vermittelt. Dem muß die Verfahrungsweise der Soziologie sich beugen. Sonst gerät sie, aus puristischem Eifer gegen den Widerspruch, in den verhängnisvollsten: den zwischen ihrer Struktur und der ihres Objekts. So wenig die Gesellschaft der rationalen Erkenntnis sich entzieht; so einsichtig ihre Widersprüche und deren Bedingungen sind, so wenig sind sie doch zu eskamotieren durch Denkpostulate, die von einem der Erkenntnis gegenüber gleichsam indifferenten Material abgezogen sind, das keine Widerstände setzt gegen die szientifischen Gebräuche, welche dem erkennenden Bewußtsein geläufig sich anbequemen. Der sozialwissenschaftliche Betrieb wird permanent davon bedroht, daß er, aus Liebe zu Klarheit und Exaktheit, verfehlt, was er erkennen will. *Popper* wendet sich gegen das Cliché, Erkenntnis durchlaufe einen Stufengang von der Beobachtung zur Ordnung, Aufbereitung und Systematisierung ihres Materials. Dies Cliché ist darum so absurd in der Soziologie, weil sie nicht über unqualifizierte Daten verfügt, sondern einzig über solche, die durch den Zusammenhang der gesellschaftlichen Totalität strukturiert sind. Das angebliche soziologische Nichtwissen bezeichnet in weitem Maß bloß die Divergenz zwischen der Gesellschaft als Gegenstand und der traditionellen Methode; darum ist es auch kaum einzuholen von einem Wissen, das die Struktur seines Gegenstands der eigenen Methodologie zuliebe verleugnete. Andererseits ist dann aber auch – und *Popper* würde das fraglos ebenfalls konzedieren – die übliche empiristische Askese der Theorie gegenüber nicht durchzuhalten. Ohne die Antezipation jenes strukturellen Moments, des Ganzen, das in Einzelbeobachtungen kaum je adäquat sich umsetzen läßt, fände keine einzelne Beobachtung ihren Stellenwert. Damit ist nichts Ähnliches verfochten wie die Tendenz der cultural anthropology, den zentralistischen und totalen Charakter mancher primitiven Gesellschaften durchs gewählte Koordinatensystem auf die abendländische Zivilisation zu übertragen. Mag man auch über deren Gravitation zu totalen Formen und über den Verfall des Individuums so wenig Illusionen hegen wie ich, immer noch entscheiden die Differenzen zwischen einer prä-individuellen und einer post-individuellen Gesellschaft. Totalität ist in den demokratisch verwalteten Ländern der industriellen Gesellschaft eine Kategorie der Vermittlung, keine unmittelbarer Herrschaft und Unterwerfung. Das schließt ein, daß in der industriellen Tauschgesellschaft keineswegs alles Gesellschaftliche ohne weiteres aus ihrem Prinzip zu deduzieren ist. Sie enthält in sich ungezählte nicht-kapitalistische Enklaven. Zur Erwägung steht, ob sie nicht unter den gegenwärtigen Produktionsverhältnissen solcher Enklaven, wie etwa der der Familie, zur eigenen Perpetuierung notwendig bedarf. Deren partikulare Irrationalität ergänzt gleichsam die der Struktur im Großen. Die gesellschaftliche Totalität führt kein Eigenleben oberhalb des von ihr Zusammengefaßten, aus dem sie selbst besteht. Sie produziert und reproduziert sich durch ihre einzelnen Momente hindurch. Viele von diesen bewahren eine relative Selbständigkeit, welche die primitiv-totalen Gesellschaften sei es nicht kennen, sei es nicht dulden. So wenig aber jenes Ganze vom Leben, von der Kooperation und dem Antagonismus seiner Elemente abzusondern ist, so wenig kann irgendein Element auch bloß in seinem Funktionieren verstanden werden ohne Einsicht in das Ganze, das an der Bewegung des Einzelnen selbst sein Wesen hat. System und Einzelheit sind reziprok und nur in ihrer Reziprozität zu erkennen. Selbst jene Enklaven, die ungleichzeitigen Sozialgebilde, Favoriten einer Soziologie, die des Begriffs der Gesellschaft gleichwie eines allzu spektakulären Philosophems sich entledigen möchte, werden, was sie sind, nicht an sich, sondern erst in der Relation zu der herrschenden Totale, von der sie abweichen. Das dürfte in der heute beliebtesten soziologischen Konzeption, der der middle range theory, arg unterschätzt sein.

Gegenüber der seit *Comte* eingebürgerten Ansicht vertritt *Popper* den Vorrang der Probleme als der Spannung zwischen Wissen und Nichtwissen. Mit allem, was *Popper* gegen die falsche Transposition naturwissenschaftlicher Methoden, gegen den »verfehlte(n) und mißverständliche(n) methodologische(n) Naturalismus oder Szientismus« sagt, bin ich einverstanden. Wirft er jenem sozialanthropologischen Gelehrten vor, daß er durch die vermeintlich höhere Objektivität dessen, der soziale Phänomene von außen betrachtet, der Frage nach Wahrheit und Unwahrheit sich entziehe, so ist das guter *Hegel*; in der Vorrede zur Phänomenologie des Geistes werden diejenigen verspottet, die nur deshalb über den Dingen sind, weil sie nicht in den Dingen sind. Ich hoffe, Herr *König* zürnt mir nicht und wirft nun auch dem Gespräch mit *Popper* vor, es sei Philosophie und nicht Soziologie. Mir scheint doch erwähnenswert, daß ein Gelehrter, dem die Dialektik anathema ist, zu Formulierungen sich gedrängt sieht, die im dialektischen Denken beheimatet sind. Die von *Popper* visierte Problematik der social anthropology dürfte übrigens eng zusammenhängen mit der Verselbständigung der Methode gegenüber der Sache. Sicherlich hat es, wie die *Veblensche* Theorie einer barbarischen Kultur, seine Meriten, die eingeschliffenen mores eines hochkapitalistischen Landes mit den Riten der vermutlich nachgerade übertesteten Trobriander zu vergleichen; aber die vermeintliche Freiheit in der Wahl des Koordinatensystems schlägt um in die Verfälschung des Objekts, weil über jedes Mitglied des modernen Landes seine Zugehörigkeit zu dessen Wirtschaftssystem real unvergleichlich viel mehr besagt als die schönsten Analogien zu Totem und Tabu.

In meiner Zustimmung zu *Poppers* Kritik am Szientivismus und seiner These vom Primat des Problems muß ich vielleicht weitergehen, als er es billigt. Denn der Gegenstand der Soziologie selbst, Gesellschaft, die sich und ihre Mitglieder am Leben erhält und zugleich mit dem Untergang bedroht, ist Problem im emphatischen Sinn. Das besagt aber, daß die Probleme der Soziologie nicht stets durch die Entdeckung entstehen, »daß etwas in unserem vermeintlichen Wissen nicht in Ordnung ist, ... in der Entwicklung eines inneren Widerspruchs in unserem vermeintlichen Wissen«. Der Widerspruch muß nicht, wie *Popper* hier wenigstens supponiert, ein bloß »anscheinender« zwischen Subjekt und Objekt sein, der dem Subjekt allein als Insuffizienz des Urteils aufzubürden wäre. Vielmehr kann er höchst real in der Sache seinen Ort haben und keineswegs durch vermehrte Kenntnis und klarere Formulierung aus der Welt sich schaffen lassen. Das älteste soziologische Modell eines solchen notwendig in der Sache sich entfaltenden Widerspruchs ist der berühmt gewordene § 243 aus *Hegels* Rechtsphilosophie: »Durch die Verallgemeinerung des Zusammenhangs der Menschen durch ihre Bedürfnisse, und der Weisen, die Mittel für diese zu bereiten und herbeizubringen, vermehrt sich die Anhäufung der Reichthümer, denn aus dieser gedoppelten Allgemeinheit wird der größte Gewinn gezogen, – auf der einen Seite, wie auf der anderen Seite die Vereinzelung und Beschränktheit der besondern Arbeit und damit die Abhängigkeit und Noth der an diese Arbeit gebundenen Klasse«.[1] Leicht wäre mir eine Äquivokation vorzuwerfen: Problem sei bei *Popper* etwas lediglich Erkenntnistheoretisches und bei mir zugleich etwas Praktisches, am Ende gar ein problematischer Zustand der Welt. Aber es geht ums Recht eben dieser Distinktion. Man würde die Wissenschaft fetischisieren, trennte man ihre immanenten Probleme radikal ab von den realen, die in ihren Formalismen blaß widerscheinen. Keine Lehre vom logischen Absolutismus, die *Tarski*sche so wenig wie einst die *Husserl*sche, vermöchte zu dekretieren, daß die Fakten logischen Prinzipien gehorchen, die ihren Geltungsanspruch aus der Reinigung von allem Sachhaltigen herleiten. Ich muß mich damit begnügen, an die Kritik des logischen Absolutismus in der ›Metakritik der Erkenntnistheorie‹ zu erinnern, die dort einer Kritik des soziologischen Relativismus sich verbindet, in der ich mit Herrn *Popper* mich einig weiß. Daß im übrigen die Konzeption

---

1 Hegel WW 7, Grundlinien der Philosophie des Rechts, ed. Glockner, Stuttgart seit 1927, S. 318.

von der Widersprüchlichkeit der gesellschaftlichen Realität deren Erkenntnis nicht sabotiert und dem Zufall ausliefert, liegt in der Möglichkeit, noch den Widerspruch als notwendig zu begreifen und damit Rationalität auf ihn auszudehnen.

Methoden hängen nicht vom methodologischen Ideal ab sondern von der Sache. *Popper* trägt dem implizit Rechnung in der These vom Vorrang des Problems. Konstatiert er, die Qualität der sozialwissenschaftlichen Leistung stünde in genauem Verhältnis zur Bedeutung oder zum Interesse ihrer Probleme, so steht dahinter fraglos das Bewußtsein jener Irrelevanz, zu der ungezählte soziologische Untersuchungen dadurch verurteilt sind, daß sie dem Primat der Methode gehorchen und nicht dem des Gegenstands; sei es, daß sie Methoden um ihrer selbst willen weiterentwickeln wollen, sei es, daß sie die Gegenstände von vornherein so auswählen, daß sie mit bereits verfügbaren Methoden behandelt werden können. In *Poppers* Rede von Bedeutung oder Interesse meldet das Gewicht der zu behandelnden Sache sich an. Zu qualifizieren wäre sie einzig dadurch, daß auch über die Relevanz der Gegenstände nicht stets a priori zu urteilen ist. Wo das kategoriale Netz so dicht gesponnen ist, daß es manches darunter Liegende durch Konventionen der Meinung, auch der wissenschaftlichen, verdeckt, nehmen exzentrische Phänomene, die von jenem Netz noch nicht erfaßt sind, zuweilen ungeahntes Gewicht an. Die Einsicht in ihre Beschaffenheit wirft Licht auch über das, was als Kernbereich gilt, und es gar nicht stets ist. An *Freuds* Entschluß, mit dem »Abhub der Erscheinungswelt« sich zu beschäftigen, mag dies wissenschaftstheoretische Motiv nicht unbeteiligt gewesen sein; in der Soziologie *Simmels* hat es ebenfalls als fruchtbar sich erwiesen, als er, mißtrauisch gegen die systematische Totale, in soziale Spezifikationen wie den Fremden oder den Schauspieler sich versenkte. Auch die Forderung der Relevanz des Problems wird man nicht dogmatisieren dürfen; die Auswahl der Forschungsgegenstände legitimiert in weitem Maß sich danach, was der Soziologe an dem von ihm gewählten Objekt ablesen kann; ohne daß das im übrigen eine Ausrede für jene zahllosen, lediglich der akademischen Karriere zuliebe durchgeführten Projekte liefern dürfte, bei denen die Irrelevanz des Objekts mit dem Stumpfsinn des Researchtechnikers glücklich sich verbindet.

Zu einiger Vorsicht möchte ich auch bei den Attributen raten, die *Popper*, neben der Relevanz des Problems, der wahren Methode zuerteilt. Ehrlichkeit, also daß man nicht schwindelt; daß man ohne taktische Rücksicht das einmal Erkannte ausdrückt, sollte von selbst sich verstehen. Im tatsächlichen Wissenschaftsgang jedoch wird diese Norm häufig terroristisch mißbraucht. Daß einer rein der Sache sich überlasse, heißt dann soviel, wie daß er nichts Eigenes an diese heranbringe, sondern sich einer registrierenden Apparatur gleichmache; der Verzicht auf Phantasie oder der Mangel an Produktivität wird als wissenschaftliches Ethos untergeschoben. Man sollte nicht vergessen, was *Cantril* und *Allport* zur Kritik des Ideals der sincerity in Amerika beigebracht haben; als ehrlich gilt, auch in Wissenschaften, vielfach der, welcher denkt, was alle denken, bar der vorgeblichen Eitelkeit, etwas Besonderes erblicken zu wollen, und darum bereit, mitzublöken. Ebenso sind Geradlinigkeit und Einfachheit keine unbedenklichen Ideale dort, wo die Sache komplex ist. Die Antworten des gesunden Menschenverstands beziehen ihre Kategorien in solchem Umfang vom gerade Bestehenden, daß sie dazu tendieren, dessen Schleier zu verstärken, anstatt ihn zu durchdringen; was die Geradlinigkeit anlangt, so ist der Weg, auf dem man zu einer Erkenntnis gelangt, schwerlich zu antezipieren. Angesichts des gegenwärtigen Stands der Soziologie würde ich, unter den von *Popper* genannten Kriterien wissenschaftlicher Qualität, auf die Kühnheit und Eigenart der vorgeschlagenen Lösung – die freilich selbst gewiß stets wiederum zu kritisieren bleibt – den schwersten Akzent legen. Schließlich ist auch die Kategorie des Problems nicht zu hypostasieren. Wer einigermaßen unbefangen die eigene Arbeit kontrolliert, wird auf einen Sachverhalt stoßen, den zuzugestehen nur die Tabus angeblicher Voraussetzungslosigkeit erschweren. Nicht selten hat man Lösungen; es geht einem etwas auf, und nachträglich konstruiert man dann die Frage. Das aber ist kein Zufall: der Vorrang der Gesellschaft als eines Übergreifenden und Zusammengeschlossenen über ihre einzelnen Manifestationen drückt in der gesellschaftlichen Erkenntnis durch Einsichten sich aus, die aus dem Begriff der Gesellschaft stammen und die in soziologische Einzelprobleme erst durch die nachträgliche Konfrontation des Vorweggenommenen mit dem besonderen Material sich verwandeln. Etwas allgemeiner gesagt: die Erkenntnistheorien, wie sie von der großen Philosophie seit *Bacon* und *Descartes* in einiger Selbständigkeit entwickelt und überliefert wurden, sind, auch bei den Empiristen, von oben her konzipiert. Der lebendig vollzogenen Erkenntnis blieben sie vielfach unangemessen; sie haben diese nach einem ihr fremden und äußerlichen Entwurf von Wissenschaft als induktivem oder deduktivem Kontinuum zurechtgestutzt. Unter den fälligen Aufgaben von Erkenntnistheorie wäre nicht die letzte – *Bergson* hat das geahnt –, darauf zu reflektieren, wie denn nun eigentlich erkannt werde, anstatt die Erkenntnisleistung vorab nach einem logischen oder szientifischen Modell zu beschreiben, dem produktive Erkenntnis in Wahrheit gar nicht entspricht.

Dem Problembegriff ist in *Poppers* kategorialem Gefüge der der Lösung zugeordnet. Lösungen würden vorgeschlagen und kritisiert. Mit dem Schlüsselcharakter der Kritik ist gegenüber der primitiven und erkenntnisfremden Lehre vom Primat der Beobachtung ein Entscheidendes getroffen. Soziologische Erkenntnis ist tatsächlich Kritik. Aber es kommt dabei auf Nuancen an, wie denn die entscheidenden Unterschiede wissenschaftlicher Positionen oft eher in der Nuance sich verstecken, als daß sie auf grandiose weltanschauliche Begriffe zu bringen wären. Wenn ein Lösungsversuch, sagt *Popper*, der sachlichen Kritik nicht zugänglich ist, so wird er eben deshalb als unwissenschaftlich ausgeschaltet, wenn auch vielleicht nur vorläufig. Das ist zumindest zweideutig. Meint solche Kritik die Reduktion auf sogenannte Fakten, die vollkommene Einlösung des Gedankens durch Beobachtetes, so nivellierte dies Desiderat den Gedanken zur Hypothese und beraubte die Soziologie jenes Moments der Antezipation, das zu ihr wesentlich gehört. Es gibt soziologische Theoreme, die, als Einsichten über die hinter der Fassade waltenden Mechanismen der Gesellschaft, prinzipiell, aus selbst gesellschaftlichen Gründen, den Erscheinungen so sehr widersprechen, daß sie von diesen her gar nicht zureichend kritisiert werden können. Ihre Kritik obliegt der konsequenten Theorie, dem Weiterdenken, nicht etwa (wie übrigens Herr *Popper* auch nicht formuliert hat) der Konfrontation mit Protokollsätzen. Fakten sind in der Gesellschaft darum nicht das letzte, daran Erkenntnis ihren Haftpunkt fände, weil sie selber vermittelt sind durch die Gesellschaft. Nicht alle Theoreme sind Hypothesen; Theorie ist das Telos, kein Vehikel von Soziologie.

Auch bei der Gleichsetzung von Kritik und Widerlegungsversuch wäre zu verweilen. Widerlegung ist fruchtbar nur als immanente Kritik. Das wußte schon *Hegel*. Über das »Urteil des Begriffs« bringt der zweite Band der großen Logik Sätze, die zugleich das meiste aufwiegen dürften, was seitdem über die Werte orakelt ward: »... die Prädikate gut, schlecht, wahr, schön, richtig u.s.f. drücken aus, daß die Sache an ihrem allgemeinen Begriffe, als dem schlechthin vorausgesetzten Sollen gemessen, und in Übereinstimmung mit demselben ist, oder nicht.«[2] Von außen her ist alles und nichts widerleglich. Skepsis gebührt dem Diskussionsspiel. Es bezeugt ein Vertrauen auf die organisierte Wissenschaft als Instanz von Wahrheit, gegen das der Soziologe sich spröde machen sollte. Angesichts der wissenschaftlichen thought control, deren Bedingungen Soziologie selbst nennt, hat besonderes Gewicht, daß *Popper* der Kategorie der Kritik eine zentrale Stellung einräumt. Der kritische Impuls ist eins mit dem Widerstand gegen die starre Konformität der je herrschenden Meinung. Dies Motiv kommt auch bei *Popper* vor. In seiner zwölften These setzt er wissenschaftliche Objektivität streng gleich mit der kritischen Tradition, die es »trotz aller Widerstände so oft ermöglicht, ein herrschendes Dogma zu kritisieren«. Er appelliert, ähnlich wie in der jüngeren Vergangenheit *Dewey* und einst *Hegel*, an offenes, nicht fixiertes, nicht verdinglichtes Denken. Diesem ist ein experimentierendes, um nicht zu sagen spielerisches Moment unabdingbar. Zögern würde ich allerdings, es mit dem Begriff des Versuchs ohne weiteres gleichzusetzen und gar den Grundsatz trial and error zu adoptieren. In dem Klima, dem dieser entstammt, ist das Wort Versuch zweideutig; gerade er schleppt naturwissenschaftliche Assoziationen mit sich und kehrt seine Spitze wider die Selbständigkeit jeglichen Gedankens, der sich nicht testen läßt. Aber manche Gedanken, und am Ende die essentiellen, entziehen sich dem Test und haben doch Wahrheitsgehalt: auch damit ist *Popper* einig. Kein Experiment wohl könnte die Abhängigkeit eines jeg-

---

2 Hegel, WW 5, Wissenschaft der Logik, 2. Teil, ed. Glockner, a.a.O., S. 110 f.

lichen sozialen Phänomens von der Totalität bündig dartun, weil das Ganze, das die greifbaren Phänomene präformiert, selbst niemals in partikulare Versuchsanordnungen eingeht. Dennoch ist jene Abhängigkeit des sozial zu Beobachtenden von der Gesamtstruktur real gültiger als irgendwelche am Einzelnen unwiderleglich verifizierbaren Befunde, und alles eher denn bloßes Gedankengespinst. Will man nicht doch schließlich die Soziologie mit naturwissenschaftlichen Modellen vermengen, so muß der Begriff des Versuchs auch auf den Gedanken sich erstrecken, der, gesättigt mit der Kraft von Erfahrung, über diese hinausschießt, um sie zu begreifen. Versuche im engeren Sinn sind ohnehin in der Soziologie, anders als in der Psychologie, meist wenig produktiv. – Das spekulative Moment ist keine Not der gesellschaftlichen Erkenntnis, sondern ihr als Moment unentbehrlich, mag immer die idealistische Philosophie, die einmal die Spekulation glorifizierte, vergangen sein. Dem wäre auch die Wendung zu geben, daß Kritik und Lösung überhaupt nicht voneinander zu trennen sind. Lösungen sind gelegentlich primär, unmittelbar und zeitigen erst die Kritik, durch die sie zum Fortgang des Erkenntnisprozesses vermittelt werden; vor allem aber mag umgekehrt die Figur der Kritik, wenn sie nur prägnant gelungen ist, die Lösung bereits implizieren; kaum je tritt sie von außen hinzu. Darauf bezog sich der philosophische Begriff der bestimmten Negation, dem *Popper* überhaupt nicht fernsteht, so wenig Liebe er auch für *Hegel* hegt. Indem er die Objektivität der Wissenschaft mit der der kritischen Methode identifiziert, erhebt er diese zum Organon der Wahrheit. Kein Dialektiker heute hätte mehr zu verlangen.

Daraus freilich zöge ich eine Konsequenz, die in *Poppers* Referat nicht genannt ist und von der ich nicht weiß, ob er sie akzeptiert. Er nennt seinen Standpunkt, in einem sehr unkantischen Sinn, kritizistisch. Nimmt man aber einmal die Abhängigkeit der Methode von der Sache so schwer, wie es einigen der *Popper*schen Bestimmungen wie der der Relevanz und des Interesses als Maßstäben für die gesellschaftliche Erkenntnis innewohnt, so wäre die kritische Arbeit der Soziologie nicht auf Selbstkritik, auf Reflexion über ihre Sätze, Theoreme, Begriffsapparaturen und Methoden zu beschränken. Sie ist zugleich auch Kritik an dem Gegenstand, von dem ja alle diese auf der subjektiven Seite, der der zur organisierten Wissenschaft zusammengeschlossenen Subjekte, lokalisierten Momente abhängen. Mögen die Momente der Verfahrungsweise noch so instrumentell definiert sein – ihre Adäquanz ans Objekt bleibt dabei stets noch gefordert, sei's auch versteckt. Unproduktiv sind Verfahren dann, wenn sie solcher Adäquanz ermangeln. Die Sache muß in der Methode ihrem eigenen Gewicht nach zur Geltung kommen, sonst ist die geschliffenste Methode schlecht. Das involviert aber nicht weniger, als daß in der Gestalt der Theorie die der Sache erscheinen muß. Wann die Kritik der soziologischen Kategorien nur die der Methode ist und wann die Diskrepanz von Begriff und Sache zu Lasten der Sache geht, die das nicht ist, was sie zu sein beansprucht, darüber entscheidet der Inhalt des zur Kritik stehenden Theorems. Der kritische Weg ist nicht bloß formal, sondern auch material; kritische Soziologie ist, wenn ihre Begriffe wahr sein sollen, der eigenen Idee nach notwendig zugleich Kritik der Gesellschaft, wie *Horkheimer* in der Abhandlung über traditionelle und kritische Theorie es entfaltete. Etwas davon hatte auch der Kantische Kritizismus. Was er gegen wissenschaftliche Urteile über Gott, Freiheit und Unsterblichkeit vorbrachte, opponierte einem Zustand, in dem man diese Ideen, nachdem sie ihre theologische Verbindlichkeit eingebüßt hatten, durch Subreption für die Rationalität zu erretten trachtete. Jener Kantische Terminus, Erschleichung, trifft im Denkfehler die apologetische Lüge. Kritizismus war militante Aufklärung. Kritische Gesinnung jedoch, welche vor der Realität haltmacht und sich bei der Arbeit an sich selbst bescheidet, wäre als Aufklärung demgegenüber schwerlich fortgeschritten. Indem sie deren Motive beschneidet, müßte sie auch in sich so verkümmern, wie es der Vergleich des administrative research mit kritischen Theorien der Gesellschaft schlagend zeigt. An der Zeit wäre es, daß Soziologie solcher Verkümmerung widerstände, die hinter der intangiblen Methode sich verschanzt. Denn Erkenntnis lebt von der Beziehung auf das, was sie nicht selber ist, auf ihr Anderes. Dieser Beziehung aber genügt sie nicht, solange diese bloß indirekt, in kritischer Selbstreflexion sich durchsetzt; sie muß übergehen zur Kritik des soziologischen Objekts. Wenn die Sozialwissenschaft – und ich präjudiziere im Augenblick nichts Inhaltliches über solche Sätze – einerseits den Begriff einer liberalen Gesellschaft als Freiheit und Gleichheit faßt, andererseits den Wahrheitsgehalt dieser Kategorien unterm Liberalismus wegen der Ungleichheit der die Verhältnisse zwischen den Menschen determinierenden sozialen Macht prinzipiell bestreitet, so handelt es sich nicht um logische Widersprüche, die durch korrektere Definitionen wegzuräumen wären, oder um nachträglich hinzutretende empirische Einschränkungen, Differenzierungen einer Ausgangsdefinition, sondern um die strukturelle Beschaffenheit der Gesellschaft als solcher. Dann heißt aber Kritik nicht nur, die kontradiktorischen Sätze um der Einstimmigkeit des wissenschaftlichen Zusammenhangs willen umformulieren. Solche Logizität kann durch Verschiebung der realen Gewichte falsch werden. Hinzufügen möchte ich, daß diese Wendung die begrifflichen Mittel der soziologischen Erkenntnis ebenfalls affiziert; eine kritische Theorie der Gesellschaft lenkt die permanente Selbstkritik der soziologischen Erkenntnis in eine andere Dimension. Ich erinnere nur an das, was ich über das naive Vertrauen in die organisierte Sozialwissenschaft als Garanten der Wahrheit andeutete.

All das setzt allerdings die Unterscheidung von Wahrheit und Unwahrheit voraus, an der *Popper* so streng festhält. Als Kritiker des skeptischen Relativismus polemisiert er gegen die Wissenssoziologie insbesondere *Pareto*schen und *Mannheim*schen Gepräges so scharf, wie ich es wiederholt getan habe. Aber der sogenannte totale Ideologiebegriff, und die Verwischung des Unterschieds von wahr und unwahr, liegt nicht im Sinn der, wenn man so sagen darf, klassischen Ideologielehre. Er stellt deren Verfallsform dar. Sie verbindet sich mit dem Versuch, jener Lehre die kritische Schärfe zu nehmen und sie zu einer Branche im Wissenschaftsbetrieb zu neutralisieren. Einmal hieß Ideologie gesellschaftlich notwendiger Schein. Ideologiekritik war an den konkreten Nachweis der Unwahrheit eines Theorems oder einer Doktrin gebunden; der bloße Ideologieverdacht, wie *Mannheim* es nannte, genügte nicht. *Marx* hätte ihn, im Geist *Hegels*, als abstrakte Negation verhöhnt. Die Deduktion von Ideologien aus gesellschaftlicher Notwendigkeit hat das Urteil über ihre Unwahrheit nicht gemildert. Ihre Ableitung aus Strukturgesetzen wie dem Fetischcharakter der Ware, die das πρωτον ψευδος benennt, wollte sie eben jenem Maßstab wissenschaftlicher Objektivität unterstellen, den auch *Popper* anlegt. Die eingebürgerte Rede von Überbau und Unterbau verflacht das bereits. Während die Wissenssoziologie, welche den Unterschied von richtigem und falschem Bewußtsein aufweicht, sich gebärdet, als wäre sie Fortschritt im Sinn von wissenschaftlicher Objektivität, ist sie durch jene Aufweichung hinter den bei *Marx* durchaus objektiv verstandenen Begriff von Wissenschaft zurückgefallen. Nur durch Brimborium und Neologismen wie Perspektivismus, nicht durch sachhaltige Bestimmungen kann der totale Ideologiebegriff vom weltanschaulich-phrasenhaften Vulgärrelativismus sich distanzieren. Daher der offene oder versteckte Subjektivismus der Wissenssoziologie, den *Popper* mit Recht denunziert und in dessen Kritik die große Philosophie einig ist mit der konkreten wissenschaftlichen Arbeit. Diese hat von der Generalklausel der Relativität aller menschlichen Erkenntnis im Ernst niemals sich beirren lassen. Kritisiert *Popper* die Kontamination der Objektivität der Wissenschaft mit der Objektivität des Wissenschaftlers, so trifft er damit den zum totalen degradierten Ideologiebegriff, nicht aber dessen authentische Konzeption. Diese meinte die objektive, von den Einzelsubjekten und ihrem vielberufenen Standort weithin unabhängige, in der Analyse der Gesellschaftsstruktur ausweisbare Determination falschen Bewußtseins; ein Gedanke übrigens, der bis auf *Helvétius*, wenn nicht bis auf *Bacon*, zurückdatiert. Die eifrige Sorge wegen der Standortgebundenheit der einzelnen Denker entspringt der Ohnmacht, jene einmal erreichte Einsicht in die objektive Verzerrung der Wahrheit festzuhalten. Mit den Denkern und vollends ihrer Psychologie hat sie nicht allzuviel zu tun. Kurz, ich bin einig mit Herrn *Poppers* Kritik der Wissenssoziologie. Einig damit ist jedoch auch die unverwässerte Ideologienlehre.

Die Frage nach der sozialwissenschaftlichen Objektivität verbindet sich bei *Popper*, wie einst in *Max Webers* berühmtem Aufsatz, mit der nach der Wertfreiheit. Ihm ist nicht entgangen, daß diese mittlerweile dogmatisierte Kategorie, die mit dem pragmatistischen Wissenschaftsbetrieb nur allzugut sich verständigt, neu durchdacht werden muß. Die Disjunktion von Objektivität und Wert ist nicht so bündig, wie es bei *Max Weber* sich liest, in dessen

Texten sie freilich mehr qualifiziert wird, als sein Schlachtruf es erwarten ließ. Nennt *Popper* die Forderung unbedingter Wertfreiheit paradox, weil wissenschaftliche Objektivität und Wertfreiheit selbst Werte seien, so ist diese Einsicht indessen kaum so unwichtig, wie *Popper* sie einschätzt. Aus ihr wären wissenschaftstheoretische Konsequenzen zu ziehen. *Popper* unterstreicht, es könnten dem Wissenschaftler seine Wertungen nicht verboten oder zerstört werden, ohne ihn als Menschen und auch als Wissenschaftler zu zerstören. Damit aber ist mehr als etwas bloß Erkenntnispraktisches gesagt; »ihn als Wissenschaftler zerstören« involviert den objektiven Begriff von Wissenschaft als solcher. Die Trennung von wertendem und wertfreiem Verhalten ist falsch, insofern Wert, und damit Wertfreiheit, Verdinglichungen sind; richtig, insofern das Verhalten des Geistes dem Stand von Verdinglichung nicht nach Belieben sich entziehen kann. Was Wertproblem genannt wird, konstituiert sich überhaupt erst in einer Phase, in der Mittel und Zwecke um reibungsloser Naturbeherrschung willen auseinandergerissen wurden; in der Rationalität der Mittel fortschreitet bei ungeminderter oder womöglich anwachsender Irrationalität der Zwecke. Noch *Kant* und *Hegel* verwenden den in der politischen Ökonomie beheimateten Wertbegriff nicht. Er ist wohl erst bei *Lotze* in die philosophische Terminologie eingedrungen; *Kants* Unterscheidung von Würde und Preis in der praktischen Vernunft wäre mit ihm inkompatibel. Der Wertbegriff ist am Tauschverhältnis gebildet, ein Sein für anderes. In einer Gesellschaft, in der alles zu einem solchen, fungibel geworden ist – die von *Popper* konstatierte Verleugnung der Wahrheit offenbart denselben Sachverhalt –, hat sich dies ›Für anderes‹ in ein ›An sich‹, ein Substantielles, verhext, als welches es dann unwahr wurde und sich dazu schickte, das empfindliche Vakuum nach dem Gefallen herrschender Interessen auszufüllen. Was man nachträglich als Wert sanktionierte, verhält sich nicht äußerlich zur Sache, steht ihr nicht χωρίς gegenüber, sondern ist ihr immanent. Die Sache, der Gegenstand gesellschaftlicher Erkenntnis, ist so wenig ein Sollensfreies, bloß Daseiendes – dazu wird sie erst durch die Schnitte der Abstraktion –, wie die Werte jenseits an einem Ideenhimmel anzunageln sind. Das Urteil über eine Sache, das gewiß der subjektiven Spontaneität bedarf, wird immer zugleich von der Sache vorgezeichnet und erschöpft sich nicht in subjektiv irrationaler Entscheidung wie nach *Webers* Vorstellung. Jenes Urteil ist, in der Sprache der Philosophie, eines der Sache über sich selbst; ihre Brüchigkeit zitiert es herbei. Es konstituiert sich aber in ihrer Beziehung zu jenem Ganzen, das in ihr steckt, ohne unmittelbar gegeben, ohne Faktizität zu sein; darauf will der Satz hinaus, die Sache sei an ihrem Begriff zu messen. Das gesamte Wertproblem, welches die Soziologie und andere Disziplinen wie einen Ballast mitschleppen, ist demnach falsch gestellt. Wissenschaftliches Bewußtsein von der Gesellschaft, das sich wertfrei aufspielt, versäumt die Sache ebenso wie eines, das sich auf mehr oder minder verordnete und willkürlich statuierte Werte beruft; beugt man sich der Alternative, so gerät man in Antinomien. Auch der Positivismus hat ihnen nicht sich entwinden können; *Durkheim*, dessen chosisme sonst an positivistischer Gesinnung *Weber* übertraf – dieser hatte ja in der Religionssoziologie selber sein thema probandum –, erkannte die Wertfreiheit nicht an. *Popper* zollt der Antinomie insofern den Tribut, als er einerseits die Trennung von Wert und Erkenntnis ablehnt, andererseits möchte, daß die Selbstreflexion der Erkenntnis der ihr impliziten Werte innewerde; will sagen, ihren Wahrheitsgehalt nicht verfälsche, um etwas zu beweisen. Beide Desiderate sind legitim. Nur wäre das Bewußtsein ihrer Antinomie in die Soziologie hineinzunehmen. Die Dichotomie von Sein und Sollen ist so falsch wie geschichtlich zwangshaft; darum nicht schlicht zu ignorieren. Durchsichtig wird sie erst der Einsicht in ihre Zwangsläufigkeit durch gesellschaftliche Kritik. Tatsächlich verbietet wertfreies Verhalten sich nicht bloß psychologisch sondern sachlich. Die Gesellschaft, auf deren Erkenntnis Soziologie schließlich abzielt, wenn sie mehr sein will als eine bloße Technik, kristallisiert sich überhaupt nur um eine Konzeption von richtiger Gesellschaft. Diese ist aber nicht der bestehenden abstrakt, eben als vorgeblicher Wert, zu kontrastieren, sondern entspringt aus der Kritik, also dem Bewußtsein der Gesellschaft von ihren Widersprüchen und ihrer Notwendigkeit. Sagt *Popper*: »Denn obwohl wir unsere Theorien nicht rational rechtfertigen und nicht einmal als wahrscheinlich erweisen können, so können wir sie rational kritisieren«, so gilt das nicht minder für die Gesellschaft als für die

Theorien über sie. Daraus resultierte ein Verhalten, das weder sich verbeißt in Wertfreiheit, die gegen das wesentliche Interesse der Soziologie verblendet, noch vom abstrakten und statischen Wertdomatismus sich leiten läßt.

*Popper* durchschaut den latenten Subjektivismus jener wertfreien Wissenssoziologie, die auf ihre szientifische Vorurteilslosigkeit besonders viel zugute sich tut. Folgerecht attackiert er dabei den soziologischen Psychologismus. Auch darin teile ich seine Ansicht und darf vielleicht auf meine Arbeit in der *Horkheimer*-Festschrift verweisen, in der die Diskontinuität der beiden unter dem dünnen Oberbegriff der Wissenschaft vom Menschen zusammengefaßten Disziplinen entwickelt wird. Doch sind die Motive, die *Popper* und mich zum selben Ergebnis bringen, nicht dieselben. Die Trennung zwischen dem Menschen und der sozialen Umwelt scheint mir doch etwas äußerlich, allzusehr an der nun einmal gegebenen Landkarte der Wissenschaften orientiert, deren Hypostasis *Popper* grundsätzlich ablehnt. Die Subjekte, welche die Psychologie zu untersuchen sich anheischig macht, werden nicht bloß, wie man das so nennt, von der Gesellschaft beeinflußt, sondern sind bis ins Innerste durch sie geformt. Das Substrat eines Menschen an sich, der der Umwelt entgegenstünde – es ist im Existentialismus wiederbelebt –, bliebe ein leeres Abstraktum. Umgekehrt ist die sozial wirksame Umwelt, sei's noch so mittelbar und unkenntlich, von Menschen, von der organisierten Gesellschaft produziert. Trotzdem darf die Psychologie nicht als Grundwissenschaft der Sozialwissenschaften angesehen werden. Ich würde einfach daran erinnern, daß die Formen der Vergesellschaftung, das, was im angelsächsischen Sprachgebrauch Institutionen heißt, kraft ihrer immanenten Dynamik sich gegenüber den lebenden Menschen und ihrer Psychologie derart verselbständigt haben, ihnen als ein so Fremdes und zugleich Übermächtiges entgegentreten, daß die Reduktion auf primäre Verhaltensweisen der Menschen, wie die Psychologie sie studiert, selbst auf typische und plausibel zu verallgemeinernde behavior patterns, an die gesellschaftlichen Prozesse, die über den Köpfen der Menschen stattfinden, nicht heranreicht. Allerdings würde ich aus dem Vorrang der Gesellschaft vor der Psychologie keine so radikale Unabhängigkeit der beiden Wissenschaften voneinander folgern wie *Popper*. Die Gesellschaft ist ein Gesamtprozeß, in dem die von der Objektivität umfangenen, gelenkten und geformten Menschen doch auch wiederum auf jene zurückwirken; Psychologie geht ihrerseits so wenig in Soziologie auf wie das Einzelwesen in der biologischen Art und deren Naturgeschichte. Ganz gewiß ist der Faschismus nicht sozialpsychologisch zu erklären, so wie man die ›Authoritarian Personality‹ gelegentlich mißverstanden hat; aber wäre nicht der autoritätsgebundene Charakter aus ihrerseits soziologisch einsichtigen Gründen so weit verbreitet, so hätte der Faschismus jedenfalls nicht die Massenbasis gefunden, ohne die er in einer Gesellschaft wie der Weimarer Demokratie kaum zur Macht gelangt wäre. Die Autonomie der Sozialprozesse ist selber kein An sich, sondern gründet in Verdinglichung; auch die den Menschen entfremdeten Prozesse bleiben menschlich. Darum ist die Grenze zwischen beiden Wissenschaften so wenig absolut wie die zwischen Soziologie und Ökonomie, oder Soziologie und Geschichte. Die Einsicht in Gesellschaft als Totalität impliziert auch, daß alle in dieser Totalität wirksamen, und keineswegs ohne Rest aufeinander reduktiblen Momente in die Erkenntnis eingehen müssen; sie darf sich nicht von der wissenschaftlichen Arbeitsteilung terrorisieren lassen. Der Vorrang des Gesellschaftlichen vorm Einzelmenschlichen erklärt sich aus der Sache, jener Ohnmacht des Individuums der Gesellschaft gegenüber, die für *Durkheim* geradezu das Kriterium der faits sociaux war; die Selbstreflexion der Soziologie aber muß wachsam sein auch gegen die wissenschaftshistorische Erbschaft, welche dazu verleitet, die Autarkie der späten und in Europa immer noch von der universitas literarum nicht als gleichberechtigt akzeptierten Wissenschaft zu überspannen.

Meine Damen und Herren, Herr *Popper* hat in einer Korrespondenz, die der Formulierung meines Korreferats vorausging, die Verschiedenheit unserer Positionen so bezeichnet, daß er glaubte, wir lebten in der besten Welt, die je existierte, und ich glaubte es nicht. Was ihn anlangt, so hat er wohl, um der Drastik der Diskussion willen, ein wenig übertrieben. Vergleiche zwischen der Schlechtigkeit von Gesellschaften verschiedener Epochen sind prekär; daß keine soll besser gewesen sein als die, welche Auschwitz ausbrütete, fällt mir schwer anzunehmen, und insofern hat *Pop-*

*per fraglos* mich richtig charakterisiert. Nur betrachte ich den Gegensatz als keinen bloßer Standpunkte sondern als entscheidbar; wir beide dürften gleichermaßen negativ zur Standpunktsphilosophie stehen und damit auch zur Standpunktssoziologie. Die Erfahrung vom widerspruchsvollen Charakter der gesellschaftlichen Realität ist kein beliebiger Ausgangspunkt sondern das Motiv, das die Möglichkeit von Soziologie überhaupt erst konstituiert. Nur dem, der Gesellschaft als eine andere denken kann denn die existierende, wird sie, nach *Poppers* Sprache, zum Problem; nur durch das, was sie nicht ist, wird sie sich enthüllen als das, was sie ist, und darauf käme es doch wohl in einer Soziologie an, die nicht, wie freilich die Mehrzahl ihrer Projekte, bei Zwecken öffentlicher und privater Verwaltung sich bescheidet. Vielleicht ist damit genau der Grund genannt, warum in Soziologie, als einzelwissenschaftlicher Befund, die Gesellschaft keinen Raum hat. War bei *Comte* der Entwurf der neuen Disziplin getragen von dem Willen, die produktiven Tendenzen seiner Epoche, die Entfesselung der Produktivkräfte, vor dem zerstörenden Potential zu beschützen, das damals bereits in ihnen heranreifte, so hat an dieser Ausgangssituation der Soziologie seitdem nichts sich geändert, es sei denn, daß sie zum Extrem sich zuspitzte, und das sollte die Soziologie in Evidenz halten. Der Erzpositivist *Comte* war jenes antagonistischen Charakters der Gesellschaft als des Entscheidenden sich bewußt, den die Entwicklung des späteren Positivismus als metaphysische Spekulation eskamotieren wollte, und daher rühren die Narreteien seiner Spätphase, die dann wiederum erwiesen haben, wie sehr die gesellschaftliche Realität der Ansprüche derer spottet, deren Beruf es ist, sie zu erkennen. Unterdessen ist die Krisis, der die Soziologie sich gewachsen zeigen muß, nicht mehr die der bürgerlichen Ordnung allein, sondern bedroht buchstäblich den physischen Fortbestand der Gesellschaft insgesamt. Angesichts der nackt hervortretenden Übergewalt der Verhältnisse enthüllt *Comtes* Hoffnung, Soziologie könne die soziale Macht steuern, sich als naiv, es sei denn, sie liefere Pläne für totalitäre Machthaber. Der Verzicht der Soziologie auf eine kritische Theorie der Gesellschaft ist resignativ: man wagt das Ganze nicht mehr zu denken, weil man daran verzweifeln muß, es zu verändern. Wollte aber darum die Soziologie auf die Erkenntnis von facts und figures im Dienst des Bestehenden sich vereidigen lassen, so müßte solcher Fortschritt in der Unfreiheit zunehmend auch jene Detaileinsichten beeinträchtigen und vollends zur Irrelevanz verdammen, mit denen sie über Theorie zu triumphieren wähnt. *Poppers* Referat hat mit einem Zitat des *Xenophanes* geschlossen, Symptom dessen, daß er so wenig wie ich bei der Scheidung von Philosophie und Soziologie sich bescheidet, die dieser heute zum Seelenfrieden verhilft. Aber auch *Xenophanes* war, trotz der eleatischen Ontologie, ein Aufklärer; nicht umsonst findet sich schon bei ihm die noch bei *Anatole France* wiederkehrende Idee, daß, hätte eine Tiergattung die Vorstellung von einer Gottheit, diese ihrem eigenen Bild gliche. Solcher Typus Kritik ist von der gesamten europäischen Aufklärung seit der Antike tradiert. Heute ist ihr Erbe in weitem Maß der Sozialwissenschaft zugefallen. Sie meint Entmythologisierung. Die jedoch ist kein bloß theoretischer Begriff und keiner von wahlloser Bilderstürmerei, die mit dem Unterschied von Wahr und Unwahr auch den des Rechten und Falschen zerschlüge. Was immer Aufklärung an Entzauberung vollbringt, will dem eigenen Sinn nach die Menschen vom Bann befreien; von dem der Dämonen einst, heute von dem, welchen die menschlichen Verhältnisse über sie ausüben. Aufklärung, die das vergißt, desinteressiert es beim Bann beläßt und sich in der Herstellung brauchbarer begrifflicher Apparaturen erschöpft, sabotiert sich selbst samt jenem Begriff der Wahrheit, den *Popper* der Wissenssoziologie entgegenhält. Im emphatischen Begriff der Wahrheit ist die richtige Einrichtung der Gesellschaft mitgedacht, so wenig sie auch als Zukunftsbild auszupinseln ist. Die reductio ad hominem, die alle kritische Aufklärung inspiriert, hat zur Substanz jenen Menschen, der erst herzustellen wäre in einer ihrer selbst mächtigen Gesellschaft. In der gegenwärtigen jedoch ist ihr einziger Index das gesellschaftliche Unwahre.

RALF DAHRENDORF

# Anmerkungen zur Diskussion der Referate von Karl R. Popper und Theodor W. Adorno

I

Das Thema der beiden Hauptreferate – »Die Logik der Sozialwissenschaften« – war von den Planern der Tübinger Arbeitstagung der Deutschen Gesellschaft für Soziologie in bestimmter Absicht gewählt worden. Es ist kein Geheimnis, daß vielfältige Unterschiede der Forschungsrichtung, aber auch der theoretischen Position und darüber hinaus der moralischen und politischen Grundhaltung die gegenwärtige Generation der Hochschullehrer der Soziologie in Deutschland trennen. Nach einigen Diskussionen der letzten Jahre schien es nun, als könnte die Erörterung der wissenschaftslogischen Grundlagen der Soziologie ein geeigneter Weg sein, um die vorhandenen Differenzen sichtbar hervortreten zu lassen und damit für die Forschung fruchtbar zu machen. Die Tübinger Arbeitstagung hat diese Vermutung jedoch nicht bestätigt. Obwohl Referent und Korreferent in ihren Ausführungen nicht gezögert hatten, eindeutig Stellung zu nehmen, fehlte der Diskussion durchgängig jene Intensität, die den tatsächlich vorhandenen Auffassungsunterschieden angemessen gewesen wäre. Auch hielten sich die meisten Diskussionsbeiträge so stark im engeren Bereich des Themas, daß die zugrunde liegenden moralischen und politischen Positionen nicht sehr deutlich zum Ausdruck kamen. Als Ergebnis der Diskussion läßt sich somit vorwiegend eine gewisse Präzisierung der Auffassungen der beiden Referenten festhalten. Diese muß daher auch im Zentrum des Diskussionsberichtes stehen.

Einige Diskussionsredner beklagten sich über die fehlende Spannung zwischen den beiden Hauptreferaten und -referenten. In der Tat konnte zuweilen der Anschein entstehen, als seien Herr *Popper* und Herr *Adorno* sich in verblüffender Weise einig. Doch konnte die Ironie solcher Übereinstimmungen dem aufmerksamen Zuhörer kaum entgehen. Die Diskussion brachte eine Reihe von amüsanten Belegen für Gemeinsamkeiten der Referenten in Formulierungen, hinter denen sich tiefe Differenzen in der Sache verbergen.

So waren *Popper* und *Adorno* sich völlig einig darin, daß der Versuch einer scharfen Abgrenzung der Soziologie von der Philosophie sich zum Schaden beider auswirken muß. *Adorno* formulierte dies eindringlich: »Wenn man nämlich die Trennungslinie so zieht, wie es immer wieder ad nauseam vorgeschlagen wird, dann verwandelt sich diese Trennungslinie – verzeihen Sie mir das falsche Bild – in einen Graben, in dem das wesentliche Interesse der beiden Disziplinen verschwindet.« Von dem indes, was an der Grenze der Disziplinen (wenn eine solche sich auch nur denken läßt) gedacht und gesagt werden kann oder soll, sprachen die Referenten wohlweislich nicht; doch dürfte *Georg Heinrich Weippert* zu Recht auf den »außerordentlichen Unterschied des Philosophie-Begriffes« der beiden Referenten hingewiesen haben.

Ebenso äußerlich war gewiß die Gemeinsamkeit der Vorliebe der Referenten für die Kategorie der Kritik, die *Peter Ludz* zum Gegenstand einer Diskussionsbemerkung machte. Kritik (oder genauer: »kritische Theorie der Gesellschaft«) heißt für *Adorno* die Entfaltung der Widersprüche der Wirklichkeit durch deren Erkenntnis. Die Versuchung liegt nahe, diesen – im Kantischen Sinne zumindest der Möglichkeit nach durchaus dogmatischen – Begriff einer kritischen Theorie in seiner Abstammung von der Kritik der *Hegel*schen Linken zu untersuchen. Für *Popper* ist dagegen die Kategorie der Kritik noch ganz ohne inhaltliche Bestimmtheit; ein reiner Mechanismus der vorläufigen Bewährung allgemeiner Sätze der Wissenschaft: »Wir können unsere Behauptungen nicht begründen«, wir können sie nur »zur Kritik stellen«.

Besonders eindringlich traten Gemeinsamkeiten und Unterschiede der wissenschaftslogischen Auffassungen der Referenten an Hand der Frage des Unterschiedes von Natur- und Geisteswissenschaften hervor. Beide, *Popper* und *Adorno*, waren nicht geneigt, an diesem Unterschied uneingeschränkt festzuhalten. In der Argumentation betonten sie jedoch sehr verschiedene Aspekte. *Popper* vertrat die Auffassung, die traditionelle Unterscheidung beruhe weitgehend auf einem mißverstandenen Begriff der Naturwissenschaften. Wenn man dieses Mißverständnis korrigiere, ergebe sich, daß alle Wissenschaften »theoretisch« seien, nämlich allgemeine Aussagen zur Kritik stellten. Unterschiede zwischen Wissenschaftsbereichen könnten daher nur graduell und historisch sein, d. h. sie seien prinzipiell aufhebbare Unterschiede. *Adorno* verwies dagegen auf einen methodischen Unterschied ganz anderer Art, den er zwar nicht für »wesentlich«, aber doch – da durch den Gegenstand bestimmt – für unaufhebbar hält: »In der Naturwissenschaft haben wir es weithin mit nicht vermittelten, d. h. nicht bereits menschlich präformierten und insofern mit in einem weiten Maß unqualifizierten Materialien zu tun, so daß die Naturwissenschaft – wenn Sie so wollen – uns die Wahl unseres kategorialen Systems freier stellt, als das in der Soziologie der Fall ist, deren Gegenstand selber bereits so weit in sich determiniert ist, daß der Gegenstand uns zu dem kategorialen Apparat nötigt.«

In solchen Formulierungen wird der fundamentale Unterschied in den Erkenntnishoffnungen und Erkenntnisansprüchen von *Popper* und *Adorno* deutlich, der die gesamte Diskussion durchzog und in seiner Grundlage unten noch einmal aufgenommen werden soll: Während *Adorno* es für möglich hält, im Erkenntnisprozeß die Wirklichkeit selbst zu reproduzieren und daher auch einen dem Gegenstand anhaftenden kategorialen Apparat zu erkennen und zu verwenden, ist für *Popper* Erkenntnis stets ein problematischer Versuch, die Wirklichkeit dadurch einzufangen, daß wir ihr Kategorien und vor allem Theorien aufnötigen. Es erübrigt sich fast, hier die Namen von *Kant* und *Hegel* zu erwähnen.

3

Zeitlich und sachlich wurde die Diskussion jedoch weder von *Popper* noch von *Adorno*, sondern von einem von nahezu allen Diskussionsrednern beschworenen »dritten Mann« beherrscht, demgegenüber die beiden Referenten sich allerdings uneingeschränkt vereinigten. Von seinen Freunden und Feinden wurden diesem »dritten Mann« mancherlei Namen gegeben: »positive Methode«, »nicht-metaphysischer Positivismus«, »Empirismus«, »empirische Forschung« usw. Schon vor Beginn der Diskussion bemängelte *Eduard Baumgarten*, was *Emerich Francis* dann ausführte, *Leopold Rosenmayr*, *Weippert* und andere unterstrichen: daß in beiden Referaten eigentlich sehr wenig von den methodischen Problemen einer Soziologie die Rede war, die zumindest im alltäglichen Betrieb vorwiegend empirische Forschungen betreibt. *Weipperts* an *Popper* gerichtete Formulierung läßt sich auf beide Referenten anwenden: Im Gegensatz zu den Vertretern der empirischen Forschung haben beide einen »außerordentlich engen Empiriebegriff und einen außerordentlich weiten Theoriebegriff«. Für beide erschöpft sich Wissenschaft weitgehend in allgemeinen Sätzen, Theorien, während der systematischen Erfahrung nur ein begrenzter Ort als Korrektiv, Instrument der Überprüfung zukommt. Einzelne Diskussionsredner deuteten an, daß beide Referenten in dieser Weise eben das verfehlen, was die moderne Soziologie ausmacht und von den spekulativen Anfängen der Disziplin unterscheidet.

Gegenüber solchen Einwänden nahmen *Popper* wie *Adorno* eine rigorose methodologische Position ein. Beide bezeichneten sich (mit einer Prägung von *Popper*) als »Negativisten«, insofern sie die Aufgabe der Empirie in der kritischen Korrektur sahen. Darüber hinaus betonten beide immer wieder den Primat der Theorie in der Wissenschaft. Für *Popper* ergibt sich dieser Primat aus der eindeutigen Verknüpfung von Theorie und Empirie in der »hypothetisch-deduktiven Methode« der Wissenschaft, die er in seinen Werken entwickelt und in seinem Referat vorausgesetzt hat: »Es gibt keine Beobachtung ohne Hypothese ... Die Induktion ist die falsche These, daß man von der Beobachtung ausgehen kann. Induktion gibt es eben nicht.« Bei *Adorno* ist das Verhältnis von Theorie und empirischer Forschung komplizierter: »Ich glaube nicht, daß man die Divergenz zwischen dem Begriff einer kritischen Theorie der Gesellschaft und der empirischen Sozialforschung einfach überbrücken kann durch die Anwendung jener auf diese.« – »Es gibt immerwährend aus dem, was ich als kritische Theorie der Gesellschaft bezeichnet habe, eine unbeschreibliche Menge von Fragestellungen für empirische Forschung, die diese, wenn sie sich einfach an sich selbst hält, nicht auskristallisieren könnte.« Auch hier bleibt jedoch der Primat der Theorie eindeutig behauptet.

Obwohl der Rigorismus einer solchen Auffassung logisch einleuchtend ist, wird man einwenden müssen, daß von ihm aus nicht alle Fragen des Wissenschaftsbetriebes beantwortet werden können. So blieb denn *Weipperts* Frage nach dem »konkreten Forschungsprozeß« auch ebenso unbeantwortet wie *Rosenmayrs* Fragen nach einer faßlichen Bestimmung des Begriffes der Theorie und des Gedankens theoretischer Kumulation. Man wird in großzügiger Bestimmung des wissenschaftlichen Vorgehens nicht verkennen dürfen, daß etwa die empirische Forschung auch andere Aufgaben hat als die der Überprüfung von Theorien: so die der Anregung, aber auch der systematischen Ermittlung und Vermittlung von Informationen. Allerdings haben beide Referenten mit Recht immer wieder betont, daß solche Aufgaben der empirischen Forschung keineswegs einen Begriff der Soziologie als Wissenschaft zu begründen vermögen. In ihrer Intention bleibt Wissenschaft auch dann theoretisch, wenn der tatsächliche Forschungsbetrieb vorwiegend empirisch ist.

4

In einzelnen Diskussionsbeiträgen klangen eine Reihe von Nebenmotiven an, die teils wieder aufgenommen wurden, teils aber auch nur einmal Erwähnung fanden. Dazu gehörte unter anderem die Problematik der Enzyklopädie der Wissenschaften *(Hans L. Stoltenberg)*, die Zuordnung einzelner Methoden der sozialwissenschaftlichen Erkenntnis, insbesondere der verstehenden Methode *(Weippert)*, die Frage der Berechtigung von *Poppers* Bemerkungen über die Wandlungen im Verhältnis von Soziologie und Ethnologie *(Wilhelm E. Mühlmann)*. Unter diesen Nebenmotiven war jedoch eines, das so häufig auftauchte und so offenbares Interesse hervorrief, daß man in ihm einen notwendigen Gegenstand der Diskussion innerhalb der deutschen Soziologie vermuten muß; das war das Werturteilsproblem. Eine Reihe von Rednern, darunter die Herren *Hofmann, Mühlmann, Rosenmayr* und *Weippert*, forderten ein neues Durchdenken des Begriffes der Wertfreiheit, also die Wiederaufnahme des Werturteilsstreites der Zeit vor dem ersten Weltkrieg. Die Referenten bezogen sich in ihren Schlußbemerkungen kaum auf diese Forderung. Man konnte den Eindruck gewinnen, daß das Werturteilsproblem weder *Popper* noch *Adorno* so dringlich erschien wie einigen Diskussionsrednern. Insofern dies der Fall war, verfehlten beide Referenten eine für die übrigen Tagungsteilnehmer offenkundig sehr dringliche Frage. Möglicherweise ist sogar eine Erörterung der Ethik der sozialwissenschaftlichen Forschung und Lehre eher geeignet, die gegensätzlichen Grundauffassungen innerhalb der deutschen Soziologie zum Ausdruck zu bringen als die der Logik der Forschung. Wenn sich auch vielleicht die Fronten verkehrt haben, hat doch der Werturteilsstreit auch nach 50 Jahren in der deutschen Soziologie nur wenig von seiner Explosivität eingebüßt.

5

In seiner ersten Diskussionsbemerkung schon charakterisierte *Adorno* das Verhältnis seiner Ausführungen zu denen von *Popper* mit der Bemerkung, es handele sich hier nicht einfach um eine Standpunktdifferenz, vielmehr seien die Gegensätze entscheidbar. Dem Zuhörer dagegen drängte sich im Verlauf der Diskussion in zunehmendem Maße die Frage auf, ob nicht das erstere richtig, das letztere aber falsch sei. Man hat die Positionen der Referenten sicher ganz unzulänglich bezeichnet, wenn man sie für bloße Standpunkte erklärt, die daher Diskussion und Argumentation ausschließen. Andererseits sind die Unterschiede nicht nur im Inhalt, sondern vor allem auch in der Art der Argumentation so eindeutig tiefgehend, daß man bezweifeln muß, ob *Popper* und *Adorno* sich auch nur auf eine Prozedur zu einigen vermöchten, mit deren Hilfe sich ihre Unterschiede entscheiden ließen. Vor allem zum Schluß der Diskussion kamen diese Unterschiede noch einmal sehr deutlich zum Ausdruck. Hier wurde das Verhältnis von Referent und Korreferent nahezu verkehrt, als *Adorno* in Beantwortung einer Frage von *Ludz* die politischen Prinzipien seiner Auffassung der soziologischen Theorie sehr offen und klar fixierte und dadurch *Popper* veranlaßte, seinerseits polemisch und in politischen Kategorien die Grundlagen seiner wissenschaftslogischen Konzeption zu formulieren. Dieser abschließende Disput der Referenten ist hinreichend wichtig, um eine etwas ausführlichere Zitierung zu rechtfertigen.

*Adorno* entgegnete zunächst dem Vorwurf von *Ludz*, er sei in seiner kritischen Theorie der Gesellschaft »hinter *Marx* zurückgegangen«, folgendes: »Die gesellschaftliche Realität hat sich in einer Weise verändert, daß man fast zwangshaft auf den von Marx und Engels so höhnisch kritisierten Standpunkt des Linkshegelianismus zurückgedrängt wird; einfach deshalb nämlich, weil erstens die von Marx und Engels entwickelte Theorie selber eine unterdessen vollkommen dogmatische Gestalt angenommen hat; zweitens, weil in dieser dogmatisierten und stillgestellten Form der Theorie der Gedanke an die Veränderung der Welt selbst zu einer scheußlichen Ideologie geworden ist, die dazu dient, die erbärmlichste Praxis der Unterdrückung der Menschen zu rechtfertigen. Drittens aber – und das ist vielleicht das Allerernsteste –, weil der Gedanke, daß man durch die Theorie und durch das Aussprechen der Theorie unmittelbar die Menschen ergreifen und zu einer Aktion veranlassen kann, doppelt unmöglich geworden ist durch die Verfassung der Menschen, die durch die Theorie bekanntlich dazu in keiner Weise mehr sich veranlassen lassen und durch die Gestalt der Wirklichkeit, die die Möglichkeit solcher Aktionen, wie sie bei Marx noch als am nächsten Tag bevorstehend erschienen sind, ausschließt. Wenn man heute also so tun wollte, als ob man morgen die Welt verändern kann, dann wäre man ein Lügner.«

Popper bezeichnete diese skeptische Haltung als einen »Pessimismus«, der aus der Enttäuschung über das Scheitern allzu weit gespannter utopischer oder revolutionärer Hoffnungen notwendig entspringen müsse. Wer dagegen weniger wolle, wer sich mit kleinen Fortschritten, mit einem Fußgänger-Vorgehen, begnüge, der könne, wie er selbst, »Optimist« sein. »Ich bin ein alter Aufklärer und Liberaler – und zwar ein vorhegelischer.« Popper forderte dementsprechend, wir müßten hinter *Hegel* zurückgehen; denn »Hegel hat den Liberalismus in Deutschland vernichtet«. Der für die Verbesserung der Welt notwendige Dualismus von Seiendem und Seinsollendem sei in der »nachhegelischen Aufklärung« verschwunden; doch läge in ihm eine Grundvoraussetzung der sinnvollen Aktion. »Die Einbildung, daß wir so ungeheuer viel über die Welt wissen, ist das Falsche... Wir wissen nichts, darum müssen wir bescheiden sein; und weil wir bescheiden sind, können wir Optimisten sein.«

Erst an diesem späten Punkt der Diskussion blitzte jener Zusammenhang auf, der bei der Wahl des Themas leitend gewesen war: daß es eine innere Verbindung gibt zwischen bestimmten Vorstellungen von der Aufgabe der Soziologie, bestimmten erkenntnistheoretischen und wissenschaftslogischen Positionen und bestimmten moralischen Prinzipien, die auch politische Relevanz haben. Allerdings kamen auch keineswegs alle in der deutschen Soziologie vertretenen Syndrome von Wissenschaftsauffassung und politischer Position zur Sprache.

6

Daß die Diskussion der Referate von *Popper* und *Adorno* viele Fragen offengelassen hat, ist fast zu trivial, um es auszusprechen. Doch liegt in dieser Feststellung hier ein bestimmter Sinn. Die Tübinger Diskussion hinterließ bei vielen Teilnehmern ein lebhaftes Gefühl der Enttäuschung. Damit stellt sich die Frage, was der Diskussion denn fehlte, um dieses Gefühl hervorzurufen – eine Frage, die dadurch noch verschärft wird, daß die Fruchtbarkeit der Referate ganz außer Zweifel steht. Eine Antwort auf diese Frage ist schon mehrfach angedeutet worden. Entgegen den Erwartungen der Veranstalter erwies das Thema sich nicht als geeignet, jene Kontroversen herauszubringen, die unterschwellig in vielen Diskussionen unter deutschen Soziologen mitschwingen. Ein weiterer Grund der Enttäuschung vieler mag darin zu suchen sein, daß die Diskussion nicht zur Präzisierung allgemeiner wissenschaftslogischer Positionen, also etwa zur detaillierten paradigmatischen Analyse einzelner Theorien oder zur scharfen Bestimmung des Verhältnisses von Theorie und Empirie, von Konstruktion, Analyse und Tatsachenforschung geführt hat. Überhaupt blieb durchgängig der Bezug auf spezifisch soziologische Probleme und vielleicht auch auf die brennenden Fragen der anwesenden Praktiker der Sozialforschung locker, was die intensive Teilnahme an der Diskussion nicht erleichterte. Neben solchen Argumenten wird man indes die Tatsache nicht übersehen dürfen, daß die Bereitschaft zur Diskussion sich auf einzelne Teilnehmer beschränkte und daß daher keineswegs alle Möglichkeiten der fruchtbaren Auseinandersetzung genutzt wurden, die die Referenten in ihren Vorträgen eröffnet hatten.

JÜRGEN HABERMAS

# Analytische Wissenschaftstheorie und Dialektik

## Ein Nachtrag zur Kontroverse zwischen Popper und Adorno

I

»Die gesellschaftliche Totalität führt kein Eigenleben oberhalb des von ihr Zusammengefaßten, aus dem sie selbst besteht. Sie produziert und reproduziert sich durch ihre einzelnen Momente hindurch ... So wenig jenes Ganze vom Leben, von der Kooperation und dem Antagonismus seiner Elemente abzusondern ist, so wenig kann irgendein Element auch bloß in seinem Funktionieren verstanden werden ohne Einsicht in das Ganze, das an der Bewegung des Einzelnen selbst sein Wesen hat. System und Einzelheit sind reziprok und nur in ihrer Reziprozität zu erkennen[1].« Adorno begreift Gesellschaft in Kategorien, die ihre Herkunft aus der Logik Hegels nicht verleugnen. Er begreift Gesellschaft als Totalität in dem streng dialektischen Sinne, der es verbietet, das Ganze organisch aufzufassen nach dem Satze: es sei mehr als die Summe ihrer Teile; ebensowenig aber ist Totalität eine Klasse, die sich umfangslogisch bestimmen ließe durch ein Zusammennehmen aller unter ihr befaßten Elemente. Insofern fällt der dialektische Begriff des Ganzen nicht unter die berechtigte Kritik an den logischen Grundlagen jener Gestalttheorien[2], die auf ihrem Gebiete Untersuchungen nach den formalen Regeln analytischer Kunst überhaupt perhorreszieren; und überschreitet dabei doch die Grenzen formaler Logik, in deren Schattenreich Dialektik selber nicht anders scheinen kann denn als Schimäre.

Damit mögen es die Logiker halten wie immer, Soziologen haben für solche Schimären, die nicht nichts sind, ein treffliches Wort: Ausdrücke, die sich auf die Totalität des gesellschaftlichen Lebenszusammenhanges beziehen, gelten heute bereits als Ideo-

---

1 Th. W. Adorno: Zur Logik der Sozialwissenschaften. S. 127.

2 Vgl. E. Nagel: The Structure of Science. London, 1961. S. 380 ff.

logie. Soweit das Selbstverständnis der Sozialwissenschaften von der analytischen Wissenschaftstheorie bestimmt ist, wittert die vermeintlich radikale Aufklärung in jedem dialektischen Zug ein Stück Mythologie – vielleicht nicht einmal ganz zu Unrecht; denn die dialektische Aufklärung[3], deren Stringenz sich die plane zu entwinden sucht, behält vom Mythos in der Tat eine durch den Positivismus preisgegebene Einsicht fest, die nämlich: daß der von Subjekten veranstaltete Forschungsprozeß dem objektiven Zusammenhang, der erkannt werden soll, durch die Akte des Erkennens hindurch selber zugehört. Diese Einsicht setzt freilich Gesellschaft als Totalität voraus, und Soziologen, die sich aus deren Zusammenhang reflektieren. Gewiß kennen die analytisch-empirisch verfahrenden Sozialwissenschaften auch einen Begriff des Ganzen; ihre Theorien sind Theorien von Systemen, und eine allgemeine Theorie müßte sich auf das gesellschaftliche System im ganzen beziehen. Mit diesem Vorgriff ist das soziale Geschehen als ein funktioneller Zusammenhang von empirischen Regelmäßigkeiten gefaßt; in den sozialwissenschaftlichen Modellen gelten die abgeleiteten Beziehungen zwischen kovarianten Größen insgesamt als Elemente eines interdependenten Zusammenhangs. Gleichwohl ist dieses hypothetisch im deduktiven Zusammenhang mathematischer Funktionen abgebildete Verhältnis des Systems und seiner Elemente strikt abzuheben von dem nur dialektisch zu entfaltenden Verhältnis der Totalität und ihrer Momente. Der Unterschied zwischen System und Totalität im genannten Sinne läßt sich nicht direkt bezeichnen; denn in der Sprache der formalen Logik würde er aufgelöst, in der Sprache der Dialektik aufgehoben werden müssen. Statt dessen wollen wir, gleichsam von außen, an die beiden typischen Formen der Sozialwissenschaft herantreten, deren eine sich auf die Verwendung des funktionalistischen Begriffs von System beschränkt, während die andere auf einem dialektischen Begriff der Totalität besteht. Wir erläutern zunächst beide Typen wechselseitig an vier charakteristischen Unterscheidungen.

1. Im Rahmen einer strikt erfahrungswissenschaftlichen Theorie kann der Begriff des Systems nur formal den interdependen-

---

3 Vgl. Horkheimer und Adorno: Dialektik der Aufklärung. Amsterdam 1947. S. 13 ff.

ten Zusammenhang von Funktionen bezeichnen, die ihrerseits etwa als Beziehungen zwischen Variablen sozialen Verhaltens interpretiert werden. Der Systembegriff selber bleibt dem analysierten Erfahrungsbereich so äußerlich wie die theoretischen Sätze, die ihn explizieren. Die Vorschriften für analytisch-empirische Verfahrensweisen enthalten neben den formallogischen Regeln für den Aufbau eines deduktiven Zusammenhangs hypothetischer Sätze, also erfahrungswissenschaftlich brauchbarer Kalküls, nur die Forderung, die vereinfachten Grundannahmen so zu wählen, daß sie die Ableitung empirisch sinnvoller Gesetzesannahmen gestatten. Gelegentlich heißt es, daß die Theorie ihrem Anwendungsbereich »isomorph« sein müsse; aber schon diese Ausdrucksweise ist irreführend. Wir wissen nämlich grundsätzlich nichts von einer ontologischen Entsprechung zwischen wissenschaftlichen Kategorien und Strukturen der Wirklichkeit. Theorien sind Ordnungsschemata, die wir in einem syntaktisch verbindlichen Rahmen beliebig konstruieren. Sie erweisen sich für einen speziellen Gegenstandsbereich dann als brauchbar, wenn sich ihnen die reale Mannigfaltigkeit fügt. Deshalb kann auch die analytische Wissenschaftstheorie auf dem Programm der Einheitswissenschaft bestehen: ein faktisches Zusammenstimmen der abgeleiteten Gesetzeshypothesen mit empirischen Gleichförmigkeiten ist prinzipiell zufällig und bleibt als solches der Theorie äußerlich. Als unzulässig gilt jede Reflexion, die sich dabei nicht bescheidet.

Dieser Unbescheidenheit macht sich eine dialektische Theorie schuldig. Sie bezweifelt, daß die Wissenschaft in Ansehung der von Menschen hervorgebrachten Welt ebenso indifferent verfahren darf, wie es in den exakten Naturwissenschaften mit Erfolg geschieht. Die Sozialwissenschaften müssen sich vorgängig der Angemessenheit ihrer Kategorien an den Gegenstand versichern, weil Ordnungsschemata, denen sich kovariante Größen nur zufällig fügen, unser Interesse an der Gesellschaft verfehlen. Gewiß gehen die institutionell verdinglichten Beziehungen als ebensoviele empirische Regelmäßigkeiten in die Raster sozialwissenschaftlicher Modelle ein; und gewiß mag uns ein analytisches Erfahrungswissen dieser Art ermächtigen, in Kenntnis isolierter Abhängigkeiten über soziale Größen technisch so zu verfügen wie über Natur. Sobald aber das Erkenntnisinteresse über Naturbeherrschung, und das heißt hier: über die Manipulation naturwüchsiger Bereiche hinauszielt, schlägt die Gleichgültigkeit des Systems gegenüber seinem Anwendungsbereich um in eine Verfälschung des Objekts. Die zugunsten einer allgemeinen Methodologie vernachlässigte Struktur des Gegenstandes verurteilt die Theorie, in die sie nicht eindringen kann, zur Irrelevanz. Im Bereich der Natur hat die Trivialität wahrer Erkenntnisse kein Gewicht; in den Sozialwissenschaften aber gibt es diese Rache des Objekts, wenn das noch im Erkennen befangene Subjekt den Zwängen eben der Sphäre verhaftet bleibt, die es doch analysieren will. Davon macht es sich erst in dem Maße frei, in dem es den gesellschaftlichen Lebenszusammenhang als eine die Forschung selber noch bestimmende Totalität begreift. Zugleich büßt damit die Sozialwissenschaft ihre vermeintliche Freiheit in der Wahl der Kategorien und Modelle ein; sie weiß nun, daß »sie nicht über unqualifizierte Daten verfügt, sondern einzig über solche, die durch den Zusammenhang der gesellschaftlichen Totalität strukturiert sind [4]«.

Die Forderung indessen, daß sich die Theorie in ihrem Aufbau und der Struktur des Begriffs an die Sache anmessen, daß die Sache in der Methode ihrem eigenen Gewicht nach zur Geltung kommen soll, ist, jenseits aller Abbildtheorie, nur dialektisch einzulösen. Erst der wissenschaftliche Apparat erschließt einen Gegenstand, von dessen Struktur ich gleichwohl vorgängig etwas verstanden haben muß, wenn die gewählten Kategorien ihm nicht äußerlich bleiben sollen. Dieser Zirkel ist durch keine aprioristische oder empiristische Unmittelbarkeit des Zugangs zu brechen, sondern nur in Anknüpfung an die natürliche Hermeneutik der sozialen Lebenswelt dialektisch durchzudenken. Anstelle des hypothetisch-deduktiven Zusammenhangs von Sätzen tritt die hermeneutische Explikation von Sinn; statt einer umkehrbar eindeutigen Zuordnung von Symbolen und Bedeutungen gewinnen undeutlich

[4] Th. W. Adorno, a.a.O., S. 126.

vorverstandene Kategorien ihre Bestimmtheit sukzessive mit dem Stellenwert im entwickelten Zusammenhang; Begriffe relationaler Form weichen Begriffen, die Substanz und Funktion in einem auszudrücken fähig sind. Theorien dieses beweglicheren Typs nehmen noch in die subjektive Veranstaltung der wissenschaftlichen Apparatur reflektierend auf, daß sie selbst Moment des objektiven Zusammenhangs bleiben, den sie ihrerseits der Analyse unterwerfen.

2. Mit dem Verhältnis der Theorie zu ihrem Gegenstand verändert sich auch das von Theorie und Erfahrung. Die analytisch-empirischen Verfahrensweisen dulden nur einen Typus von Erfahrung, den sie selbst definieren. Einzig die kontrollierte Beobachtung physischen Verhaltens, die in einem isolierten Feld unter reproduzierbaren Umständen von beliebig austauschbaren Subjekten veranstaltet wird, scheint intersubjektiv gültige Wahrnehmungsurteile zu gestatten. Diese repräsentieren die Erfahrungsbasis, auf der Theorien aufruhen müssen, wenn die deduktiv gewonnenen Hypothesen nicht nur logisch richtig, sondern auch empirisch triftig sein sollen. Erfahrungswissenschaften im strikten Sinne bestehen darauf, daß alle diskutablen Sätze mindestens indirekt durch jene sehr eng kanalisierte Erfahrung kontrolliert werden.

Dagegen sträubt sich eine dialektische Theorie der Gesellschaft. Wenn der formale Aufbau der Theorie, die Struktur der Begriffe, die Wahl der Kategorien und Modelle nicht blindlings den abstrakten Regeln einer allgemeinen Methodologie folgen können, sondern, wie wir gesehen haben, vorgängig an einen präformierten Gegenstand sich anmessen müssen, darf Theorie nicht erst nachträglich mit einer dann freilich restingierten Erfahrung zusammengebracht werden. Die geforderte Kohärenz des theoretischen Ansatzes mit dem gesamtgesellschaftlichen Prozeß, dem die soziologische Forschung selbst zugehört, verweist ebenfalls auf Erfahrung. Aber Einsichten dieser Art stammen in letzter Instanz aus dem Fond einer vorwissenschaftlich akkumulierten Erfahrung, die den Resonanzboden einer lebensgeschichtlich zentrierten sozialen Umwelt, also die vom ganzen Subjekt erworbene Bildung noch nicht als bloß subjektive Elemente ausgeschieden hat[5]. Diese vorgängige Erfahrung der Gesellschaft als Totalität lenkt den Entwurf der Theorie, in der sie sich artikuliert und durch deren Konstruktionen hindurch sie von neuem an Erfahrungen kontrolliert wird. Denn auch auf der Stufe schließlich, auf der sich Empirie als veranstaltete Beobachtung vom Gedanken ganz getrennt hat und ihm, der sich zu hypothetisch notwendigen Sätzen zusammengezogen hat, von außen wie eine fremde Instanz entgegentritt, muß sich Einstimmigkeit herstellen lassen; auch eine dialektische Theorie darf einer noch so restringierten Erfahrung nicht widerstreiten. Andrerseits ist sie nicht verpflichtet, auf alle Gedanken, die sich dieser Kontrolle entziehen, zu verzichten. Nicht alle ihre Theoreme lassen sich in die formale Sprache eines hypothetisch-deduktiven Zusammenhangs übersetzen; nicht alle sind bruchlos durch empirische Befunde einzulösen – am wenigsten die zentralen: »Kein Experiment wohl könnte die Abhängigkeit eines jeglichen sozialen Phänomens von der Totalität bündig dartun, weil das Ganze, das die greifbaren Phänomene präformiert, selbst niemals in partikulare Versuchsanordnungen eingeht. Dennoch ist eine Abhängigkeit des sozial zu Beobachtenden von der Gesamtstruktur real gültiger als irgendwelche am Einzelnen unwiderleglich verifizierbaren Befunde, und alles eher denn bloßes Gedankengespinst[6].«

Der funktionalistische Begriff des Systems, den analytische Sozialwissenschaften voraussetzen, kann seinem eigenen operationellen Sinne nach gar nicht als solcher empirisch bestätigt oder widerlegt werden; noch so bewährte und noch so viele Gesetzeshypothesen könnten den Beweis nicht führen, daß die Struktur der Gesellschaft selber den funktionellen Zusammenhang erfüllt, der analytisch als Rahmen möglicher Kovarianzen notwendig vorausgesetzt wird. Hingegen verlangt der dialektische Begriff der Gesellschaft als Totalität, daß analy-

---

[5] Im Anschluß an Diltheys und Husserls Begriff der »Lebenswelt« rettet Alfred Schütz einen positivistisch noch nicht beschnittenen Begriff von Erfahrung für die Methodologie der Sozialwissenschaften, in: Collected Papers. Den Haag 1962. Teil 1. S. 4 ff.

[6] Th. W. Adorno, a.a.O., S. 133 f.

tische Werkzeuge und gesellschaftliche Strukturen wie Zahnräder ineinandergreifen. Der hermeneutische Vorgriff auf Totalität muß sich mehr als nur instrumentell bewähren, er muß sich im Gang der Explikation als richtig erweisen – eben als ein der Sache selber angemessener Begriff, während sich einem vorausgesetzten Raster die Mannigfaltigkeit der Erscheinungen bestenfalls fügt. Auf der Folie dieses Anspruchs wird erst die Verschiebung der Gewichte im Verhältnis von Theorie und Empirie deutlich: einerseits müssen sich im Rahmen dialektischer Theorie selbst die kategorialen Mittel, die sonst bloß analytische Geltung beanspruchen, in der Erfahrung ausweisen; andererseits wird aber diese Erfahrung nicht mit kontrollierter Beobachtung identifiziert, so daß ein Gedanke, auch ohne der strengen Falsifikation wenigstens indirekt fähig zu sein, wissenschaftliche Legitimation behalten kann.

3. Das Verhältnis von Theorie und Erfahrung bestimmt auch das von Theorie und Geschichte. Die analytisch-empirischen Verfahrensweisen bemühen sich um die Überprüfung von Gesetzeshypothesen stets in gleicher Weise, ob es sich nun um historisches Material oder um Erscheinungen der Natur handelt. In beiden Fällen muß eine Wissenschaft, die auf diesen Titel in striktem Sinne Anspruch erhebt, generalisierend verfahren; und die gesetzmäßigen Abhängigkeiten, die sie fixiert, sind ihrer logischen Form nach grundsätzlich gleich. Aus der Prozedur, mit der die Triftigkeit von Gesetzeshypothesen an der Erfahrung kontrolliert wird, ergibt sich schon die spezifische Leistung erfahrungswissenschaftlicher Theorien: sie gestatten bedingte Voraussagen gegenständlicher oder vergegenständlichter Prozesse. Da wir eine Theorie dadurch überprüfen, daß wir die vorausgesagten Ereignisse mit den tatsächlich beobachteten vergleichen, erlaubt uns eine empirisch ausreichend überprüfte Theorie auf Grund ihrer allgemeinen Sätze, eben der Gesetze, und mit Hilfe von Randbedingungen, die einen vorliegenden Fall bestimmen, diesen Fall unter das Gesetz zu subsumieren und für die gegebene Lage eine Prognose zu stellen. Die von den Randbedingungen beschriebene Situation pflegt man dann Ursache, das vorausgesagte Ereignis

Wirkung zu nennen. Wenn wir uns einer Theorie in dieser Weise zur Vorhersage eines Ereignisses bedienen, dann heißt das, daß wir dieses Ereignis »erklären« können. Bedingte Prognose und kausale Erklärung sind verschiedene Ausdrücke für die gleiche Leistung der theoretischen Wissenschaften.

Auch die historischen Wissenschaften bemessen sich, der analytischen Wissenschaftstheorie zufolge, in den gleichen Kriterien; freilich kombinieren sie die logischen Mittel für ein anderes Erkenntnisinteresse. Ihr Ziel ist nicht die Ableitung und Bestätigung universeller Gesetze, sondern die Erklärung individueller Ereignisse. Dabei unterstellen die Historiker eine Menge trivialer Gesetze, meist psychologische oder soziologische Erfahrungsregeln, um von einem gegebenen Ereignis auf eine hypothetische Ursache zu schließen. Die logische Form der kausalen Erklärung ist allemal die gleiche; aber die Hypothesen, um deren empirische Überprüfung es geht, beziehen sich in den generalisierenden Wissenschaften auf deduktiv gewonnene Gesetze bei beliebig gegebenen Randbedingungen, in den historischen Wissenschaften auf diese Randbedingungen selber, die bei pragmatisch vorausgesetzten Regeln der Alltagserfahrung als Ursache eines bezeugten individuellen Ereignisses interessieren[7]. Bei der Analyse bestimmter Ursachen einzelner Ereignisse mögen Gesetze, auf die man sich stillschweigend stützt, als solche problematisch werden; sobald dann das Interesse der Untersuchung von den hypothetisch singulären Sätzen, die spezifische Ereignisse erklären sollen, abschwenkt und sich auf die hypothetisch-generellen Sätze, etwa auf die bis dahin als trivial einfach unterstellten Gesetze sozialen Verhaltens überhaupt richtet, wird der Historiker zum Soziologen; die Analyse gehört dann in den Bereich einer theoretischen Wissenschaft. Popper zieht daraus die Konsequenz, daß die Überprüfung von Gesetzeshypothesen nicht zum Geschäft der historischen Wissenschaften gehört. Empirische Gleichförmigkeiten, die in Form allgemeiner Sätze über die funktionelle Abhängigkeit kovarianter Größen ausgedrückt werden, gehören einer anderen Dimension an als die

---

[7] Vgl. K. Popper: Die offene Gesellschaft und ihre Feinde. Bd. II. Bern 1958. S. 232 ff.

konkreten Randbedingungen, die sich als Ursache bestimmter historischer Ereignisse auffassen lassen. So etwas wie historische Gesetze kann es demnach überhaupt nicht geben. Die in den historischen Wissenschaften verwendbaren Gesetze haben den gleichen Status wie alle übrigen Naturgesetze.

Demgegenüber behauptet eine dialektische Theorie der Gesellschaft die Abhängigkeit der Einzelerscheinungen von der Totalität; die restriktive Verwendung des Gesetzesbegriffs muß sie ablehnen. Über die partikularen Abhängigkeitsverhältnisse historisch neutraler Größen hinaus zielt ihre Analyse auf einen objektiven Zusammenhang, der auch die Richtung der historischen Entwicklung mit bestimmt. Dabei handelt es sich freilich nicht um jene sogenannten dynamischen Gesetzmäßigkeiten, die strikte Erfahrungswissenschaften an Ablaufmodellen entwickeln. Die historischen Bewegungsgesetze beanspruchen eine zugleich umfassendere und eingeschränktere Geltung. Weil sie vom spezifischen Zusammenhang einer Epoche, einer Situation nicht abstrahieren, gelten sie keineswegs generell. Sie beziehen sich nicht auf die anthropologisch durchgehaltenen Strukturen, auf geschichtlich Konstantes; sondern auf einen jeweils konkreten Anwendungsbereich, der in der Dimension eines im ganzen einmaligen und in seinen Stadien unumkehrbaren Entwicklungsprozesses, also schon in Kenntnis der Sache selbst und nicht bloß analytisch, definiert ist. Andrerseits ist der Geltungsbereich dialektischer Gesetze auch umfangreicher, gerade weil sie nicht die ubiquitären Beziehungen einzelner Funktionen und isolierter Zusammenhänge erfassen, sondern solche fundamentalen Abhängigkeitsverhältnisse, von denen eine soziale Lebenswelt, eine epochale Lage im ganzen, eben als eine Totalität bestimmt und in allen ihren Momenten durchwirkt ist: »Die Allgemeinheit der sozialwissenschaftlichen Gesetze ist überhaupt nicht die eines begrifflichen Umfangs, dem die Einzelstücke bruchlos sich einfügen, sondern bezieht sich stets und wesentlich auf das Verhältnis von Allgemeinem und Besonderem in seiner historischen Konkretion.«[8]

8 Th. W. Adorno: Soziologie und empirische Forschung. S. 91.

Historische Gesetzmäßigkeiten dieses Typs bezeichnen Bewegungen, die sich, vermittelt durch das Bewußtsein der handelnden Subjekte, tendenziell durchsetzen. Gleichzeitig nehmen sie für sich in Anspruch, den objektiven Sinn eines historischen Lebenszusammenhangs auszusprechen. Insofern verfährt eine dialektische Theorie der Gesellschaft hermeneutisch. Für sie ist das Sinnverständnis, dem die analytisch-empirischen Theorien bloß einen heuristischen Wert beimessen[9], konstitutiv. Sie gewinnt ja ihre Kategorien zunächst aus dem Situationsbewußtsein der handelnden Individuen selber; im objektiven Geist einer sozialen Lebenswelt artikuliert sich der Sinn, an den die soziologische Deutung anknüpft, und zwar identifizierend und kritisch zugleich. Dialektisches Denken scheidet die Dogmatik der gelebten Situation nicht einfach durch Formalisierung aus, freilich überholt es den subjektiv vermeinten Sinn gleichsam im Gang durch die geltenden Traditionen hindurch und bricht ihn auf. Denn die Abhängigkeit dieser Ideen und Interpretationen von den Interessenanlagen eines objektiven Zusammenhangs der gesellschaftlichen Reproduktion verbietet es, bei einer subjektiv sinnverstehenden Hermeneutik zu verharren; eine objektiv sinnverstehende Theorie muß auch von jenem Moment der Verdinglichung Rechenschaft geben, das die objektivierenden Verfahren ausschließlich im Auge haben.

Wie Dialektik dem Objektivismus, unter dem die gesellschaftlichen Verhältnisse geschichtlich handelnder Menschen als die gesetzmäßigen Beziehungen zwischen Dingen analysiert werden, entgeht, so erwehrt sie sich auch der Gefahr der Ideologisierung, die solange besteht, als Hermeneutik die Verhältnisse naiv an dem allein mißt, wofür sie sich subjektiv halten. Die Theorie wird diesen Sinn festhalten, aber nur, um ihn hinter dem Rücken der Subjekte und der Institutionen an dem zu messen, was sie wirklich sind. Dadurch erschließt sie sich die geschichtliche Totalität eines sozialen Zusammenhangs,

---

[9] Vgl. W. Stegmüller: Hauptströmungen der Gegenwartsphilosophie. Stuttgart 1960. S. 450; Th. Gomperz: Über Sinn und Sinngebilde, Erklären und Verstehen. Tübingen 1929.

dessen Begriff noch den subjektiv sinnlosen Zwang der auf die Individuen naturwüchsig zurückschlagenden Verhältnisse als die Fragmente eines objektiven Sinnzusammenhangs entschlüsselt – und dadurch kritisiert: die Theorie »muß die Begriffe, die sie gleichsam von außen mitbringt, umsetzen in jene, welche die Sache von sich selber hat, in das, was die Sache von sich aus sein möchte, und es konfrontieren mit dem, was sie ist. Sie muß die Starrheit des hier und heute fixierten Gegenstandes auflösen in ein Spannungsfeld des Möglichen und des Wirklichen ... Darum aber sind aus ihr abgeleitete Hypothesen, Voraussagen von regelhaft zu Erwartendem ihr nicht voll adäquat [10].« Indem die dialektische Betrachtungsweise die verstehende Methode derart mit den vergegenständlichenden Prozeduren kausalanalytischer Wissenschaft verbindet und beide in wechselseitig sich überbietender Kritik zu ihrem Rechte kommen läßt, hebt sie die Trennung von Theorie und Geschichte auf: nach dem Diktum der einen Seite hätte sich Historie theorielos bei der Erklärung spezifischer Ereignisse zu bescheiden, der hermeneutischen Ehrenrettung zufolge bei einer kontemplativen Vergegenwärtigung vergangener Sinnhorizonte. Damit objektiv sinnverstehend die Geschichte selbst theoretisch durchdrungen werden kann, muß sich, wenn anders die geschichtsphilosophische Hypostasierung eines solchen Sinnes vermieden werden soll, Historie zur Zukunft hin öffnen. Gesellschaft enthüllt sich in den Tendenzen ihrer geschichtlichen Entwicklung, also in den Gesetzen ihrer historischen Bewegung erst von dem her, was sie nicht ist: »Jeder Strukturbegriff der gegenwärtigen Gesellschaftsordnung setzt voraus, daß ein bestimmter Wille, diese Sozialstruktur künftig umzubilden, ihr diese oder jene Entwicklungsrichtung zu geben, als geschichtlich gültig (d. i. wirksam) gesetzt oder anerkannt werde. Selbstverständlich ist und bleibt es etwas anderes, ob diese Zukunft praktisch gewollt, in ihrer Richtung tatsächlich gearbeitet, etwa Politik getrieben – oder ob sie als konstitutives Element der Theorie, als Hypothesis, verwendet

[10] a.a.O. S. 206.

wird[11].« Nur derart in praktischer Absicht können die Sozialwissenschaften historisch und systematisch zugleich verfahren, wobei freilich diese Absicht aus demselben objektiven Zusammenhang, dessen Analyse sie erst ermöglicht, auch ihrerseits reflektiert werden muß: diese Legitimation unterscheidet sie gerade von den subjektiv willkürlichen »Wertbeziehungen« Max Webers.

4. Mit dem Verhältnis der Theorie zur Geschichte verändert sich das der Wissenschaft zur Praxis. Eine Historie, die sich strikt erfahrungswissenschaftlich auf die kausale Erklärung individueller Ereignisse beschränkt, hat unmittelbar nur retrospektiven Wert; Erkenntnisse dieses Typs eignen sich nicht zu einer lebenspraktischen Anwendung. In diesem Betracht relevant ist vielmehr die Kenntnis empirisch bewährter Gesetzeshypothesen; sie gestatten bedingte Prognosen und können deshalb in technische Empfehlungen für eine zweckrationale Mittelwahl übersetzt werden, wenn nur die Zwecke praktisch vorgegeben sind. Die technische Umsetzung naturwissenschaftlicher Prognosen beruht auf diesem logischen Verhältnis. Entsprechend lassen sich auch aus sozialwissenschaftlichen Gesetzen Techniken für den Bereich der gesellschaftlichen Praxis entwickeln, eben Sozialtechniken, mit deren Hilfe wir uns gesellschaftliche Prozesse wie Naturprozesse verfügbar machen können. Eine analytisch-empirisch verfahrende Soziologie kann deshalb als Hilfswissenschaft für rationale Verwaltung beansprucht werden. Freilich lassen sich bedingte und damit technisch brauchbare Voraussagen nur aus Theorien gewinnen, die sich auf isolierbare Felder und stationäre Zusammenhänge mit wiederkehrenden oder doch wiederholbaren Abläufen beziehen. Gesellschaftliche Systeme stehen aber in historischen Lebenszusammenhängen, sie gehören nicht zu den repetetiven Systemen, für die erfahrungswissenschaftlich triftige Aussagen möglich sind. Entsprechend beschränkt sich der Radius der Sozialtechniken auf partielle Beziehungen zwischen isolierbaren Größen; komplexere Zusammenhänge von hochgradiger Interdependenz entziehen sich den wissenschaftlich kon-

---

11 H. Freyer: Soziologie als Wirklichkeitswissenschaft. Leipzig, Berlin 1930 S. 304.

trollierten Eingriffen, und erst recht gesellschaftliche Systeme im ganzen.

Wenn wir uns gleichwohl von den zerstreuten und vereinzelten Techniken Hilfe für eine planmäßige politische Praxis etwa in dem Sinne versprechen, in dem Mannheim sie für eine Reorganisation der Gesellschaft, Popper gar für die Realisierung eines Sinnes in der Geschichte einsetzen wollte, ist auch nach positivistischen Maßstäben eine Gesamtanalyse unentbehrlich [12]. Diese hätte aus historischen Zusammenhängen die Perspektive eines der Gesamtgesellschaft als Subjekt zurechenbaren Handelns zu entfalten, innerhalb deren praktisch bedeutsame Zweckmittelrelationen und mögliche Sozialtechniken uns erst bewußt werden können. Für diesen heuristischen Zweck sind denn auch, nach Popper, allgemeine Interpretationen großer geschichtlicher Entwicklungen zulässig. Sie führen nicht zu Theorien, die im strengen Sinne empirisch überprüfbar wären, weil derselbe Gesichtspunkt, der die Interpretation im Hinblick auf relevante Gegenwartsprobleme leitet, weithin auch die Auswahl der zur Bestätigung herangezogenen Fakten bestimmt. Aber wir lassen solche Interpretationen wie Scheinwerfer über unsere Vergangenheit streifen in der Erwartung, durch seinen Widerschein die relevanten Ausschnitte der Gegenwart so zu erhellen, daß sich partielle Beziehungen unter praktischen Gesichtspunkten erkennen lassen. Die Sozialtechniken selbst stützen sich auf generelle, gegenüber geschichtlicher Entwicklung neutrale Gesetzmäßigkeiten, aber sie formieren sich im Rahmen einer heuristisch fruchtbaren historischen Gesamtansicht, die in letzter Instanz willkürlich gewählt ist. Der gesellschaftliche Zusammenhang, in den wir sozialtechnisch eingreifen, hält sich so streng in der Dimension eines von Sollen getrennten Seins, wie umgekehrt der Gesichtspunkt unserer Interpretation und der Entwurf der Praxis in der Dimension eines vom Sein getrennten Sollen. Das Verhältnis der Wissenschaft zur Praxis beruht ebenso wie das der Theorie zur Geschichte auf der strikten Unterscheidung von Tatsachen und Entschlüssen: die Geschichte hat

[12] Vgl. Popper, a.a.O., Bd. II, S. 328 ff.

sowenig einen Sinn wie Natur, aber wir können einen Sinn kraft Dezision setzen und energisch versuchen, ihn in der Geschichte mit Hilfe wissenschaftlicher Sozialtechniken nach und nach durchzusetzen.

Demgegenüber kann eine dialektische Theorie der Gesellschaft auf die Diskrepanz hinweisen, die zwischen praktischen Fragen und der Bewältigung technischer Aufgaben klafft, ganz zu schweigen von der Ralisierung eines Sinnes, der, weit über die Naturbeherrschung einer noch so gekonnten Manipulation verdinglichter Beziehung hinaus, die Struktur eines gesellschaftlichen Lebenszusammenhanges im ganzen beträfe, nämlich dessen Emanzipation forderte. Von dieser Totalität und ihrer geschichtlichen Bewegung selber werden die realen Widersprüche produziert und reaktiv die Deutungen hervorgerufen, welche den Einsatz von Sozialtechniken auf scheinbar frei gewählte Ziele hin orientieren. Erst in dem Maße, in dem die praktischen Absichten unserer historischen Gesamtanalyse, in dem also die dirigierenden Gesichtspunkte jener von Popper großzügig konzedierten ›allgemeinen Interpretation‹ aus der puren Willkür entlassen und ihrerseits dialektisch aus dem objektiven Zusammenhang legitimiert werden können, dürfen wir wissenschaftliche Orientierung im praktischen Handeln überhaupt erwarten. Wir können Geschichte nur in dem Verhältnis machen, in dem sie uns als machbare entgegenkommt. Insofern gehört es zu den Vorzügen, aber auch den Verpflichtungen einer kritischen Sozialwissenschaft, daß sie sich ihre Probleme von ihrem Gegenstand selbst stellen läßt: »man würde die Wissenschaft fetischisieren, trennte man ihre immanenten Probleme radikal ab von den realen, die in ihren Formalismen blaß widerscheinen [13]«. Dieser Satz Adornos ist die dialektische Antwort auf das Postulat der analytischen Wissenschaftstheorie: die erkenntnisleitenden Interessen unerbittlich darauf zu prüfen, ob sie wissenschaftsimmanent oder bloß lebenspraktisch motiviert sind [14].

---

13 Th. W. Adorno: Zur Logik der Sozialwissenschaften a.a.O., S. 129.

14 Vgl. K. Popper: Zur Logik der Sozialwissenschaften. S. 113 f.

So führt die Diskussion des Verhältnisses von Wissenschaft und Praxis notwendig zu der fünften und letzten Frage, an der sich das Selbstverständnis der beiden Typen von Sozialwissenschaft scheidet: zum Problem der sogenannten Wertfreiheit historischer und theoretischer Forschung.

Diese Frage möchte ich indessen nicht, wie die vorangehenden, bloß deskriptiv behandeln. Bei einer topologischen Bestimmung von wissenschaftstheoretischen Standpunkten kann eine systematische Untersuchung es nicht bewenden lassen. Weil beide Parteien grundsätzlich den gleichen rationalistischen Anspruch auf eine kritische und selbstkritische Erkenntnisweise stellen, muß sich entscheiden lassen: ob Dialektik die Grenzen nachprüfbarer Reflexion überschreitet und für einen um so gefährlicheren Obskurantismus den Namen der Vernunft bloß usurpiert [15] – wie es der Positivismus behauptet; oder ob umgekehrt der Kodex strenger Erfahrungswissenschaften eine weitergehende Rationalisierung willkürlich stillstellt und die Stärke der Reflexion im Namen pünktlicher Distinktion und handfester Empirie zu Sanktionen gegen Denken selber verkehrt. Für diese Behauptung trägt Dialektik die Beweislast, denn sie verharrt nicht wie der Positivismus in schlichter Negation, sondern knüpft zunächst affirmativ an das im Wissenschaftsbetrieb institutionalisierte Verstandesdenken an: sie muß die analytisch-empirischen Verfahrensweisen an deren eigenem Anspruch immanent kritisieren. Freilich macht die Reduktion auf methodologische Betrachtung, macht also die methodische Eliminierung des Sachhaltigen, mit der ein logischer Absolutismus seine Geltung begründet, Schwierigkeiten; Dialektik kann ihre eigene Geltung nicht innerhalb einer Dimension legitimieren, über die sie a limine hinaus ist – sie kann überhaupt nicht in der Weise von Prinzipien ausgewiesen werden, ihr Beweis wäre einzig die ausgeführte Theorie selber. Gleichwohl ist dialektisches Denken, solange es sich ernstnimmt, verpflichtet, die Auseinandersetzung in der von der Gegenpartei bestimmten Dimension aufzunehmen: von deren eigenen Positionen ausgehend muß es immerhin den er-

---

[15] Vgl. K. Popper: What is Dialectic? In: Mind 49 (1940), S. 403 ff.

fahrungswissenschaftlichen Rationalismus nach den anerkannten Maßstäben der partiellen Vernunft zu der Einsicht nötigen können, daß die verbindliche Reflexion über ihn selbst als eine Form unvollständiger Rationalisierung hinausdrängt.

2

Das Postulat der sogenannten Wertfreiheit stützt sich auf eine These, die man, Popper folgend, als Dualismus von Tatsachen und Entscheidungen formulieren kann. Die These läßt sich durch eine Unterscheidung von Gesetzestypen erläutern. Auf der einen Seite gibt es die empirischen Regelmäßigkeiten in der Sphäre natürlicher und geschichtlicher Erscheinungen, also Naturgesetze; auf der anderen Seite Regeln menschlichen Verhaltens, also soziale Normen. Während sich die naturgesetzlich fixierten Invarianzen der Erscheinungen im Prinzip ohne Ausnahme und unabhängig vom Einfluß handelnder Subjekte durchhalten, werden soziale Normen gesetzt und unter Androhung von Sanktionen durchgesetzt: sie gelten nur vermittelt durch das Bewußtsein und die Anerkennung der Subjekte, die ihr Handeln danach richten. Positivisten unterstellen nun, daß die Bereiche jedes der beiden Gesetzestypen autonom sind; entsprechend beanspruchen auch die Urteile, in denen wir Gesetze des einen oder anderen Typs erkennen bzw. anerkennen, eine voneinander unabhängige Basis. Hypothesen, die sich auf Naturgesetze beziehen, sind Feststellungen, die empirisch zutreffen oder nicht. Aussagen hingegen, mit denen wir soziale Normen annehmen oder verwerfen, gutheißen oder ablehnen, sind Feststellungen, die empirisch weder wahr noch falsch sein können. Jene Urteile beruhen auf Erkenntnis, diese auf Entscheidung. Sowenig nun, wie vorausgesetzt, der Sinn sozialer Normen von faktischen Naturgesetzen, oder diese gar von jenem abhängen, so wenig kann der normative Gehalt von Werturteilen aus dem deskriptiven Gehalt von Tatsachenfeststellungen oder gar der deskriptive umgekehrt aus dem normativen abgeleitet werden. Die Sphären des Seins und des Sollens sind in diesem Modell strikt geschieden, Sätze einer deskriptiven

Sprache lassen sich nicht in eine präskriptive übersetzen[16]. Dem Dualismus von Tatsachen und Entscheidungen entspricht wissenschaftslogisch die Trennung von Erkennen und Werten und methodologisch die Forderung, den Bereich erfahrungswissenschaftlicher Analysen auf die empirischen Gleichförmigkeiten in natürlichen und gesellschaftlichen Prozessen zu beschränken. Praktische Fragen, die sich auf den Sinn von Normen beziehen, sind wissenschaftlich unentscheidbar; Werturteile können legitimerweise niemals die Form theoretischer Aussagen annehmen oder mit ihnen in einen logisch zwingenden Zusammenhang gebracht werden. Erfahrungswissenschaftliche Prognosen über eine in der Regel zu erwartende Kovarianz bestimmter empirischer Größen gestatten bei gegebenen Zwecken eine Rationalisierung der Mittelwahl. Die Zwecksetzung selbst hingegen beruht auf einer Annahme von Normen und bleibt wissenschaftlich unkontrollierbar. Solche praktischen Fragen dürfen mit theoretisch-technischen Fragen, also mit wissenschaftlichen Fragen, die sich auf Tatsächliches beziehen: auf die Triftigkeit von Gesetzeshypothesen und auf gegebene Zweckmittelrelationen, nicht verquickt werden. Aus diesem Postulat der Wertfreiheit zieht Wittgensteins klassischer Satz die Konsequenz: »Wir fühlen, daß selbst wenn alle möglichen wissenschaftlichen Fragen beantwortet sind, unsere Lebensprobleme noch gar nicht berührt sind[17].«

Der Dualismus von Tatsachen und Entscheidungen nötigt zu einer Reduktion zulässiger Erkenntnis auf strikte Erfahrungswissenschaften und damit zu einer Eliminierung von Fragen der Lebenspraxis aus dem Horizont der Wissenschaften überhaupt. Die positivistisch bereinigte Grenze zwischen Erkennen und Werten bezeichnet freilich weniger ein Resultat als ein Problem. Denn des abgeschiedenen Bereichs der Werte, Normen und Entscheidungen bemächtigen sich nun die philosophischen Deutungen eben auf der Basis einer mit der reduzierten Wissenschaft geteilten Arbeit von neuem.

Die *objektive Wertethik* macht daraus sogleich ein der Sinneserfahrung transzendentes Reich idealen Seins (Scheler, Hart-

---

16 Vgl. R. M. Hare: The Language of Morals. Oxford 1952.

17 Ludwig Wittgenstein: Tractatus logico-philosophicus 6, 52.

mann). Zu Dingen einer eigentümlichen ontologischen Dignität verselbständigt, sollen die Wertqualitäten in einer Art intuitiver Erkenntnis erfaßt werden können. Die *subjektive Wertphilosophie* ist sich der vom realen Lebenszusammenhang abgespaltenen und hypostasierten Sinnbezüge schon nicht mehr so sicher. Auch sie reklamiert die Existenz von Wertordnungen (Max Weber) und Glaubensmächten (Jaspers) in einer der Geschichte enthobenen Sphäre. Aber die wissenschaftlich kontrollierte Erkenntnis wird nicht durch eine intuitive schlicht ergänzt; der philosophische Glaube, der zwischen purer Entscheidung und rationaler Erfassung in der Mitte bleibt, muß sich einer der konkurrierenden Ordnungen verschreiben, ohne doch deren Pluralismus aufheben und den dogmatischen Kern, aus dem er selber lebt, ganz auflösen zu können. Die verantwortliche, obgleich prinzipiell unentscheidbare Polemik zwischen Philosophen, den intellektuell redlichen und existentiell verpflichteten Repräsentanten geistiger Mächte, ist in diesem Bereich praktischer Fragen die überhaupt rationalste Form der Auseinandersetzung. – Schließlich scheut sich der *Dezisionismus* nicht länger, Normen ganz und gar auf Entscheidungen zurückzuführen. In der sprachanalytischen Form einer nicht-kognitiven Ethik ist die dezisionistische Ergänzung zu einer positivistisch beschränkten Wissenschaft selber noch positivistisch konzipiert (R. M. Hare). Sobald man bestimmte fundamentale Werturteile als Axiome setzt, läßt sich jeweils ein deduktiver Zusammenhang von Aussagen zwingend analysieren; dabei sind freilich jene Prinzipien ebensowenig wie die den Naturgesetzen entgegengesetzten Normen einer irgend rationalen Erfassung zugänglich: ihre Annahme beruht einzig auf Entscheidung. Solche Dezisionen mögen dann in einem existentialistisch-persönlichen Sinne (Sartre), in einem öffentlich politischen Sinne (Carl Schmitt), oder aus anthropologischen Voraussetzungen institutionalistisch (Gehlen) gedeutet werden, die These bleibt dieselbe: daß lebenspraktisch relevante Entscheidungen, ob sie nun in der Annahme von Prinzipien, in der Wahl eines lebensgeschichtlichen Entwurfs oder in der Wahl eines Feindes bestehen, durch wissenschaftliche Kalkulation niemals ersetzt oder auch nur rationalisiert werden können. – Wenn aber die praktischen, aus der erfahrungswissenschaftlich reduzierten Erkenntnis eliminierten Fragen derart aus der Verfügungsgewalt rationaler Erörterungen überhaupt entlassen; wenn Entscheidungen in Fragen der Lebenspraxis von jeder nur irgend auf Rationalität verpflichteten Instanz losgesprochen werden müssen, dann nimmt auch der letzte, ein verzweifelter Versuch nicht wunder: durch Rückkehr in die geschlossene Welt der mythischen Bilder und Mächte eine sozial verbindliche Vorentscheidung praktischer Fragen institutionell zu sichern (Walter Bröcker). Diese Ergänzung des Positivismus durch *Mythologie* entbehrt, wie Horkheimer und Adorno nachgewiesen haben [18], nicht eines logischen Zwangs, dessen abgründige Ironie nur Dialektik zum Gelächter befreien könnte.

Redliche Positivisten, denen solche Perspektiven das Lachen verschlagen, behelfen sich mit dem Programm einer »offenen Gesellschaft«. Auch sie müssen freilich auf der wissenschaftslogisch strikt gezogenen Grenze zwischen Erkennen und Werten bestehen; auch sie identifizieren erfahrungswissenschaftliche Erkenntnis nach Regeln einer allgemeinverbindlichen Methodologie mit Wissenschaft schlechthin; auch sie nehmen deshalb die residuale Bestimmung des Denkens, das darüber hinausgreift, hin und fragen nicht: ob vielleicht die Monopolisierung aller möglichen Erkenntnis durch eine spezifische Form der Erkenntnis erst die Norm schafft, an der gemessen alles, was sich ihr nicht fügt, die Fetischgestalt des Wertens, Entscheidens oder Glaubens annimmt. Wenn sie aber gleichwohl vor der unausgesprochenen Metaphysik objektiver Wertethik und subjektiver Wertphilosophie so zurückschrecken wie vor der erklärten Irrationalität von Dezisionismus und gar Remythisierung, dann bleibt nur der Ausweg, den Popper in der Tat beschritten hat, nämlich: den Rationalismus wenigstens als Glaubensbekenntnis zu retten.

Nachdem der Positivismus Vernunft bloß in ihrer partikularisierten Gestalt (als ein Vermögen der korrekten Handhabung formallogischer und methodologischer Regeln) wahrhaben darf, kann er die Relevanz des Erkennens für eine vernünftige Praxis

---

18 Horkheimer und Adorno: Dialektik der Aufklärung, a.a.O. S. 22; vgl. zu Bröcker meine Rezension: Der befremdliche Mythos – Reduktion oder Evokation. In: Philosophische Rundschau 6 (1958), S. 215 ff.

nur noch durch einen »Glauben an die Vernunft« proklamieren. Dabei besteht das Problem »nicht in der Wahl zwischen Wissen und Glauben, sondern nur in der Wahl zwischen zwei Glaubensarten [19]«. Wenn wissenschaftliches Erkennen jedes Sinnbezuges auf Praxis entbehrt und umgekehrt jeder normative Gehalt von Einsichten in den realen Lebenszusammenhang unabhängig ist, wie es undialektisch vorausgesetzt wird, muß das Dilemma zugestanden werden: Ich kann niemanden zwingen, seine Annahmen stets auf Argumente und Erfahrungen zu stützen; und mit Hilfe solcher Argumente und Erfahrungen kann ich niemandem beweisen, daß ich selbst mich so verhalten müsse; »das heißt, daß man zuerst eine rationalistische Einstellung (durch Dezision) annehmen muß, und daß erst dann Argumente oder Erfahrungen Beachtung finden werden; woraus folgt, daß jene Einstellung nicht selbst auf Argumente und Erfahrungen gegründet werden kann [20]«. Diese rationalistische Einstellung wirkt sich in der Praxis in dem Maße aus, in dem sie das moralische und politische Handeln Einzelner und schließlich der Gesellschaft im ganzen bestimmt. Vor allem verpflichtet sie uns auf ein sozialtechnisch korrektes Verhalten. Im gesellschaftlichen Leben entdecken wir wie in der Natur empirische Gleichförmigkeiten, die in wissenschaftlichen Gesetzen formuliert werden können. Wir handeln rational, soweit wir gesellschaftliche Normen und Institutionen in Kenntnis dieser Naturgesetze einrichten und unsere Maßnahmen nach den technischen Empfehlungen treffen, die sich aus ihnen ergeben. Gerade die problematische Trennung von Naturgesetzen und Normen, der Dualismus von Tatsachen und Entscheidungen mit der Annahme, daß Geschichte so wenig einen Sinn haben kann wie Natur, erscheint somit als die Voraussetzung für die praktische Wirksamkeit eines entschieden angenommenen Rationalismus, nämlich dafür: daß wir in der Dimension der geschichtlichen Tatsachen kraft Dezision und vermöge unserer theoretischen Kenntnis faktischer Naturgesetze sozialtechnisch einen der Geschichte von Haus aus fremden Sinn realisieren.

---

19 Popper, a.a.O., Bd. II, S. 304.

20 a.a.O. S. 284.

Poppers Versuch, den wissenschaftslogischen Rationalismus vor den irrationalistischen Folgen seiner notgedrungen dezisionistischen Begründung zu bewahren, Poppers rationalistisches Glaubensbekenntnis zu einer wissenschaftlich angeleiteten politischen Praxis geht freilich von der fragwürdigen Voraussetzung aus, die er mit Dewey's »Quest for Certainty«, mit dem Pragmatismus insgesamt teilt: daß die Menschen im Maße der Verwendung von Sozialtechniken ihr eigenes Geschick rational lenken können. Wir werden untersuchen, ob diese Voraussetzung stimmt: besteht ein Kontinuum der Rationalität zwischen der Fähigkeit technischer Verfügung über vergegenständlichte Prozesse einerseits und einer praktischen Beherrschung geschichtlicher Prozesse andererseits – der Geschichte, die wir »machen«, ohne sie bisher mit Bewußtsein machen zu können? Es ist die Frage, ob rationale Verwaltung der Welt mit der Lösung der historisch gestellten praktischen Fragen zusammenfällt. Vorher soll freilich eine andere, die fundamentale Voraussetzung überprüft werden, auf der die Problematik im ganzen ruht; nämlich jene strikte Trennung von Naturgesetzen und Normen, auf die sich der Dualismus von Tatsachen und Entscheidungen beruft. Gewiß hat die Naturrechtskritik nachgewiesen, daß soziale Normen nicht unmittelbar in Natur, in dem, was ist, gegründet sind oder begründet werden können [21]. Entzieht das aber den normativen Sinn einer rationalen Erörterung des konkreten Lebenszusammenhanges, aus dem er hervorgegangen ist und auf den er, sei es ideologisch zurückfällt, sei es kritisch zurückwirkt? Und umgekehrt stellt sich die Frage erst recht: ist denn Erkenntnis, und nicht nur die, die im emphatischen Sinn auf den Begriff einer Sache zielt, statt bloß auf deren Existenz; ist denn die positivistisch auf Erfahrungswissenschaft reduzierte Erkenntnis im Ernst losgelöst von jeder normativen Bindung?

---

[21] Vgl. E. Topitsch: Vom Ursprung und Ende der Metaphysik. Wien 1958.

Wir untersuchen diese Frage im Zusammenhang mit Poppers Vorschlägen zur Lösung des sogenannten Basisproblems [22]. Dieses Problem stellt sich bei der wissenschaftslogischen Analyse der möglichen empirischen Überprüfung von Theorien. Logisch richtige Hypothesen erweisen erst ihre empirische Triftigkeit, wenn sie mit der Erfahrung konfrontiert werden. Genaugenommen können aber theoretische Sätze nicht durch eine wie immer objektivierte Erfahrung unmittelbar geprüft werden, sondern wiederum nur durch andere Sätze. Erlebnisse oder Wahrnehmungen sind aber keine Sätze, sie können allenfalls in Beobachtungssätzen ausgedrückt werden. Solche Protokollsätze hat man darum als die Grundlage betrachtet, auf der die Entscheidung über die Triftigkeit von Hypothesen getroffen werden kann. Gerade Popper hat gegen diese Auffassung Carnaps und Neuraths eingewandt, daß die Unklarheit im Verhältnis von Theorie und Erfahrung damit nur verschoben ist und in dem ebenso problematischen Verhältnis der Protokollsätze zu den protokollierten Erlebnissen wiederkehrt. Wenn wir uns nämlich auf die historisch überholte Voraussetzung des alten Sensualismus, daß uns elementare Sinnesdaten intuitiv und unvermittelt evident gegeben sind, nicht verlassen, gibt auch die protokollierte sinnliche Gewißheit keine logisch befriedigende Basis für die Triftigkeit erfahrungswissenschaftlicher Theorien.

Eine alternative Lösung bietet Popper im Zusammenhang seiner allgemeinen Theorie der Falsifikation an [21]. Bekanntlich führt er den Nachweis, daß Gesetzeshypothesen überhaupt nicht verifiziert werden können. Diese Hypothesen haben die Gestalt unbeschränkter Allsätze mit einer unbegrenzten Zahl prinzipiell möglicher Anwendungsfälle, während ja die Reihe der Beobachtungen, mit deren Hilfe wir jeweils an *einem* Fall die Hypothese überprüfen, ebenso prinzipiell endlich ist. Ein induktiver Beweis ist daher unmöglich. Gesetzeshypothesen lassen sich allenfalls indirekt dadurch bestätigen, daß sie möglichst vielen Versuchen der

---

[22] Vgl. K. R. Popper: The Logic of Scientific Discovery. London 1959. S. 93 ff.

[23] Vgl. a.a.O. S. 78 ff.

Falsifikation standhalten. Scheitern kann eine Theorie an singulären Existenzbehauptungen, die der in eine negative Voraussage umformulierten Gesetzeshypothese widersprechen. Solchen Basissätzen, die ein Beobachtungsresultat ausdrücken, kann indessen eine intersubjektive Anerkennung nicht erzwungen werden. Sie selbst sind nämlich einer Verifikation ebensowenig zugänglich wie die Gesetzeshypothesen, zu deren empirischer Prüfung sie dienen sollen – und zwar aus analogen Gründen. In jedem Basissatz werden unvermeidlich universelle Ausdrücke verwendet, die im Hinblick auf Verifikation den gleichen Status haben wie hypothetische Annahmen. Die schlichte Feststellung, daß hier ein Glas Wasser steht, könnte durch keine endliche Reihe von Beobachtungen bewiesen werden, weil der Sinn solcher allgemeinen Ausdrücke wie »Glas« oder »Wasser« aus Annahmen über ein gesetzmäßiges Verhalten von Körpern besteht. Auch Basissätze überschreiten jede mögliche Erfahrung, weil ihre Ausdrücke Gesetzeshypothesen unausdrücklich implizieren, die ja ihrerseits der prinzipiell unbegrenzten Zahl ihrer Anwendungsfälle wegen nicht verifiziert werden können. Popper erläutert diese These mit dem Hinweis, daß alle universellen Ausdrücke entweder Dispositionsbegriffe sind oder doch darauf zurückgeführt werden können. Noch in den elementaren Ausdrücken der schlichtesten Protokollsätze entdecken wir die implizierten Annahmen über ein gesetzmäßiges Verhalten von beobachtbaren Gegenständen, sobald wir uns mögliche Prüfungsverfahren, also Testsituationen überlegen, die ausreichen würden, im Zweifelsfalle die Bedeutung der verwendeten universellen Ausdrücke zu klären [24].

Nicht zufällig führt Popper die logischen Bedenken gegen die naive Ausffassung, als seien Basissätze unmittelbar durch intuitive sinnliche Gewißheit einzulösen, bis zu dem Punkt, an dem die pragmatischen Bedenken eines Charles Sander Peirce einst eingesetzt hatten [25]. Auf seine Weise wiederholt Peirce Hegels Kritik an der sinnlichen Gewißheit. Freilich hebt er die Illusion

---

24 Vgl. a.a.O. S. 420 ff.

25 Vgl. Ch. S. Peirce: Collected Papers. Ed. Hartshorne u. Weiss. Cambridge 1960. Bd. V; dort vor allem die Abhandlungen Questions Concerning Certain Faculties Claimed for Man; Fixation of Belief; und How to Make our Ideas Clear.

nackter Tatsachen und bloßer Empfindungen nicht im Erfahrungsprozeß einer Phänomenologie des Geistes dialektisch auf, noch begnügt er sich, wie nach ihm eine andere Phänomenologie, damit, die Wahrnehmungsurteile in den zugehörigen Horizont vorprädikativer Erfahrungen zurückzustellen [26]. Jenes, bereits zu Formen der Apperzeption abgelagerte vorsystematische Erfahrungswissen, in das jede aktuelle Wahrnehmung von vornherein eingeschmolzen wird, also das Netz von hypothetisch Vorverstandenem und antizipiert Mitgemeintem, in dem selbst einfachste Empfindungen immer schon eingefangen sind, bringt Peirce in Zusammenhang mit der Stabilisierung eines erfolgskontrollierten Verhaltens. Der hypothetische Überschuß über den je besonderen Gehalt eines aktuell Wahrgenommenen, der logisch in den universellen Ausdrücken der Erfahrungsprotokolle zu seinem Recht kommt, bezieht sich implizit auf ein regelmäßig zu erwartendes Verhalten. Ja, sofern das Wahrgenommene überhaupt einen deutlichen Sinn hat, kann diese Bedeutung nur als Inbegriff von Verhaltensgewohnheiten, die an ihm sich bewähren, aufgefaßt werden: for what a thing means is simply what habits it involves. Der Allgemeinheitsgrad deskriptiven Gehalts von Wahrnehmungsurteilen schießt weit über die Besonderheit des jeweils Wahrgenommenen hypothetisch hinaus, weil wir immer schon unter dem selektiven Zwang zur Stabilisierung von Handlungserfolgen Erfahrungen gemacht und Bedeutungen artikuliert haben.

Gegen eine positivistische Lösung des Basisproblems insistiert Popper auf der Einsicht, daß die Beobachtungssätze, die sich zur Falsifikation von Gesetzesannahmen eignen, nicht empirisch zwingend gerechtfertigt werden können; statt dessen muß in jedem Fall ein Beschluß gefaßt werden, ob die Annahme eines Basissatzes durch Erfahrung ausreichend motiviert ist. Im Forschungsprozeß müssen alle Beobachter, die an Versuchen der Falsifikation bestimmter Theorien beteiligt sind, über relevante Beobachtungssätze zu einem vorläufigen und jederzeit widerrufbaren Konsensus gelangen: diese Einigung beruht in letzter Instanz auf einem Entschluß, sie kann weder logisch noch empirisch

---

[26] Vgl. E. Husserl: Erfahrung und Urteil. Hamburg 1948.

erzwungen werden. Auch der Grenzfall ist einkalkuliert: wenn es eines Tages unmöglich sein sollte, daß die Beteiligten überhaupt noch zu einer solchen Einigung gelangen können, dann wäre das gleichbedeutend mit dem Versagen der Sprache als eines Mittels allgemeiner Verständigung.

Poppers »Lösung« führt zu gewiß unbeabsichtigten Konsequenzen. Sie bestätigt nämlich wider Willen, daß die empirische Geltung von Basissätzen, und damit die Triftigkeit von Theorien, keineswegs in einem wissenschaftlich geklärten Kontext, etwa in einem Handlungszusammenhang entschieden wird, der seinerseits theoretisch geklärt oder auch nur erklärbar wäre. Vielmehr diskutieren Wissenschaftler darüber, ob sie einen Basissatz annehmen, das heißt aber: ob sie eine korrekt abgeleitete Gesetzeshypothese auf einen bestimmten experimentell festgestellten Sachverhalt anwenden wollen oder nicht. Popper vergleicht diesen Prozeß mit der Rechtsprechung, wobei die angelsächsische Prozeßordnung besonders anschaulich ist. Durch eine Art Beschluß einigen sich die Richter darauf, welche Darstellung des faktischen Vorgangs sie gelten lassen wollen. Das entspricht der Annahme eines Basissatzes. Er erlaubt zusammen mit dem System strafrechtlicher Normen (bzw. erfahrungswissenschaftlicher Hypothesen) gewisse zwingende Deduktionen und den Urteilsspruch. Uns interessiert freilich die Parallele nur im Hinblick auf einen Zirkel, der bei der Anwendung von wissenschaftlichen Gesetzeshypothesen auf beobachtete Sachverhalte offenbar genauso wenig zu vermeiden ist wie bei der Anwendung rechtlicher Gesetzesnormen auf ermittelte Vorgänge. Hier wie dort wäre es unmöglich, das Gesetzessystem anzuwenden, wenn man sich nicht zuvor auf eine Tatsachenfeststellung geeinigt hätte; jedoch muß diese Feststellung ihrerseits in einem Verfahren erreicht werden, das dem Gesetzessystem entspricht und infolgedessen es schon anwendet[27]. Man kann generelle Regeln nicht anwenden, wenn nicht zuvor über Tatsachen, die sich darunter subsumieren lassen, befunden ist; andererseits können diese Tatsachen nicht vor einer Anwendung jener Regeln als relevante Fälle festgestellt werden. Der bei der Applikation von Regeln unvermeidliche

[27] Vgl. Popper a.a.O. S. 110.

Zirkel[28] ist ein Indiz für die Einbettung des Forschungsprozesses in einen Zusammenhang, der selbst nicht mehr analytisch-empirisch, sondern nur noch hermeneutisch expliziert werden kann. Die Postulate strikten Erkennens verschweigen freilich das nicht-explizierte Vorverständnis, das sie doch voraussetzen; darin rächt sich die Ablösung der Methodologie vom realen Forschungsprozeß und dessen gesellschaftlichen Funktionen.

Forschung ist eine Institution zusammen handelnder und miteinander sprechender Menschen; als solche bestimmt sie durch die Kommunikation der Forscher hindurch das, was theoretisch Geltung beanspruchen kann. Die Forderung kontrollierter Beobachtung als Basis für Entscheidungen über die empirische Triftigkeit von Gesetzeshypothesen setzt bereits ein Vorverständnis bestimmter sozialer Normen voraus. Es genügt ja nicht, das spezifische Ziel einer Untersuchung und die Relevanz einer Beobachtung für bestimmte Annahmen zu kennen; vielmehr muß der Sinn des Forschungsprozesses im ganzen verstanden sein, damit ich wissen kann, worauf sich die empirische Geltung von Basissätzen überhaupt bezieht – so wie der Richter immer schon den Sinn der Judikatur als solcher begriffen haben muß. Die quaestio facti muß im Hinblick auf eine gegebene, das heißt in ihrem immanenten Anspruch verstandene quaestio iuris entschieden werden. Sie ist im Gerichtsverfahren jedermann gegenwärtig: hier geht es um die Frage eines Verstoßes gegen positiv gesetzte und staatlich sanktionierte allgemeine Verbotsnormen. Entsprechend bemißt sich die empirische Geltung von Basissätzen an einer sozial normierten Verhaltenserwartung. Wie lautet aber die quaestio iuris im Forschungsprozeß und woran bemißt sich die empirische Geltung von Basissätzen hier? Einen Hinweis gibt die pragmatistische Deutung des Forschungsprozesses.

Wie läßt sich die von Popper beharrlich ignorierte Tatsache erklären, daß wir über die Geltung eines Basissatzes normalerweise gar nicht im Zweifel sind; nicht im Zweifel, daß sich die in seinen universellen Ausdrücken implizierten Annahmen über ein gesetzmäßiges Verhalten von Körpern in allen künftigen Testsituationen auch bestätigen würden? Der Regreß einer im Prinzip unend-

---

[28] Vgl. H. G. Gadamer: Wahrheit und Methode. Tübingen 1960. S. 292 ff.

lichen Reihe von Basissätzen, von denen jeder weitere die im vorangegangenen Satz implizierten Annahmen bestätigen müßte, ist zwar eine logisch begründete Möglichkeit. Im Forschungsprozeß würde sie aber doch erst aktuell, wenn der Reihe nach diese Annahmen auch tatsächlich problematisiert würden. Bis dahin haben sie nämlich keineswegs die Unsicherheit von Hypothesen, sondern sind als unproblematische Überzeugungen und pragmatisch bewährte Vorstellungen gewiß. Der theoretische Boden einer undiskutierten Verhaltenssicherheit ist aus den Planken solcher latenten Überzeugungen (der »beliefs«, von denen die Pragmatisten ausgehen) gezimmert. Auf diesem universellen Glaubensboden werden jeweils *einzelne* der vorwissenschaftlich fixierten Überzeugungen problematisch und erst dann in ihrer bloß hypothetischen Geltung erkennbar, wenn die daran geknüpfte Gewohnheit im aktuellen Fall den erwarteten Erfolg nicht mehr garantiert.

Die gestörte Stabilität des pragmatisch eingespielten Verhaltens zwingt zu einer Modifikation der leitenden »Überzeugung«, die jetzt als Annahme formuliert und einem Test unterzogen werden kann. Dessen Bedingungen ahmen im Prinzip die Bedingungen der Glaubwürdigkeit nichtproblematisierter Überzeugungen nach: Bedingungen des Leistungserfolgs handelnder Menschen, die durch gesellschaftliche Arbeit ihr Leben erhalten und erleichtern. In letzter Instanz ist deshalb die empirische Geltung von Basissätzen, damit die Triftigkeit von Gesetzeshypothesen und erfahrungswissenschaftlichen Theorien im ganzen, auf Kriterien einer Art Handlungserfolg bezogen, der sich in dem von Anbeginn intersubjektiven Zusammenhang arbeitender Gruppen sozial eingespielt hat. Hier bildet sich das von der analytischen Wissenschaftstheorie verschwiegene hermeneutische Vorverständnis, das erst die Applikation von Regeln bei der Annahme von Basissätzen ermöglicht. Das sogenannte Basisproblem stellt sich gar nicht erst, wenn wir den Forschungsprozeß als Teil eines umfassenden Prozesses gesellschaftlich institutionalisierter Handlungen auffassen, durch den soziale Gruppen ihr von Natur aus prekäres Leben erhalten. Denn empirische Geltung zieht nun der Basissatz nicht mehr allein aus Motiven einer Einzelbeobachtung, sondern aus der vorgängigen Integration einzelner Wahrnehmungen in den Hof unproblematischer und auf breiter Basis bewährter Überzeugungen; das geschieht unter experimentellen Bedingungen, die als solche eine im System gesellschaftlicher Arbeit naturwüchsig eingebaute Kontrolle von Handlungserfolgen imitieren. Wenn aber derart die empirische Geltung von experimentell überprüften Gesetzeshypothesen aus Zusammenhängen des Arbeitsprozesses hervorgeht, muß es sich die strikt erfahrungswissenschaftliche Erkenntnis gefallen lassen, aus demselben Lebensbezug zum Handlungstypus der Arbeit, der konkreten Verfügung über Natur, interpretiert zu werden.

Die technischen Empfehlungen für eine rationalisierte Mittelwahl bei gegebenen Zwecken lassen sich aus wissenschaftlichen Theorien nicht etwa nachträglich und wie zufällig ableiten: diese geben vielmehr von vornherein Informationen für Regeln technischer Verfügung nach Art der im Arbeitsprozeß ausgebildeten Verfügung über Materie. Poppers »Entscheidung« über die Annahme oder Verwerfung von Basissätzen wird aus dem gleichen hermeneutischen Vorverständnis getroffen, das die Selbstregulierung des Systems gesellschaftlicher Arbeit leitet: auch die am Arbeitsprozeß Beteiligten müssen sich über die Kriterien von Erfolg und Mißerfolg einer technischen Regel einig sein. An spezifischen Aufgaben kann diese sich bewähren oder scheitern; die Aufgaben aber, an denen sich ihre Geltung empirisch entscheidet, haben ihrerseits eine allenfalls soziale Verbindlichkeit. Die Erfolgskontrolle technischer Regeln bemißt sich an den mit dem System gesellschaftlicher Arbeit gesetzten, und das heißt sozial verbindlich gemachten Aufgaben, an Normen, über deren Sinn ein Konsensus bestehen muß, wenn Urteile über Erfolg und Mißerfolg intersubjekt gelten sollen. Der an analytisch-empirische Vorschriften gebundene Forschungsprozeß kann hinter diesen Lebensbezug nicht zurück; er ist stets hermeneutisch vorausgesetzt.

Im Gerichtsprozeß bemißt sich die empirische Geltung von Basissätzen vorgängig am Sinn sozial definierter Verhaltenserwartungen, im Forschungsprozeß am Sinn des sozial definierten Leistungserfolgs. In beiden Fällen handelt es sich um Systeme gesellschaftlich gesetzter Normen, aber mit dem folgenreichen Unterschied, daß der Sinn von Arbeit innerhalb einer großen historischen Variationsbreite verhältnismäßig konstant zu sein scheint, während sich mit Epochen und gesellschaftlichen Strukturen nicht nur die Rechtssysteme wie die Produktionsweisen verändern, sondern auch der Sinn von Recht als solcher – mit anderen sozialen Normen verhält es sich ebenso. Das praktische Interesse an der Verfügbarmachung gegenständlicher Prozesse zeichnet sich offensichtlich vor allen übrigen Interessen der Lebenspraxis aus: das Interesse an der Lebenserhaltung durch gesellschaftliche Arbeit unter dem Zwang natürlicher Umstände scheint in den bisherigen Entwicklungsstadien der menschlichen Gattung so gut wie konstant gewesen zu sein. Deshalb ist ein Konsensus über den Sinn von technischer Verfügung diesseits historischer und kultureller Schwellen ohne prinzipielle Schwierigkeit zu erreichen; die intersubjektive Geltung erfahrungswissenschaftlicher Aussagen, die sich nach Kriterien dieses Vorverständnisses richtet, ist deshalb gesichert. Ja, die hochgradige Intersubjektivität dieses Typs von Aussagen hat rückwirkend zur Folge, daß das zugrundeliegende Interesse, dessen geschichts- und umweltneutraler Konstanz es sich verdankt, selber gleichsam in Vergessenheit gerät. Das selbstverständlich gewordene Interesse tritt, nicht mehr thematisiert, in den Hintergrund, so daß es, erst einmal im Erkenntnisansatz methodisch investiert, subjektiv aus dem Bewußtsein der am Forschungsprozeß Beteiligten absinkt.

So kann sich denn der Schein reiner Theorie auch noch im Selbstverständnis der modernen Erfahrungswissenschaften erhalten. In der klassischen Philosophie von Plato bis Hegel ist die theoretische Einstellung als eine auf dem Bedürfnis der Bedürfnislosigkeit ruhende Kontemplation begriffen worden. In Fortsetzung dieser Tradition beharrt noch die analytische Wissenschaftstheorie auf derselben Einstellung: gleichviel, aus welchen Lebenszusammenhängen der Forschungsprozeß geschichtlich hervorgeht, im Hinblick auf die Geltung der erfahrungswissenschaftlichen Aussagen soll er von allen Lebensbezügen emanzipiert, der Praxis nicht minder enthoben sein, wie es die Griechen für alle wahre Theorie behauptet hatten. Eben auf deren klassischen Voraussetzungen wird ein Postulat gegründet, das allerdings den Klassikern befremdlich gewesen wäre: die Forderung der Wertfreiheit. In der Tat wäre es gefährdet, wenn den modernen Wissenschaften auf dem Wege immanenter Kritik ein Zusammenhang mit dem System gesellschaftlicher Arbeit nachgewiesen wird, der durch die innersten Strukturen der Theorie selbst hindurchgeht und bestimmt: was empirisch Geltung haben soll.

Die geschichtliche Situation, in der während des siebzehnten Jahrhunderts mit der neuen Physik die Erfahrungswissenschaft im strikten Sinne entsteht, ist der Struktur von Erfahrungswissenschaft überhaupt keineswegs äußerlich; verlangt sie doch, daß der theoretische Entwurf und der Sinn empirischer Geltung aus einer technischen Einstellung geschöpft werden: fortan sollte aus der Perspektive und dem Interessenhorizont des Arbeitenden geforscht und erkannt werden. Bis dahin waren die Rollen der Theorie und der Reproduktion des materiellen Lebens sozial streng getrennt; die Monopolisierung des Erkennens durch Mußeklassen unangefochten gewesen. Erst im Rahmen der modernen bürgerlichen Gesellschaft, die den Erwerb des Eigentums durch Arbeit legitimiert, kann Wissenschaft aus dem Erfahrungsbereich des Handwerks Impulse empfangen, Forschung allmählich dem Prozeß der gesellschaftlichen Arbeit integriert werden.

Die Mechanik des Galilei und seiner Zeitgenossen zerlegt die Natur im Hinblick auf eine Form der technischen Verfügung, die im Rahmen der neuen Manufakturen sich eben entwickelt hatte: sie war ihrerseits abhängig von der rationalen Zerlegung des handwerklichen Arbeitsprozesses in elementare Verrichtungen. Das Naturgeschehen mechanistisch in Analogie zu Arbeitsvorgängen des manufakturell organisierten Betriebs aufzufassen, hieß: die Erkenntnis auf das Bedürfnis technischer Regeln einstellen [29]. Daß sich der lebenspraktische Bezug des Erkennens auf Arbeit im Rahmen eines mechanistischen Weltbildes damals, zur Zeit der sogenannten Manufakturperiode herstellte; daß es seitdem eine spezifische Form der Erkenntnis zur universellen und, im herrschenden positivistischen Selbstverständnis der Wissenschaften, zur exklusiven Anerkennung gebracht hat, hängt freilich historisch mit einer anderen Entwicklungstendenz der modernen bürgerlichen Gesellschaft zusammen.

---

[29] Vgl. Franz Borkenau: Der Übergang vom bürgerlichen zum feudalen Weltbild. Paris 1934. bes. S. 1-15.

In dem Maße, in dem die Tauschbeziehungen auch den Arbeitsprozeß ergreifen und die Produktionsweise vom Markt abhängig machen, werden die in der Welt einer sozialen Gruppe konstitutiven Lebensbezüge, die konkreten Beziehungen der Menschen zu den Dingen und der Menschen untereinander, auseinandergerissen. In einem Prozeß der Verdinglichung wird das, was die Dinge in einer konkreten Lage für uns sind, und was die Menschen in einer bestimmten Situation für uns bedeuten, zu einem Ansich hypostasiert, welches sodann den scheinbar neutralisierten Gegenständen als sozusagen anhängende Qualität eines »Wertes« zugeschrieben werden kann. Die Wertfreiheit des erfahrungswissenschaftlich Objektivierten ist ebenso ein Produkt dieser Verdinglichung wie die vom Lebenszusammenhang abstrahierten Werte selber. Wie einerseits in den Tauschwerten die wirklich investierte Arbeitskraft und der mögliche Genuß des Konsumenten verschwindet, so wird andererseits an den Gegenständen, die übrigbleiben, wenn ihnen die Haut subjektivierter Wertqualitäten abgestreift ist, die Mannigfaltigkeit der sozialen Lebensbezüge und der erkenntnisleitenden Interessen abgeblendet. Um so leichter kann sich die ausschließende Herrschaft *des* Interesses unbewußt durchsetzen, das komplementär zum Verwertungsprozeß die Welt der Natur und der Gesellschaft in den Arbeitsprozeß einbezieht und in Produktivkräfte verwandelt.

Dieses praktische Erkenntnisinteresse an der Verfügung über gegenständliche Prozesse läßt sich soweit formalisieren, daß es im Erkenntnisansatz der empirischen Wissenschaften *als* ein praktisches verschwindet. Aus dem Handlungszusammenhang gesellschaftlicher Arbeit wird das Verhältnis zwischen abstrakten Eingriffen und dem regelmäßig zu erwartenden Verhalten isolierter Größen gelöst und als solches relevant; noch die Relevanz eines Bedürfnisses technischer Regeln wird schließlich in einem Kanon von Vorschriften unkenntlich, der das instrumentelle Verhältnis von Eingriff und Reaktion des technischen Sinnes einer Verwendbarkeit für praktische Zwecke überhaupt entkleidet. Vor sich selbst will es der Forschungsprozeß am Ende nur noch mit funktionellen Zusammenhängen kovarianter Größen zu tun haben, mit Naturgesetzen, angesichts deren unsere spontanen Leistungen sich darauf zu beschränken haben, daß wir sie, uninteressiert und der Lebenspraxis ganz enthoben, eben in theoretischer Einstellung »erkennen«. Der Ausschließlichkeitsanspruch strikter Erkenntnis mediatisiert alle übrigen erkenntnisleitenden Interessen zugunsten eines einzigen, dessen sie sich nicht einmal bewußt ist.

Das Postulat der Wertfreiheit bezeugt, daß die analytisch-empirischen Verfahren sich des Lebensbezugs, in dem sie selber objektiv stehen, nicht vergewissern können. Innerhalb eines umgangssprachlich fixierten und in sozialen Normen ausgestanzten Lebensbezuges erfahren und beurteilen wir Dinge wie Menschen im Hinblick auf einen spezifischen Sinn, in dem der deskriptive und der normative Gehalt ungeschieden ebensoviel über die Subjekte aussagt, die darin leben, wie über die erfahrenen Objekte selber: »Werte« konstituieren sich dialektisch in der Beziehung zwischen beiden. Sobald sie aber als eine verselbständigte Qualität von den scheinbar neutralisierten Dingen abgezogen und, sei es zu idealen Gegenständen objektiviert, sei es zu Reaktionsformen subjektiviert werden, sind die Kategorien der Lebenswelt nicht sowohl aufgesprengt als vielmehr hintergangen. Diese gewinnen dadurch erst Gewalt über eine Theorie, die der Praxis anheimfällt, weil sie im Schein der Autonomie eines in Wahrheit unauflöslichen Zusammenhangs spottet. Keine Theorie, die dessen inne ist, wird ihren Gegenstand begreifen können ohne gleichzeitig den Gesichtspunkt zu reflektieren, unter dem er seinem immanenten Anspruch nach etwas gilt: »Was man nachträglich als Wert sanktionierte, verhält sich nicht äußerlich zur Sache ..., sondern ist ihr immanent[30]«.


4


Wertneutralität hat mit theoretischer Einstellung im klassischen Sinne nichts zu tun; sie entspricht im Gegenteil einer Objektivität der Geltung von Aussagen, die durch Beschränkung auf ein technisches Erkenntnisinteresse ermöglicht – und erkauft wird. Diese Beschränkung hebt nicht etwa die normative Bindung des

---

30 Th. W. Adorno: Zur Logik der Sozialwissenschaften, a.a.O., S. 138.

Forschungsprozesses an Motive der Lebenspraxis auf; sie bringt vielmehr ein bestimmtes Motiv gegenüber anderen undiskutiert zur Herrschaft. Wie sehr das auch aus dem wissenschaftstheoretischen Selbstverständnis verdrängt sein mag, es ergeben sich spätestens bei der Umsetzung sozialwissenschaftlicher Ergebnisse in die Praxis Schwierigkeiten, die einzig von daher rühren. Darauf hat Gunnar Myrdal hingewiesen [31].

Seit Max Weber scheint auch für den Bereich der Sozialwissenschaften geklärt zu sein, was auf pragmatischem Wege im Verhältnis von Naturwissenschaften und Technik längst geklärt worden war: wissenschaftliche Prognosen lassen sich in technische Empfehlungen umsetzen. Diese Empfehlungen unterscheiden zwischen einer gegebenen Ausgangssituation, alternativen Mitteln und hypothetischen Zwecken; alle sogenannten Werturteile sind nur an das dritte Glied dieser Kette geheftet, während die Wenn-Dann-Beziehungen als solche wertfrei untersucht werden können. Diese Übertragung setzt freilich voraus: daß sich in der gesellschaftlichen Praxis ebenso wie in der technischen Verfügung über Natur stets Zweck-Mittel-Relationen absondern lassen, in denen die Wertneutralität der Mittel und die Wertindifferenz der Nebenfolgen garantiert sind, in denen also nur mit Zwecken ein »Wert« verknüpft ist, so daß diese Zwecke nicht ihrerseits als neutralisierte Mittel zu anderen Zwecken betrachtet werden dürfen. In Bereichen der Lebenspraxis, für die sozialwissenschaftliche Analysen beansprucht werden, ist indessen normalerweise keine der drei Bedingungen erfüllt. Wenn in konkreter Lage praktische Entscheidungen begründet werden sollen, müssen technische Empfehlungen im Hinblick auf komplexe Lebensbezüge erst einmal interpretiert werden; diese Interpretation hat nämlich zu berücksichtigen, was jene Empfehlungen ignorieren: daß zunächst isolierte Zwecke und Nebenfolgen womöglich im Verhältnis zu anderen Zwecken ebenso als Mittel betrachtet werden,

---

31 Vgl. Gunnar Myrdal: Ends and Means in Political Economy. In: Value in Theory. London 1958; zum ganzen vgl. auch Max Horkheimer: Eclipse of Reason. New York 1947, bes. Kap. I; deutsch: Zur Kritik der instrumentellen Vernunft, Fischer, Frankfurt 1967, S. 15 ff.

wie die zunächst neutralisierten Mittel in anderer Hinsicht auch einen relativen Selbstzweck gewinnen können.

Gewiß muß jeder sozialtechnische Eingriff, muß jede technische Empfehlung, an die er sich hält, jede strikt wissenschaftliche Prognose, die ihm zugrundeliegt, Mittel für isolierte Zwecke mit isolierbaren Nebenfolgen als wertneutral *ansetzen*; Isolierung und Neutralisierung sind zu analytischen Zwecken unvermeidlich. Aber die Struktur des Gegenstandes, die soziale Lebenswelt selber erzwingt zugleich den Vorbehalt: daß sich praktische Fragen durch Angabe einer technischen Regel nicht zureichend lösen lassen, sondern einer Interpretation bedürfen, die jene Abstraktion mit Rücksicht auf die lebenspraktischen Folgen wieder rückgängig macht. Bei solchen Interpretationen zeigt sich nämlich, daß die Zweck-Mittel-Relationen, die in der technischen Verfügung über Natur unproblematisch sind, in Ansehung der Gesellschaft sofort problematisch werden. Bedingungen, die Situationen des Handelns definieren, verhalten sich wie die Momente einer Totalität, die nicht dichotomisch in Totes und Lebendiges, in Tatsachen und Werte, in wertfreie Mittel und wertbesetzte Zwecke aufgespalten werden können, ohne sie als solche zu verfehlen. Hier gelangt vielmehr Hegels Dialektik von Zweck und Mittel zu ihrem Recht: weil der gesellschaftliche Kontext buchstäblich ein *Lebens*zusammenhang ist, in dem das unscheinbarste Teilchen so lebendig, und das heißt gleichermaßen verletzbar ist wie das Ganze, wohnt den Mitteln ebenso Zweckmäßigkeit für *bestimmte* Zwecke inne wie den Zwecken selbst eine Entsprechung zu *bestimmten* Mitteln. Praktische Fragen können daher nicht zureichend mit einer zweckrationalen Wahl wertneutraler Mittel beantwortet werden. Praktische Fragen verlangen theoretische Anleitung: wie eine Situation in die andere überführt werden kann; sie verlangen (nach einem Vorschlag von Paul Streeten) Programme und nicht nur Prognosen. Programme empfehlen Strategien zur Herbeiführung unproblematischer Situationen, nämlich jeweils den, zu analytischen Zwecken gewiß zerlegbaren, aber praktisch unauflöslichen Zusammenhang einer bestimmten Konstellation von Mitteln, Zwecken und Nebenfolgen.

Myrdals Kritik an Webers Zweck-Mittel-Schema weist nach, daß mit den strikten Verfahrensweisen der wertfreien Sozialwissenschaften ein technisches Erkenntnisinteresse zum Zuge kommt, welches der Lebenspraxis unangemessen bleibt und eine programmatische Deutung der einzelnen Prognosen zusätzlich verlangt. Darüberhinaus zeigt sich aber auch, wie sich unter der ausschließlichen Geltung dieses Wissenschaftstyps die konkurrierenden Erkenntnisinteressen, scheinbar mediatisiert, *auf dem Rücken* des allein zugelassenen Interesses (an der Verfügung über vergegenständlichte Prozesse) durchsetzen. Es stellt sich nämlich heraus, daß die praktische Umsetzung technischer Empfehlungen jenes kontrollierten Schrittes einer zusätzlichen Interpretation, wie er gefordert wäre, tatsächlich gar nicht bedarf; aber nicht etwa, weil die Diskrepanz von technischen Empfehlungen und praktischen Lösungen nun doch nicht bestünde, sondern einzig weil die sozialwissenschaftlichen Theorien, aus denen die Prognosen abgeleitet sind, ihrem Selbstverständnis zum Trotz den strikten Forderungen der Wertneutralität nicht einmal genügen. Sie sind vielmehr im Ansatz schon von einem für einen bestimmten Kreis praktischer Fragen relevanten Vorverständnis geleitet. Dieses dirigierende Sinnverständnis ist maßgeblich für die Wahl der theoretischen Grundsätze und der für die Modelle grundlegenden Annahmen. Auf hoher Abstraktionsstufe wird die große Mehrheit überhaupt möglicher funktioneller Zusammenhänge und entsprechend vielfältiger Programme methodisch ausgeschlossen – und zwar mit Recht als irrelevant ausgeschlossen unter den aktuell leitenden, freilich nicht als solchen reflektierten programmatischen Gesichtspunkten. Die Analyse selbst entfaltet sich formal allgemeingültig und führt zu wertneutralen Prognosen; nur folgen diese Prognosen aus Analysen innerhalb eines Bezugsrahmens, der als solcher schon aus einem programmatischen Vorverständnis hervorgeht und daher auf die gesuchten Strategien bezogen ist. Das Vorverständnis mag sich zwar als unvollständig oder unbrauchbar erweisen: die exakte Kenntnis funktioneller Zusammenhänge kann sowohl zu einer Veränderung der Techniken wie auch zu einer Korrektur der Zielsetzungen, zu einer Anpassung der Strategie im ganzen, ja zu dem Nachweis führen, daß die stillschweigende Antizipation der Lage, in die die problematische Situation überführt werden soll, unangemessen ist. Andrerseits ist aber die Analyse selber von stillschweigend angenommenen programmatischen Gesichtspunkten gelenkt – nur deshalb gehen die analytisch gewonnenen Zweckmittelrelationen überhaupt in praktischen Lösungen bruchlos auf.

Weil nicht nur die Zwecke, sondern *alle* Bestandteile einer bestimmten Konstellation von Mitteln, Zwecken und Nebenfolgen Elemente eines Lebenszusammenhangs sind, die bei der Wahl praktischer Maßnahmen mit anderen Konstellationen *als ganzen* verglichen und gegeneinander abgewogen werden› müßten, ist es nötig, daß die große Masse aller denkbaren Konstellationen eliminiert wird, bevor die wertneutrale Untersuchung in formaler Übereinstimmung mit dem Zweck-Mittel-Schema beginnen kann. So war auch für Max Webers idealtypische Reihen ein bestimmtes geschichtsphilosophisches Vorverständnis der europäischen Gesamtentwicklung und das heißt: ein programmatischer Gesichtspunkt, nämlich die Rationalisierung aller Kulturgebiete, maßgebend [32]. Und mit den strenger formalisierten Theorien verhält es sich prinzipiell nicht anders. Gerade die Herrschaft eines sich selbst verborgenen technischen Erkenntnisinteresses deckt die verschleierten Investitionen des gewissermaßen dogmatischen Gesamtverständnisses einer Situation, mit der sich auch der strikt erfahrungswissenschaftliche Soziologe unausdrücklich identifiziert hat, bevor es ihm im Ansatz einer formalisierten Theorie unter dem Anspruch hypothetischer Allgemeingültigkeit entgleitet. Wenn aber mit Notwendigkeit noch in den Ansatz mathematischer Sozialwissenschaften situationsgebundene Erfahrungen mit eingehen; wenn die erkenntnisleitenden Interessen bloß formali-

---

[32] Vgl. H. Freyer: Soziologie als Wirklichkeitswissenschaft a.a.O. S. 155 f.: »Es ist doch überaus charakteristisch, daß bei der Typologie der Herrschaftsformen absichtlich von der spezifisch modernen Form der Verwaltung ausgegangen wird, ›um nachher die anderen mit ihr kontrastieren zu können‹ (Wirtschaft und Gesellschaft, S. 124). Es ist ebenso charakteristisch, daß das Kapitel über die Soziologie der Stadt ... darauf angelegt ist, die Eigenart der okzidentalen Stadt zu verstehen, weil in ihr die Wurzeln des modernen kapitalistischen Gesellschaftssystems liegen, und daß hier wieder die anderen Typen der Stadt als Kontraste behandelt werden. In diesen Beispielen ... liegt die Grundintention der M. Weberschen Soziologie offen zutage. Sie besteht in der Frage: welches ist die eigengesetzliche Art der modern-europäischen Gesellschaftsgestaltung, und durch welche einmalige Verkettung von Umständen ist es ermöglicht, ist sie erzwungen worden? ... Die Soziologie, als die systematische Wissenschaft auch von den andersartigen gesellschaftlichen Wirklichkeiten, wird der Weg, auf dem sich die gegenwärtige Wirklichkeit in ihrer historischen Wirklichkeit selbst erkennen lernt.«

siert, aber nicht suspendiert werden können, dann müssen diese unter Kontrolle gebracht, als objektive Interessen aus dem gesamtgesellschaftlichen Zusammenhang kritisiert oder legitimiert werden – es sei denn, man wolle Rationalisierung an der Schwelle analytisch-empirischer Verfahren stillstellen.

Die Reflexion solcher Interessen zwingt aber zu dialektischem Denken, wenn Dialektik hier nichts anderes heißt als der Versuch, die Analyse in jedem Augenblick als Teil des analysierten gesellschaftlichen Prozesses und als dessen mögliches kritisches Selbstbewußtsein zu begreifen – das heißt aber: darauf zu verzichten, zwischen den analytischen Instrumenten und den analysierten Daten jenes äußerliche und bloß zufällige Verhältnis zu unterstellen, das im Verhältnis der technischen Verfügung über gegenständliche und vergegenständlichte Prozesse freilich unterstellt werden darf. Nur so können sich die Sozialwissenschaften der praktisch folgenreichen Illusion entledigen, als sei die wissenschaftliche Kontrolle gesellschaftlicher Bereiche, mit dem Erfolg einer Emanzipation von naturwüchsigem Zwang, in der Geschichte auf dieselbe Weise und mit denselben Mitteln einer wissenschaftlich produzierten technischen Verfügungsgewalt möglich, wie sie gegenüber der Natur schon wirklich ist.

HANS ALBERT

# Der Mythos der totalen Vernunft

Dialektische Ansprüche im Lichte undialektischer Kritik

## 1 *Dialektik contra Positivismus*

Die Problematik des Zusammenhanges von Theorie und Praxis hat immer wieder die Aufmerksamkeit von Philosophen und Sozialwissenschaftlern auf sich gezogen. Sie hat zu der heute noch andauernden Debatte über Sinn und Möglichkeit der *Wertfreiheit* geführt, einer Debatte, mit deren Beginn und erstem Höhepunkt vor allem der Name *Max Webers* verknüpft ist. Sie hat andererseits die Diskussion über die Bedeutung des *Experiments* für die Sozialwissenschaften hervorgerufen, in der der methodologische Autonomieanspruch geisteswissenschaftlicher Prägung in Frage gestellt wurde, der für diese Wissenschaften immer noch erhoben wird. Es ist nicht erstaunlich, daß solche Fragen eine Einbruchsstelle für philosophische Überlegungen in die Probleme der Wissenschaften bilden.

Die Sozialwissenschaften haben sich in der letzten Zeit in starkem Maße unter dem direkten und indirekten Einfluß positivistischer Strömungen entwickelt. Sie haben von daher bestimmten Lösungen der oben erwähnten Probleme den Vorzug gegeben und entsprechende methodologische Konzeptionen neu ausgearbeitet. Man kann aber keineswegs behaupten, daß diese Auffassungen sich heute schon überall durchgesetzt hätten. Das ist nicht einmal im angelsächsischen Sprachbereich der Fall, wo man es noch am ehesten erwarten würde. Im deutschen Sprachgebiet ist es schwer, die Situation hinsichtlich der Einflüsse verschiedener philosophischer Strömungen auf die Sozialwissenschaften zu klären. Jedenfalls scheint hier der neuere Positivismus nur wenig gewirkt zu haben, nicht stärker vermutlich als der Historismus und der Neukantianismus, als die Phänomenologie und die Hermeneutik. Schließlich darf man hier auch den unmittelbaren oder durch den Marxismus vermittelten *Einfluß des Hegelschen Erbes* nicht unterschätzen, das sich im übrigen auch auf anderen Wegen geltend gemacht hat. Von dieser Seite ist in letzter Zeit ein gegen positivistische Strömungen gerichteter Vorstoß erfolgt, dessen Analyse sich lohnen mag, da er in das Zentrum der oben erwähnten Problematik geführt hat [1].

Man erkennt in ihm die Auffassung, daß gewisse Schwierigkeiten, die bei der Realisierung des von diesen Strömungen geförderten Wissenschaftsprogramms zutage treten, überwunden werden können, wenn man bereit ist, auf Ideen zurückzugreifen, die der *Hegel*schen Tradition entstammen. Diesem Versuch einer dialektischen Überwindung sogenannter positivistischer Schwächen der Sozialwissenschaften gegenüber ist zunächst die Frage nach der *Problemsituation* zu stellen, von der der Verfasser ausgeht, speziell: die Frage nach den in ihr enthaltenen Schwierigkeiten, danach, worin und inwiefern seiner Meinung nach eine Wissenschaft »positivistischen« Stils versagen muß. Eine weitere Frage wäre dann die nach der *Alternative*, die er entwickelt, nach ihrer Brauchbarkeit zur Lösung dieser Schwierigkeiten und ihrer Haltbarkeit. Eventuell wäre schließlich darüber hinaus die Frage nach *anderen Lösungsmöglichkeiten* zu stellen.

Die Problemsituation, von der *Habermas* ausgeht, läßt sich etwa folgendermaßen charakterisieren: Soweit die Sozialwissenschaften sich in einer Weise entwickeln, die sie dem positivistischen Wissenschaftsideal näher bringt – und das ist heute schon weitgehend der Fall –, gleichen sie sich den Naturwissenschaften an, und zwar vor allem auch in der Beziehung, daß bei ihnen wie in jenen ein rein technisch verwurzeltes Erkenntnisinteresse dominiert [2], Theorie also »in der Einstellung des Technikers« be-

---

[1] Im Anschluß an die Kontroverse zwischen *Karl Popper* und *Theodor W. Adorno* auf der internen Arbeitstagung der Deutschen Gesellschaft für Soziologie in Tübingen im Jahre 1961 (siehe dazu *Karl R. Popper*, Die Logik der Sozialwissenschaften, und *Theodor W. Adorno*, Zur Logik der Sozialwissenschaften) hat *Jürgen Habermas* unter dem Titel »Analytische Wissenschaftstheorie und Dialektik. Ein Nachtrag zur Kontroverse zwischen Popper und Adorno« einen kritischen Beitrag in der Festschrift für *Adorno* veröffentlicht. Bald darauf ist seine Aufsatzsammlung »Theorie und Praxis. Sozialphilosophische Studien«, Neuwied/Berlin 1963, erschienen, die im gleichen Zusammenhang Interesse beanspruchen kann. Was bei *Adorno* angedeutet wurde, scheint bei *Habermas* deutlicher zu werden.

[2] Diese Idee hat für das Verständnis der *Habermas*schen Gedanken zentrale Bedeutung. Sie ist bei ihm immer wieder formuliert, siehe dazu: Theorie und Praxis,

trieben wird. Die in dieser Weise orientierten Sozialwissenschaften sind nicht mehr in der Lage, normative Gesichtspunkte und Vorstellungen für die praktische Orientierung zu bieten. Sie können nur noch technische Empfehlungen für die Realisierung vorgegebener Zwecke geben, also die Wahl der Mittel beeinflussen. Die durch sie ermöglichte Rationalisierung der Praxis bezieht sich mithin nur auf deren technischen Aspekt. Es handelt sich also um eine eingeschränkte Rationalität, im Gegensatz etwa zu der durch frühere Lehren bewirkten, nämlich durch solche, die noch normative Orientierung und technische Anleitung zu einer Einheit verbanden.

Die Brauchbarkeit einer so orientierten Sozialwissenschaft wird also an sich von *Habermas* keineswegs geleugnet. Er sieht aber eine Gefahr darin, daß man ihre Schranken nicht erkennt, indem man technische und praktische Verwendung schlicht identifiziert und damit die umfassendere praktische auf die engere technische Problematik zu reduzieren sucht, wie das etwa in der Richtung der »positivistischen« Wissenschaftslehre zu liegen scheint. Die durch diese Auffassung legitimierte Einschränkung der Rationalität auf die Mittelverwendung führt dazu, daß die andere Seite der praktischen Problematik: der Bereich der Zielsetzung einem reinen Dezisionismus, der Willkür bloßer durch die Vernunft nicht reflektierter Entscheidungen, anheimfällt. So entspricht dem *Positivismus* der Beschränkung auf reine wertfreie Theorien im Bereich der Erkenntnis der *Dezisionismus* unreflektierter willkürlicher Entscheidungen im Bereich der Praxis, soweit nicht technologische Probleme in Betracht kommen. »Der Preis für die Ökonomie der Mittelwahl ist ein freigesetzter Dezisionismus in der Wahl der obersten Ziele[3].«

In den durch die Reduktion der Rationalität frei werdenden Bereich können ungehindert durch vernünftige Reflexion die Bil-

---

a.a.O., S. 31 f., S. 46, S. 83, S. 224 ff., S. 232 f., S. 240 f., S. 244 f. und passim; weiter: Analytische Wissenschaftstheorie und Dialektik, S. 161 f., S. 166 ff., S. 184 ff. und passim.

3 *Habermas*, Theorie und Praxis, a.a.O., S. 242; siehe auch S. 17 f. Dasselbe in metaphorischer Ausdrucksweise: »Eine desinfizierte Vernunft ist von Momenten aufgeklärten Wollens gereinigt; selbst außer sich, hat sie sich ihres Lebens entäußert. Und das entgeistete Leben führt geisterhaft ein Dasein der Willkür – unter dem Namen von ›Entscheidung‹« (S. 239).

der mythologischer Weltdeutungen eindringen, so daß der Positivismus de facto nicht nur für die Rationalisierung des technischen, sondern darüber hinaus, wenn auch ungewollt, für die Remythisierung des nicht erfaßten Aspektes der praktischen Problematik sorgt, eine Konsequenz, vor der die Vertreter dieser Anschauungen freilich zurückschrecken. Sie reagieren mit einer Ideologiekritik, die nicht der Wirklichkeitsgestaltung, sondern der Bewußtseinserhellung dient und daher eigentlich von der ihr zugrunde liegenden nur auf technische Rationalität abzielenden Wissenschaftskonzeption her nicht verständlich erscheint. Hier zeigt sich offenbar, wie *Habermas* glaubt, daß der Positivismus dazu tendiert, die von ihm akzeptierte Beschränkung der Rationalität in Richtung auf eine umfassendere Konzeption zu überwinden, auf eine Konzeption, die die Konvergenz von Vernunft und Entscheidung involviert[4]. Aber diese Tendenz kann nur zum Durchbruch kommen, wenn die Schranken des Positivismus selbst durchbrochen werden, wenn dessen partikulare Vernunft dialektisch überwunden wird durch eine Vernunft, die die Einheit von Theorie und Praxis und damit die Aufhebung des Dualismus von Erkennen und Werten, von Tatsachen und Entscheidungen, die Beseitigung der positivistischen Bewußtseinsspaltung herbeiführt. Nur diese dialektische Vernunft ist offenbar in der Lage, mit dem Positivismus der reinen Theorie gleichzeitig den Dezisionismus der bloßen Entscheidung aufzuheben, um dann »Gesellschaft als geschichtlich gewordene Totalität zu Zwecken einer kritischen Mäeutik politischer Praxis zu begreifen«[5]. Es geht

---

[4] Dabei wird die Bezeichnung »Positivismus« sehr extensiv verwendet, zum Beispiel auch für die Auffassung *Karl Poppers*, die sich in wesentlichen Punkten von den üblichen positivistischen Auffassungen unterscheidet. *Popper* selbst hat daher gegen diese Zurechnung stets protestiert. Es zeigt sich denn auch, daß sie gerade hinsichtlich der von *Habermas* behandelten Probleme zu Mißverständnissen führen kann.

[5] Der Passus stammt aus dem Kapitel »Zwischen Philosophie und Wissenschaft: Marxismus als Kritik« des oben angeführten Buches von *Habermas*, S. 172. Er steht also im Kontext einer *Marx*-Analyse, gibt aber meines Erachtens sehr gut wieder, was *Habermas* selbst von der Dialektik erwartet, nämlich: eine »Geschichtsphilosophie in praktischer Absicht«, wie er an anderer Stelle sagt. Daher auch sein Unbehagen über Analysen des Marxismus, die die Einheit des Gegenstandes: der Gesellschaft als *Totalität*, ihre *dialektische* Auffassung als eines *historischen* Prozesses und die *Beziehung* von Theorie *auf* Praxis außer acht lassen. Zu dieser Bezugnahme auf Praxis siehe auch *Habermas*, a.a.O., S. 49 f.

*Habermas* im wesentlichen darum, den verlorengegangenen Bereich durch Rückgriff auf das im Marxismus bewahrte *Hegel*sche Erbe: die praxisbezogene dialektische Vernunft für die vernünftige Reflexion zurückzugewinnen.

Damit sind die Grundlinien seiner Kritik an der »positivistischen« Wissenschaftskonzeption in den Sozialwissenschaften aufgewiesen, ebenso wie die Ansprüche, die er mit seiner dialektischen Überwindung dieser Konzeption verbindet. Wir haben nun seine Einwände und Vorschläge im einzelnen zu untersuchen, um zu erkennen, inwieweit sie haltbar erscheinen [6].

## 2 Zum Problem der Theoriebildung

In seiner Auseinandersetzung mit der analytischen Wissenschaftslehre geht *Habermas* von der Unterscheidung zwischen dem *funktionalistischen Begriff des Systems* und dem *dialektischen Begriff der Totalität* aus, die er für grundlegend, aber schwer explizierbar hält. Er ordnet den beiden Begriffen die beiden typischen Formen der Sozialwissenschaft zu, um die es ihm geht: die analytische und die dialektische Sozialwissenschaft, um dann deren Unterschied zunächst an Hand von vier Problemkreisen zu erörtern, nämlich an Hand des Verhältnisses von Theorie und Gegenstand, des Verhältnisses von Theorie und Erfahrung, des Verhältnisses von Theorie und Geschichte und des Verhältnisses von Wissenschaft und Praxis. Der letzte dieser vier Problemkreise wird dann in den drei folgenden Teilen seines Aufsatzes noch einmal genauer analysiert, wobei das Problem der Wertfreiheit und das sogenannte Basis-Problem im Vordergrund stehen.

Der dialektische Begriff der Totalität, der den Ausgangspunkt seiner Erörterungen bildet, tritt bekanntlich bei den auf *Hegel* fußenden Theoretikern immer wieder auf. Er wird von ihnen offenbar als in irgendeinem Sinne fundamental angesehen. Es ist

---

6 Dazu ist es zweckmäßig, auch den oben erwähnten Nachtrag zur *Popper-Adorno*-Kontroverse heranzuziehen, in dem er seine Einwände gegen den kritischen Rationalismus *Poppers* präzisiert. Auch dieser Auffassung gegenüber hält er seine Argumente gegen den »Positivismus« für stichhaltig.

daher um so bedauerlicher, daß *Habermas* keinen Versuch macht, diesen Begriff, den er stark akzentuiert und häufig verwendet, einer Klärung näherzubringen. Er sagt zu ihm nur, daß er »in dem streng dialektischen Sinne« zu verstehen sei, »der es verbietet, das Ganze organisch aufzufassen nach dem Satze: es sei mehr als die Summe seiner Teile«. Totalität sei aber »ebensowenig ... eine Klasse, die sich umfangslogisch bestimmen ließe durch ein Zusammennehmen aller unter ihr befaßten Elemente«. Daraus glaubt er die Konsequenz ziehen zu können, daß der dialektische Begriff des Ganzen nicht durch die kritischen Untersuchungen an Ganzheitsbegriffen berührt werde, wie sie zum Beispiel von *Ernest Nagel* durchgeführt wurden [7].

Nun beschränken sich die Untersuchungen *Nagels* keineswegs auf einen Begriff des Ganzen, den man etwa in diesem Zusammenhang so einfach als irrelevant zurückweisen könnte. Es werden in ihnen vielmehr verschiedene Begriffe analysiert, von denen teilweise zu vermuten ist, daß sie für einen Theoretiker, der sich mit Totalitäten sozialen Charakters befaßt, zumindest als erwägenswert in Frage kommen [8]. *Habermas* zieht es vor, festzustellen, daß der dialektische Begriff des Ganzen die Grenzen formaler Logik überschreitet, »in deren Schattenreich Dia-

---

[7] Siehe dazu *Ernest Nagel*, The Structure of Science, London 1961, S. 380 ff., eine Analyse, auf die *Habermas* explicite verweist. Dazu wäre etwa noch heranzuziehen: *Karl Popper*, The Poverty of Historicism, London 1957, S. 76 ff. und passim, eine Untersuchung, die von ihm erstaunlicherweise nicht berücksichtigt wird, obwohl sie sich gerade auf den geschichtsphilosophischen Holismus bezieht, den er selbst vertritt; weiter: *Jürgen v. Kempski*, Zur Logik der Ordnungsbegriffe, besonders in den Sozialwissenschaften, 1952, wieder abgedruckt in: Theorie und Realität, herausgegeben von *H. Albert*, Tübingen 1964.

[8] *Nagel* geht davon aus, daß das Ganzheitsvokabular ziemlich mehrdeutig, metaphorisch und vage und daher ohne Klärung kaum zu beurteilen ist. Das trifft wohl auch auf die *Habermas*sche »Totalität« zu. – Wenn *Adornos* etwas vage Bemerkungen über Totalität, mit denen *Habermas* seinen Aufsatz beginnt, auch keineswegs eine sichere Einordnung seines Begriffs erlauben, so möchte ich doch annehmen, daß *Habermas* bei genauerer Lektüre der *Nagel*schen Darstellung mindestens auf verwandte Begriffe gestoßen wäre, die ihm hätten weiterhelfen können, zum Beispiel auf S. 391 ff. Jedenfalls ist sein kurzer Hinweis, der den Eindruck erweckt, *Nagels* Analysen seien für seinen Begriff der »Totalität« irrelevant, völlig unzureichend, zumal er selbst dann kein Äquivalent zur Verfügung hat. Es ist nicht einzusehen, wieso die Zurückweisung der Alternative »organisches Ganzes« und »Klasse« genügen kann, um die Frage einer eventuellen logischen Analyse auszuschalten.

lektik selber nicht anders scheinen kann denn als Schimäre«[9]. Aus dem Kontext, in dem dieser Satz erscheint, darf man wohl darauf schließen, daß *Habermas* die Möglichkeit bestreiten will, seinen Begriff der Totalität logisch zu analysieren. Ohne nähere Erläuterung wird man in einer solchen These nicht mehr sehen können wie den Ausdruck einer »Dezision« – um dieses gegen Positivisten bewährte Wort einmal zu verwenden –, nämlich der Entscheidung, den Begriff der Analyse zu entziehen. Wer über genügend Mißtrauen verfügt, wird darin eine Immunisierungsstrategie erblicken, die in der Erwartung gründet, daß der Kritik entgehen mag, was sich der Analyse entzieht. Lassen wir das dahingestellt sein. Für *Habermas* scheint die Nicht-Explizierbarkeit seines Begriffs vor allem deshalb wichtig zu sein, weil sich aus ihr offenbar auch die des Unterschiedes zwischen »Totalität« im dialektischen und »System« im funktionalistischen Sinne ergibt, eines Unterschiedes, der von ihm anscheinend für grundlegend gehalten wird[10]. Mit seinem Vergleich der beiden Arten von Sozialwissenschaft hat dieser Unterschied vor allem wohl deshalb zu tun, weil er die problematische Vorstellung hegt, daß sich eine *allgemeine* Theorie »auf das gesellschaftliche System im ganzen beziehen« müsse.

Hinsichtlich des Verhältnisses von Theorie und Gegenstand expliziert er den Unterschied zwischen den beiden Arten folgendermaßen: Im Rahmen der erfahrungswissenschaftlichen Theorie bleiben der Systembegriff und die theoretischen Sätze, die ihn explizieren, dem analysierten Erfahrungsbereich *»äußerlich«*.

---

[9] *Habermas*, Analytische Wissenschaftstheorie und Dialektik, S. 155.

[10] Von ihm sagt er, daß er sich nicht direkt »bezeichnen« lasse, »denn in der Sprache der formalen Logik würde er aufgelöst, in der Sprache der Dialektik aufgehoben werden müssen«. Nun, vielleicht ließe sich eine Sprache finden, die hier nicht streikt. Warum diese so rasch sich einstellende Vorstellung, daß es auf keinen Fall geht? Inwiefern soll übrigens die Sprache der formalen Logik etwas »auflösen«? *Habermas* hat hier wohl die Idee, daß man mit ihrer Hilfe einen Unterschied zum Verschwinden bringen kann, der in der tatsächlichen Verwendung zweier Begriffe vorhanden ist. Das ist allerdings möglich: bei inadäquater Analyse. Aber woher die Vorstellung, daß es hier keine adäquate geben könne? Hier darf man wohl einen gewissen Zusammenhang vermuten mit dem unglücklichen Verhältnis, das Hegelianer im allgemeinen zur Logik zu haben pflegen, die einerseits von ihnen in ihrer Bedeutung unterschätzt, andererseits in ihrer (»verfälschenden«) Wirkung überschätzt wird.

Theorien seien hier bloße Ordnungsschemata, in einem syntaktisch verbindlichen Rahmen *beliebig konstruiert*, brauchbar, wenn sich ihnen die reale Mannigfaltigkeit eines Gegenstandsbereiches *füge*, was aber *prinzipiell zufällig* sei. Hier wird also durch die gewählte Ausdrucksweise der Eindruck der Beliebigkeit, der Willkür und des Zufalls erzeugt. Die Möglichkeit, strenge Prüfungsverfahren anzuwenden, deren Ergebnis vom subjektiven Belieben weitgehend unabhängig ist, wird bagatellisiert, was vermutlich damit zusammenhängt, daß sie für die dialektische Theorie später bestritten wird. Dem Leser wird der Gedanke nahegelegt, daß diese Art von Theorie dagegen *notwendig und innerlich* [11] mit der Realität übereinstimme und daher keiner faktischen Prüfung bedürfe [12].

Für die dialektische Theorie wird dagegen in Anspruch genommen, daß sie ihrem Gegenstandsbereich gegenüber *nicht* so »indifferent« verfährt, wie das in den exakten Naturwissenschaften, zugegebenermaßen erfolgreich, geschieht. Sie scheint sich »vorgängig« der »Angemessenheit ihrer Kategorien an den Gegenstand« zu »versichern«, »weil Ordnungsschemata, denen sich kovariante Größen nur zufällig fügen, unser Interesse an der Gesellschaft verfehlen«, das offenbar in diesem Falle *nicht* ein rein technisches, ein Interesse an Naturbeherrschung ist. Sobald nämlich das Erkenntnisinteresse darüber hinausziele, sagt *Habermas*, schlage »die Gleichgültigkeit des Systems gegenüber seinem Anwendungsbereich um in eine Verfälschung des Objekts. Die zugunsten einer allgemeinen Methodologie vernachlässigte Struk-

---

11 In diesem Punkte ist die Übereinstimmung mit der üblichen Argumentation des sozialwissenschaftlichen Essentialismus offenkundig; siehe dazu zum Beispiel *Werner Sombart*, Die drei Nationalökonomien, München und Leipzig 1930, S. 193 ff. und passim sowie meine Kritik in: Der moderne Methodenstreit und die Grenzen des Methodenpluralismus, in: Jahrbuch für Sozialwissenschaft, Band 13, 1962; abgedruckt als Kapitel 6 meines Aufsatzbandes: Marktsoziologie und Entscheidungslogik. Neuwied/Berlin 1967.

12 Der Abschnitt schließt mit dem Satz: »Als unzulässig gilt jede Reflexion, die sich dabei nicht bescheidet.« Im nächsten wird diese »Unbescheidenheit« für die dialektische Theorie in Anspruch genommen. Das Wort »bescheiden« ruft den Gedanken einer Einschränkung hervor. Einen Beleg dafür, daß *Karl Popper* – der doch wohl Adressat dieser Einwände ist – die Möglichkeit der Spekulation ausschließen möchte, wird man wohl so leicht nicht beibringen können. Umgekehrt scheinen sich aber gerade die Dialektiker vielfach bei Theorien »bescheiden« zu wollen, deren Unprüfbarkeit sie voraussetzen zu können glauben.

tur des Gegenstandes verurteilt die Theorie, in die sie nicht eindringen kann, zur Irrelevanz [13].« Die Diagnose lautet also: »Gegenstandsverfälschung«; als Heilmittel wird angegeben: Man müsse den gesellschaftlichen Lebenszusammenhang als eine die Forschung selber noch bestimmende *Totalität* begreifen. Damit büße allerdings die Sozialwissenschaft ihre vermeintliche Freiheit in der Wahl der Kategorien und Modelle ein. Die Theorie müsse sich »in ihrem Aufbau und der Struktur des Begriffs an die Sache anmessen«, »die Sache in der Methode... zur Geltung kommen«, eine Forderung, die naturgemäß »nur dialektisch einzulösen« sei. Der *Zirkel*, der dadurch gegeben sei, daß *erst* der wissenschaftliche Apparat einen Gegenstand erschließe, von dessen Struktur man gleichwohl *vorgängig* etwas verstanden haben müsse, sei »nur in Anknüpfung an die natürliche Hermeneutik der sozialen Lebenswelt dialektisch durchzudenken«, so daß hier an die Stelle des hypothetisch-deduktiven Systems die »hermeneutische Explikation von Sinn« trete [14].

Das Problem, von dem *Habermas* hier ausgeht, hängt demnach offenbar damit zusammen, daß in der analytischen Sozialwissenschaft ein *einseitig technisches Erkenntnisinteresse* zur Verfälschung des Gegenstandes führt. Hier sind wir bei der schon erwähnten These angelangt, die ihm einen seiner wesentlichsten Einwände gegen die im modernen Sinne verfahrende Sozialwissenschaft liefert. Er macht sich damit eine *instrumentalistische* Interpretation der Realwissenschaften zu eigen und ignoriert die Tatsache, daß sich der Wissenschaftstheoretiker, an dessen Adresse seine Einwände doch wohl im wesentlichen gerichtet sind, mit dieser Deutung explizit auseinandergesetzt und ihre Fragwürdigkeit zu zeigen gesucht hat [15]. Die Tatsache, daß informative Theo-

---

13 *Habermas*, a.a.O., S. 158.

14 *Habermas*, a.a.O., S. 158.

15 Sie ist nach *Poppers* Auffassung ebenso fragwürdig wie der ältere Essentialismus, der sich vor allem noch im geisteswissenschaftlichen Denken auswirkt; siehe dazu *Karl Popper*, Three Views Concerning Human Knowledge (1956), wiederabgedruckt in seinem Aufsatzband Conjectures and Refutations, London 1963, sowie andere Arbeiten in diesem Band; siehe außerdem seinen Aufsatz »Die Zielsetzung der Erfahrungswissenschaft«, Ratio I, 1957, wiederabgedruckt in: Theorie und Realität, a.a.O.; weiter: *Paul K. Feyerabend*, Realism and Instrumentalism, in: The Critical Approach to Science and Philosophy, Glencoe 1964. Tatsächlich scheint

rien nomologischen Charakters sich in vielen Bereichen als technisch verwertbar erwiesen haben, ist keineswegs ein ausreichendes Symptom für das ihnen zugrunde liegende Erkenntnisinteresse [16].

Eine unbefangene Deutung dieses Tatbestandes wird darauf abstellen können, daß man von einem tieferen Eindringen in die Struktur der Realität Einsichten erwarten darf, die auch für die Orientierung des Handelns – einer Form des Umgangs mit den realen Gegebenheiten – von Bedeutung sind. Die Methodologie der theoretischen Realwissenschaften zielt vor allem auf die Erfassung gesetzmäßiger Zusammenhänge, auf informative Hypothesen über die Struktur der Realität und damit des tatsächlichen Geschehens ab. Empirische Kontrollen und im Zusammenhang damit: Prognosen werden gemacht, um zu prüfen, ob die Zusammenhänge so sind, wie wir vermuten, wobei unser »vorgängiges Wissen« allerdings ohne weiteres in Frage gestellt werden kann. Dabei spielt die Idee eine erhebliche Rolle, daß wir die Möglichkeit haben, aus unseren Irrtümern zu lernen, indem wir die betreffenden Theorien dem Risiko des Scheiterns an den Tatsachen aussetzen [17]. Eingriffe in das reale Geschehen können dabei dazu dienen, Situationen herbeizuführen, die dieses Risiko relativ groß machen. Technische Erfolge, die sich im Zusammenhang mit der Forschung einstellen, kann man darauf zurückführen, daß man den wirklichen Zusammenhängen teilweise nahegekommen ist. Das wird bei *Habermas* gewissermaßen »dialektisch« umgemünzt in die Idee, es habe hier ein einseitiges Erkenntnisinteresse vorgelegen. Die auffälligsten Konsequenzen der wissenschaftlichen Entwicklung, die sich zudem zwanglos realistisch interpretieren lassen, werden zum Anlaß genommen, die hinter ihnen stehenden Erkenntnisbemühungen dementsprechend umzudeuten,

---

mir der *Habermas*sche Instrumentalismus noch restriktiver zu sein als die in den oben angeführten Arbeiten kritisierten Auffassungen dieser Art.

[16] Es scheint überflüssig zu sein, darauf hinzuweisen, daß die persönlichen Interessen der Forscher weitgehend nicht auf technischen Erfolg als solchen gerichtet sind. So etwas will *Habermas* wohl kaum bestreiten. Er denkt offenbar mehr an ein institutionell verankertes oder methodisch kanalisiertes Interesse, dem sich der Forscher trotz anderer persönlicher Motive gar nicht entziehen kann. Aber auch das belegt er nicht ausreichend. Ich komme darauf noch zurück.

[17] Siehe dazu die Arbeiten *Karl Poppers*.

sie als rein technische zu »denunzieren«, wie man es wohl auf Neu-Hegelianisch ausdrücken müßte[18].

Lassen wir die angebliche Dominanz des technischen Erkenntnisinteresses einmal dahingestellt sein. Solange sie vorhanden ist, sagt *Habermas*, bleibt die Theorie dem Objektbereich gegenüber indifferent. Zielt das Interesse aber darüber hinaus, dann schlägt diese Indifferenz in Objektverfälschung um. Wie soll eine Interessenänderung das bewirken? Ändert sich etwa die Art der Aussagen, die Struktur der Theorie? In welcher Weise wäre das zu denken? Dazu macht *Habermas* keine Angaben. Jedenfalls nimmt er dem analytisch verfahrenden Sozialwissenschaftler jede Hoffnung, er könne durch eine angemessene Änderung seines Interesses etwas an seiner verzweifelten Lage ändern, es sei denn, er gehe zur Dialektik über und gebe damit seine Freiheit in der Wahl der Kategorien und Modelle auf[19]. Der naive Verfechter analytischer Verfahrensweisen wird zu der Anschauung neigen, er könne sich der Angemessenheit seiner Kategorien am ehesten dadurch versichern, daß er die Theorien, in denen sie eine Rolle spielen, strengen Prüfungsversuchen unterzieht[20]. Das scheint *Habermas* nicht zu genügen. Er glaubt, sich der Angemessenheit seiner Kategorien »vorgängig« versichern zu können. Sein anders geartetes Erkenntnisinteresse scheint ihm das sogar vorzuschrei-

---

18 Die instrumentalistische Deutung der Naturwissenschaften scheint bei Hegelianern endemisch zu sein, ebenso wie das notorisch schlechte Verhältnis zur Logik. Sehr schön ausgeprägt findet man beides zum Beispiel bei *Benedetto Croce* in seinem Buch »Logik als Wissenschaft vom reinen Begriff«, Tübingen 1930, wo den Naturwissenschaften prinzipiell nur »Pseudo-Begriffe« ohne Erkenntnisbedeutung zugestanden werden (S. 216 ff.), die formale Logik als ziemlich bedeutungslos abgewertet wird (S. 86 f.) und Philosophie und Geschichte auf wunderliche Art als die eigentliche Erkenntnis miteinander identifiziert werden (S. 204 ff.). Siehe dazu *Jürgen v. Kempski*, Brechungen, Hamburg 1964, S. 85 f. Bei *Habermas* findet man die Tendenz, die technische Rationalität der Wissenschaft mit der »Logik der Subsumtion« und die universelle der Philosophie mit der Dialektik zusammenzubringen.

19 Wenn diese Freiheit bei der von ihm kritisierten Art der Sozialwissenschaft größer ist, müßte man immerhin vermuten, die vom Dialektiker bevorzugten Theorien befänden sich unter anderem auch in seinem Freiheitsspielraum, so daß er wenigstens per Zufall auf das Wesentliche stoßen könnte. Dagegen scheint nur die These der Objektverfälschung zu helfen.

20 Siehe dazu zum Beispiel meinen Aufsatz »Die Problematik der ökonomischen Perspektive«, in: Zeitschrift für die gesamte Staatswissenschaft, 117. Band, 1961, sowie meine Einleitung »Probleme der Theoriebildung«, in: Theorie und Realität, a.a.O.

ben. Seine diesbezüglichen Ausführungen deuten darauf hin, daß er von der Alltagssprache und von den Beständen des alltäglichen Wissens ausgehen möchte, um einen Zugang zur richtigen Theoriebildung zu gewinnen [21].

Nun, ich wüßte nicht, was gegen einen Rekurs auf das Alltagswissen einzuwenden wäre, wenn man damit keine falschen Ansprüche verbindet. Auch die Naturwissenschaften haben sich aus dem Erfahrungswissen des Alltags herausdifferenziert, allerdings mit Hilfe von Methoden, die dieses Wissen problematisierten und der Kritik unterzogen – zum Teil unter dem Einfluß von Ideen, die diesem »Wissen« radikal widersprachen und sich dennoch, gegen den »gesunden Menschenverstand«, bewährten [22]. Warum sollte das bei den Sozialwissenschaften anders sein? Warum sollte man also nicht auch hier auf Ideen zurückgreifen können, die dem Alltagswissen widersprechen? Will *Habermas* das ausschließen? Will er den gesunden Menschenverstand – oder, etwas erhabener ausgedrückt: »die natürliche Hermeneutik der sozialen Lebenswelt« – für sakrosankt erklären? Wenn nicht, worin besteht dann die Besonderheit seiner Methode? Inwiefern kommt in ihr »die Sache« »ihrem eigenen Gewicht nach« mehr »zur Geltung« als in den üblichen Methoden der Realwissenschaften? Mir scheint, hier werden eher bestimmte Vorurteile ausgezeichnet. Will *Habermas* etwa Theorien, die ihre Entstehung nicht einem »dialektischen Durchdenken« in Anknüpfung an diese »natürliche Hermeneutik« verdanken, a priori seine Zustimmung verweigern? Oder sie als unwesentlich hinstellen? Was ist zu tun, wenn sich andere Theorien bei empirischer Prüfung besser bewähren als die mit der vornehmeren Abstammung? Oder sollen diese Theorien so konstruiert werden, daß sie prinzipiell dabei nicht scheitern können? Manches an seinen Ausfüh-

---

21 Es ist interessant zu sehen, wie *Habermas* sich hier nicht nur den hermeneutisch-phänomenologischen Strömungen der Philosophie, sondern gleichzeitig auch der linguistischen Richtung nähert, deren Methoden geeignet sind, das in der Alltagssprache inkorporierte Wissen zu dogmatisieren. Zu beiden findet man kritische Analysen, die hier in Frage kommen dürften, in *Jürgen v. Kempskis* interessantem Aufsatzband »Brechungen. Kritische Versuche zur Philosophie der Gegenwart«, a.a.O.

22 Siehe dazu die Arbeiten *Karl Poppers* im angegebenen Band Conjectures and Refutations.

rungen legt die Vermutung nahe, daß *Habermas* hier der Abstammung den Vorzug gegenüber der Leistung zu geben wünscht. Überhaupt macht die Methode der dialektischen Sozialwissenschaft stellenweise einen mehr konservativen als kritischen Eindruck, wie auch sonst diese Dialektik sich in mancher Hinsicht viel konservativer ausnimmt, als sie sich gibt.

## 3 *Theorie, Erfahrung und Geschichte*

Der analytischen Konzeption wird von *Habermas* vorgeworfen, sie dulde »nur einen Typus von Erfahrung«, nämlich: »die kontrollierte Beobachtung physischen Verhaltens, die in einem isolierten Feld unter reproduzierbaren Umständen von beliebig austauschbaren Subjekten veranstaltet wird«[23]. Gegen eine solche Beschränkung sträube sich die dialektische Sozialtheorie. »Wenn der formale Aufbau der Theorie, die Struktur der Begriffe, die Wahl der Kategorien und Modelle nicht blindlings den abstrakten Regeln einer allgemeinen Methodologie folgen können, sondern ... vorgängig an einen präformierten Gegenstand sich anmessen müssen, darf Theorie nicht erst nachträglich mit einer dann freilich restringierten Erfahrung zusammengebracht werden.« Die Einsichten, auf die die dialektische Sozialwissenschaft rekurriert, entstammen »dem Fond einer vorwissenschaftlich akkumulierten Erfahrung«, offenbar jener, auf die im Zusammenhang mit der natürlichen Hermeneutik schon verwiesen wurde. Diese vorgängige Erfahrung, die sich auf Gesellschaft als Totalität bezieht, »lenkt den Entwurf der Theorie«, die im übrigen »einer noch so restringierten Erfahrung nicht widerstreiten« darf, andererseits aber auch auf empirisch nicht kontrollierbare Gedanken nicht zu verzichten braucht. Gerade ihre zentralen Aussagen sind nicht »bruchlos durch empirische Befunde einzulösen«. Das scheint aber wieder wettgemacht zu werden dadurch, daß einerseits auch der »funktionalistische Begriff des Systems« nicht kontrollierbar ist, andererseits sich der »hermeneutische Vorgriff auf Totalität ... im Gang der Explikation als richtig er-

[23] *Habermas*, Analytische Wissenschaftstheorie und Dialektik, S. 159.

weisen« muß. Die sonst »bloß« analytisch gültigen Begriffe müssen sich also hier »in der Erfahrung ausweisen«, wobei diese allerdings nicht mit kontrollierter Beobachtung zu identifizieren ist. Hier wird der Eindruck eines angemesseneren, wenn nicht gar eines strengeren Prüfungsverfahrens erweckt, als es in den Realwissenschaften sonst üblich ist.

Um diese Einwände und Vorschläge zu beurteilen, muß man sich darüber klarwerden, welche Problematik hier zur Diskussion steht. Daß die von *Habermas* kritisierte Konzeption »nur einen Typus von Erfahrung« dulde, ist nämlich in dieser Allgemeinheit zunächst schlicht falsch, so geläufig der Hinweis auf einen zu engen Erfahrungsbegriff ihren geisteswissenschaftlich orientierten Kritikern auch sein mag. Für die Theoriebildung braucht diese Konzeption vielmehr keinerlei Einschränkungen in dieser Hinsicht zu machen, im Gegensatz etwa zu der von *Habermas* vertretenen, die zu einem Rekurs auf die natürliche Hermeneutik verpflichtet. Die »kanalisierte« Erfahrung, auf die er anspielt[24], wird für eine ganz bestimmte Aufgabe relevant, nämlich die der Prüfung einer Theorie an Hand der Tatsachen, um ihre faktische Bewährung zu eruieren. Für eine solche Prüfung kommt es darauf an, Situationen zu finden, die möglichst gut diskriminieren[25]. Daraus ergibt sich nur, daß man Anlaß hat, solche Situationen vorzuziehen, wenn die Absicht besteht, eine ernsthafte Prüfung zu versuchen. Anders ausgedrückt: Je weniger eine Situation hinsichtlich einer bestimmten Theorie diskriminiert, desto weniger ist sie für deren Prüfung brauchbar. Ergeben sich für die betreffende Situation überhaupt keine relevanten Konsequenzen aus der Theorie, dann ist diese Situation in dieser Hinsicht unbrauchbar. Ist dagegen von der dialektischen Auffassung her etwas einzuwenden? Erinnern wir uns daran, daß nach *Habermas* ja auch eine dialektische Theorie einer noch so restrin-

---

24 Ich will hier nicht darauf eingehen, ob er sie im einzelnen adäquat charakterisiert hat, sondern nur auf die Möglichkeit der Ausnutzung statistischer Methoden zur Durchführung nichtexperimenteller Prüfungen verweisen, und weiter darauf, daß zum »physischen« Verhalten der ganze Bereich des symbolischen und damit auch des verbalen Verhaltens zu rechnen ist.

25 Siehe dazu *Karl Popper*, Logik der Forschung, Wien 1935, passim, sowie seinen Aufsatz »Science: Conjectures and Refutations« in seinem oben angegebenen Aufsatzband, wo das Risiko des Scheiterns an den Tatsachen betont wird.

gierten Erfahrung nicht widerstreiten darf. Bis hierhin scheint mir seine Polemik gegen den engen Erfahrungstypus noch weitgehend auf Mißverständnissen zu beruhen.

Die weitere Frage, ob man auf »Gedanken« verzichten müsse, die so nicht prüfbar sind, wird man ohne weiteres negativ beantworten können. Niemand mutet dem Dialektiker einen solchen Verzicht zu, etwa im Namen der modernen Wissenschaftslehre. Man wird nur erwarten dürfen, daß Theorien, die den Anspruch machen, etwas über die soziale Wirklichkeit auszusagen, nicht darauf angelegt sind, beliebige Möglichkeiten zuzulassen, so daß sie für das tatsächliche soziale Geschehen keinen Unterschied machen. Warum sollten sich die Gedanken der Dialektiker nicht in Theorien umsetzen lassen, die prinzipiell prüfbar sind [26]?

Was die Abstammung dialektischer Einsichten aus der »vorwissenschaftlich akkumulierten Erfahrung« angeht, so hatten wir eben schon Gelegenheit, auf die Fragwürdigkeit der Betonung dieses Zusammenhanges einzugehen. Der Verfechter der von *Habermas* kritisierten Auffassung hat, wie gesagt, keinen Anlaß, solche Abstammungsprobleme zu überschätzen. Er hat auch prinzipiell nichts dagegen, daß die »vorgängige Erfahrung« die Theoriebildung lenkt, wenn er auch darauf aufmerksam machen wird, daß diese Erfahrung, wie sie von *Habermas* skizziert wird, unter anderem auch die ererbten Irrtümer enthält, die hier gewissermaßen »mitlenken« können. Man hätte also allen Anlaß, für Theorien mit dieser Abstammung strenge Tests zu erfinden, um von solchen und anderen Irrtümern loszukommen. Warum sollte gerade diese Abstammung die Güte der Kategorien garantieren?

---

[26] *Habermas* zitiert in diesem Zusammenhang den Hinweis *Adornos* auf die Unprüfbarkeit der Abhängigkeit jedes sozialen Phänomens »von der Totalität«. Das Zitat entstammt einem Kontext, in dem *Adorno* unter Bezugnahme auf *Hegel* behauptet, Widerlegung sei nur als immanente Kritik fruchtbar; siehe dazu *Adorno*, Zur Logik der Sozialwissenschaften, S. 133 f. Dabei wird der Sinn der *Popper*schen Ausführungen zum Problem der kritischen Prüfung durch »Weiterreflektieren« ungefähr in sein Gegenteil verkehrt. Mir scheint, die Unprüfbarkeit des erwähnten *Adorno*schen Gedankens hängt zunächst wesentlich damit zusammen, daß weder der verwendete Begriff der Totalität noch die Art der behaupteten Abhängigkeit auch nur einer bescheidenen Klärung zugeführt wird. Es steckt wohl nicht viel mehr dahinter als die Idee, daß irgendwie alles mit allem zusammenhänge. Inwiefern aus einer solchen Idee irgendeine Auffassung einen methodischen Vorteil gewinnen könnte, müßte eigentlich nachgewiesen werden. Verbale Beschwörungen der Totalität dürften da kaum genügen.

Warum sollten neue Ideen nicht ebenfalls eine Chance bekommen, sich zu bewähren? Mir scheint, an dieser Stelle wird die *Habermas*sche Methodologie unmotiviert restriktiv – und zwar, wie schon erwähnt, in konservativer Richtung –, während die Konzeption, der er vorwirft, sie verlange, daß die Theorie- und Begriffsbildung »blindlings« ihren abstrakten Regeln unterworfen werde, in inhaltlicher Beziehung nichts verbietet, weil sie kein unkorrigierbares »vorgängiges« Wissen voraussetzen zu dürfen glaubt. Der weitere Erfahrungsbegriff, auf den *Habermas* sich beruft, scheint bestenfalls die methodische Funktion zu haben, ehrwürdige Irrtümer, die zur sogenannten akkumulierten Erfahrung gehören, schwer korrigierbar zu machen [27].

Wie sich der »hermeneutische Vorgriff auf Totalität« »im Gang der Explikation als richtig« erweist, »als ein der Sache selber angemessener Begriff«, wird von *Habermas* nicht erläutert. Soviel scheint aber klar zu sein, daß er hier jedenfalls nicht an ein Prüfungsverfahren im Sinne der von ihm kritisierten Methodologie denkt. Nach Ablehnung solcher Prüfungsmethoden als unzulänglich bleibt ein durch Metaphern gestützter Anspruch, der sich an die vorgebliche Existenz einer nicht näher erläuterten, aber jedenfalls besseren Methode knüpft. Vorher hat Habermas auf die Unprüfbarkeit des »funktionalistischen Systembegriffs« hingewiesen, dessen Angemessenheit an die Struktur der Gesellschaft ihm offenbar problematisch erscheint. Ich weiß nicht, ob er die Antwort annehmen würde, auch dieser Begriff könne sich im Laufe der Explikation als richtig erweisen. Einem solchen Bumerang-Argument ziehe ich es vor, die ganze Überbetonung von Begriffen in Frage zu stellen, die man bei *Habermas* wie bei fast allen geisteswissenschaftlichen Methodologen als offenbar unverlierbares *Hegel*sches Erbe findet [28]. Hier kommt der von *Popper* kritisierte

---

[27] Im Gegensatz dazu bezieht die von ihm kritisierte Methodologie auch die Möglichkeit theoretischer Korrekturen bisheriger Erfahrungen ein. Sie ist in diesem Punkt offensichtlich weniger »positivistisch« als die der Dialektiker.

[28] Darauf hat neuerdings *Jürgen v. Kempski* aufmerksam gemacht; siehe seinen Aufsatz »Voraussetzungslosigkeit. Eine Studie zur Geschichte eines Wortes« in seinem oben angegebenen Buch »Brechungen«, S. 158. Er weist darauf hin, daß die Akzentverlagerung vom Satz auf den Begriff, die im nachkantischen deutschen Idealismus erfolgt ist, eng damit verbunden ist, daß man zu Räsonnements übergeht, deren logische Struktur schwer zu durchschauen ist. Von *Hegel* haben deutsche Philo-

Essentialismus bei ihm zum Ausdruck, der in den Naturwissenschaften längst überwunden ist. Es geht der von *Habermas* angegriffenen Auffassung nicht um Begriffe, sondern um Aussagen und Aussagensysteme. Mit ihnen zusammen können sich auch die in ihnen verwendeten Begriffe bewähren oder nicht bewähren. Das Verlangen nach deren isolierter Beurteilung, unabhängig von ihrem theoretischen Kontext, entbehrt jeder Grundlage[29]. Die von den Hegelianern praktizierte Überanstrengung der Begriffe, die sich vor allem bei Worten wie »Totalität«, »dialektisch« und »Geschichte« zeigt, läuft meines Erachtens auf nichts anderes hinaus als auf ihre »Fetischisierung« – das ist, soviel ich sehe, ihr Fachausdruck für so etwas –, auf einen Wortzauber, vor dem ihre Gegner leider meist zu früh die Waffen strecken[30].

Bei seiner Erörterung des Verhältnisses von Theorie und Geschichte stellt *Habermas* der Prognose auf Grund *allgemeiner Gesetze* als spezifischer Leistung erfahrungswissenschaftlicher Theorien die *Deutung* eines historischen Lebenszusammenhanges mit Hilfe *historischer Gesetzmäßigkeiten* bestimmten Typs als die spezifische Leistung einer dialektischen Theorie der Gesellschaft gegenüber. Er lehnt die »restriktive« Verwendung des Gesetzes-

---

sophen, wie ein anderer Kritiker mit Recht betont, vor allem Dunkelheit, Scheinpräzision und die Kunst des Scheinbeweises gelernt, siehe *Walter Kaufmann*, Hegel: Contribution and Calamity, in seinem Aufsatzband From Shakespeare to Existentialism, Garden City 1960.

29 Auch sonst sind die Ausführungen von *Habermas* über Begriffe recht problematisch. Den Abschnitt über Theorie und Gegenstand (a.a.O., S. 159) schließt er zum Beispiel mit dem Hinweis, daß in der dialektischen Sozialwissenschaft »Begriffe relationaler Form« Begriffen weichen, »die Substanz und Funktion in einem auszudrücken fähig sind«. Daraus gehen dann Theorien eines »beweglicheren Typs« hervor, die den Vorzug der Selbstreflexivität haben. Ich kann mir nicht denken, in welcher Weise hier die Logik bereichert werden soll. Eine ausführliche Erläuterung darf man eigentlich erwarten. Man würde zumindest gerne Beispiele für solche Begriffe sehen, noch lieber natürlich eine logische Analyse und ein genaueres Eingehen darauf, worin ihre besondere Leistung besteht.

30 Analyse statt Akzentuierung wäre hier anzuraten. Es ist sicher sehr erfrischend, wenn zum Beispiel *Theodor W. Adorno* den Wortzauber der Heideggerei mit gut formulierten ironischen Wendungen bloßstellt; siehe dazu seinen Essay »Jargon der Eigentlichkeit«, in: Neue Rundschau, 74. Jahrgang 1963, S. 371 ff. Aber nimmt sich die auf *Hegel* zurückgehende Sprache dialektischer Verdunkelung nicht für den Unbefangenen manchmal sehr ähnlich aus? Sind die das Merkmal angestrengter geistiger Tätigkeit tragenden Bemühungen, die Sache »auf ihren Begriff zu bringen«, immer so weit von der Beschwörung des Seins entfernt?

begriffs ab zugunsten eines Gesetzestypus, der »eine zugleich umfassendere und eingeschränktere Geltung« beansprucht, denn die dialektische Analyse, die sich historischer Bewegungsgesetze dieses Typs bediene, ziele offenbar darauf ab, die konkrete Totalität einer in geschichtlicher Entwicklung begriffenen Gesellschaft zu durchleuchten. Derartige Gesetze gelten also nicht generell, sie beziehen sich vielmehr »auf einen jeweils konkreten Anwendungsbereich, der in der Dimension eines im ganzen einmaligen und in seinen Stadien unumkehrbaren Entwicklungsprozesses, also schon in Kenntnis der Sache selbst und nicht bloß analytisch definiert ist«. Daß ihr Geltungsbereich gleichzeitig umfangreicher ist, begründet *Habermas* wieder mit dem üblichen Hinweis auf die Abhängigkeit der Einzelerscheinungen von der Totalität, denn solche Gesetze bringen offenbar deren fundamentale Abhängigkeitsverhältnisse zum Ausdruck[31]. Gleichzeitig suchen sie aber »den objektiven Sinn eines historischen Lebenszusammenhanges auszusprechen«. Die dialektische Analyse verfährt also hermeneutisch. Sie gewinnt ihre Kategorien »aus dem Situationsbewußtsein der handelnden Subjekte« und knüpft dabei »identifizierend und kritisch« an den »objektiven Geist einer sozialen Lebenswelt« an, um von da aus »die geschichtliche Totalität eines sozialen Lebenszusammenhangs« zu erschließen, der als objektiver Sinnzusammenhang zu verstehen ist. Durch Verbindung der verstehenden mit der kausalanalytischen Methode in der dialektischen Betrachtungsweise wird dabei die »Trennung von Theorie und Geschichte« aufgehoben.

Wieder einmal erweist sich also offenbar die methodologische Auffassung der Analytiker als zu eng. An ihrer Stelle werden die Umrisse einer großartigeren Konzeption angedeutet, die darauf abzielt, den Geschichtsprozeß als Ganzes zu erfassen und seinen objektiven Sinn zu enthüllen. Die eindrucksvollen Ansprüche dieser Konzeption sind wohl erkennbar, aber es fehlt bisher jeder Ansatz zu einer einigermaßen nüchternen Analyse des skizzierten Verfahrens und seiner Komponenten. Wie sieht die logische Struktur dieser historischen Gesetze aus, denen eine so interessante Leistung zugeschrieben wird, und wie kann man sie überprü-

---

[31] Siehe *Habermas*, a.a.O., S. 163 ff.

fen[32]? In welchem Sinne kann ein Gesetz, das sich auf eine konkrete historische Totalität, auf einen einmaligen und unumkehrbaren Prozeß als solchen bezieht, etwas anderes sein als eine singuläre Aussage? Worin besteht der Gesetzescharakter einer solchen Aussage? Wie bringt man es fertig, die fundamentalen Abhängigkeitsverhältnisse einer konkreten Totalität zu identifizieren? Welches Verfahren steht zur Verfügung, um von der zu überwindenden subjektiven Hermeneutik zum objektiven Sinn vorzustoßen? Unter Dialektikern mögen das alles Fragen von minderer Bedeutung sein. Man kennt das von der Theologie her. Der interessierte Außenstehende fühlt sich jedoch in seiner Gutgläubigkeit überfordert. Er sieht die Ansprüche, die mit dem souveränen Hinweis auf die Beschränktheit anderer Auffassungen vorgebracht werden, aber er möchte ganz gerne wissen, inwieweit sie fundiert sind[33].


## IV  *Theorie und Praxis: Das Problem der Wertfreiheit*

Als nächstes Thema behandelt *Habermas* das Verhältnis von Theorie und Praxis, eine Problematik also, die für seine Auffassung von grundlegender Bedeutung ist, denn was er anstrebt, ist offenbar nichts anderes als eine als Wissenschaft aufgezäumte Geschichtsphilosophie in praktischer Absicht. Auch seine Überwindung der Trennung von Theorie und Geschichte durch dialektische Verbindung von historischer und systematischer Analyse

---

32 Was unterscheidet sie zum Beispiel von den Gesetzmäßigkeiten historizistischen Charakters, die *Karl Popper* in seinem Buch The Poverty of Historicism, a.a.O., einigermaßen wirksam kritisiert haben dürfte? Darf man annehmen, daß *Habermas* diese Kritik für irrelevant hält, ebenso wie er vorher die *Nagel*schen Untersuchungen als für seine Probleme unerheblich charakterisiert hat?

33 Schon die sogenannte Methode des subjektiven Verstehens ist bekanntlich in den Sozialwissenschaften seit einiger Zeit auf scharfe Kritik gestoßen, die man nicht einfach von der Hand weisen kann. Eine Hermeneutik, die zu einem objektiven Sinn vorzustoßen vorgibt, dürfte weit problematischer sein, wenn sie auch natürlich im deutschen philosophischen Milieu heute nicht direkt auffällig wird. Siehe dazu etwa *Jürgen von Kempski*, Aspekte der Wahrheit, in seinem oben angegebenen Aufsatzband »Brechungen«, besonders 2: Die Welt als Text, wo den Hintergründen des hier in Frage kommenden Auslegungsmodells der Erkenntnis nachgespürt wird.

geht, wie er vorher betont hat, auf eine solche praktische Orientierung zurück, die allerdings wohl zu unterscheiden ist von dem bloß technischen Interesse, dem angeblich die undialektische Realwissenschaft entspringt. Dieser Gegensatz, auf den schon früher verwiesen wurde, steht denn auch im Zentrum seiner diesbezüglichen Untersuchung. Wir kommen hier offenbar zum Kern seiner Argumentation [34].

Es geht ihm hier im wesentlichen darum, die von ihm kritisierte Beschränkung der Sozialwissenschaft positivistischen Stils auf die Lösung technischer Probleme in Richtung auf eine normative Orientierung zu überwinden, und zwar mit Hilfe jener historischen Gesamtanalyse, deren praktische Absichten »aus der puren Willkür entlassen und ihrerseits dialektisch aus dem objektiven Zusammenhang legitimiert werden können« [35]. Mit anderen Worten: Er sucht nach einer *objektiven Rechtfertigung des praktischen Handelns aus dem Sinn der Geschichte*, einer Rechtfertigung, die naturgemäß von einer Soziologie realwissenschaftlichen Charakters nicht geleistet werden kann. Dabei kann er nicht die Tatsache ignorieren, daß auch *Popper* historischen Interpretationen in seiner Konzeption einen bestimmten Platz einräumt [36]. Allerdings wendet sich dieser scharf gegen geschichtsphilosophische Theorien, die auf irgendeine geheimnisvolle Weise einen verborgenen objektiven Sinn der Geschichte zu enthüllen suchen, der der praktischen Orientierung und Rechtfertigung dienen soll. Er vertritt vielmehr die Auffassung, daß solche Projektionen auf Selbsttäuschung zu beruhen pflegen, und daß wir uns entschließen müssen, der Geschichte selbst den Sinn zu geben, den wir vertreten zu können glauben. Ein solcher »Sinn« kann dann auch Gesichtspunkte für die historische Interpretation hergeben, die in

---

34 Dieser Problematik widmet er nicht nur einen wesentlichen Teil seines Beitrages zur *Adorno*-Festschrift, sondern auch die systematischen Partien seines Buches »Theorie und Praxis«.

35 *Habermas*, Analytische Wissenschaftstheorie und Dialektik, S. 168; siehe dazu auch »Theorie und Praxis«, a.a.O., S. 83 ff.

36 Siehe dazu das letzte Kapitel seines Werkes ›The Open Society and its Enemies‹ (1944), Princeton 1950: Has History any Meaning?, oder etwa seinen Beitrag »Selbstbefreiung durch das Wissen«, in: Der Sinn der Geschichte, herausgegeben von *Leonhard Reinisch*, München 1961.

jedem Falle eine von unserem Interesse abhängige Selektion involviert, ohne daß deshalb die Objektivität der für die Analyse ausgewählten Zusammenhänge ausgeschlossen werden müßte[37].

*Habermas*, der praktische Absichten aus einem objektiven historischen Totalzusammenhang legitimieren möchte – ein Anliegen, das allerdings von den Vertretern der von ihm kritisierten Auffassung in den Bereich des ideologischen Denkens verwiesen zu werden pflegt –, kann mit der von *Popper* konzedierten Art historischer Analyse naturgemäß wenig anfangen, denn je nach den gewählten Auswahlgesichtspunkten sind ja jeweils verschiedene historische Deutungen möglich, während er für seine Zwecke *die eine* ausgezeichnete Deutung benötigt, die zur Legitimation herangezogen werden kann. Er spielt daher gegen *Popper* die »pure Willkür« der jeweils gewählten Gesichtspunkte aus und nimmt für seine auf die Totalität bezogene und den eigentlichen Sinn des Geschehens – das Ziel *der Gesellschaft*, wie es an anderer Stelle heißt[38] – enthüllende Deutung offensichtlich eine Objektivität in Anspruch, die nur auf dialektische Weise zu erreichen ist. Nun ist die angebliche Willkür einer Deutung im Sinne *Poppers* nicht eben schwerwiegend, da eine solche Deutung keine derartigen Ansprüche stellt, wie sie bei *Habermas* zu finden sind. Angesichts seiner Kritik wird man aber wohl die Frage stellen müssen, wie er seinerseits solche Willkür vermeidet. In anbetracht der Tatsache, daß man bei ihm keine Lösung seines selbst gestellten Legitimationsproblems findet, hat man allen Anlaß anzunehmen, daß es bei ihm um die Willkür nicht besser bestellt ist, nur mit dem Unterschied, daß sie in der Maske einer objektiven Deutung auftritt. Es ist nicht zu erkennen, inwiefern er die *Popper*sche Kritik an solchen vermeintlich objektiven Deutungen und über-

---

[37] *Popper* hat immer wieder auf den selektiven Charakter jeder Aussage und Aussagenmenge hingewiesen, auch den der theoretischen Konzeptionen in den Realwissenschaften. – Hinsichtlich historischer Deutungen sagt er ausdrücklich: »Since all history depends upon our interests, *there can be only histories, and never a ›history‹*, a story of the development of mankind ›as it happened‹.« Siehe The Open Society and its Enemies, a.a.O., S. 732, Anm. 9. Ähnlich *Otto Brunner* in »Abendländisches Geschichtsdenken«, in seinem Aufsatzband: Neue Wege der Sozialgeschichte, Göttingen 1956, S. 171 f.

[38] *Habermas*, Theorie und Praxis, a.a.O., S. 321, im Zusammenhang mit einer im übrigen durchaus interessanten Analyse der Marxismus-Diskussion.

haupt die Ideologiekritik der »planen« Aufklärung zurückweisen kann. Die Totalität erweist sich gewissermaßen als ein »Fetisch«, der dazu dient, »willkürliche« Dezisionen als objektive Erkenntnisse erscheinen zu lassen.

Damit sind wir, wie *Habermas* mit Recht feststellt, beim Problem der sogenannten *Wertfreiheit* der historischen und theoretischen Forschung angelangt. Das Postulat der Wertfreiheit stützt sich, wie er sagt, auf »eine These, die man, Popper folgend, als Dualismus von Tatsachen und Entscheidungen formulieren kann«[39] und die sich an Hand des Unterschiedes von Naturgesetzen und Normen erläutern läßt. Die »strikte Trennung« dieser »beiden Gesetzestypen« sieht er als problematisch an. Im Hinblick auf sie formuliert er zwei Fragen, deren Beantwortung eine Klärung herbeiführen soll, nämlich: einerseits die Frage, ob sich der normative Sinn einer rationalen Erörterung des konkreten Lebenszusammenhanges, aus dem er hervorgegangen ist und auf den er zurückwirkt, entziehe, und andererseits die Frage, ob denn die positivistisch auf Erfahrungswissenschaft reduzierte Erkenntnis im Ernst losgelöst sei von jeder normativen Bindung[40]. Die Art der Fragestellung zeigt schon, daß er den erwähnten Dualismus in einer Weise zu deuten scheint, die wohl auf Mißverständnissen beruht, denn das, was er da in Frage stellt, hat mit dem Sinn dieser Unterscheidung wenig zu tun.

Die zweite der beiden Fragen führt ihn zur Untersuchung der Vorschläge *Poppers* zur Basis-Problematik[41]. Er entdeckt in ihnen unbeabsichtigte Konsequenzen, die angeblich einen Zirkel involvieren, und sieht darin ein Indiz für die Einbettung des Forschungsprozesses in einen nur noch hermeneutisch explizierbaren Zusammenhang. Es geht dabei um Folgendes: *Popper* insistiert gegenüber den Verfechtern einer Protokollsprache darauf, daß auch Basis-Sätze grundsätzlich revidierbar sind, da sie selbst ein theoretisch bestimmtes Element der Interpretation enthal-

---

39 *Habermas*, Analytische Wissenschaftstheorie und Dialektik, S. 170.

40 *Habermas*, S. 175.

41 Es handelt sich um das Problem des Charakters der Basis-Aussagen – Aussagen, die beobachtbare Tatbestände beschreiben – und ihrer Bedeutung für die Prüfbarkeit von Theorien; siehe dazu *Karl Popper*, Logik der Forschung, a.a.O., Kapitel V.

ten[42]. Man muß den Begriffsapparat der in Frage kommenden Theorie anwenden, um Basis-Aussagen zu erhalten. Den Zirkel sieht *Habermas* nun darin, daß man zur Anwendung von Gesetzen einer vorherigen Tatsachenfeststellung bedürfe, diese aber nur in einem Verfahren erreicht werden könne, in dem diese Gesetze schon angewendet werden. Hier liegt wohl ein Mißverständnis vor. Die Anwendung von Gesetzen – das heißt hier: von theoretischen Aussagen – erfordert eine Verwendung des betreffenden *Begriffsapparates* zur Formulierung der in Frage kommenden Anwendungsbedingungen, an die sich die Anwendung *der Gesetze selbst* anschließen kann. Ich sehe nicht, inwiefern man hier von einem Zirkel sprechen könnte, vor allem aber nicht, wie in diesem Fall der *Habermas*sche deus ex machina: die hermeneutische Explikation, weiterhelfen sollte. Ich sehe auch nicht, inwiefern sich hier »die Ablösung der Methodologie vom realen Forschungsprozeß und dessen gesellschaftlichen Funktionen« rächt, was immer er damit sagen will.

Der Hinweis auf den institutionellen Charakter der Forschung und die Rolle normativer Regulierungen im Forschungsprozeß, den *Habermas* in diesem Zusammenhang bringt, ist keineswegs geeignet, bisher ungelöste Probleme zu lösen[43]. Was die von *Popper* angeblich »beharrlich ignorierte Tatsache« angeht, »daß wir über die Geltung eines Basissatzes normalerweise gar nicht im Zweifel sind« und daß daher der logisch mögliche unendliche Regreß de facto nicht in Frage kommt, so läßt sich dazu nur sagen, daß die faktische Gewißheit einer Aussage an sich kaum ohne weiteres als Kriterium ihrer Geltung in Frage kommen dürfte und daß außerdem *Popper* selbst das Problem des Regresses löst, ohne auf problematische Tatbestände dieser Art zu rekurrieren. Es geht ihm dabei nicht um eine Analyse des faktischen

---

42 Dieser Gesichtspunkt kommt in späteren Arbeiten *Poppers* noch stärker zum Ausdruck; siehe zum Beispiel die Arbeiten seines oben angegebenen Aufsatzbandes.

43 Zudem hat *Popper* solche Zusammenhänge selbst schon analysiert. Bereits in seinem Buch »Logik der Forschung« hat er den Naturalismus hinsichtlich methodologischer Fragen kritisiert, und in seinem sozialphilosophischen Hauptwerk »The Open Society and its Enemies« geht er auf die institutionellen Aspekte der wissenschaftlichen Methode explizite ein. Seine *Unterscheidung* von Naturgesetzen und Normen hat ihn keineswegs dazu veranlaßt, die Rolle normativer Regulierung in der Forschung zu übersehen.

Erkenntnisverhaltens, sondern um eine Lösung methodologischer Probleme. Der Hinweis auf nicht formulierte Kriterien, die im institutionell kanalisierten Forschungsprozeß de facto angewendet werden, ist keine Lösung eines solchen Problems. Die Behauptung, daß sich das Problem in diesem Prozeß tatsächlich nicht stellt, hat keineswegs die Konsequenz, es als methodologisches Problem zu eliminieren. Man braucht nur daran zu erinnern, daß sich für viele Wissenschaftler auch das – übrigens damit zusammenhängende – Problem des Informationsgehaltes nicht stellt, was vielfach die Folge hat, daß sie unter gewissen Bedingungen ihre Systeme tautologisieren und damit gehaltlos machen. Für den Methodologen müssen sich Probleme stellen, an die andere Leute oft nicht denken.

Die Normen und Kriterien, über die *Habermas* in diesem Abschnitt seines Aufsatzes in sehr allgemeiner Weise reflektiert, werden von ihm charakteristischerweise in der Perspektive des Soziologen als soziale Tatbestände behandelt, als Gegebenheiten des arbeitsteiligen Forschungsprozesses, der in den Zusammenhang der gesellschaftlichen Arbeit eingebettet ist. Das ist eine Perspektive, die gewiß von hohem Interesse sein kann. Für die Methodologie handelt es sich aber nicht um die Hinnahme sozialer Gegebenheiten, sondern um die kritische Durchleuchtung und die rationale Rekonstruktion der in Frage kommenden Regeln und Kriterien im Hinblick auf mögliche Zielsetzungen, zum Beispiel das Ziel, der Wahrheit näherzukommen. Es ist interessant, daß der Dialektiker hier zum eigentlichen »Positivisten« wird, indem er meint, er könne Probleme der Forschungslogik dadurch beseitigen, daß er auf faktische soziale Gegebenheiten verweist. Das ist keine Überwindung der *Popper*schen Methodologie, sondern ein Versuch, ihre Probleme zu »unterlaufen«, indem man auf das zurückgreift, was man in anderen Zusammenhängen als »bloße Faktizität« zu desavouieren gewohnt ist.

Was die soziologische Seite der Angelegenheit betrifft, so ist ebenfalls zu bezweifeln, ob sie auf die von *Habermas* vorgeschlagene Weise adäquat behandelt werden kann. Gerade in dieser Hinsicht – also hinsichtlich der sogenannten Lebensbezüge der Forschung – muß man wohl berücksichtigen, daß es Institutionen gibt, die ein selbständiges Interesse an der Erkenntnis objektiver Zusammenhänge stabilisieren, so daß in diesen Bereichen die Möglichkeit besteht, sich vom unmittelbaren Druck der alltäglichen Praxis weitgehend zu emanzipieren. Gerade die so ermöglichte Freisetzung für wissenschaftliche Arbeit hat nicht wenig zum Fortschritt der Erkenntnis beigetragen. Der Rückschluß von der technischen Verwertung auf die technische Verwurzelung erweist sich gerade in dieser Hinsicht als ein »Kurzschluß«.

Im Zusammenhang mit der Behandlung des Basis-Problems bringt *Habermas*, wie wir gesehen haben, die Frage der normativen Regulierung des Erkenntnisprozesses ins Spiel und kann von daher auf das *Problem der Wertfreiheit* zurückkommen, von dem er ausgegangen ist. Dieses Problem, so kann er nun sagen, bezeuge, »daß die analytisch-empirischen Verfahren sich des Lebensbezuges, in dem sie selber objektiv stehen, nicht vergewissern können«[44]. Seine folgenden Ausführungen kranken aber daran, daß er das Postulat der Wertfreiheit, dessen Fragwürdigkeit er herausstellen möchte, an keiner Stelle so formuliert, daß man sich vergewissern könnte, um welche Behauptung es ihm eigentlich geht. Unter Wertfreiheit der Wissenschaft kann man die verschiedensten Dinge verstehen. Ich nehme nicht an, daß *Habermas* meint, wer ein derartiges Prinzip in *irgendeinem* Sinne des Wortes vertrete, könne sich über den sozialen Zusammenhang, in dem die Forschung steht, nicht mehr klarwerden[45].

Moderne Verfechter eines methodischen Wertfreiheitsprinzips pflegen keineswegs die normativen Bezüge der Forschung und die die Erkenntnis leitenden Interessen zu übersehen[46]. Sie treten im

---

44 *Habermas*, S. 186.

45 Was den Hinweis, den er zu Anfang seines Aufsatzes gibt (S. 156), angeht, der Positivismus habe die Einsicht preisgegeben, »daß der von Subjekten veranstaltete Forschungsprozeß dem objektiven Zusammenhang, der erkannt werden soll, durch die Akte des Erkennens hindurch selber zugehört«, so braucht man nur auf entsprechende Untersuchungen zu verweisen, vor allem auf *Ernst Topitsch*, Sozialtheorie und Gesellschaftsgestaltung (1956), wiederabgedruckt in dessen Aufsatzband »Sozialphilosophie zwischen Ideologie und Wissenschaft«, Neuwied 1961. Dort findet man auch Kritisches zur dialektischen Verarbeitung dieser Einsicht.

46 So etwas kann wohl auch gegen *Max Weber* kaum eingewendet werden. Auf *Karl Popper*, der sich ja von der Forderung nach *unbedingter* Wertfreiheit explizit distanziert hat (siehe sein Referat »Die Logik der Sozialwissenschaften«, S. 103 ff.), könnten sich derartige Einwände ebenfalls nicht beziehen, ebensowenig auf *Ernst*

allgemeinen für differenzierte Lösungen ein, in denen verschiedene Aspekte der Problematik unterschieden werden.

*Adornos* Ausführungen zum Wertproblem, auf die sich *Habermas* bezieht, dürften ebenfalls kaum weiterführen. Wenn er darauf hinweist, daß die Trennung von wertendem und wertfreiem Verhalten falsch sei, insofern Wert und damit Wertfreiheit Verdinglichungen seien, so stellt sich ebenfalls die Frage nach den Adressaten solcher Betrachtungen. Wer bezieht die erwähnte Dichotomie so schlicht auf »Verhalten«? Wer knüpft in so einfacher Weise an den Wertbegriff an, wie das hier unterstellt wird?[47] – *Adornos* Urteil, das gesamte Wertproblem sei falsch gestellt[48], hat keinen Bezug auf eine bestimmte Formulierung dieses Problems und ist daher kaum zu beurteilen: eine umfassend klingende, aber risikolose Behauptung. Er spielt auf Antinomien an, denen sich der Positivismus nicht entwinden könne, ohne auch nur eine Andeutung davon zu geben, worin sie bestehen könnten. Weder die kritisierten Auffassungen noch die ihnen gegenüber erhobenen Einwände lassen sich so identifizieren, daß sich der Unbefangene ein Urteil bilden könnte[49]. Auch *Habermas* spricht sich in sehr interessanter Weise über Wertfreiheit als Produkt der Verdinglichung, über Kategorien der Lebenswelt, die Gewalt über eine der Praxis anheimfallende Theorie gewinnen, und ähnliche Dinge aus, die vermutlich der »planen« Aufklärung

---

*Topitsch*. Ich habe mich mehrfach zu diesen Problemen geäußert, zuletzt in: Wertfreiheit als methodisches Prinzip, in: Schriften des Vereins für Sozialpolitik, Neue Folge, Band 29, Berlin 1963.

[47] Man sehe sich zum Beispiel die Untersuchungen *Viktor Krafts* in seinem Buch »Grundlagen einer wissenschaftlichen Wertlehre«, 2. Auflage, Wien 1951, an, die als Ausgangspunkt für eine differenziertere Behandlung des Wertfreiheitsproblems dienen können. Von »Verdinglichung« beziehungsweise einem Wertbegriff, der in dieser Weise kritisierbar ist, kann da wohl keine Rede sein. – Wenn man über Wertbegriffe, Wertfreiheit und ähnliches so redet, als ob es sich um platonische Wesenheiten handele, die jedermann schauen könne, kommt die Vieldeutigkeit solcher Terme in erheblicher Weise zu kurz.

[48] *Adorno*, Zur Logik der Sozialwissenschaften, S. 139.

[49] Der Passus, auf den sich *Habermas* beruft: »Was man nachträglich als Wert sanktionierte, verhält sich nicht äußerlich zur Sache..., sondern *ist* ihr immanent«, legt eine Deutung der Position *Adornos* nahe, die ihm vermutlich wenig zusagen würde, nämlich eine Deutung im Sinne eines naiven Wertrealismus, wie man ihn bei Scholastikern noch finden mag.

entgangen sind, aber er versteht sich nicht dazu, konkrete Lösungen der Wertproblematik zu analysieren.

Im Zusammenhang mit dem Problem der praktischen Anwendung sozialwissenschaftlicher Theorien diskutiert er dann die *Myrdal*sche *Kritik am Zweck-Mittel-Denken*[50]. Die Schwierigkeiten, auf die *Myrdal* hinsichtlich der Frage der Wertneutralität aufmerksam gemacht hat, geben ihm Veranlassung, den Nachweis zu versuchen, daß man zu dialektischem Denken gezwungen sei, um sie zu überwinden. Dabei spielt seine These von der rein technischen Orientierung erfahrungswissenschaftlicher Erkenntnis eine Rolle, die de facto eine Lenkung von »als solchen nicht reflektierten programmatischen Gesichtspunkten« her notwendig mache[51]. So könnten technisch verwertbare sozialwissenschaftliche Theorien »ihrem Selbstverständnis zum Trotz den strikten Forderungen der Wertneutralität nicht einmal genügen«. »Gerade die Herrschaft eines sich selbst verborgenen technischen Erkenntnisinteresses«, so sagt er, »deckt die verschleierten Investitionen des gewissermaßen dogmatischen Gesamtverständnisses einer Situation, mit der sich auch der strikt erfahrungswissenschaftliche Soziologe unausdrücklich identifiziert hat, bevor es ihm im Ansatz einer formalisierten Theorie unter dem Anspruch hypothetischer Allgemeingültigkeit entgleitet.« Wenn nun, so folgert er, diese die Erkenntnis de facto leitenden Interessen *nicht suspendiert* werden können, dann müssen sie »unter Kontrolle gebracht, als objektive Interessen aus dem gesamtgesellschaftlichen Zusammenhang kritisiert oder legitimiert werden«; das aber zwinge zu dialektischem Denken.

Hier rächt sich die Tatsache, daß sich die Dialektiker beharrlich weigern, die komplexe Wertproblematik zu zerlegen und ihre Teilprobleme gesondert zu behandeln, offenbar in der Befürchtung, es könne ihnen dann »das Ganze« entgleiten, das sie wie gebannt immer im Auge zu behalten suchen. Um überhaupt zu

---

50 Es handelt sich um die Gedanken, die *Myrdal* 1933 in seinem Aufsatz »Das Zweck-Mittel-Denken in der Nationalökonomie«, in: Zeitschrift für Nationalökonomie, Band IV, veröffentlicht hat; englische Übersetzung in seinem Aufsatzband ›Value in Social Theory‹, London 1958. Ich freue mich, daß dieser Aufsatz, auf den ich seit etwa 10 Jahren immer wieder hingewiesen habe, allmählich Beachtung findet.

51 *Habermas*, Analytische Wissenschaftstheorie und Dialektik, S. 189.

Lösungen zu kommen, muß man aber ab und zu den Blick einmal vom Ganzen abwenden, die Totalität zumindest zeitweise ausklammern. Als Konsequenz dieses ganzheitsbezogenen Denkens finden wir den permanenten Hinweis auf den Zusammenhang aller Einzelheiten in der Totalität, der zu dialektischem Denken zwinge, woraus aber keine einzige wirkliche Problemlösung resultiert. Untersuchungen, die zeigen, daß man hier gerade ohne dialektisches Denken weiterkommt, werden dagegen ignoriert[52].

## 5 Ideologiekritik und dialektische Rechtfertigung

Es kann kaum zweifelhaft sein, daß *Habermas* das Problem der Beziehung zwischen Theorie und Praxis vorwiegend unter dem Gesichtspunkt der Rechtfertigung des praktischen Handelns sieht, daß er es also als *Legitimationsproblem* auffaßt. Dieser Gesichtspunkt macht auch seine Einstellung zu einer Ideologiekritik verständlich, die keinen Ersatz für das schafft, was sie desavouiert. Dazu kommt seine *instrumentalistische Deutung* der reinen Wissenschaft, die ihm selbst den Zugang zum Verständnis einer solchen Ideologiekritik erschwert. Beides bringt er in einen Zusammenhang mit dem modernen *Irrationalismus*, der seine Forderung nach dialektischer Überwindung »positivistischer« Schranken plausibel macht.

Er glaubt, daß die Einschränkung der Sozialwissenschaften

---

[52] *Habermas* unterscheidet meines Erachtens nicht genügend zwischen den möglichen Aspekten der Wertproblematik. Ich erspare es mir hier, auf Einzelheiten einzugehen, um mich nicht zu wiederholen; siehe dazu zum Beispiel meinen Aufsatz »Wissenschaft und Politik«, in: Probleme der Wissenschaftstheorie. Festschrift für Viktor Kraft, herausgegeben von *Ernst Topitsch*, Wien 1960, sowie den oben angeführten Aufsatz »Wertfreiheit als methodisches Prinzip«. Auf das von *Myrdal* angeschnittene Problem des Zweck-Mittel-Denkens bin ich unter anderem eingegangen in: Ökonomische Ideologie und politische Theorie, Göttingen 1954; Die Problematik der ökonomischen Perspektive, in: Zeitschrift für die gesamte Staatswissenschaft, 117. Band, 1961, abgedruckt als 1. Kapitel meines o.a. Aufsatzbandes: Marktsoziologie und Entscheidungslogik; Abschnitt »Allgemeine Wertproblematik« des Artikels »Wert« im Handwörterbuch der Sozialwissenschaften. Zur Kritik des in Anm. 50 genannten *Myrdalschen* Buches siehe »Das Wertproblem in den Sozialwissenschaften«, in: Schweizerische Zeitschrift für Volkswirtschaft und Statistik, 94. Jahrgang 1958. Ich habe den Eindruck, daß meine Lösungsvorschläge für die betreffenden Probleme den Sprung in die Dialektik unnötig machen.

auf die »reine« Erkenntnis, deren Reinheit ihm im übrigen problematisch erscheint, die Fragen der Lebenspraxis in einer Weise aus dem Horizont der Wissenschaften eliminiert, die dazu führt, daß sie hinfort irrationalen und dogmatischen Deutungsversuchen ausgesetzt sind [53]. Diese Deutungsversuche unterliegen nun einer »positivistisch beschnittenen Ideologiekritik«, die im Grunde genommen demselben rein technisch verwurzelten Erkenntnisinteresse verpflichtet ist wie die technologisch verwendbare Sozialwissenschaft auch sonst und daher den Dualismus von Tatsachen und Entscheidungen ebenso akzeptiert wie diese. Da eine Sozialwissenschaft dieser Art ebenso wie die Naturwissenschaften nur die Ökonomie der Mittelwahl gewährleisten kann, das Handeln aber darüber hinaus nach normativer Orientierung verlangt und schließlich die Ideologiekritik »positivistischen« Stils die von ihr kritisierten Deutungen nur auf die ihnen zugrunde liegenden Entscheidungen zu reduzieren in der Lage ist, ist das Resultat: »ein frei gesetzter Dezisionismus in der Wahl der obersten Ziele« [54]. Dem Positivismus im Bereich der Erkenntnis entspricht ein Dezisionismus im Bereich der Praxis; dem zu eng gefaßten Rationalismus im einen ein Irrationalismus im anderen Bereich. »So führt denn auf dieser Stufe Ideologiekritik unfreiwillig den Beweis, daß das Fortschreiten einer auf technische Verfügung erfahrungswissenschaftlich beschränkten Rationalisierung erkauft wird mit dem proportionalen Anwachsen einer Masse von Irrationalität im Bereich der Praxis selber [54].« In diesem Zusammenhang scheut sich *Habermas* nicht, die verschiedenen Formen des Dezisionismus, wie sie unter anderem von *Jean Paul Sartre*, *Carl Schmitt* und *Arnold Gehlen* vertreten werden, gewissermaßen als komplementäre Auffassungen in einen relativ engen Zusammenhang mit einem sehr weit gefaßten Positivismus zu bringen [55]. Ange-

---

53 Siehe dazu den Abschnitt »Die positivistische Isolierung von Vernunft und Entscheidung« seines Aufsatzes »Dogmatismus, Vernunft und Entscheidung«, in: Theorie und Praxis, a.a.O., S. 239 f.; sowie seinen Beitrag zur *Adorno*-Festschrift, S. 172 f.

54 *Habermas*, Theorie und Praxis, a.a.O., S. 242.

55 Eine gewisse Analogie zu dieser *Habermas*schen Komplementaritätsthese findet man in dem Aufsatz von *Wolfgang de Boer*, Positivismus und Existenzphilosophie, in: Merkur, VI. Jahrgang 1952, 47, S. 12 ff., wo die beiden Geistesströmungen als zwei Antworten auf »dasselbe ungeheure Ereignis der Seinsverfinsterung« gedeutet

sichts der von Positivisten und Dezisionisten gemeinsam akzeptierten Irrationalität der Entscheidungen ist, so glaubt *Habermas*, sogar als letzter verzweifelter Versuch die Rückkehr zur *Mythologie* verständlich, »um eine sozial verbindliche Vorentscheidung praktischer Fragen institutionell zu sichern«[56].

Die *Habermas*sche These ist von seinem Verständnis der positiven Wissenschaft her zumindest plausibel, wenn sie auch der Tatsache nicht Rechnung trägt, daß der Rückfall in die Mythologie, wo er wirklich erfolgt ist, keinesfalls der spezifischen Rationalität wissenschaftlicher Einstellung in die Schuhe geschoben werden kann[57]. Der von *Habermas* kritisierte Positivismus macht sich im allgemeinen in totalitären Gesellschaften, in denen eine solche Remythisierung an der Tagesordnung ist, recht unbeliebt, während dialektische Deutungsversuche der Realität sich dort vielfach Anerkennung verschaffen können[58]. Natürlich läßt sich dann später immer sagen, daß das nicht die wahre Dialektik gewesen sei. Aber woran ist diese eigentlich zu erkennen? Interessant ist in diesem Zusammenhang die Behandlung, die *Haber-*

---

werden. Der Verfasser empfiehlt eine »fundamental-anthropologische Interpretation«, »eine Wissenschaft vom Menschen, die wir heute noch nicht haben«, als das Heilmittel.

56 *Habermas*, Theorie und Praxis, a.a.O., S. 243. Er weist in diesem Zusammenhang auf das an interessanten Gedanken reiche Buch »Dialektik der Aufklärung« von *Max Horkheimer* und *Theodor W. Adorno*, Amsterdam 1947, hin, in dem im Rahmen einer Analyse der »Dialektik von Mythos und Aufklärung« der Positivismus »denunziert« und das schlechte Verhältnis *Hegels* zu Logik, Mathematik und positiver Wissenschaft erneuert wird.

57 Was den »Dezisionismus« *Carl Schmitts* angeht, so ist er im Dritten Reich interessanterweise einem »konkreten Ordnungsdenken« gewichen, das eher an *Hegel* erinnert, wie ihm seinerzeit von dem Hegelianer *Karl Larenz* bescheinigt wurde; siehe dazu *Karl Larenz'* Rezension des Buches von *Carl Schmitt*, Über die drei Arten des rechtswissenschaftlichen Denkens, Hamburg 1934, in: Zeitschrift für Deutsche Kulturphilosophie, Band 1, 1935, S. 112 ff. Diese Zeitschrift enthält auch sonst Zeugnisse eines auf *Hegel* zurückgreifenden erheblich rechtsorientierten Denkens, das man ohne Schwierigkeit in den Bereich faschistischer Ideologie einordnen kann.

58 Siehe dazu das Referat *Ernst Topitschs* auf dem 15. Deutschen Soziologentag: Max Weber und die Soziologie heute. Sehr interessant ist in dieser Beziehung auch das Buch von *Z. A. Jordan*, Philosophy and Ideology. The Devolopment of Philosophy and Marxism-Leninism in Poland since the Second World War, Dordrecht 1963, in dem die Auseinandersetzung der Warschauer Schule der Philosophie, die unter den weiten *Habermas*schen Begriff des »Positivismus« fallen dürfte, mit dem dialektisch orientierten polnischen Marxismus eingehend analysiert wird.

*mas* dem polnischen Revisionismus angedeihen läßt[59]. Dieser Revisionismus entwickelte sich in Reaktion auf die stalinistische Orthodoxie in einem geistigen Milieu, das stark durch die Einflüsse der Warschauer Schule der Philosophie geprägt war. Seine Kritik richtete sich unter anderem gegen die Züge einer holistischen Geschichtsphilosophie in praktischer Absicht, die den ideologischen Charakter des Marxismus bestimmen. Ihr fielen also gerade die Züge des marxistischen Denkens zum Opfer, an die *Habermas* in positiver Weise anknüpfen möchte. Diese Entwicklung kommt nicht von ungefähr. Sie hängt damit zusammen, daß in Polen, nach Herstellung einigermaßen freier Diskussionsmöglichkeiten, die Argumentation der Dialektiker unter dem Eindruck der Gegenargumente aus dem Bereich der Warschauer Schule – man darf wohl sagen: auf der ganzen Linie – zusammengebrochen ist[60]. Es ist ein wenig zu einfach, den Theoretikern, die gezwungen waren, unter den kritischen Argumenten von Philosophen einer erkenntnistheoretisch führenden Richtung unhaltbare Positionen aufzugeben, erkenntnistheoretische Naivität zu bescheinigen, wie das *Habermas* tut. Der Rückzug *Leszek Kolakowskis* auf einen »methodologischen Rationalismus« und einen mehr »positivistischen Revisionismus«, der von ihm so scharf kritisiert wird, war durch eine Herausforderung motiviert, der sich auch die hiesigen Erben des *Hegel*schen Denkens erst gewachsen zeigen müssen, ehe sie Anlaß haben, die Ergebnisse der polnischen Diskussion mit leichter Hand beiseite zu schieben[61].

Zwischen der Tatsache, daß dialektische Deutungsversuche der

---

59 Siehe dazu Theorie und Praxis, a.a.O., S. 324 ff. Es handelt sich um den Schlußteil (»Immamente Kritik am Marxismus«) einer sehr interessanten Arbeit »Zur philosophischen Diskussion um Marx und den Marxismus«, in dem außerdem dann noch *Sartre* und *H. Marcuse* behandelt werden. In dieser Arbeit kommen die *Habermas*schen Intentionen in Richtung auf eine praktisch orientierte und die Einsichten der empirischen Sozialwissenschaften verarbeitende Geschichtsphilosophie gut zum Ausdruck.

60 Siehe dazu das oben angegebene Buch von *Jordan*, Philosophy and Ideology, Teil IV bis VI. Die für die *Habermas*sche Konzeption relevante Argumentation findet man vor allem im Teil VI: Marxist-Leninist Historicism and the Concept of Ideology.

61 Das ist um so mehr der Fall, als man kaum sagen kann, daß den polnischen Marxisten etwa die Argumente nicht zugänglich gewesen wären, über die die hiesigen Vertreter dialektischen Denkens zu verfügen glauben.

Realität im Gegensatz zu dem von *Habermas* kritisierten »Positivismus« in totalitären Gesellschaften häufig nicht unbeliebt sind, und der Eigenart des dialektischen Denkens scheint mir eine enge Beziehung zu bestehen. Eine wesentliche Leistung derartiger Denkformen ist gerade darin zu sehen, daß sie geeignet sind, beliebige Entscheidungen als Erkenntnisse zu maskieren und dadurch zu legitimieren, und zwar in einer Weise, die sie nach Möglichkeit der Diskussion entrückt [62]. Eine »Dezision«, die sich in dieser Weise verhüllt, dürfte sich aber auch im Lichte einer noch so umfassenden Vernunft nicht besser ausnehmen als jene »bloße« Dezision, die man dadurch überwinden zu können glaubt. Die Demaskierung durch kritische Analyse kann also schwerlich im Namen der Vernunft kritisiert werden [63].

*Habermas* kann diese Ideologiekritik freilich nicht ganz in sein Schema einer technisch verwurzelten und daher beliebig verwendbaren Erkenntnis einordnen. Er ist genötigt, eine »verselbständigte Ideologiekritik« anzuerkennen, die sich anscheinend bis zu einem gewissen Grade von dieser Wurzel gelöst hat [64] und in der »redliche Positivisten, denen solche Perspektiven das Lachen verschlagen«, die nämlich vor Irrationalismus und Remythisierung zurückschrecken, »Halt suchen«. Die Motivation einer solchen Ideologiekritik hält er für ungeklärt, aber das ist nur deshalb der Fall, weil er hier das ihm offenbar allein einleuchtende Motiv der Bereitstellung neuer Techniken kaum unterstellen kann. Er sieht,

---

62 Siehe dazu zum Beispiel die kritischen Untersuchungen *Ernst Topitschs* in seinem Buch »Sozialphilosophie zwischen Ideologie und Wissenschaft«, a.a.O., sowie seinen Aufsatz »Entfremdung und Ideologie. Zur Entmythologisierung des Marxismus«, in: Hamburger Jahrbuch für Wirtschafts- und Gesellschaftspolitik, 9. Jahr, 1964.

63 Die »plane« Aufklärung, die dialektisch überwunden werden soll, scheint mir weitgehend mit der »platten« und »oberflächlichen« Aufklärung identisch zu sein, die man gerade in Deutschland seit langer Zeit im Namen einer fragwürdigen Staatsmetaphysik oder im Namen konkreter Lebensbezüge verdächtigt hat; siehe zu diesem Thema *Karl Popper*, Selbstbefreiung durch das Wissen, a.a.O., *Ernst Topitsch*, Sozialphilosophie zwischen Ideologie und Wissenschaft, a.a.O., und meinen Beitrag zum Jahrbuch für kritische Aufklärung »Club Voltaire« I, München 1963: Die Idee der kritischen Vernunft.

64 Siehe dazu *Habermas*, Theorie und Praxis, a.a.O., S. 243 ff. Er bezieht sich dabei zunächst auf die Arbeiten von *Ernst Topitsch*, die in dessen Buch »Sozialphilosophie zwischen Ideologie und Wissenschaft«, a.a.O., abgedruckt sind. Das Buch scheint ihm gewisse Einordnungsschwierigkeiten zu machen.

daß diese Kritik »selbst einen Versuch zur Erhellung des Bewußtseins« macht, sieht aber nicht, woraus sie ihre Kraft zieht, »wenn die von Entscheidung abgetrennte Vernunft des Interesses an einer Emanzipation des Bewußtseins von dogmatischer Befangenheit ganz entbehren muß«[65]. Hier stößt er auf das *Dilemma,* daß wissenschaftliche Erkenntnis dieser Art seiner Auffassung nach nur möglich ist »in der Art einer entschiedenen Vernunft, deren *begründete* Möglichkeit Ideologiekritik gerade bestreitet«, bei einem Verzicht auf Begründung aber »der Streit der Vernunft mit dem Dogmatismus selbst eine Sache der Dogmatik« bleibt[65], und sieht hinter diesem Dilemma die Tatsache, »daß die Ideologiekritik, was sie als dogmatisch bekämpft, nämlich Konvergenz von Vernunft und Entscheidung, als ihr eigenes Motiv stillschweigend voraussetzen muß – eben einen umfassenden Begriff der Rationalität«[65]. Mit anderen Worten: Diese Art von Ideologiekritik ist nicht in der Lage, sich selbst zu durchschauen. *Habermas* aber durchschaut sie: nämlich als eine verschleierte Form dezidierter Vernunft, eine verhinderte Dialektik. Man sieht, wohin ihn seine restriktive Interpretation der nicht-dialektischen Sozialwissenschaft führt.

Die so analysierte Ideologiekritik kann dagegen ohne weiteres ein ihr zugrunde liegendes Interesse an einer »Emanzipation des Bewußtseins von dogmatischer Befangenheit« zugestehen. Sie ist sogar imstande, selbst über ihre Grundlagen zu reflektieren, ohne in Verlegenheit zu geraten. Was aber die von *Habermas* aufgestellte *Alternative von Dogmatismus und Begründung* angeht, so hat sie allen Anlaß, einen Aufschluß darüber zu erwarten, wie die Dialektik imstande ist, das hier aufgeworfene Begründungsproblem zu lösen. Vor allem *sie* ist ja auf eine solche Lösung angewiesen, da sie vom Gesichtspunkt der Legitimation praktischer Absichten ausgeht. Ob der Positivismus in der Lage ist, eine Lösung zu bieten, ja ob er überhaupt an einer Lösung derartiger Probleme interessiert ist, das ist eine Frage, deren Beantwortung unter anderem davon abhängt, was man unter »Positivismus« versteht. Wir werden darauf zurückkommen.

Nach *Habermas* kann man unterscheiden zwischen einer Ideo-

---

[65] *Habermas,* a.a.O., S. 244.

logiekritik und entsprechend einer Rationalität, die nur am Wert wissenschaftlicher Techniken orientiert ist, und einer anderen, die darüber hinaus auch vom »Sinne einer wissenschaftlichen Emanzipation zur Mündigkeit« ausgeht[66]. Er möchte zugestehen, daß unter Umständen »Ideologiekritik auch in ihrer positivistischen Form ein Interesse an Mündigkeit verfolgen« kann. Die *Popper*sche Konzeption, der er dieses Zugeständnis macht[67], kommt seiner Auffassung nach offenbar der umfassenden Rationalität dialektischer Prägung am nächsten. Es läßt sich nämlich nicht leugnen, daß der kritische Rationalismus *Poppers*, der ja gerade in Reaktion auf den logischen Positivismus der 30er Jahre entwickelt wurde, keine prinzipiellen Grenzen der rationalen Diskussion anerkennt und daher Probleme in Angriff nehmen kann, die ein enger verstandener Positivismus nicht zu diskutieren pflegt[68]. Allerdings hat er keinen Anlaß, alle solchen Probleme der positiven Wissenschaft zuzurechnen. Die kritische Vernunft im Sinne *Poppers* macht nicht an den Grenzen der Wissenschaft halt. *Habermas* konzediert ihm das Motiv der Aufklärung, weist aber auf den »resignierten Vorbehalt« hin, der angeblich darin liegt, daß hier der Rationalismus »nur noch als Glaubensbekenntnis auftritt«[69]. Es ist zu vermuten, daß seine Kritik an dieser

---

[66] Theorie und Praxis, a.a.O., S. 244 ff. und S. 250.

[67] *Habermas*, a.a.O., S. 251. *Ernst Topitsch* scheint dagegen, wenn ich recht sehe, der ersten Art zugerechnet werden zu müssen. Worauf sich diese Zuordnung gründet, bin ich nicht in der Lage zu erkennen. Ebensowenig sehe ich, inwiefern man überhaupt eine Einordnung nach diesem Schema vornehmen kann. Welche Kriterien werden da verwendet? Sollte die erste Form der Ideologiekritik nicht vielleicht ihre fiktive Existenz seiner restriktiven Interpretation wissenschaftlicher Erkenntnis verdanken?

[68] Übrigens ist es überhaupt fragwürdig, solche Probleme auf dem Hintergrund des Positivismus der 30er Jahre zu erörtern, der von seinen früheren Vertretern längst aufgegeben wurde. Schon damals gab es außerdem zum Beispiel die Warschauer Schule, die manche Beschränkungen nie mitgemacht hat. Der Satz *Wittgensteins*, den *Habermas* im Zusammenhang mit der Frage der Wertfreiheit zitiert – Analytische Wissenschaftstheorie und Dialektik, a.a.O., S. 171 –: »Wir fühlen, daß, selbst wenn alle möglichen wissenschaftlichen Fragen beantwortet sind, unsere Lebensprobleme noch gar nicht berührt sind«, scheint mir für die meisten »Positivisten« ziemlich uncharakteristisch zu sein. Mit *Poppers* Auffassung hat er nichts zu tun, so daß sein Auftauchen im Zusammenhang mit der *Popper*-Kritik nicht recht verständlich ist.

[69] *Habermas*, Theorie und Praxis, a.a.O., S. 252.

Stelle mit der eben erwähnten Erwartung einer Begründung zusammenhängt.

Diese Erwartung wird zweifellos enttäuscht. *Popper* entwickelt seine Auffassung in Auseinandersetzung mit einem »umfassenden Rationalismus«, der insofern unkritisch ist, als er – in Analogie zum Lügner-Paradox – seine eigene Aufhebung impliziert[70]. Da eine Selbstbegründung des Rationalismus also aus logischen Gründen nicht in Frage kommt, nennt *Popper* die Annahme einer rationalistischen Einstellung eine Entscheidung, die, weil sie logisch *vor* der Verwendung rationaler Argumente liegt, als irrational bezeichnet werden kann[71]. Er macht dann allerdings einen scharfen Unterschied zwischen einer blinden Entscheidung und einer solchen, die mit offenen Augen, also in klarer Erkenntnis ihrer Konsequenzen, getroffen wurde. – Wie stellt sich *Habermas* zu diesem Problem? Nun, er geht darüber hinweg, vermutlich in der Annahme, daß der Dialektiker nicht mit ihm konfrontiert wird[72]. Auf die Argumente *Poppers* gegen den umfassenden Rationalismus geht er nicht ein. Er gesteht zu: »Wenn das vom Interesse der Vernunft purgierte wissenschaftliche Erkennen jedes immanenten Sinnbezugs auf Praxis entbehrt und wenn umgekehrt jeder normative Gehalt nominalistisch von Einsichten in

---

70 *Karl Popper*, The Open Society and its Enemies, a.a.O., S. 414 ff.

71 Man kann darüber streiten, ob die hier verwendeten Ausdrücke nicht insofern problematisch sind, als sie möglicherweise irreführende Assoziationen hervorrufen können. Man könnte zum Beispiel die Verwendung der Dichotomie »rational-irrational« auf Fälle einschränken, in denen es beide Möglichkeiten gibt. Das Wort »Glaube«, das in diesem Zusammenhang bei *Popper* auftaucht, ist ebenfalls in mancher Hinsicht belastet, vor allem durch die weitverbreitete Vorstellung, daß zwischen Glauben und Wissen kaum ein Zusammenhang existiere. Aber, wie dem auch sei: Es kommt hier nicht in erster Linie auf die Ausdrucksweise an.

72 Es ist in diesem Zusammenhang nicht uninteressant, daß der Begründer der Dialektik, wie sie von *Habermas* gegen den »Positivismus« ausgespielt wird, nicht ganz ohne einen »Entschluß«, »den man auch für eine Willkür ansehen kann«, ausgekommen ist; siehe dazu *G. F. W. Hegel*, Wissenschaft der Logik, herausgegeben von *Georg Lasson*, Erster Teil, Band 56 der Meiner-Bibliothek, S. 54. Auf diesen Punkt hat *Jürgen von Kempski* nachdrücklich hingewiesen in seiner schon erwähnten Arbeit über »Voraussetzungslosigkeit«, siehe dazu: Brechungen, a.a.O., S. 142, S. 146 und passim. Von *Kempski* macht im übrigen darauf aufmerksam, »daß von den sogenannten deutschen Idealisten die Kantischen Positionen des Primats der praktischen Vernunft und der Postulatenlehre zum Angelpunkt einer letztlich theologischen Motiven dienstbaren Umdeutung der Vernunftkritik gemacht werden«, a.a.O., S. 146.

den realen Lebenszusammenhang losgelöst ist – wie *Popper* undialektisch voraussetzt –, dann muß in der Tat das Dilemma zugestanden werden: daß ich niemanden rational zwingen kann, seine Annahmen auf Argumente und Erfahrungen zu stützen[73].« Inwiefern aber die Annahme eines »immanenten Sinnbezugs auf Praxis« in der Erkenntnis oder die Verbindung von normativem Gehalt und Sacheinsichten gerade hier relevant sein können, zeigt er nicht. Seine Ausführungen laufen letzten Endes darauf hinaus, daß die Probleme von einer umfassenden »dezidierten« Vernunft adäquat gelöst werden können. Wie diese Lösung aber aussieht, erfährt man nicht. Sein Gedanke, daß »der vernünftigen Diskussion als solcher unnachgiebig eine Tendenz innewohnt, eben eine Entschiedenheit, die durch Rationalität selbst ausgewiesen ist, und der Dezision, des puren Glaubens, nicht bedarf«[74], setzt die vernünftige Diskussion als Faktum voraus und geht schon aus diesem Grunde an dem von *Popper* aufgeworfenen Problem vorbei. Die These, daß schon »in der schlichtesten Diskussion über methodologische Fragen ... das Vorverständnis einer Rationalität vorausgesetzt (ist), die ihrer normativen Momente noch nicht beraubt ist«[75], eignet sich kaum als Einwand gegen *Popper*, der den normativen Hintergrund solcher Diskussionen nicht etwa geleugnet, sondern ihn vielmehr analysiert hat. Hier zeigt sich bei *Habermas* wieder die schon einmal erwähnte Neigung, auf »bloße« Fakten zu verweisen, statt Probleme und Problemlösungen zu diskutieren.

Inzwischen hat *Popper* seine Auffassungen in einer Weise weiterentwickelt, die für die von *Habermas* behandelten Probleme von Interesse sein dürfte[76]. Er zielt dabei auf die Überwindung

---

[73] *Habermas*, Theorie und Praxis, a.a.O., S. 252.

[74] *Habermas*, a.a.O., S. 254.

[75] *Habermas* bezieht sich hier auf *David Poles* interessantes Buch Conditions of Rational Inquiry, London 1961, ein Buch, das bei partieller Kritik an *Popper* sehr viel von seinen Auffassungen übernimmt. *Pole* geht zwar auf dessen Werk The Open Society and its Enemies ein, nicht aber auf spätere Veröffentlichungen, in denen dieser seinen Kritizismus weiter ausgearbeitet hat.

[76] Siehe dazu vor allem seine Arbeit On the Sources of Knowledge and Ignorance, in: Procceedings of the British Academy, Vol. XLVI, 1960, wiederabgedruckt in seinem Aufsatzband Conjectures and Refutations; siehe dazu auch *William Warren Bartley*, The Retreat to Commitment, New York 1962; *Paul K. Feyerabend*,

von Auffassungen ab, die an der *Idee der positiven Rechtfertigung* orientiert sind[77], und setzt ihr die *Idee der kritischen Prüfung* entgegen, und zwar losgelöst von einem Rechtfertigungsdenken, das nur die Wahl hat zwischen einem nicht vollziehbaren infiniten Regreß und einer dogmatischen Lösung. Diesem Rechtfertigungsdenken ist auch *Habermas* noch verhaftet, wenn er auf faktische Gewißheiten irgendwelcher Art rekurriert, wenn er praktische Absichten aus einem objektiven Zusammenhang legitimieren will und wenn er erwartet, daß metaethische Kriterien aus zugrunde liegenden Interessen abgeleitet und gerechtfertigt werden[78]. Die Alternative von Dogmatismus und Begründung, die beim ihm eine Rolle spielt, wird, so selbstverständlich sie klingt, durch das Argument getroffen, daß eine Rückführung auf positive Gründe selbst den Charakter eines dogmatischen Verfahrens hat. Die Forderung nach Legitimation, die auch die *Habermas*sche Geschichtsphilosophie in praktischer Absicht inspiriert, macht den Rekurs auf Dogmen respektabel, der mit Dialektik nur verschleiert werden kann. Ideologiekritik zielt darauf ab, solche Verschleierungen durchsichtig zu machen, den dogmatischen Kern derartiger Argumentationen bloßzulegen und sie auf den sozialen Wirkungszusammenhang zu beziehen, in dem sie ihre legitimierende Funktion erfüllen. In dieser Hinsicht wirkt

---

Knowledge without Foundations, Oberlin/Ohio 1961; und meinen oben erwähnten Beitrag: Die Idee der kritischen Vernunft.

[77] Schon in seiner »Logik der Forschung«, Wien 1935, sind die Ansätze für diese Entwicklung zu finden; siehe dazu seine Behandlung des *Fries*schen Trilemmas von Dogmatismus, infinitem Regreß und Psychologismus im Kapitel über das Problem der empirischen Basis.

[78] Siehe dazu Theorie und Praxis, a.a.O., S. 255, wo er auf meinen Aufsatz »Ethik und Meta-Ethik«, in: Archiv für Philosophie, Band 11, 1961, eingeht. Gegen meine Behandlung des Bewährungsproblems für ethische Systeme wendet er ein, daß hier die positivistischen Schranken unfreiwillig sichtbar würden, da Sachfragen in der Form methodologischer Entscheidungen präjudiziert und die praktischen Folgen der Anwendung der betreffenden Kriterien aus der Reflexion ausgeschlossen würden. Statt dessen schlägt er eine hermeneutische Klärung von historisch angemessenen Begriffen und die erwähnte Rechtfertigung aus Interessen vor. Kurz vorher hat er aber gerade einen Passus von mir zitiert, aus dem hervorgeht, daß eine rationale Diskussion derartiger Kriterien durchaus möglich ist. Es wird hier weder etwas aus der Reflexion ausgeschlossen noch etwas präjudiziert im Sinne unrevidierbarer Entscheidungen. Ob etwas »an sich« eine »Sachfrage« ist und daher auf einer ganz bestimmten Ebene zu diskutieren, dürfte schwerlich entscheidbar sein.

sie also gerade solchen Aussagengebäuden entgegen, wie sie *Habermas* für die normative Orientierung der Praxis fordert: Sie hat keine legitimierenden, sondern kritische Leistungen zu erbringen. Wer das Problem der Beziehungen zwischen Theorie und Praxis, zwischen Sozialwissenschaft und Politik, unter dem Gesichtspunkt der Rechtfertigung zu lösen unternimmt, dem bleibt allerdings, wenn er den offenen Rekurs auf eine normative Dogmatik vermeiden will, nur der Rückzug auf eine Form der Verschleierung, wie sie durch dialektisches oder auch hermeneutisches Denken erzielt werden kann. Eine nicht geringe Rolle kann dabei eine Sprache spielen, die einer klaren und präzisen Formulierung der Gedanken im Wege steht. Daß eine solche Sprache aber sogar die methodologischen Reflexionen beherrscht, die dem eigentlichen Unternehmen vorangehen, sowie die Auseinandersetzung mit anderen Konzeptionen auf dieser Ebene, ist vermutlich nur noch von ästhetischen Motiven her zu verstehen, wenn man den naheliegenden Gedanken einer Strategie relativer Immunisierung einmal beiseite läßt [79].

## 6 *Kritizismus contra Dialektik*

Das Problem der Beziehungen zwischen Theorie und Praxis, das im Zentrum der *Habermas*schen Gedanken steht, ist von vielen Gesichtspunkten her interessant. Mit ihm haben sich auch Vertreter anderer Auffassungen auseinanderzusetzen [80]. Es ist ein Problem, bei dessen Behandlung philosophische Auffassungen unvermeidlich eine Rolle spielen. Das mag zu brauchbaren Lö-

---

[79] Allerdings hat man, wo diese Sprache zum Vorschein kommt, bei den Vertretern der Frankfurter Schule, auch dann, wenn ihre Gedanken durchaus nicht uninteressant erscheinen, den Eindruck, daß sie sich von vornherein gegen mögliche Kritiker »einigeln«.

[80] Seit langer Zeit hat sich zum Beispiel *Gerhard Weisser*, von der *Fries-Nelsons*chen Version des Kantianismus herkommend, mit diesem Problem beschäftigt. In der Nationalökonomie finden wir die sogenannte Wohlfahrtsökonomik, die vor allem utilitaristische Wurzeln hat. Besonders in dieser Disziplin hat sich gezeigt, welchen Schwierigkeiten das Unternehmen der Rechtfertigung politischer Maßnahmen durch theoretische Überlegungen ausgesetzt ist. Der Teufel scheint hier vielfach im Detail zu stecken.

sungen führen, aber unter Umständen auch eine Lösung erschweren. Die von *Habermas* praktizierte Art, diese Problematik in Angriff zu nehmen, leidet darunter, daß er die Schwierigkeiten der von ihm kritisierten Auffassungen durch restriktive Deutungen übertreibt und seine eigenen Lösungen bestenfalls vage und in metaphorischen Wendungen andeutet [81]. Seinen Gegnern gegenüber gebärdet er sich hyperkritisch, der Dialektik gegenüber mehr als großzügig. Er spart nicht mit Ratschlägen an seine Gegner, ihre Beschränktheit zu überwinden durch Herstellung der Einheit von Vernunft und Entscheidung, Übergang zu einer umfassenderen Rationalität und was dergleichen Formulierungen sein mögen. Aber was er an Positivem ihrer »partikularen« Rationalität entgegensetzt, sind eher Metaphern als Methoden. Er nutzt den Vorteil gründlich aus, der darin liegt, daß zum Beispiel *Popper* seine Auffassungen in klaren Formulierungen expliziert, setzt aber seine Leser dem Nachteil aus, daß sie sich in seinen eigenen Darlegungen mühsam zurechtfinden müssen.

In sachlicher Hinsicht liegt die grundlegende Schwäche seiner Darlegungen in der Art, wie er die Problemsituation zeichnet. Seine instrumentalistische Deutung der theoretischen Realwissenschaften zwingt ihn zu einer Interpretation der Ideologiekritik »positivistischer« Provenienz, für die es kaum Anhaltspunkte in der sozialen Wirklichkeit geben dürfte. Wo er nicht umhin kann, das Motiv der Aufklärung, der Emanzipation des Bewußtseins von dogmatischer Befangenheit zuzugestehen, deutet er Einschränkungen an, die an Hand seiner Formulierungen schwer zu identifizieren sind. Die These der Komplementarität von Positivismus und Dezisionismus, die er vertritt, entbehrt nicht einer gewissen Plausibilität, wenn man sie auf den unreflektierten »Positivismus« des Alltagslebens bezieht, sie mag sogar einiges für sich haben, wenn man seine instrumentalistische Deutung der Wissenschaft voraussetzt, aber sie dürfte auf die philosophischen Auf-

---

[81] Ich will keineswegs bestreiten, daß sein Buch »Theorie und Praxis« interessante, zum Teil historische Analysen und Auseinandersetzungen enthält, auf die ich im Rahmen der von mir behandelten Probleme nicht eingehen konnte. Ich habe mich hier nur mit den systematischen Gedanken beschäftigen können, die für seine Kritik am »Positivismus« in Frage kommen. Die betreffenden Partien mögen für eine Würdigung des Buches im Ganzen nicht unbedingt ausschlaggebend sein.

fassungen, die er mit dieser These treffen möchte, kaum sinnvoll anzuwenden sein. Die Unterscheidung zwischen Tatsachen und Entscheidungen, zwischen Naturgesetzen und Normen, die von ihm als Trennung gedeutet und zurückgewiesen wird, muß er in seinen Versuchen, ihre Fragwürdigkeit zu erweisen, immer wieder voraussetzen. Gerade durch die Verwischung des Unterschiedes wird aber eine Klärung der Beziehungen zwischen diesen Dingen nur erschwert. *Daß* es Beziehungen zwischen ihnen gibt, wird in den von ihm kritisierten Auffassungen keineswegs geleugnet. Solche Beziehungen werden vielmehr analysiert.

Der grobe »Positivismus« des gesunden Menschenverstandes mag dazu neigen, *reine* Theorien, *nackte* Tatsachen und *bloße* Entscheidungen nicht nur zu unterscheiden, sondern auch gegeneinander zu *isolieren*, wenn er sich von der ursprünglichen *Verschmelzung* dieser Elemente in der Sprache und im Denken des Alltags zu lösen sucht. Das gilt aber keineswegs für philosophische Auffassungen wie die von *Habermas* kritisierten. Sie zeigen vielmehr mannigfache *Beziehungen* zwischen diesen Momenten auf, die für Erkenntnis und Handeln relevant sein können. Die Tatsachen erscheinen dann als theoretisch gedeutete Aspekte der Realität[82], die Theorien als selektive Interpretationen, bei deren Beurteilung wieder Tatsachen eine Rolle spielen und deren Annahme Entscheidungen involviert. Diese Entscheidungen werden nach Gesichtspunkten getroffen, die auf meta-theoretischer Ebene sachlicher Diskussion zugänglich sind[83]. Was die Entscheidungen des praktischen Lebens angeht, so können sie im Lichte einer Situationsanalyse getroffen werden, die sich theoretischer Resultate bedient und tatsächlich zu erwartende Konsequenzen in

---

[82] Siehe dazu zum Beispiel *Karl R. Popper*, Why are the Calculi of Logic and Arithmetic Applicable to Reality? in: Conjectures and Refutations, a.a.O., vor allem S. 213 f.

[83] *Habermas* gesteht zu (Theorie und Praxis, a.a.O., S. 255 f.), daß »die Schwelle zur Dimension umfassender Rationalität schon überschritten« ist, »sobald auf der methodologischen, der sogenannten metatheoretischen und metaethischen Ebene überhaupt *mit Gründen* argumentiert wird«, als ob nicht die Diskussion über solche Probleme mit kritischen Argumenten gerade für die Arten rationalistischer Auffassung schon immer charakteristisch gewesen wäre, die er mit dem Sammelnamen des Positivismus belegt. Man braucht nur einen Blick in bestimmte Zeitschriften zu tun, um das festzustellen.

Rechnung stellt. Die Unterscheidung zwischen Tatsachen und Entscheidungen, nomologischen und normativen Aussagen, Theorien und Tatbeständen involviert keineswegs einen Mangel an Zusammenhang. Es dürfte kaum sinnvoll sein, alle solche Unterscheidungen in einer ad hoc postulierten Einheit von Vernunft und Entscheidung »dialektisch aufzuheben« und damit die verschiedenen Aspekte von Problemen und die Ebenen der Argumentation in einer Totalität untergehen zu lassen, die zwar alles gleichzeitig umfaßt, aber auch dazu nötigt, alle Probleme gleichzeitig zu lösen. Ein solches Verfahren kann nur dazu führen, daß Probleme angedeutet, aber nicht mehr analysiert, Lösungen prätendiert, aber nicht mehr durchgeführt werden. Der dialektische Kult der totalen Vernunft ist zu anspruchsvoll, um sich mit »partikularen« Lösungen zu begnügen. Da es keine Lösungen gibt, die seinen Ansprüchen genügen, ist er genötigt, sich mit Andeutungen, Hinweisen und Metaphern zufrieden zu geben.

*Habermas* ist mit den Problemlösungen seiner Diskussionspartner nicht einverstanden. Das ist sein gutes Recht. Sie sind selbst nicht besonders zufrieden damit. Sie sind bereit, Alternativen zu diskutieren, wenn diese geboten werden, und auf kritische Betrachtungen zu reagieren, soweit in ihnen Argumente zu erkennen sind. Sie leiden nicht unter jener Beschränkung der Rationalität auf die Probleme der positiven Wissenschaft, die er ihnen vielfach unterstellen zu müssen glaubt, aber auch nicht unter der restriktiven Deutung wissenschaftlicher Erkenntnis, wie er sie zur Grundlage seiner Kritik macht. Sie sehen in den positiven Wissenschaften nicht ein bloßes Hilfsmittel technischer Rationalisierung, sondern vor allem auch ein Paradigma kritischer Rationalität, einen sozialen Bereich, in dem die Lösung von Problemen unter Verwendung kritischer Argumente in einer Weise ausgebildet wurde, wie das für andere Bereiche von großer Bedeutung sein kann [84]. Der von *Habermas* bevorzugten Dialektik glauben

---

[84] Daß auch die Wissenschaft nicht gegen Dogmatisierung gefeit ist, ist ihnen durchaus geläufig, denn auch die Wissenschaft ist ein menschliches Unternehmen; siehe dazu zum Beispiel *Paul K. Feyerabend*, Über konservative Züge in den Wissenschaften und insbesondere in der Quantentheorie und ihre Beseitigung, in: Club Voltaire, Jahrbuch für kritische Aufklärung I, herausgegeben von *Gerhard Szczesny*, München 1963.

sie allerdings mit Skepsis begegnen zu müssen, unter anderem auch deshalb, weil sich mit ihrer Hilfe pure Dezisionen so gut als Erkenntnisse maskieren und dogmatisieren lassen. Wenn ihm an der Aufhellung der Zusammenhänge von Theorie und Praxis gelegen ist, nicht an ihrer metaphorischen Umschreibung, dann hat *Habermas* sich die falschen Gegner gesucht und den falschen Verbündeten, denn die Dialektik wird ihm keine Lösungen bieten, sondern nur Masken, unter denen sich ungelöste Probleme verbergen.

JÜRGEN HABERMAS

# Gegen einen positivistisch halbierten Rationalismus

*Erwiderung eines Pamphlets*[1]

*Hans Albert* befaßt sich kritisch mit einer Abhandlung über Analytische Wissenschaftstheorie und Dialektik, in der ich eine auf der Tübinger Arbeitstagung der Deutschen Gesellschaft für Soziologie geführte Kontroverse zwischen *Karl R. Popper* und *Theodor W. Adorno* aufgenommen habe[2]. Die bisher geübte Strategie wechselseitigen Achselzuckens ist nicht gerade ergiebig. Deshalb begrüße ich die Tatsache dieser Polemik, so problematisch deren Form auch sein mag. Ich beschränke mich auf ihren Inhalt.

Einige Bemerkungen muß ich der Diskussion vorausschicken, um über die Basis unserer Auseinandersetzung Einverständnis herbeizuführen. Meine Kritik richtet sich nicht gegen die Forschungspraxis strikter Erfahrungswissenschaften, auch nicht gegen die einer verhaltenswissenschaftlichen Soziologie – soweit es sie gibt; eine andere Frage ist, ob es sie jenseits der Grenzen einer sozialpsychologischen Kleingruppenforschung überhaupt geben kann. Meine Kritik richtet sich ausschließlich gegen die positivistische Deutung solcher Forschungsprozesse. Denn das falsche Bewußtsein einer richtigen Praxis wirkt auf diese zurück. Ich bestreite nicht, daß die analytische Wissenschaftstheorie die Forschungspraxis gefördert und zur Klärung methodologischer Entscheidungen beigetragen hat. Daneben wirkt sich aber das positivistische Selbstverständnis restriktiv aus; es stellt die verbindliche Reflexion an den Grenzen empirisch-analytischer (und formaler) Wissenschaften still. Gegen diese verschleiert normative Funktion

---

[1] Vgl. *Hans Albert*, Der Mythos der totalen Vernunft. Seitenangaben im Text beziehen sich auf diesen Aufsatz.

[2] Abgedruckt S. 155 ff.; außerdem bezieht sich *Albert* auf einige Stellen aus meiner Abhandlung über Dogmatismus, Vernunft und Entscheidung, in: *Jürgen Habermas*, Theorie und Praxis, Neuwied 1963, S. 231 ff. Das Buch im ganzen berücksichtigt er nicht.

eines falschen Bewußtseins wende ich mich. Den positivistischen Verbotsnormen zufolge müßten ganze Problembereiche aus der Diskussion ausgeschlossen und irrationalen Einstellungen überlassen werden, obwohl sie einer kritischen Klärung, wie ich meine, sehr wohl fähig sind. Ja, wenn jene Probleme, die mit der Wahl von Standards und dem Einfluß von Argumenten auf Einstellungen zusammenhängen, kritischer Erörterung unzugänglich wären und bloßen Dezisionen überlassen bleiben müßten, dann wäre die Methodologie der Erfahrungswissenschaften selber um nichts weniger irrational. Weil unsere Chancen, über strittige Probleme eine Einigung auf rationalem Wege zu erzielen, faktisch recht begrenzt sind, halte ich prinzipielle Vorbehalte, die uns an der Ausschöpfung dieser Chancen hindern, für gefährlich. Um mich der Dimension umfassender Rationalität zu vergewissern und den Schein der positivistischen Schranken zu durchschauen, schlage ich freilich einen altmodischen Weg ein. Ich vertraue auf die Kraft der Selbstreflexion: Wenn wir das, was in Forschungsprozessen geschieht, reflektieren, gelangen wir zu der Einsicht, daß wir uns immer schon in einem Horizont vernünftiger Diskussion bewegen, der weiter gezogen ist, als es der Positivismus für erlaubt hält.

*Albert* isoliert meine Argumente aus dem Zusammenhang einer immanenten Kritik an *Poppers* Auffassung. So geraten sie durcheinander – ich selbst kenne sie kaum wieder. Überdies erweckt *Albert* den Eindruck, als wollte ich mit ihrer Hilfe neben den handfest eingeführten Methoden der sozialwissenschaftlichen Forschung so etwas wie eine neue »Methode« einführen. Nichts dergleichen hatte ich im Sinn. *Poppers* Theorie habe ich für die Auseinandersetzung gewählt, weil er meinen Bedenken gegen den Positivismus bereits einen Schritt entgegenkommt. Unter dem Einfluß von *Russell* und dem frühen *Wittgenstein* hatte vor allem der Wiener Kreis um *Moritz Schlick* die nun schon klassisch gewordenen Grundzüge einer Wissenschaftstheorie entworfen. In dieser Tradition nimmt *Popper* eine eigentümliche Stellung ein: Er ist einerseits ein repräsentativer Vertreter der analytischen Wissenschaftstheorie und hat doch bereits in den zwanziger Jahren die empiristischen Voraussetzungen des neueren Positivismus überzeugend kritisiert. *Poppers* Kritik erarbeitet die erste Stufe der Selbstreflexion eines Positivismus, dem er doch noch so weit verhaftet bleibt, daß er den objektivistischen Schein, als bildeten wissenschaftliche Theorien Tatsachen ab, nicht durchschaut. *Popper* reflektiert das technische Erkenntnisinteresse der Erfahrungswissenschaften nicht, ja, er wehrt pragmatische Auffassungen entschieden ab. Mir bleibt nichts anderes übrig, als den Zusammenhang meiner Argumente mit *Poppers* Problemen, den *Albert* unkenntlich macht, wiederherzustellen. Wenn ich meine bereits vorgetragene Kritik anhand der Vorwürfe reformuliere, die *Albert* gegen sie erhebt, habe ich die Hoffnung, daß sie in ihrer neuen Form weniger Mißverständnisse auslöst.

Den Vorwurf mißzuverstehen, macht allerdings *Albert* zunächst einmal mir. Er ist der Meinung, daß ich mich im Irrtum befinde über folgende Punkte:

über die *methodologische Rolle der Erfahrung*,
über das sogenannte *Basisproblem*,
über das *Verhältnis methodologischer und empirischer Aussagen*,
über den *Dualismus von Tatsachen und Standards*.

*Albert* behauptet ferner, daß die pragmatistische Deutung der empirisch-analytischen Wissenschaften falsch ist. Schließlich hält er die Gegenüberstellung von dogmatisch festgehaltenen und rational begründeten Positionen für eine falsch gestellte Alternative, die gerade durch *Poppers* Kritizismus überholt sei. Diese beiden Einwände diskutiere ich im Zusammenhang mit jenen vier »Mißverständnissen«, die ich der Reihe nach aufklären möchte. Der Leser mag dann entscheiden, auf wessen Seite sie bestanden haben.

Eine soziologische Fachzeitschrift belaste ich nur ungern mit Einzelheiten der Wissenschaftstheorie; aber eine Diskussion können wir nicht führen, solange wir über den Sachen stehen und nicht in ihnen.

## 1 Kritik des Empirismus

Das erste Mißverständnis bezieht sich auf die methodologische Rolle der Erfahrung in den empirisch-analytischen Wissenschaften. *Albert* weist mit Recht darauf hin, daß in Theorien Erfahrungen beliebiger Herkunft einschießen können, gleichviel, ob sie aus dem Potential der Alltagserfahrung, aus überlieferten Mythen oder spontanen Erlebnissen stammen. Sie müssen bloß der Bedingung genügen, daß sie sich in überprüfbare Hypothesen übersetzen lassen. Für diese Überprüfung selbst ist demgegenüber nur ein bestimmter Typus von Erfahrung zugelassen: die durch experimentelle oder analoge Veranstaltungen reglementierte Sinneserfahrung; wir sprechen auch von systematischer Beobachtung. Nun habe ich jenen Zufluß unreglementierter Erfahrungen in den Strom der hypothesenschaffenden Phantasie keineswegs in Frage gestellt; ebensowenig würde ich je die Vorzüge von Prüfungssituationen verkennen, die durch wiederholbare Tests Sinneserfahrungen organisieren. Aber wenn man philosophische Unschuld nicht um jeden Preis inthronisieren will, muß die Frage gestattet sein: ob nicht durch eine solche Definition der Prüfungsbedingungen der mögliche Sinn der empirischen Geltung von Aussagen im vorhinein festgelegt ist; und wenn das der Fall ist: welcher Sinn von Geltung damit präjudiziert wird. Die Erfahrungsbasis der strikten Wissenschaften ist nicht unabhängig von den Standards, die diese Wissenschaften selber der Erfahrung anlegen. Offensichtlich ist die Prozedur der Überprüfung, die *Albert* als die einzig legitime unterstellt, nur eine unter mehreren. Moralische Gefühle, Entbehrungen und Frustrationen, lebensgeschichtliche Krisen, Einstellungsänderungen im Zuge einer Reflexion – vermitteln andere Erfahrungen. Sie können durch entsprechende Standards zur Prüfungsinstanz erhoben werden; die vom Psychoanalytiker ausgewertete Übertragungssituation zwischen Arzt und Patient gibt dafür ein Beispiel. Ich möchte nicht die Vorzüge und Nachteile verschiedener Prüfungsverfahren vergleichen, sondern nur meine Fragen erläutern. *Albert* kann diese nicht diskutieren, weil er unbeirrt Tests mit möglicher Überprüfung von Theorien an der Erfahrung überhaupt identifiziert. Was ich zum Probleme mache, unterstellt er weiterhin undiskutiert.

Mich interessiert diese Frage im Zusammenhang mit *Poppers* Einwänden gegen die empiristischen Voraussetzungen des neueren Positivismus. *Popper* bestreitet die These von der evidenten Selbstgegebenheit des Seienden in der Sinneserfahrung. Die Idee einer unmittelbar bezeugten Realität und einer manifesten Wahrheit hat der erkenntniskritischen Reflexion nicht standgehalten. Der Anspruch der Sinneserfahrung auf letztgültige Evidenz ist seit *Kants* Nachweis der kategorialen Elemente unserer Wahrnehmung abgewiesen. *Hegels* Kritik der sinnlichen Gewißheit, *Peirces* Analyse der in Handlungssysteme eingelassenen Wahrnehmung, *Husserls* Explikation der vorprädikativen Erfahrung und *Adornos* Abrechnung mit der Ursprungsphilosophie haben von verschiedenen Ausgangspunkten her den Nachweis erbracht, daß es unvermitteltes Wissen nicht gibt. Die Suche nach der originären Erfahrung eines evidenten Unmittelbaren ist vergeblich. Noch die einfachste Perzeption ist nicht nur durch die physiologische Ausstattung kategorial vorgeformt – sie ist durch vorgängige Erfahrung, durch Tradiertes und Gelerntes ebenso bestimmt wie durch Antizipiertes, durch den Horizont der Erwartungen, ja der Träume und Ängste. *Popper* formuliert diese Einsicht mit dem Satz, daß Beobachtungen immer schon Interpretationen im Lichte gemachter Erfahrungen und erworbenen Wissens implizieren. Noch einfacher: Erfahrungsdaten sind Interpretationen im Rahmen vorgängiger Theorien; sie teilen daher selbst deren hypothetischen Charakter[3].

*Popper* zieht aus diesem Sachverhalt radikale Folgerungen. Er nivelliert alles Wissen auf der Ebene von Meinungen, von Konjekturen, mit deren Hilfe wir eine unzureichende Erfahrung hypothetisch ergänzen und unsere Ungewißheiten über eine verschleierte Wirklichkeit interpolieren. Solche Meinungen und Entwürfe unterscheiden sich lediglich nach dem Grade ihrer Überprüfbarkeit. Auch überprüfte Konjekturen, die immer wieder ernsthaften Tests unterworfen werden, erfüllen nicht den Status bewiesener Aussagen; sie bleiben Vermutungen, allerdings solche, die bislang allen Versuchen der Eliminierung standgehalten haben, mit einem Wort: gut erprobte Hypothesen.

---

[3] *Karl R. Popper*, Conjectures and Refutations, London 1963, S. 23 und S. 387.

Der Empirismus macht, wie die traditionelle Erkenntniskritik überhaupt, den Versuch, Geltung strikten Wissens durch Rekurs auf die Quellen des Wissens zu rechtfertigen. Indessen fehlt den Quellen des Wissens, dem reinen Denken und der Überlieferung ebenso wie der sinnlichen Erfahrung, Autorität. Keine von ihnen kann unvermittelte Evidenz und originäre Geltung, keine kann mithin Kraft der Legitimation beanspruchen. Die Quellen des Wissens sind immer schon verunreinigt, der Weg zu den Ursprüngen ist uns verstellt. Daher muß die Frage nach der Herkunft der Erkenntnis durch die Frage nach ihrer Geltung ersetzt werden. Die Forderung der Verifikation wissenschaftlicher Aussagen ist autoritär, weil sie die Geltung der Aussagen von der falschen Autorität der Sinne abhängig macht. Statt dieser Frage nach dem legitimierenden Ursprung des Wissens müssen wir nach der Methode fragen, durch die inmitten der Masse der prinzipiell ungewissen Meinungen die definitiv falschen entdeckt und dingfest gemacht werden können [4].

Diese Kritik führt *Popper* freilich so weit, daß sie ungewollt noch seinen eigenen Lösungsvorschlag problematisch macht. *Popper* entkleidet die empiristisch in Anspruch genommenen Ursprünge des Wissens einer falschen Autorität; mit Recht diskreditiert er Ursprungswissen in jeder Gestalt. Aber auch Irrtümer lassen sich der Unwahrheit nur anhand von Geltungskriterien überführen. Für deren Berechtigung müssen wir Argumente beibringen; wo sollen wir sie suchen, wenn nicht wiederum in der ausgeschalteten Dimension zwar nicht des Ursprungs, aber doch der Bildung des Wissens? Die Maßstäbe der Falsifikation blieben sonst willkürlich. *Popper* will die *Ursprünge* der Theorien, nämlich Beobachtung, Denken und Überlieferung, gleichermaßen mediatisieren gegenüber der *Methode* der Überprüfung, an der sich die empirische Geltung allein bemessen soll. Unglücklicherweise kann aber diese Methode ihrerseits nur im Rückgang auf wenigstens eine der Quellen des Wissens, auf Tradition, und zwar auf die Tradition, die *Popper* die kritische nennt, begründet werden. Es zeigt sich, daß Tradition die unabhängige Variable ist, von der in letzter Instanz Denken und Beobachtung ebenso ab-

---

[4] Conjectures, S. 3 ff. und S. 24 ff.

hängen wie die Testverfahren, die aus ihnen kombiniert sind. *Popper* vertraut der Autonomie der im Testverfahren organisierten Erfahrung zu unbedenklich; er glaubt, sich der Frage nach den Standards dieser Veranstaltung entschlagen zu können, weil er ein tiefsitzendes positivistisches Vorurteil bei aller Kritik am Ende doch teilt. Er unterstellt die epistemologische Unabhängigkeit der Tatsachen von den Theorien, die diese Tatsachen und die Relationen zwischen ihnen deskriptiv erfassen sollen. Tests prüfen demzufolge Theorien an »unabhängigen« Tatsachen. Diese These ist der Angelpunkt der positivistischen Restproblematik bei *Popper*. *Albert* gibt nicht zu erkennen, daß es mir gelungen wäre, ihm diese Problematik überhaupt zu Bewußtsein zu bringen.

Einerseits entgegnet *Popper* dem Empirismus mit Recht, daß wir Tatsachen nur im Lichte von Theorien auffassen und feststellen können[5]; ja, gelegentlich bezeichnet er sogar Tatsachen als das gemeinsame Produkt aus Sprache und Wirklichkeit[6]. Andererseits unterstellt er den protokollierenden Feststellungen, die doch von einer methodisch festgelegten Organisation unserer Erfahrungen abhängen, ein schlichtes Korrespondenzverhältnis zu den »Tatsachen«. *Poppers* Festhalten an der Korrespondenztheorie der Wahrheit scheint mir nicht recht konsequent. Diese supponiert »Tatsachen« als ein Ansichseiendes ohne Rücksicht darauf, daß der Sinn der empirischen Geltung von Tatsachenfeststellungen (und mittelbar auch der Sinn erfahrungswissenschaftlicher Theorien) durch die Definition der Prüfungsbedingungen im vorhinein bestimmt wird. Sinnvoll wäre statt dessen der Versuch, den Zusammenhang von erfahrungswissenschaftlichen Theorien und sogenannten Tatsachen grundsätzlich zu analysieren. Denn damit würden wir den Rahmen einer vorgängigen Interpretation von Erfahrung erfassen. Auf dieser Stufe der Reflexion läge es nahe, den Terminus »Tatsachen« nur noch auf die Klasse von Erfahrbarem anzuwenden, die für die Überprüfung von wissenschaftlichen Theorien vorgängig organisiert wird. So begriffe man die Tatsachen als das, was sie sind: als produzierte. Und den Tatsachenbegriff des Positivismus durchschaute man als

---

5 Conjectures, S. 41, Anm. 8.

6 Conjectures, S. 214.

Fetisch, der dem Vermittelten den Schein der Unmittelbarkeit bloß leiht. *Popper* vollzieht den Rückstieg in die transzendentale Dimension nicht, aber dieser Weg liegt in der Konsequenz seiner eigenen Kritik. *Poppers* Darstellung des Basisproblems zeigt das.

## 2 *Die pragmatische Deutung empirisch-analytischer Forschung*

Das zweite Mißverständnis, das *Albert* mir vorhält, bezieht sich auf das sogenannte Basisproblem. Basissätze nennt *Popper* diejenigen singulären Existenzaussagen, die sich zur Widerlegung einer in Form negativer Existenzaussagen ausgedrückten Gesetzeshypothese eignen. Sie formulieren für gewöhnlich das Ergebnis systematischer Beobachtungen. Sie bezeichnen die Nahtstelle, an der Theorien auf die Erfahrungsbasis auftreffen. Basissätze können freilich nicht nahtlos auf der Erfahrung aufsitzen; denn keiner der in ihnen auftretenden universellen Ausdrücke könnte durch noch so viele Beobachtungen verifiziert werden. Annahme oder Ablehnung von Basissätzen beruhen in letzter Instanz auf Entscheidung. Allerdings werden die Entscheidungen nicht willkürlich gefällt, sondern in Übereinstimmung mit Regeln. Solche Regeln sind nur institutionell festgelegt, nicht logisch. Sie motivieren uns, Entscheidungen dieser Art an einem unausdrücklich vorverstandenen Ziel zu orientieren, aber sie definieren es nicht. So verfahren wir bei Kommunikationen im Alltag, so bei der Auslegung von Texten. Etwas anderes bleibt uns nämlich nicht übrig, wenn wir uns in einem Zirkel bewegen und doch auf Explikation nicht verzichten wollen. Das Basisproblem erinnert uns daran, daß uns auch die Anwendung formaler Theorien auf die Wirklichkeit in einen Zirkel verstrickt. Über diesen Zirkel habe ich mich von *Popper* belehren lassen; ich habe ihn mir nicht, wie *Albert* anzunehmen scheint, ausgedacht. Noch in *Alberts* eigener Formulierung (S. 214) läßt er sich unschwer wiederfinden.

*Popper* expliziert ihn in einem Vergleich des Forschungsprozesses mit einem Gerichtsprozeß[7]. Ein Gesetzessystem, gleichviel,

---

7 *Karl R. Popper*, The Logic of Scientific Discovery, London 1960, S. 109 ff. (weiterhin zitiert als »Logic«).

ob es sich um ein System rechtlicher Normen oder erfahrungswissenschaftlicher Hypothesen handelt, läßt sich nicht anwenden, wenn man sich nicht zuvor auf den Tatbestand geeinigt hat, dem es appliziert werden soll. Durch eine Art Beschluß einigen sich die Richter darauf, welche Darstellung des faktischen Vorgangs sie gelten lassen wollen. Das entspricht der Annahme eines Basissatzes. Der Beschluß wird aber dadurch kompliziert, daß Gesetzessystem und Tatbestand nicht unabhängig voneinander gegeben sind. Vielmehr wird der Tatbestand schon unter Kategorien des Gesetzessystems gesucht. Auf diesen bei der Applikation allgemeiner Regeln unvermeidlichen Zirkel soll der Vergleich von Forschungs- und Gerichtsprozeß aufmerksam machen: »The analogy between this procedure and that by which we decide basic statements is clear. It throws light, for example, upon their relativity, and the way in which they depend upon questions raised by the theory. In the case of the trial by jury, it would be clearly impossible to apply the ›theory‹ unless there is first a verdict arrived at by decision; yet the verdict has to be found in a procedure that conforms to, and thus applies, part of the legal code. The case is analogous to that of basic statements. Their acceptance is part of the application of a theoretical system; and it is only this application which makes any further application of the theoretical system possible [8].«

Was zeigt dieser Zirkel, der sich bei der Anwendung von Theorien auf Wirkliches ergibt, an? Ich meine, daß die Region des Erfahrbaren durch theoretische Annahmen einer bestimmten Struktur im Zusammenhang mit Prüfungsbedingungen eines bestimmten Typs im vorhinein festgelegt wird. So etwas wie experimentell festgestellte Tatsachen, an denen erfahrungswissenschaftliche Theorien scheitern könnten, konstituieren sich erst in einem vorgängigen Zusammenhang der Interpretation von möglicher Erfahrung. Dieser Zusammenhang stellt sich in einem Wechselspiel argumentierenden Sprechens und experimentellen Handelns her. Das Zusammenspiel ist im Hinblick auf das Ziel organisiert, Voraussagen zu kontrollieren. Ein implizites Vorverständnis der Spielregeln leitet die Diskussion der Forscher, wenn

[8] Logic, S. 110 ff.

sie über die Annahme von Basissätzen entscheiden. Denn der Zirkel, in dem sie sich unvermeidlich bei der Anwendung von Theorien auf Beobachtetes bewegen, verweist sie in eine Dimension, in der rationale Erörterung nur noch auf hermeneutischem Wege möglich ist.

Die Forderung kontrollierter Beobachtung als Basis der Entscheidung über die empirische Triftigkeit von Gesetzeshypothesen setzt ein Vorverständnis bestimmter Regeln voraus. Es genügt ja nicht, das spezifische Ziel einer Untersuchung und die Relevanz einer Beobachtung für bestimmte Annahmen zu kennen. Vielmehr muß der Sinn des Forschungsprozesses im ganzen verstanden sein, damit ich wissen kann, worauf sich die empirische Geltung von Basissätzen überhaupt bezieht – so wie der Richter immer schon den Sinn der Judikatur als solcher verstanden haben muß. Die quaestio facti muß im Hinblick auf eine in ihrem immanenten Anspruch verstandene quaestio juris entschieden werden. Sie ist im Gerichtsverfahren jedermann gegenwärtig: Es geht um die Frage eines Verstoßes gegen positiv gesetzte und staatlich sanktionierte allgemeine Verbotsnormen. Wie lautet aber die quaestio juris im Forschungsprozeß, und woran bemißt sich die empirische Geltung von Basissätzen hier? Die Form der Aussagensysteme und der Typus von Prüfungsbedingungen, an denen sich deren Geltung bemißt, legt die pragmatistische Deutung nahe: daß erfahrungswissenschaftliche Theorien die Wirklichkeit unter dem leitenden Interesse an der möglichen informativen Sicherung und Erweiterung erfolgskontrollierten Handelns erschließen.

Anhaltspunkte für diese Interpretation finden sich bei *Popper* selbst. Erfahrungswissenschaftliche Theorien haben den Sinn, die Ableitung universeller Aussagen über die Kovarianz empirischer Größen zu gestatten. Wir entwickeln solche Gesetzeshypothesen in der Antizipation von Gesetzmäßigkeit überhaupt, ohne daß diese Vorwegnahme selbst empirisch gerechtfertigt werden könnte. Der methodische Vorgriff auf mögliche Gleichförmigkeit der Erscheinungen entspricht aber elementaren Bedürfnissen der Verhaltensstabilität. Erfolgskontrollierte Handlungen können nur in dem Maße auf Dauer gestellt werden, in dem sie von Informationen über empirische Gleichförmigkeiten gesteuert werden.

Dabei müssen sich diese Informationen in Erwartungen eines regelmäßigen Verhaltens unter gegebenen Umständen übersetzen lassen. Die pragmatistische Deutung bezieht das logische Allgemeine auf generelle Verhaltenserwartungen. Das Mißverhältnis zwischen universellen Aussagen einerseits, der prinzipiell endlichen Anzahl von Beobachtungen und den entsprechenden singulären Existenzaussagen andererseits, erklärt sich, pragmatisch aufgefaßt, aus der Struktur erfolgskontrollierten Handelns, das sich stets von Antizipationen regelmäßigen Verhaltens leiten läßt [9].

Diese Interpretation, derzufolge sich die empirisch-analytischen Wissenschaften von einem technischen Erkenntnisinteresse leiten lassen, hat den Vorzug, *Poppers* Kritik am Empirismus zu berücksichtigen, ohne eine Schwäche seiner Falsifikationstheorie zu teilen. Wie nämlich soll unsere prinzipielle Ungewißheit über die

[9] In diesem Zusammenhang ist *Poppers* Hinweis von Interesse, daß sich alle universellen Ausdrücke als Dispositionsausdrücke auffassen lassen (Logic, S. 94 f., Anhang X, S. 423 ff. und Conjectures, S. 118 f.). Auf der Ebene einzelner universeller Ausdrücke wiederholt sich die Problematik universeller Aussagen. Denn die in jenen Ausdrücken implizierten Dispositionsbegriffe sind ihrerseits nur zu explizieren durch Annahmen über ein gesetzmäßiges Verhalten von Gegenständen. Das stellt sich in Zweifelsfällen heraus, wenn wir uns mögliche Tests überlegen, die ausreichen würden, die Bedeutung der verwendeten universellen Ausdrücke zu klären. Dabei ist der Rekurs auf die Prüfungsbedingungen nicht etwa zufällig; denn erst die Beziehung der theoretischen Elemente auf das Experiment schließt den Funktionskreis erfolgskontrollierten Handelns, innerhalb dessen es so etwas wie empirische Regelmäßigkeiten erst »gibt«. Der hypothetische Überschuß über den jeweils besonderen Gehalt eines aktuell Wahrgenommenen, der in der logischen Form von Gesetzesaussagen und in den universellen Ausdrücken der Beobachtungsaussagen zu seinem Recht kommt, bezieht sich nicht auf ein regelmäßiges Verhalten der Dinge »an sich«, sondern auf ein Verhalten der Dinge, soweit es in den Erwartungshorizont orientierungsbedürftiger Handlungen eingeht. So schießt der Allgemeinheitsgrad des deskriptiven Gehalts von Wahrnehmungsurteilen über die Besonderheit des jeweils Wahrgenommenen hypothetisch hinaus, weil wir immer schon unter dem selektiven Zwang zur Stabilisierung von Handlungserfolgen Erfahrungen gesammelt und Bedeutungen artikuliert haben – »for what a thing means is simply what habits it involves« *(Peirce)*.
Einen weiteren Anhaltspunkt für eine pragmatistische Deutung gibt *Popper* im Zusammenhang mit einer Soziologie der Tradition (Towards a Rational Theory of Tradition, in: Conjectures, S. 120 ff.). Er vergleicht die analogen Rollen, die Traditionen und Theorien in gesellschaftlichen Systemen übernehmen. Beide informieren uns über regelmäßig zu erwartende Reaktionen, an denen wir unser Verhalten verläßlich orientieren können. Sie bringen gleichermaßen Ordnung in eine chaotische Umgebung, in der wir uns ohne die Fähigkeit, Antworten oder Ereignisse zu prognostizieren, passende Verhaltensgewohnheiten nicht ausbilden könnten.

Wahrheit wissenschaftlicher Informationen zusammengehen mit ihrer meist vielfältigen und recht dauerhaften technischen Verwertung? Spätestens in dem Augenblick, in dem die Kenntnisse empirischer Gleichförmigkeiten in technische Produktivkräfte eingehen und zur Basis einer wissenschaftlichen Zivilisation werden, ist die Evidenz der Alltagserfahrung und einer permanenten Erfolgskontrolle überwältigend; gegen das täglich erneuerte Plebiszit funktionierender technischer Systeme können sich die logischen Bedenken nicht behaupten. So sehr *Poppers* Einwände gegen die Verifikationstheorie Gewicht haben, so wenig plausibel erscheint deshalb seine eigene Alternative. Aber eine Alternative ist sie nur unter der positivistischen Voraussetzung einer Korrespondenz von Sätzen und Sachverhalten. Sobald wir diese Voraussetzung fallenlassen und die Technik im weitesten Sinne als eine gesellschaftlich institutionalisierte Erfolgskontrolle für Wissen, das auf technische Verwertbarkeit seinem methodischen Sinn nach angelegt ist, ernst nehmen, läßt sich eine andere Form der Verifikation denken. Sie ist *Poppers* Bedenken enthoben und gibt doch unseren vorwissenschaftlichen Erfahrungen Recht. Als empirisch wahr gelten dann alle die Annahmen, die ein erfolgskontrolliertes Handeln leiten können, ohne bisher durch experimentell angestrebte Mißerfolge problematisiert worden zu sein [10].

*Albert* wähnt sich durch den Hinweis auf *Poppers* Kritik am Instrumentalismus jedes eigenen Argumentes gegen meine Interpretation, die er nicht einmal wiedergibt, enthoben. Aber auf jene Kritik brauchte ich nicht einzugehen, weil sie sich gegen Thesen richtet, die ich nicht vertrete. Zunächst bezieht *Popper* sich auf die These: daß Theorien Instrumente sind [11]. Dagegen kann

---

[10] Nach dieser Auffassung läßt sich *Poppers* Vorbehalt gegen definitiv gültiges Wissen mit der pragmatischen Bewährung von Wissen durchaus vereinbaren. *Popper* läßt experimentelle Prüfungen ausschließlich als Instanz von Falsifikation gelten, während sie nach pragmatischer Auffassung Erfolgskontrollen sind, die Annahmen widerlegen, aber auch bestätigen können. Freilich kann die Bewährung durch den Handlungserfolg nur global zugeordnet werden und nicht streng korrelativ, da wir uns bei einer gegebenen Theorie der faktisch arbeitenden Wissenselemente weder in ihrem Umfang noch im Hinblick auf ihren Anwendungsbereich definitiv vergewissern können. Definitiv wissen wir nur, daß überhaupt Teile einer am Handlungserfolg kontrollierten und das heißt prognostisch überprüften Theorie im Anwendungsbereich der Prüfungssituation zutreffen.

[11] Three Views Concerning Knowledge, in: Conjectures, S. 111 ff.

er leicht geltend machen, daß Regeln der technischen Anwendung ausprobiert, wissenschaftliche Informationen aber getestet werden. Die logischen Beziehungen bei der Eignungsprüfung von Instrumenten und bei der Überprüfung von Theorien sind nicht symmetrisch – Instrumente können nicht widerlegt werden. Die pragmatische Deutung, die ich den empirisch-analytischen Wissenschaften geben möchte, schließt diese Form von Instrumentalismus nicht ein. Nicht die Theorien selbst sind Instrumente, sondern ihre Informationen sind technisch verwertbar. Die Mißerfolge, an denen Gesetzeshypothesen experimentell scheitern können, haben auch nach pragmatischer Auffassung den Charakter von Widerlegungen: die Annahmen beziehen sich auf empirische Regelmäßigkeiten; sie bestimmen den Erwartungshorizont erfolgskontrollierten Handelns und können somit durch enttäuschte Erfolgserwartungen falsifiziert werden. Allerdings sind die Gesetzeshypothesen ihrem methodischen Sinne nach auf Erfahrungen bezogen, die sich ausschließlich im Funktionskreis solchen Handelns konstituieren. Technische Empfehlungen für eine rationalisierte Mittelwahl bei gegebenen Zwecken sind nicht erst nachträglich und wie zufällig aus wissenschaftlichen Theorien ableitbar; aber darum sind diese Theorien nicht schon selber technische Werkzeuge. Das gilt allenfalls in einem übertragenen Sinn. Technische Verwertung des Wissens ist im Forschungsprozeß natürlich gar nicht intendiert; in vielen Fällen ist sie sogar faktisch ausgeschlossen. Gleichwohl ist über die technische Verwertbarkeit erfahrungswissenschaftlicher Informationen methodisch mit der Struktur der Aussagen (bedingter Prognosen über beobachtbares Verhalten) und mit dem Typus der Prüfungsbedingungen (Nachahmung einer in Systemen gesellschaftlicher Arbeit naturwüchsig eingebauten Kontrolle von Handlungserfolgen) ebenso vorentschieden, wie damit auch die Region möglicher Erfahrung präjudiziert ist, auf die sich die Annahmen beziehen und an denen sie scheitern können.

Der deskriptive Wert wissenschaftlicher Informationen ist nicht zu bestreiten; aber er ist nicht so aufzufassen, als würden Theorien Tatsachen und Relationen zwischen Tatsachen abbilden. Der deskriptive Gehalt gilt nur mit Bezug auf Prognosen für erfolgskontrollierte Handlungen in angebbaren Situationen. Alle Antworten, die Erfahrungswissenschaften geben können, sind relativ auf den methodischen Sinn ihrer Fragestellung, nichts weiter. So trivial diese Einschränkung ist, so sehr widerspricht sie dem Schein reiner Theorie, der sich im positivistischen Selbstverständnis erhalten hat [12].

## 3 Kritische Rechtfertigung und deduktiver Beweis

Das dritte Mißverständnis, dem ich *Albert* zufolge erlegen bin, bezieht sich auf das Verhältnis von methodologischen und empirischen Aussagen. Er überführt mich eines besonders platten Positivismus, da ich in methodologischen Zusammenhängen auf empirische Argumente nicht verzichte und somit die Logik der Forschung mit Wissenssoziologie unzulässig vermische. Nachdem *Moore* und *Husserl*, von verschiedenen Seiten ausgehend, die strikte Trennung zwischen logischen und psychologischen Untersuchungen durchgeführt und damit eine alte *Kant*sche Einsicht wiederhergestellt hatten, ließen auch die Positivisten von ihrem Naturalismus ab. Unter dem Eindruck der Fortschritte, die inzwischen in der formalen Logik erzielt worden waren, machten *Wittgenstein* und der Wiener Kreis den Dualismus von Sätzen und Sachverhalten zur Grundlage ihrer Sprachanalysen. Seither lassen sich Fragen der Genesis mit solchen der Geltung nicht mehr

---

[12] Ein anderer Einwand *Poppers* richtet sich gegen den Operationalismus, demzufolge Grundbegriffe durch Verfahrensweisen definiert werden können (Conjectures, S. 62; Logic, S. 440 f.). Mit Recht kann *Popper* dagegen geltend machen, daß der Versuch, Dispositionsbegriffe auf Meßoperationen zurückzuführen, seinerseits eine Theorie des Messens voraussetzt, denn keine Operation könnte unter Verzicht auf universelle Ausdrücke beschrieben werden. Dieser Zirkel, in dem universelle Ausdrücke auf ein empirisch regelmäßiges Verhalten verweisen, während die Regelmäßigkeit des Verhaltens nur durch Meßoperationen festgestellt werden kann, die ihrerseits allgemeine Kategorien voraussetzen, scheint mir indessen der Interpretation zu bedürfen. Der operationalistische Ansatz insistiert mit Recht darauf, daß der semantische Gehalt erfahrungswissenschaftlicher Informationen nur in einem durch die Struktur erfolgskontrollierten Handelns transzendental gesetzten Bezugsrahmen gilt und nicht auf Wirkliches »an sich« projiziert werden darf. Unrichtig ist jedoch die Annahme, daß jener Gehalt auf Kriterien beobachtbaren Verhaltens schlicht reduziert werden könnte. Der Zirkel, in den sich dieser Versuch verstrickt, zeigt vielmehr, daß die Handlungssysteme, in die der Forschungsprozeß eingelassen ist, schon durch Sprache vermittelt sind, wobei Sprache selbst nicht in Kategorien des Verhaltens aufgeht.

naiv in einen Topf werfen. Auf diese Trivialität wollte *Albert* wohl aufmerksam machen; wiederum berührt er damit meine Fragestellung nicht. Denn mich interessiert der eigentümliche Sachverhalt, daß ungeachtet jenes klaren Unterschiedes gerade in der Methodologie der Erfahrungswissenschaften und in der Dimension wissenschaftlicher Kritik nicht-deduktive Beziehungen zwischen formalen und empirischen Aussagen hergestellt werden. Die Logik der Wissenschaft hat gerade in dem Bereich, in dem sich die Wahrheit erfahrungswissenschaftlicher Theorien herausstellen soll, einen Einschlag von Empirischem. Denn Kritik, auch in Poppers Sinn, kann ja nicht in axiomatisierter Form den Formalwissenschaften eingereiht werden. Kritik ist die vorbehaltlose Diskussion von Annahmen. Sie bedient sich aller erreichbaren Techniken der Widerlegung. Eine solche Technik ist die Gegenüberstellung von Hypothesen mit Ergebnissen systematischer Beobachtung. Aber Testergebnisse gehen in kritische Erörterungen ein, sie machen nicht die Kritik aus. Kritik ist keine Methode der Überprüfung, sie ist diese Prüfung selbst als Diskussion. Andererseits ist die Dimension, in der über die Geltung von Theorien kritisch entschieden wird, nicht die der Theorien selber. Denn in Kritik gehen nicht nur Sätze ein und deren logische Beziehungen, sondern empirische Einstellungen, die mit Hilfe von Argumenten beeinflußt werden. *Albert* kann natürlich durch Postulat ausschließen, daß wir einen Zusammenhang, der weder nur logisch noch nur empirisch ist, überhaupt in Betracht ziehen. Dadurch würde er sich aber höchstens der Diskussion entziehen, die ich gerade zur Klärung der Frage führen möchte, ob ein solches Postulat für den Bereich metatheoretischer Erörterungen gerechtfertigt werden kann. Mir scheint vielmehr Grund zu bestehen, *Hegels* Kritik an *Kants* Trennung zwischen transzendentalem und empirischem Bereich in Form einer zeitgenössischen Kritik an der Trennung zwischen logisch-methodologischem und empirischem Bereich zu wiederholen. In beiden Fällen ist die Kritik weit davon entfernt, die genannten Unterscheidungen zu ignorieren; sie geht vielmehr von ihnen aus.

Eine Reflexion auf das, was *Popper* selber tut, bringt uns die eigentümliche Form metatheoretischer Erörterungen, soweit sie über Sprachanalyse hinausgehen, zu Bewußtsein. Einerseits betreibt *Popper* immanente Kritik gegebener Theorien; dabei bedient er sich des systematischen Vergleichs logisch zwingender Ableitungen. Andererseits entwickelt er alternative Lösungen; er schlägt eigene Konzeptionen vor und versucht, sie durch Argumente zu stützen. In diesem Fall kann er sich nicht auf die Nachprüfung deduktiver Zusammenhänge beschränken. Seine Interpretation verfolgt vielmehr das Ziel, alte Einstellungen kritisch zu verändern, neue Standards der Beurteilung plausibel und neue normative Gesichtspunkte akzeptabel zu machen. Das geschieht in der hermeneutischen Form einer Argumentation, die sich den starren Monologen deduktiver Aussagensysteme entzieht. Sie ist maßgebend für kritische Erörterungen überhaupt. Das zeigt sich bei jeder Wahl zwischen möglichen Ermittlungstechniken, zwischen mehreren theoretischen Ansätzen, zwischen verschiedenen Definitionen der Grundprädikate, es zeigt sich bei Entscheidungen über den linguistischen Rahmen, innerhalb dessen ich ein gegebenes Problem ausdrücke und seine hypothetischen Lösungen formuliere. Stets wiederholt sich eine Wahl von Standards und der Versuch, diese Wahl durch geeignete Argumente zu stützen. *Morton White* hat gezeigt, daß metatheoretische Erörterungen noch auf höchster Stufe an diese Form der Argumentation gebunden bleiben. Auch die Unterscheidungen zwischen kategorialem und nichtkategorialem Sein, zwischen analytischen und synthetischen Aussagen, zwischen deskriptiven und emotiven Gehalten, zwischen logischen Regeln und empirischen Gesetzmäßigkeiten, zwischen kontrollierter Beobachtung und moralischer Erfahrung – auch diese fundamentalen Unterscheidungen, auf denen strikte Erfahrungswissenschaft beruht, sind ja keineswegs der Diskussion entzogen; sie setzen Kriterien voraus, die sich nicht aus der Sache selbst ergeben, also kritisierbare Maßstäbe, die durch Argumente wiederum nicht strikt begründet, aber doch gestützt oder geschwächt werden können [13].

*White* macht den Versuch, den *Popper* unterläßt: die logischen Beziehungen dieser nichtdeduktiven Form der Argumentation zu untersuchen. Er weist nach, daß die methodologischen Entscheidungen quasimoralische Entscheidungen sind und infolgedessen

---

[13] *Morton White*, Toward Reunion in Philosophy, Cambridge 1956.

rational nur in Diskussionen jener Art gerechtfertigt werden können, die aus der alten Topik und Rhetorik bekannt sind. Weder die konventionalistische noch die naturalistische Deutung werden nämlich der Wahl methodologischer Regeln gerecht.

Die kritische unterscheidet sich von der deduktiven Argumentation dadurch, daß sie die Dimension des logischen Zusammenhangs von Sätzen überschreitet und ein Moment einbezieht, das Sprache transzendiert: Einstellungen. Ein Verhältnis der Implikation ist zwischen Einstellungen und Aussagen unmöglich; Einstellungen können aus Aussagen nicht deduziert werden, noch Aussagen umgekehrt aus Einstellungen. Gleichwohl kann die Zustimmung zu einer Verfahrensweise und die Annahme einer Regel mit Argumenten gestützt oder geschwächt, jedenfalls rational abgewogen und beurteilt werden. Dies ist die Aufgabe der Kritik, im Hinblick sowohl auf praktische wie auf metatheoretische Entscheidungen. Weil die unterstützenden oder schwächenden Argumente in keiner strikt logischen Beziehung zu den Sätzen stehen, die die Anwendung von Standards zum Ausdruck bringen, sondern nur in einer Beziehung rationaler Motivierung, können metatheoretische Erörterungen auch empirische Aussagen einschließen. Aber dadurch wird die Beziehung zwischen Argumenten und Einstellungen nicht selber eine empirische. Sie kann, etwa in einem *Festinger*schen Experiment über Einstellungsänderung, so aufgefaßt werden; aber dann wäre die Argumentation auf die Ebene beobachtbaren Sprachverhaltens reduziert und das Moment rationaler Geltung, das in jene Motivation eingeht, unterschlagen.

*Popper* hält eine Rationalisierung von Einstellungen nicht für ausgeschlossen. Diese Form der Argumentation ist die einzig mögliche, um Entscheidungen tentativ zu rechtfertigen. Weil sie aber niemals schlüssig ist, hält er sie im Vergleich mit der deduktiven Beweisführung für unwissenschaftlich. Er zieht ihr die Gewißheit des deskriptiven Wissens vor, eine Gewißheit, die durch den deduktiven Zusammenhang von Theorien und den empirischen Zwang der Fakten verbürgt ist. Allein, auch das Zusammenspiel von Aussagen und Erfahrungen dieses bestimmten Typs setzt Standards voraus, die der Rechtfertigung bedürfen. *Popper* entzieht sich diesem Einwand, indem er auf die Irrationalität der

Entscheidung, die der Anwendung seiner kritischen Methode vorangeht, pocht. Die rationalistische Einstellung bestehe in der Bereitschaft, über die Annahme von Theorien auf Grund von Erfahrungen und Argumenten zu entscheiden. Sie selbst lasse sich aber weder durch Argumente noch durch Erfahrungen begründen. Gewiß, sie läßt sich nicht rechtfertigen im Sinne eines deduktiven Beweises, aber doch in Form einer unterstützenden Argumentation. Ihrer bedient sich ja *Popper* selbst ausführlich. Er expliziert jene kritische Einstellung aus bestimmten philosophischen Überlieferungen; er analysiert die empirischen Voraussetzungen und Folgen der wissenschaftlichen Kritik; er untersucht deren Funktion in gegebenen Strukturen einer politischen Öffentlichkeit. Ja, seine Methodologie im ganzen ist eine kritische Rechtfertigung der Kritik selber. Es mag sein, daß diese nicht-deduktive Rechtfertigung für einen logischen Absolutismus unbefriedigend ist. Aber eine andere Form der Rechtfertigung kennt wissenschaftliche Kritik, die über eine immanente hinausgeht und methodologische Entscheidungen prüft, überhaupt nicht.

*Popper* nennt die kritische Einstellung einen Glauben an die Vernunft. Das Problem des Rationalismus bestehe deshalb nicht in der Wahl zwischen Wissen und Glauben, sondern in der Wahl zwischen zwei Glaubensarten. Aber – so fügt er paradox hinzu – das neue Problem laute nun, welcher Glauben der richtige sei und welcher der falsche[14]. Er weist die nicht-deduktive Rechtfertigung nicht ganz ab, aber er glaubt, ihrer problematischen Verquickung logischer und empirischer Beziehungen zu entgehen, wenn er auf Rechtfertigung der Kritik verzichte – als ob der Schwarze Peter nicht schon in der Kritik selber steckte.

*Albert* bürdet mir für das Begründungsproblem die Beweislast auf; er scheint anzunehmen, daß für ihn mit einem Verzicht des Rationalismus auf Selbstbegründung alle Probleme gelöst seien. Er verläßt sich offenbar auf *William W. Bartley,* der versucht hat, die Möglichkeit eines solchen Verzichtes konsequent nachzuweisen[15]. Mir scheint indessen, daß dieser Versuch mißlungen ist.

---

14 *Karl R. Popper,* Die offene Gesellschaft und ihre Feinde, Bern *1957* II, S. 30.

15 The Retreat to Commitment, N. Y. *1962,* bes. Kap. III u. IV; *ders.,* Rationality versus the Theory of Rationality, in: *M. Bunge,* Hrsg., The Critical Approach to Science and Philosophy, London 1964, S. 3 ff.

*Bartley* geht davon aus, daß eine deduktive Selbstbegründung des Rationalismus aus logischen Gründen nicht in Frage kommt. Statt dessen erörtert er die Möglichkeit eines Kritizismus, der zwar jede rational begründbare Aussage, aber nicht ausschließlich solche Aussagen akzeptiert: Er vertritt keine Auffassungen, die der Kritik entzogen wären, verlangt aber nicht, daß alle Auffassungen, einschließlich der kritischen Einstellung selber, rational begründet sind. Ist indessen diese Auffassung auch dann haltbar, wenn folgerichtig die Bedingungen kritischer Prüfung selber der Kritik ausgesetzt werden? Nun, *Bartley* stellt weder die Standards in Frage, nach denen in Testsituationen die Erfahrung organisiert wird; noch stellt er die Frage nach dem Geltungsbereich deduktiver Rechtfertigung radikal genug. Durch eine Festsetzung entzieht er nämlich alle die Maßstäbe der Kritik, die wir, um zu kritisieren, voraussetzen müssen. Er führt ein sogenanntes Revisionskriterium ein: »... namely, whatever is presupposed by the argument revisibility situation is not itself revisable within that situation[16].« Dieses Kriterium können wir nicht annehmen. Es wird eingeführt, um die Form der Argumentation zu sichern; aber es würde die Argumentation gerade in der Dimension stillstellen, in der diese ihre eigentümliche Leistung entfaltet: das ist die nachträgliche Revision vorgängig applizierter Maßstäbe. So etwas wie kritische Rechtfertigung besteht gerade darin, daß sie einen nicht-deduktiven Zusammenhang zwischen gewählten Standards und empirischen Feststellungen herstellt, und somit Einstellungen auch durch Argumente stützt oder schwächt, die ihrerseits in der Perspektive dieser Einstellungen erst gefunden werden. Die Argumentation nimmt, sobald sie über die Nachprüfung deduktiver Systeme hinausgeht, einen reflexiven Gang; sie verwendet Standards, die sie erst in der Anwendung selber reflektieren kann. Die Argumentation zeichnet sich vor der bloßen Deduktion dadurch aus, daß sie die Prinzipien, nach denen sie verfährt, stets mit zur Diskussion stellt. Insofern läßt sich die Kritik nicht von vornherein auf Rahmenbedingungen möglicher Kritik festlegen. Was als Kritik gelten kann, darüber läßt sich immer nur anhand von Kriterien befin-

---

16 Ebda., S. 173.

den, die im Prozeß der Kritik erst gefunden, geklärt und möglicherweise wieder revidiert werden. Das ist die Dimension umfassender Rationalität, die, einer Letztbegründung unfähig, sich gleichwohl in einem Zirkel der reflexiven Selbstrechtfertigung entfaltet.

*Bartleys* vorbehaltloser Rationalismus macht zu viele Vorbehalte. Er macht mit Kritik als einzigem und äußerstem Horizont, innerhalb dessen sich die Geltung von Theorien über Wirkliches bestimmt, nicht ernst. Wir können Kritik, die nicht definiert werden kann, weil sich die Maßstäbe der Rationalität in ihr selbst erst explizieren lassen, behelfsweise als einen Prozeß auffassen, der in herrschaftsfreier Diskussion eine fortschreitende Auflösung von Dissens einschließt. Eine solche Diskussion steht unter der Idee eines allgemeinen und ungezwungenen Konsensus derer, die an ihr teilnehmen. Dabei soll »Übereinstimmung« nicht die Idee der Wahrheit auf beobachtbares Verhalten reduzieren. Vielmehr sind die Kriterien, anhand deren jeweils Übereinstimmung erzielt werden kann, selber abhängig von dem Prozeß, den wir als einen Prozeß zur Erzielung von Konsensus auffassen. Die Idee der Übereinstimmung schließt deshalb die Unterscheidung von wahrem und falschem Konsensus nicht aus; aber diese Wahrheit läßt sich nicht revisionsfrei definieren[17]. *Albert* hält mir entgegen, daß ich so etwas wie vernünftige Diskussion in methodologischen Zusammenhängen als Faktum voraussetze (S. 228). Als ein Faktum setze ich sie voraus, weil wir uns immer schon in einer Kommunikation vorfinden, die zur Verständigung führen soll. Aber diese empirische Tatsache hat zugleich die Eigentümlichkeit einer transzendentalen Bedingung: In der Diskussion läßt sich erst Einigung über die Standards erzielen, anhand deren wir Tatsachen von bloßem Spuk unterscheiden. Die inkriminierte Verbindung formaler und empirischer Aussagen versucht einem Zusammenhang gerecht zu werden, in dem sich methodologische Fragen nicht mehr sinnvoll von Fragen der Kommunikation trennen lassen.

---

[17] Vgl. *D. Pole*, Conditions of Rational Inquiry, London 1961, S. 92.

## 4 Die Trennung von Standards und Tatsachen

Das vierte Mißverständnis, das *Albert* mir zur Last legt, bezieht sich auf den Dualismus von Tatsachen und Entscheidungen. Dieser läßt sich anhand des Unterschiedes von Naturgesetzen und kulturellen Normen erläutern. Annahmen über empirische Gleichförmigkeiten können an den Tatsachen definitiv scheitern, während die Wahl von Standards durch hinzukommende Argumente allenfalls kritisch gestützt werden kann. Es liegt mithin nahe, einen Bereich wissenschaftlich zuverlässiger Informationen von jenem Bereich praktischen Wissens klar zu scheiden, dessen wir uns nur durch eine hermeneutische Form der Argumentation vergewissern. Mir liegt daran, diese zuversichtliche Scheidung, traditionell ausgedrückt die Trennung von Wissenschaft und Ethik, in Frage zu stellen. Denn einerseits konstituiert sich das an Tatsachen bewährte theoretische Wissen innerhalb eines normativen Rahmens, der nur einer kritischen, keiner deduktiv-empirischen Rechtfertigung fähig ist. Andererseits schließt die kritische Erörterung von Standards empirische Erwägungen, also den Rekurs auf sogenannte Tatsachen, gerade ein. Eine Kritik, die zwischen Einstellungen und Argumenten einen rationalen Zusammenhang herstellt, ist die umfassende Dimension der Wissenschaft selbst. Auch das theoretische Wissen kann um nichts gewisser sein als das kritische. Wiederum scheint sich das »Mißverständnis« daraus zu ergeben, daß *Albert* meine Intention gar nicht erst auffaßt. Ich leugne nicht jede Unterscheidung von Tatsachen und Standards; ich frage nur, ob die positivistische Unterscheidung, die einen Dualismus von Tatsachen und Entscheidungen und entsprechend einen Dualismus von Urteilen und Vorschlägen, das heißt von deskriptivem und normativem Wissen gestattet, angemessen getroffen ist.

Im Anhang zu einer neuen Auflage der »Open Society«[18] entwickelt *Popper* die asymmetrische Beziehung zwischen Standards und Tatsachen: »... through the decision to accept a proposal we create the corresponding standard (at least tentatively); yet through the decision to accept a proposition we do not create the

---

[18] 4. Aufl. London 1962, Bd. II, S. 369 ff.: Facts, Standards and Truth.

corresponding fact[19]«. Ich möchte diese Beziehung genauer fassen. Wir können Vorschläge und Urteile diskutieren. Die Diskussion erzeugt dabei aber die Standards sowenig wie die Fakten. Im ersten Fall zieht sie vielmehr Argumente herbei, um den Akt der Annahme von Standards zu rechtfertigen oder zu bestreiten. Solche Argumente können empirische Erwägungen einschließen. Diese stehen aber nicht ihrerseits zur Diskussion. Im zweiten Fall verhält es sich umgekehrt. Hier steht nicht die Wahl von Standards zur Diskussion, sondern nur ihre Anwendung auf einen Tatbestand. Die Diskussion zieht Argumente herbei, um den Akt der Aufnahme eines Basissatzes im Hinblick auf eine gegebene Hypothese zu rechtfertigen oder zu bestreiten. Diese Argumente schließen methodologische Erwägungen ein. Deren Prinzipien stehen aber bei dieser Gelegenheit nicht zur Diskussion. Symmetrisch verhält sich die Kritik einer erfahrungswissenschaftlichen Annahme zur kritischen Erörterung der Wahl eines Standards nicht. Aber nicht etwa deshalb, weil die logische Struktur der Erörterung in beiden Fällen verschieden wäre – sie ist die gleiche.

*Popper* schneidet diese Reflexion mit dem Hinweis auf die Korrespondenztheorie der Wahrheit ab. Der Dualismus von Tatsachen und Standards geht letztlich auf die Annahme zurück, daß es, unabhängig von unseren Diskussionen, so etwas wie Tatsachen und Relationen zwischen Tatsachen gibt, denen Aussagen korrespondieren können. *Popper* leugnet, daß sich die Tatsachen selber im Zusammenhang mit den Standards systematischer Beobachtung oder kontrollierter Erfahrung erst konstituieren. Indem wir wahre Aussagen intendieren, wissen wir immer schon, daß sich ihre Wahrheit an einer Korrespondenz von Aussagen und Tatsachen bemißt. Dem naheliegenden Einwand, daß eben mit diesem Wahrheitsbegriff das Kriterium oder der Standard oder die Definition eingeführt worden seien, die doch selbst der kritischen Erörterung ausgesetzt sein müssen, begegnet er folgendermaßen: »It is decisive to realize that knowing what truth means, or under what conditions a statement is called true, is not the same as, and must be clearly distinguished from, possessing

19 Ebda., S. 384.

a means of deciding – a criterion for deciding – whether a given statement is true or false[20].« Wir müssen auf ein Kriterium, auf einen bestimmbaren Standard der Wahrheit verzichten, wir können Wahrheit nicht definieren – aber wir ›verstehen‹ gleichwohl in jedem einzelnen Fall, was wir intendieren, wenn wir die Wahrheit einer Aussage prüfen: »I believe that it is the demand for a criterion of thruth which has made so many people feel that the question ›What is truth‹ is unanswerable. But the absence of a criterion of truth does not render the notion of truth non-significant any more than the absence of a criterion of health renders the notion of health non-significant. A sick man may seek health even though he has no criterion for it[21].«

*Popper* macht an dieser Stelle von der hermeneutischen Einsicht Gebrauch, daß wir den Sinn von Aussagen, noch bevor wir einzelne Ausdrücke definieren und einen allgemeinen Maßstab anlegen können, aus dem Kontext verstehen. Wer mit dem Geschäft der Hermeneutik vertraut ist, würde daraus freilich nicht die Konsequenz ziehen, daß wir den Sinn solcher Ausdrücke und Sätze ohne Maßstab überhaupt intendieren. Vielmehr schließt das Vorverständnis, das die Interpretation, auch *Poppers* Interpretation von Wahrheit, vor jeder Definition leitet, unausdrücklich Standards immer schon ein. Die Rechtfertigung dieser vorgängigen Standards ist nicht etwa ausgeschlossen, vielmehr erlaubt gerade der Verzicht auf Definition eine fortlaufende Selbstkorrektur des diffusen Vorverständnisses im Fortschritt der Explikation vorliegender Texte. Die Interpretation wirft das Licht eines wachsenden Verständnisses vom Text auf die Maßstäbe, mit denen er zunächst erschlossen wird, zurück. Der hermeneutische Gang der Auslegung selbst erbringt mit der Anpassung der anfänglich angelegten Standards auch deren Rechtfertigung. Die Standards und die Beschreibungen, die sie in Anwendung auf den Text erlauben, stehen noch in einem dialektischen Verhältnis. Ebenso verhält es sich mit dem Maßstab einer Korrespondenzwahrheit. Erst die Definition der Maßstäbe und die Festsetzung von Kriterien reißt die Standards und die Beschreibungen, die

---

20 Open Society II, a.a.O., S. 371.

21 Ebda., S. 373.

sie ermöglichen, auseinander: Erst sie schaffen einen deduktiven Zusammenhang, der eine rückwirkende Korrektur der Maßstäbe durch die gemessene Sache ausschließt. Erst jetzt löst sich die kritische Erörterung der Standards von deren Gebrauch ab. Aber Standards werden implizit auch schon gebraucht, bevor sich eine kritische Rechtfertigung auf metatheoretischer Ebene von der Objektebene der angewandten Standards abhebt.

Deshalb entgeht *Popper* durch Berufung auf den Korrespondenzbegriff der Wahrheit dem dialektischen Zusammenhang zwischen deskriptiven, postulatorischen und kritischen Aussagen nicht: Auch jener Begriff von Wahrheit, der Standards von Tatsachen so streng zu unterscheiden erlaubt, ist, wie immer wir uns an ihm bloß unausdrücklich orientieren, doch seinerseits ein Standard, der kritischer Rechtfertigung bedarf. Eine kritische Erörterung schließt, gleichviel ob es sich um die Annahme von Vorschlägen (proposals) oder von Urteilen (propositions) handelt, einen dreifachen Gebrauch der Sprache ein: den deskriptiven, um Sachverhalte zu beschreiben; den postulatorischen, um Verfahrensregeln festzulegen; und den kritischen, um solche Entscheidungen zu rechtfertigen. Logisch setzen sich diese Formen des Sprechens wechselseitig voraus. Der deskriptive Gebrauch ist dabei noch keineswegs auf eine bestimmte Klasse von »Tatsachen« eingeschränkt. Der postulatorische Gebrauch erstreckt sich auf die Festsetzung von Normen, von Standards, von Kriterien und Definitionen aller Art, ob es sich nun um praktische oder logische oder methodologische Regeln handelt. Der kritische Gebrauch verwendet Argumente zur Abwägung, Bewertung, Beurteilung und Rechtfertigung der Wahl von Standards; er bezieht also sprachtranszendente Einstellungen und Haltungen in die Diskussion mit ein. Keine Aussage über Wirkliches ist einer rationalen Prüfung fähig ohne die Explikation eines Zusammenhangs zwischen Argumenten und Einstellungen. Beschreibungen sind nicht unabhängig von Standards, die dabei angewendet werden; und Standards beruhen auf Einstellungen, die der Rechtfertigung durch unterstützende Argumente bedürftig, aber zugleich der Deduktion aus Feststellungen unfähig sind. Wenn Einstellungen unter dem Einfluß von Argumenten geändert werden, dann verbindet eine solche Motivation offensichtlich einen logisch unvollständigen Zwang mit einem empirischen. Der einzige Zwang dieser Art geht von der Kraft der Reflexion aus, die die Gewalt von Undurchschautem durch Bewußtmachen bricht. Die emanzipierende Einsicht übersetzt logischen Zwang in empirischen. Genau das leistet Kritik; sie überwindet den Dualismus von Tatsachen und Standards und stellt dadurch das Kontinuum einer rationalen Erörterung erst her, die sonst in Dezisionen und Deduktionen unvermittelt zerfiele.

Sobald wir überhaupt ein Problem mit dem Ziel diskutieren, rational und zwanglos einen Konsensus zu erreichen, bewegen wir uns in dieser Dimension umfassender Rationalität, die Sprache und Handeln, Sätze und Einstellungen als ihre Momente in sich begreift. Kritik ist immer schon der Übergang von einem Moment zum anderen. Sie ist, wenn ich so sagen darf, eine empirische Tatsache in transzendentaler Rolle, deren wir im Vollzug der Kritik innewerden. Sie kann freilich auch verdrängt und verstellt werden von dem Augenblick an, in dem mit der Definition der zunächst unausdrücklich angewendeten Standards ein sprachimmanenter Bereich logischer Beziehungen aus der lebendigen Reflexion herausgelöst wird. Diese Verdrängung spiegelt sich in *Poppers* Kritik an *Hegel*: »To transcend the dualism of facts and standards is the decisive aim of Hegels philosophy of identity – the identity of the ideal and the real, of the right and the might. All standards are historical: they are historical facts, stages in the development of reason, which is the same as the development of the ideal and the real. There is nothing but facts; and some of the social or historical facts are, at the same time, standards[22].« Nichts lag *Hegel* ferner als dieser metaphysische Positivismus, dem *Popper* die Einsicht des logischen entgegenhält, daß Sätze und Sachverhalte verschiedenen Sphären zugehören. *Hegel* hat keineswegs Logisches und Empirisches, Kriterien der Geltung und faktische Zusammenhänge, Normatives und Deskriptives auf der Ebene historischer Tatsachen nivelliert; aber er hat sich der Erfahrung des kritischen Bewußtseins nicht verschlossen, daß die Reflexion die sehr wohl getrennten Momente auch zusammenhält. Die Kritik geht vom Argument zur Einstellung und von

---

22 Open Society II, a.a.O., S. 395.

der Einstellung zum Argument und erhält in dieser Bewegung die umfassende Rationalität, die in der natürlichen Hermeneutik der Umgangssprache noch sozusagen von Haus aus am Werke ist, die aber in den Wissenschaften zwischen den auseinandergetretenen Momenten der formalisierten Sprache und der objektivierten Erfahrungen durch kritische Erörterung erst wiederhergestellt werden muß. Nur weil diese Kritik gewählte Standards nicht-deduktiv auf empirische Sachverhalte bezieht und ein Moment am anderen messen kann, ist der Satz richtig, der nach *Poppers* eigenen Voraussetzungen unhaltbar wäre: »... that we can learn; by our mistakes and by criticism; and that we can learn in the realm of standards just *as well* as in the realm of facts [23].«

## 5 *Zwei Strategien und eine Diskussion*

*Albert* greift eine Reihe von Fragen auf, polemisiert und läßt sie wieder fallen; ein Prinzip erkenne ich in dieser Reihenfolge nicht. Ich habe versucht, vier fundamentale Mißverständnisse aufzuklären, um eine Grundlage der Verständigung zu schaffen, auf der weitere Probleme, zum Beispiel die Rolle der historischen Reflexion, das Postulat der Werturteilsfreiheit oder die Stellung der Idealogiekritik, ohne Sprachverwirrung diskutiert werden könnten. Jetzt, meine ich, dürfte meine Intention nicht mehr mißzuverstehen sein. Ich möchte gegen den Positivismus den Gesichtspunkt rechtfertigen, daß der von Subjekten veranstaltete Forschungsprozeß dem objektiven Zusammenhang, der erkannt werden soll, durch die Akte des Erkennens hindurch selber zugehört.

Die Dimension, in der sich dieser Zusammenhang des Forschungsprozesses mit dem gesellschaftlichen Lebensprozeß bildet, gehört weder zum Bereich der Tatsachen noch zu dem der Theorien; sie liegt diesseits eines Dualismus, der erst für erfahrungswissenschaftliche Theorien einen Sinn hat. In dem umfassenden Kommunikationszusammenhang der wissenschaftlichen Kritik

[23] Open Society II, a.a.O., S. 386.

verbindet sich vielmehr ein Moment mit dem anderen. In altmodischer Sprache würde ich sagen: Die transzendentalen Bedingungen möglicher Erkenntnis entstehen hier unter empirischen Bedingungen. Infolgedessen sind auf dieser Reflexionsstufe weder Wissenssoziologie noch reine Methodologie zuständig. Eher schon deren Verbindung, die man einst Ideologiekritik nannte. Diesen Ausdruck verwende ich ungern, denn ich möchte die gegenwärtige Diskussion nicht auf beliebige Interessenlagen ausdehnen. Mich beschäftigen erkenntnisleitende Interessen, die jeweils einem ganzen System von Forschungen zugrunde liegen. Gegen das positivistische Selbstverständnis möchte ich so auf den Zusammenhang der empirisch-analytischen Wissenschaften mit einem technischen Erkenntnisinteresse hinweisen. Das hat wiederum mit »Denunziation«, wie *Albert* unterstellt hat, nichts zu tun. Überhaupt ist *Albert* entgangen, daß mir eine Kritik an der empirisch-analytischen Forschung selbst fern liegt; als hätte ich die Absicht, Methoden des Verstehens gegen Methoden der Erklärung auszuspielen. Ich halte im Gegenteil Versuche, die den alten Methodenstreit charakterisiert haben, für verfehlt, ja für reaktionär: Versuche nämlich, von vornherein Mauern zu errichten, um unantastbare Bezirke dem Zugriff einer bestimmten Art von Forschung zu entziehen. Das wären schlechte Dialektiker, die sich so immunisierten.

Freilich ist die Reflexion von Erkenntnisinteressen nicht folgenlos. Sie bringt uns Einstellungen zu Bewußtsein, von denen fundamentale Entscheidungen über den methodologischen Rahmen ganzer Forschungssysteme abhängen. Nur so lernen wir wissen, was wir tun; nur so wissen wir, was wir, wenn wir das tun, lernen können. Wir bringen beispielsweise zu Bewußtsein, daß empirisch-analytische Forschungen technisch verwertbares Wissen hervorbringen, aber kein Wissen, das zur hermeneutischen Klärung des Selbstverständnisses handelnder Subjekte verhilft. Bisher hat die Soziologie in erster Linie, und keineswegs auf eine unproblematische Weise, zur Selbstreflexion sozialer Gruppen in gegebenen geschichtlichen Situationen beigetragen; dessen entschlägt sie sich auch heute nicht, selbst dort nicht, wo sie erklärtermaßen nur noch Informationen über empirische Regelmäßigkeiten des sozialen Verhaltens verschaffen will. Ich bin mit *Albert* darin einig, daß wir in unserer Disziplin alle Anstrengungen darauf verwenden sollten, mehr und bessere Informationen dieser Art zu gewinnen. Nicht einig bin ich mit ihm darin, daß wir uns darauf beschränken könnten, sollten oder gar müßten. Die Gründe, aus denen hierzulande die Soziologie die Aufgabe einer historisch gerichteten Theorie der Gesellschaft übernommen hat, während andere Sozialwissenschaften dieser Bürde ledig waren und deshalb innerhalb der Grenzen einer strikten Erfahrungswissenschaft schneller vorangekommen sind, will ich jetzt nicht untersuchen. Wie aber, wenn es einer erfolgreichen positivistischen Wissenschaftspolitik gelänge, jene Aufgabe ganz loszuwerden und in die Vorhöfe wissenschaftlicher Diskussion zu verweisen? Ideologiekritik in den Händen der Positivisten hat ja wohl diesen Zweck. Sie beschäftigt sich damit, das praktische Bewußtsein sozialer Gruppen von jenen Theorien zu reinigen, die sich nicht auf technisch verwertbares Wissen zurückführen lassen und gleichwohl einen theoretischen Anspruch behaupten. Wie also, wenn diese Purgation durchführbar und glücklich durchgeführt wäre?

Unter den Reproduktionsbedingungen einer industriellen Gesellschaft würden Individuen, die nur noch über technisch verwertbares Wissen verfügten und keine rationale Aufklärung mehr über sich selbst sowie über Ziele ihres Handelns erwarten dürften, ihre Identität verlieren. Ihre entmythologisierte Welt wäre, weil die Macht des Mythos positivistisch nicht gebrochen werden kann, voller Dämonen. Ich nehme das Risiko dieser Sprache auf mich; sie gehört zu einem Erfahrungsbereich, der keineswegs einer hellseherischen Elite vorbehalten ist. Freilich muß ich zugeben, daß sich die Einbildungskraft nur in Berührung mit Traditionen formt, die man sich zunächst einmal angeeignet und nicht sogleich unterwandert hat. Die Möglichkeit einer rationalen Verständigung auch noch in dieser Dimension läßt sich durch die Lektüre eines soeben erschienenen Buches von *Klaus Heinrich* nachprüfen [24].

Eine Soziologie, die sich im Ansatz auf empirisch-analytische

---

[24] Versuch über die Schwierigkeit, Nein zu sagen. Frankfurt 1964; vgl. meine Rezension in: Merkur, November 1964.

Forschungen beschränkte, würde die Selbsterhaltung und die Selbstzerstörung gesellschaftlicher Systeme nur in der Dimension von pragmatisch erfolgreichen Anpassungsprozessen untersuchen können und andere Dimensionen leugnen müssen. Innerhalb einer Soziologie als strenger Verhaltenswissenschaft lassen sich Fragen, die sich auf das Selbstverständnis sozialer Gruppen beziehen, nicht formulieren; deshalb sind diese aber nicht sinnlos, noch entziehen sie sich der verbindlichen Diskussion. Sie ergeben sich objektiv daraus, daß die Reproduktion des gesellschaftlichen Lebens nicht nur technisch lösbare Fragen stellt, sondern mehr einschließt als Anpassungsprozesse nach dem Muster zweckrationaler Mittelverwendung. Die vergesellschafteten Individuen erhalten ihr Leben nur durch eine Gruppenidentität, die, im Unterschied zu tierischen Sozietäten, immer wieder aufgebaut, zerstört und neu gebildet werden muß. Sie können ihre Existenz durch Anpassungsprozesse an die natürliche Umgebung und durch Rückanpassung an das System der gesellschaftlichen Arbeit nur in dem Maße sichern, in dem sie den Stoffwechsel mit der Natur durch ein äußerst prekäres Gleichgewicht der Individuen untereinander vermitteln. Die materiellen Bedingungen des Überlebens sind mit den sublimsten aufs innigste verknüpft, das organische Gleichgewicht mit jener gebrochenen Balance zwischen Trennung und Vereinigung, in der sich durch die Kommunikation mit anderen hindurch die Identität eines jeden Ich erst einspielt. Eine mißlingende Identität der sich selbst Behauptenden und eine verfehlte Kommunikation der miteinander Sprechenden sind Selbstzerstörungen, die sich am Ende auch physisch auswirken. Im individuellen Bereich sind sie als psychosomatische Störungen bekannt; aber zerrissene Lebensgeschichten reflektieren die zerrissene Wirklichkeit der Institutionen. Die mühsamen Prozesse des Immer-wieder-neu-sich-Identifizierens kennen wir aus *Hegels* Phänomenologie des Geistes wie aus *Freuds* Psychoanalyse: Das Problem einer Identität, die nur durch Identifikationen, und das heißt nur durch Entäußerung der Identität, hergestellt werden kann, ist zugleich das Problem einer Kommunikation, die die glückliche Balance zwischen sprachlosem Einssein und sprachloser Entfremdung, zwischen der Aufopferung der Individualität und der Isolierung des abstrakten Vereinzelten ermöglicht. Solche

Erfahrungen des drohenden Identitätsverlustes und des Versandens sprachlicher Kommunikation wiederholt jeder in den Krisen seiner Lebensgeschichte; aber sie sind nicht wirklicher als die kollektiven Erfahrungen der Gattungsgeschichte, die die gesamtgesellschaftlichen Subjekte in der Auseinandersetzung mit der Natur zugleich an sich selber machen. Fragen dieses Erfahrungsbereichs können, weil sie durch technisch verwertbare Informationen nicht zu beantworten sind, durch empirisch-analytische Forschungen nicht geklärt werden. Gleichwohl versucht die Soziologie, seit ihren Anfängen im 18. Jahrhundert, auch und vor allem diese Fragen zu diskutieren. Dabei kann sie auf historisch gerichtete Interpretationen nicht verzichten; und offensichtlich kann sie sich ebensowenig einer Form der Kommunikation entziehen, in deren Bannkreis sich diese Probleme erst stellen: Ich meine das dialektische Netz eines Kommunikationszusammenhangs, in dem die Individuen zwischen den Gefahren der Verdinglichung und der Gestaltlosigkeit hindurchsteuernd ihre zerbrechliche Identität ausbilden. Dies ist der empirische Kern der logischen Form von Identität. In der Evolution des Bewußtseins stellt sich das Identitätsproblem zugleich als Problem des Überlebens und der Reflexion. Von ihm hat einst die dialektische Philosophie ihren Ausgang genommen.

Im hemdsärmeligen Weltbild mancher Positivisten spielt Dialektik die Rolle eines Klabautermanns. Für andere, denen gelegentlich zu Bewußtsein kommt, daß sie in dialektische Gedankengänge verfallen, bringt Dialektik nur die Erfahrung zur Sprache, daß wir auch dann noch denken und denken können, wenn wir nach überlieferten Regeln der Schlüssigkeit es eigentlich nicht mehr dürften. In Dialektik verfängt sich das Denken nicht, weil es die Regeln der formalen Logik verachtet, sondern indem es sich besonders hartnäckig an sie hält – auch noch auf der Ebene der Selbstreflexion, statt dann Reflexion überhaupt abzubrechen. Die Selbstreflexion der strikten Erfahrungswissenschaften mahnt, wie ich meine, gegenüber den positivistischen Erwartungen zur Bescheidenheit. Sie bringt die Einsicht mit sich, daß unsere Theorien die Wirklichkeit nicht einfach beschreiben. Andererseits läßt sie sich nicht durch Definitionen entmutigen, auch solche Zusammenhänge zu explizieren, die es nach den

Demarkationen, auf denen die erfahrungswissenschaftliche Analyse mit guten Gründen beruht, nicht geben dürfte.

Bei solchen Ausgangspositionen hat eine Diskussion zwischen Positivisten und anderen, die sich der dialektischen Gedankengänge nicht schämen, ihre Tücken. Da gleichwohl beide Parteien von der Einheit der menschlichen Vernunft, somit von der Möglichkeit eines vernünftig zu erzielenden Konsensus, überzeugt sind und die umfassende Rationalität einer vorbehaltlosen Kritik als den Horizont einer möglichen Verständigung nicht willentlich leugnen, läßt sich eine Diskussion auch zwischen ihnen führen. Dabei verfolgen beide eine andere Strategie.

Mir wirft *Albert* eine recht unwissenschaftliche Strategie vor: Immunisierung und Verschleierung nennt er sie. Wenn man bedenkt, daß ich die Prüfungsbedingungen, auf deren Ausschließlichkeit *Albert* insistiert, selber zur Diskussion stelle, scheint mir jene Bezeichnung nicht besonders sinnvoll. Ich würde es vorziehen, von Umgehungsstrategie zu sprechen: Man muß dem Positivisten klarmachen, daß man sich bereits hinter seinem Rücken postiert hat. Ob das ein sympathisches Verfahren ist, weiß ich nicht; mir jedenfalls ist es vom Gang der Diskussion vorgeschrieben: *Alberts* Einwände beruhen auf Voraussetzungen, die ich ihrerseits gerade in Frage gestellt hatte. *Alberts* Strategie[25] hingegen könnte ich in Symmetrie zum Vorwurf der Verdunkelung als Dummstellen charakterisieren: Man will nicht verstehen, was der andere sagt. Diese Strategie, die den Gegner zwingen soll, die eigene Sprache anzunehmen, ist einige Jahrhunderte alt und seit den Tagen *Bacons* außerordentlich erfolgreich. Die Fortschritte der exakten Wissenschaften beruhen zu einem guten Teil darauf, daß sie traditionelle Fragestellungen in eine neue Sprache übertragen; sie finden keine Antwort auf Fragen, die sie nicht selbst formuliert haben. Andererseits wird dieselbe Strategie zum Hemmschuh, wenn man über den Status solcher Forschungen im ganzen diskutieren will. Das methodisch geübte Kannitverstan trocknet eine Diskussion aus, die sich schon im Umkreis eines

---

[25] Dabei möchte ich den Lapsus, der *Albert* S. 223 f. unterlaufen ist, nicht einschließen; ich nehme nicht an, daß *Albert* den landesüblichen Antikommunismus zu einem Teil seiner Strategie macht.

gemeinsam vorausgesetzten Vorverständnisses immer bewegen muß. Auf diesem Wege fördert man allenfalls einen Ethnozentrismus wissenschaftlicher Subkulturen, der die Offenheit wissenschaftlicher Kritik zerstört.

In diesen Zusammenhang gehört der Vorwurf der Unverständlichkeit. Soweit er mich als empirisches Subjekt trifft, nehme ich ihn mir reuevoll zu Herzen; soweit er sich aber gegen eine Struktur des Denkens und Sprechens richtet, bedarf er der Erläuterung. Verstehen ist eine zweistellige Relation. Bei meiner Pflichtlektüre von scharfsinnigen positivistischen Untersuchungen habe ich die schmerzliche Erfahrung gemacht, vieles nicht oder nicht sogleich zu verstehen. Ich habe die Schwierigkeit meinen mangelhaften Lernprozessen zugerechnet und nicht der Unverständlichkeit der Texte. Ich wage nicht, die Vermutung ganz auszuschließen, daß es sich im umgekehrten Fall bei jemandem, der *Hegel* aus zweiter Hand zitiert, auch so verhalten könnte.

Ich spreche hier von Tradition im Hinblick auf Lernprozesse, die sie ermöglicht, und nicht in Erwartung von Autoritäten, auf die eine Abstammung zurückzuführen wäre. Vielleicht gehört *Poppers* Werk gerade deshalb in die Reihe der großen philosophischen Theorien, weil er noch einen klugen Umgang mit Traditionen unterhält, die manche in seinem Gefolge kaum dem Namen nach kennen.

HANS ALBERT

# Im Rücken des Positivismus?

Dialektische Umwege in kritischer Beleuchtung

> »*Redliche Positivisten,
> denen solche Perspektiven das Lachen verschlagen* . . .«
> *Jürgen Habermas, Theorie und Praxis*

In seiner Erwiderung[1] auf meine Kritik[2] sucht *Jürgen Habermas* seine Einwände gegen den kritischen Rationalismus *Karl Poppers* so zu reformulieren, daß sie weniger geeignet sind, Mißverständnisse auszulösen, als das in seinen von mir kritisierten Arbeiten der Fall war. Seine Argumentation in der vorliegenden Replik hat mich allerdings weder davon überzeugen können, daß ich ihn bisher mißverstanden habe, noch davon, daß seine Einwände zutreffen. Seinen Eindruck, ich habe seine Argumente aus dem Zusammenhang einer immanenten Kritik an *Poppers* Auffassungen isoliert und sie seien auf diese Weise durcheinandergeraten, so daß er sie selbst kaum wiedererkennen könne, kann ich ihm kaum streitig machen. Da ich mir Mühe gegeben habe, seine Argumentation angemessen zu rekonstruieren, um den Leser erkennen zu lassen, worauf ich antworte, kann ich in dieser Beziehung nichts weiter tun, als darauf zu vertrauen, daß sich der an dieser Diskussion Interessierte durch einen Vergleich der Texte selbst davon überzeugt, ob man mir diesen Vorwurf machen darf. Ich habe allerdings meinerseits den Eindruck gewonnen, daß *Habermas* in seiner Erwiderung seine bisherige Kritik nicht nur reformuliert, sondern sie in nicht unwesentlichen Punkten der Sache nach geändert hat. Wie dem auch sei, ich ziehe ebenfalls die

---

1 *Jürgen Habermas*, Gegen einen positivistisch halbierten Rationalismus. Erwiderung eines Pamphlets.
2 Vgl. meinen Aufsatz: Der Mythos der totalen Vernunft. Dialektische Ansprüche im Lichte undialektischer Kritik.

offene Kontroverse der »Strategie wechselseitigen Achselzuckens« vor und bin wie *Habermas* bereit, von der Erörterung von Formfragen abzusehen. Bei allen Gegensätzen in unseren Auffassungen scheint uns das Interesse an kritischer Diskussion miteinander zu verbinden.

In seinen Vorbemerkungen legt *Habermas* Wert darauf, daß seine Kritik sich nicht gegen die Forschungspraxis strikter Erfahrungswissenschaften richtet, sondern nur gegen ihre positivistische Deutung. Das ist insofern interessant, als auch *Karl Popper*, dessen Auffassungen *Habermas* kritisiert, Argumente gegen eine solche Deutung vorbringt. Um nun seine Kritik an *Popper* durchführen zu können, muß *Habermas* den Eindruck erwecken, dieser sei in wesentlichen Punkten der positivistischen Tradition zuzurechnen. Die Lösung derartiger Zurechnungsprobleme hängt von Abgrenzungen ab, die in verschiedener Weise gemacht werden können[3], so daß eine eindeutige Antwort nicht zu erwarten ist. Worauf es aber hier ankäme, wäre der Nachweis, daß sich gerade die speziellen Einwände, die *Habermas* gegen die Vertreter dieser philosophischen Tradition erhebt, auch gegen *Popper* machen lassen und daß der allgemeine, schon im Titel seiner Erwiderung zum Ausdruck kommende Vorwurf einer Einschränkung des kritischen Denkens, in dem seine einzelnen Einwände zu konvergieren scheinen, auch auf ihn zutrifft. Das positivistische Selbstverständnis wirke sich restriktiv aus, behauptet *Habermas*; es stelle »die verbindliche Reflexion an den Grenzen empirisch-analytischer (und formaler) Wissenschaften still«[4]. Er spricht dann von »positivistischen Verbotsnormen«, denen zufolge »ganze Problembereiche aus der Diskussion ausgeschlossen und irrationalen Einstellungen überlassen werden« müßten, und weist in diesem Zusammenhang auf »jene Probleme« hin, »die mit der Wahl von Standards und dem Einfluß von Argumenten auf Einstellungen zusammenhängen«. Solche Einschränkungen, Verbotsnormen und prinzipielle Vorbehalte sind nach meiner Kenntnis der Sachlage

---

[3] In unserer Diskussion über die *Popper*sche Konzeption am 22. 2. 1965 vor dem Kölner Alpbach-Seminar, in der sich das sehr schnell herausstellte, haben wir diesen Punkt daher bald fallengelassen.

[4] *Habermas*, Gegen einen positivistisch halbierten Rationalismus, S. 235.

zumindest bei *Popper* nicht zu finden, ganz abgesehen davon, daß auch den heutigen Vertretern des Positivismus im engeren Sinne gegenüber diese Behauptungen schwerlich aufrechtzuerhalten sind [5].

Auf meine Darstellung seiner Auffassung bezieht sich der Vorwurf von *Habermas*, ich erwecke den Eindruck, als wolle er mit Hilfe seiner Argumente »neben den handfest eingeführten Methoden der sozialwissenschaftlichen Forschung so etwas wie eine neue ›Methode‹ einführen«, was er aber de facto keineswegs beabsichtige [6]. In welchem Sinne das, was *Habermas* in seiner Arbeit zur *Popper-Adorno*-Kontroverse der *Popper*schen Wissenschaftslehre positiv gegenüberstellt, als eine »neue Methode« zu bezeichnen ist, möchte ich nicht entscheiden. Meine Argumentation richtet sich jedenfalls gegen den Anspruch, daß die von ihm entwickelte Auffassung geeignet ist, Probleme zu lösen, die mit der Konzeption *Poppers* nicht gelöst werden können. Gleichgültig, ob man das, was *Habermas* bietet, eine neue Methode nennen will oder nicht, er deutet jedenfalls die Grundzüge einer methodologischen Konzeption für eine dialektische Sozialwissenschaft an, die für sich in Anspruch nimmt, die Beschränkungen einer an der *Popper*schen Auffassung orientierten Sozialwissenschaft zu überwinden. In meinem oben erwähnten Aufsatz habe ich mich darauf eingelassen, diese methodologische Konzeption einer Kritik zu unterziehen und ihre Ansprüche zu prüfen. Ich habe nicht den Eindruck, daß dem in der *Habermas*schen Erwiderung genügend Rechnung getragen wird. In ihr findet man weniger den Versuch, die Ansprüche der *dialektischen* Konzeption im Hinblick auf die Sozialwissenschaften zu stützen, als den, die Resultate des *Neo-Pragmatismus* für eine Kritik am *Popper*schen Rationalismus nutzbar zu machen. Dabei fällt allerdings die Kritik an *Popper* wesentlich milder aus als die an meiner Auffassung, in der *Habermas* nicht nur grundlegende Mißverständnisse in bezug auf seine,

---

5 Der Neo-Pragmatismus *Morton G. Whites*, den *Habermas* in seiner Erwiderung positiv akzentuiert, und die Auffassungen von Vertretern der analytischen Philosophie in der Tradition des späten *Wittgenstein* mögen sich in vielem unterscheiden, aber kaum darin, daß diese irgendwelche Probleme von der Diskussion ausschließen möchten, die jener zu behandeln bereit ist.

6 *Habermas*, S. 236.

sondern darüber hinaus in bezug auf die *Popper*sche Konzeption zu lokalisieren sucht. Ich wende mich nun den Einzelheiten seines Versuchs zu, meine Mißverständnisse aufzuklären [7].

## 1 *Zur methodologischen Rolle der Erfahrung*

Mein erstes Mißverständnis bezieht sich nach *Habermas* auf die methodologische Rolle der Erfahrung in den Realwissenschaften. In dieser Beziehung stellt er meines Erachtens die Diskussionssituation in eigentümlicher Weise dar, und zwar so, als habe er etwas gar nicht in Frage gestellt, was ich gegen ihn einwende, nämlich: daß die von ihm kritisierte Konzeption für die Theoriebildung keinerlei Einschränkungen in bezug auf den zugelassenen Erfahrungstypus zu machen brauche, während die von ihm selbst vertretene Auffassung zu einem Rekurs auf die natürliche Hermeneutik verpflichte [8]. *Habermas* bezog sich bei seinem damaligen Einwand ausdrücklich auf die Abstammung der Einsichten, die den Entwurf der von ihm angestrebten dialektischen Theorie lenken, einer Theorie, die sich in ihrem Aufbau »vorgängig« an einen präformierten Gegenstand anmessen müsse und *nicht erst nachträglich* mit einer restringierten Erfahrung zusammengebracht werden dürfe. Aus diesen und anderen Aussagen darf man wohl schließen, daß er die Theoriebildung in einer Weise an vorgängige Erfahrung, und zwar, wie er ausdrücklich sagt: vorwissenschaftlich akkumulierte, also Alltagserfahrung, binden will, wie es für die *Popper*sche Konzeption nicht in Frage kommt. Ich hatte in diesem Zusammenhang auf den merkwürdigen Konservatismus hingewiesen, der in dieser Betonung des Abstammungsproblems und in einem Erfahrungsbegriff liegt, der bestenfalls die methodische Funktion haben kann, ehrwürdige Irrtümer

---

7 Dabei werde ich mich, wie in meiner früheren Arbeit, im wesentlichen an die bei *Habermas* zu findende Reihenfolge der zu erörternden Probleme halten, in der Hoffnung, daß der Leser in der Lage ist, ein Prinzip darin zu erkennen.

8 Vgl. dazu die relevanten Abschnitte in seinem Beitrag zur Adorno-Festschrift, a.a.O., S. 157 ff., die Kritik in meiner Antwort, a.a.O., S. 205 ff., sowie seine Erwiderung, a.a.O., S. 238 f.

schwer korrigierbar zu machen. Erfolgreiche Theorien pflegen nämlich nicht selten bisheriger Erfahrung zu widersprechen[9].

In seiner Erwiderung geht *Habermas* auf diesen Punkt nicht mehr ein; er weist es außerdem weit von sich, die Vorzüge der Prüfungssituationen zu verkennen, die ich hervorgehoben hatte, um die Rolle der von ihm so genannten restringierten Erfahrung zu beleuchten. Statt dessen wendet er sich einer anderen Frage zu, die ohne Zweifel damit zusammenhängt, nämlich der Frage, »ob nicht durch eine solche Definition der Prüfungsbedingungen der mögliche Sinn der empirischen Geltung von Aussagen im vorhinein festgelegt ist; und wenn das der Fall ist: welcher Sinn von Geltung damit präjudiziert wird«[10]. Nun, ich weiß nicht, warum ich ein Interesse daran haben sollte, durch die Zurückweisung einer solchen Frage »philosophische Unschuld um jeden Preis zu inthronisieren«. Die Prüfungsbedingungen müssen sich jeweils nach dem Sinn und Gehalt der betreffenden Theorie richten; sie werden ihr keineswegs »von außen« auferlegt. Man darf nur erwarten, daß eine Theorie möglichst strenger Prüfung unterworfen wird, das heißt natürlich: unter Ausnutzung der ihren Hypothesen entsprechenden möglichen Prüfungsbedingungen, und daß man ihre Bewährung im Zusammenhang mit solchen Prüfungsversuchen beurteilt. Theorien, die etwas über die Welt, und das heißt unter anderem auch: über den Menschen und seine soziokulturelle Welt, aussagen wollen, werden im Laufe ihrer Prüfung mit »Tatsachen« konfrontiert, die für sie relevant erscheinen. Wie solche Tatsachen aussehen müssen, hängt davon ab, was die betreffenden Theorien aussagen. Das ist nichts als eine Weise, Theorien der Kritik und damit dem Risiko des Scheiterns auszusetzen, durch die nichts präjudiziert wird, was nicht schon durch diese Theorien selbst festgelegt ist.

*Habermas* weist nun, um den restriktiven Charakter meiner

---

9 Vgl. dazu z. B. *Paul K. Feyerabend*, Problems of Empiricism, in: Beyond the Edge of Certainty. Essays in Contemporary Science and Philosophy, Bd. 2 der University of Pittsburgh Series in the Philosophy of Science, hrsg. von *Robert G. Colodny*, Englewood Cliffs 1965, S. 152 ff. Es ist interessant, daß *Feyerabend*, der die *Poppersche* Konzeption vertritt, hier mit seinen Argumenten gerade den radikalen Empirismus treffen will, dem *Habermas* in dieser Beziehung wohl näher steht.

10 A.a.O., S. 238 f.

methodologischen Auffassung nachzuweisen, auf die Tatsache hin, daß moralische Gefühle, Entbehrungen und Frustrationen, lebensgeschichtliche Krisen und Einstellungsänderungen im Zuge einer Reflexion *andere Erfahrungen* vermitteln, die »durch entsprechende Standards zur Prüfungsinstanz erhoben werden« können, offenbar im Gegensatz zur Erfahrungsbasis der strikten Wissenschaften. Da dieser Hinweis offensichtlich als Einwand fungieren soll, wäre eine Präzisierung im Hinblick auf die Frage von einigem Interesse, *welche Art von Aussagen* mit Hilfe solcher Erfahrungen geprüft werden sollen und *wie* das geschehen soll. Es besteht zwar kein Grund, Probleme dieser Art nicht zu behandeln, aber es ist einigermaßen schwer, Hinweise auf mögliche Lösungen zu diskutieren oder sie gar als Einwand gelten zu lassen, wenn diese Lösungen selbst im Hintergrund bleiben.

Man könnte zunächst darauf aufmerksam machen, daß die Realwissenschaften sich schon heute mit Erfahrungen der von *Habermas* angeführten Art befassen, und zwar in der Weise, daß sie sie als »Tatsachen« verwerten und mit Theorien in Zusammenhang bringen, die sich auf Tatsachen dieser Art beziehen. Auf diese Weise werden solche Erfahrungen zur Prüfung von Theorien herangezogen, ohne daß man genötigt wäre, die von *Habermas* kritisierte methodologische Auffassung aufzugeben. Es ist daher anzunehmen, daß eine solche Verwertung dieser Erfahrungen von ihm nicht gemeint ist. Auch nach dem Wortlaut seines Hinweises ist eher zu vermuten, daß er anders gemeint ist: nicht so, daß eine Frustration beispielsweise als eine Prüfungsinstanz für eine Theorie verwendet wird, aus der etwas über Frustration folgt, sondern eher so, daß man solche Erfahrungen *unmittelbar* zur Prüfungsinstanz erhebt, also etwa eine Theorie daran prüft, ob sie jemanden frustriert, und sie eventuell daran scheitern läßt. Das wäre allerdings ein in unserem Zusammenhang interessanter Vorschlag, dessen Konsequenzen zu bedenken wären. Neue Ideen, kritische Argumente und die Bezugnahme auf unangenehme Tatsachen führen nicht selten bei Verfechtern bestimmter Auffassungen zu Frustrationen. Man braucht dabei nicht nur an die großen Beispiele *Galilei*, *Darwin*, *Marx* und *Freud* zu denken, bei denen die für das überlieferte Weltbild gefährlichen Konsequenzen sehr deutlich waren, so daß massive

Abwehrreaktionen hervorgerufen wurden. Auch in bezug auf weltanschaulich weniger bedeutsame Probleme innerhalb der Wissenschaft kann man oft damit rechnen, daß die emotionale Investition in bestimmte Theorien groß genug ist, um in ähnlich gelagerten Fällen zu Frustrationen zu führen. Würde man diese im Ernst zur kritischen Instanz erheben, dann wüßte ich nicht, wie darin methodologisch etwas anderes gesehen werden könnte als die Prämiierung von Immunisierungsstrategien. Man darf vermuten, daß ein solcher Irrationalismus auch für *Habermas* schwerlich akzeptabel wäre.

Vielleicht ist daher eine andere Deutung seines Hinweises vorzuziehen. Man könnte etwa von der Annahme ausgehen, ein Wissenschaftler sei normalerweise so geschult, daß ihn gewisse Eigenschaften von Theorien frustrieren – z. B. innere Widersprüche, wenn er nicht bereit ist, sie dialektisch zu »überwinden«, Mangel an informativem Gehalt oder Schwierigkeiten, die sich bei ihrer empirischen Überprüfung herausstellen. Eine solche Annahme kann möglicherweise für die Erklärung von Forschungsprozessen und damit für die Soziologie der Wissenschaft von Bedeutung sein; sie würde aber wohl keine negativen Folgerungen in bezug auf die in Frage stehende methodologische Konzeption erlauben. Auch diese Deutung ist also für unsere Frage nicht ergiebig. Eine weitere Möglichkeit wäre die, daß *Habermas* überhaupt nicht an Theorien denkt, die den Anspruch machen, über die Realität zu informieren, sie zu beschreiben und zu erklären, sondern an Konzeptionen anderer Art. Der Hinweis auf moralische Gefühle als mögliche Prüfungsinstanzen legt die Vermutung nahe, es gehe ihm zum Beispiel um normative Konzeptionen. Auch der oben erwähnte Satz über die Präjudizierung des Sinnes von Geltung könnte in diese Richtung weisen. Selbst wer nicht bereit ist, im Geltungsanspruch einer Auffassung etwas anderes zu sehen als den Anspruch auf allgemeine Anerkennung und daher die Notwendigkeit einer Differenzierung in dieser Beziehung nicht einsieht, wird zugestehen können, daß die Grundlagen der Geltung normativer Aussagen anders beschaffen sein mögen als die der Geltung realwissenschaftlicher Theorien. Auch daraus aber würden keine Schwierigkeiten für die von *Habermas* als restriktiv kritisierte Konzeption folgen, die es im übrigen erlaubt, auch normative Auffassungen kritischen Argumenten auszusetzen[11]. Daß ein Zusammenhang zwischen dem Sinn von Aussagen und ihren Prüfungsbedingungen hergestellt werden kann und daß nicht alle Aussagen den Sinn realwissenschaftlicher Hypothesen haben, darüber bedarf es wohl keiner Diskussion[12]. Die eigentlichen Probleme tauchen erst dann auf, wenn es darum geht, diesen Zusammenhang für bestimmte Arten von Aussagen zu analysieren. Dabei könnte sich die Relevanz der von *Habermas* angeführten »anderen Erfahrungen« für die von ihm angedeuteten anderen Prüfungsverfahren zeigen. Daß sich daraus ein Argument für die Beschränktheit der von *Habermas* kritisierten methodologischen Konzeption entwickeln läßt, vermag ich vorderhand noch nicht zu erkennen. Ich bin gerne bereit, methodologische Neuerungen zu diskutieren, nur müssen sie irgendwo zu erkennen sein.

*Habermas* interessiert sich für die oben erläuterte Problematik im Zusammenhang mit *Poppers* Kritik am Positivismus, die diesen angeblich so weit führt, »daß sie ungewollt noch seinen eigenen Lösungsvorschlag problematisch macht«[13]. Es geht hier um folgendes. *Popper* kritisiert nicht nur speziell die positivistische Konzeption, sondern darüber hinaus jede epistemologische Auffassung, die irgendwelches Wissen durch Zurückführung auf sichere letzte Quellen rechtfertigen und damit garantieren will[14], und setzt an ihre Stelle einen epistemologischen Fallibilismus, der

---

11 Vgl. dazu z. B. meine Beiträge: Die Idee der kritischen Vernunft. Zur Problematik der rationalen Begründung und des Dogmatismus, in: Club Voltaire I, München 1963; sowie: Social Science and Moral Philosophy, in: The Critical Approach to Science and Philosophy. In Honor of Karl R. Popper, hrsg. von *Mario Bunge*, London 1964.

12 Vielleicht ist hier der Hinweis darauf angebracht, daß wohl kaum eine Richtung der Philosophie soviel zur Klärung dieser Probleme beigetragen hat wie der logische Positivismus und ihm verwandte Strömungen.

13 So *Habermas*, S. 240, nach einer kurzen Darstellung dieser Kritik, die ich im Kern akzeptieren kann, wenn auch manche Formulierung fragwürdig erscheinen mag, so z. B. die Behauptung (S. 239), *Popper nivelliere* alles Wissen auf der Ebene von *Meinungen*, und die daran anschließenden Feststellungen, die geeignet sind, bei Lesern ohne eigene Kenntnis der *Popper*schen Auffassung völlig irreführende Assoziationen hervorzurufen.

14 Vgl. dazu *Karl Popper*, On the Sources of Knowledge and Ignorance, abgedruckt in seinem Aufsatzband: Conjectures and Refutations, London 1963, S. 3–30.

derartige Wahrheitsgarantien ausschließt, aber mit einer Methodologie der kritischen Prüfung verbunden ist. *Habermas* wendet dagegen ein, daß sich Irrtümer nur an Hand von Kriterien ausmachen lassen, für deren Berechtigung aber Argumente beizubringen seien, die ihrerseits nur »in der ausgeschalteten Dimension zwar nicht des Ursprungs, aber doch der Bildung des Wissens« gesucht werden müßten, um Willkür zu vermeiden[15]. Die *Popper*sche »Mediatisierung« der Ursprünge der Theorien gegenüber der Methode der Überprüfung sei deshalb fragwürdig, weil diese Methode selbst nur im Rückgang auf die kritische Tradition, und damit auf wenigstens eine der Quellen des Wissens, begründet werden könne. Das Argument zielt also darauf ab, daß auch *Popper* gezwungen sei, eine Begründung durch Rückgang auf die Quellen mitzumachen, wenn nicht auf der Ebene der Theoriebildung, dann doch wenigstens auf der methodologischen Ebene. *Popper* selbst hat die Bedeutung der Tradition als Quelle, und zwar als eine der wichtigsten Quellen unseres Wissens, gegen den rationalistischen Anti-Traditionalismus hervorgehoben. Aber er bestreitet, daß es irgendeine Quelle gibt, die Unfehlbarkeit für sich in Anspruch nehmen könnte. Jede Quelle unterliegt daher der Kritik: auch die der Tradition, gleichgültig, ob sie theoretische oder meta-theoretische Auffassungen liefert. Der Rückgriff auf die Tradition kann also selbst nicht als Begründung anerkannt werden. Gegen den *Habermas*schen Einwand, daß die *Popper*sche Methode nur so begründet werden könne, wäre zu fragen, wie man sich eine solche Begründung vorzustellen hat, wenn man die Zurückführung auf eine nicht mehr kritisierbare Instanz, also ein Dogma, vermeiden will[16]. Die Sachlage ist in diesem Punkte also

---

15 *Habermas*, S. 240.

16 Ich hatte in meiner Kritik darauf hingewiesen, daß die von *Habermas* aufgestellte Alternative von Dogmatismus und Begründung einem von *Popper* formulierten Einwand ausgesetzt ist, nämlich dem, daß die Zurückführung auf positive Gründe selbst den Charakter eines dogmatischen Verfahrens hat oder aber einen infiniten Regreß impliziert, vgl. S. 225 ff. Die Methodologie der kritischen Prüfung muß daher auf positive Begründung verzichten. Für die Möglichkeit einer in diesem Sinne vom Rechtfertigungsdenken emanzipierten kritizistischen Konzeption vgl. außer den Arbeiten *Poppers*, z. B. *William Warren Bartley*, The Retreat to Commitment, New York 1962, ein Buch, das *Habermas* in seinem Aufsatz ohne genügende Analyse abtut; vgl. seine Antwort a.a.O., S. 252 ff.; siehe dazu unten.

nicht etwa so, daß *Popper* eine Begründung in der Tradition sucht – er glaubt vielmehr auf sie verzichten zu können –, sondern daß *Habermas* sie als unvermeidlich hinstellt, weil er seine Argumentation am Rechtfertigungsdenken orientieren zu müssen glaubt. Wir kommen darauf noch zurück.

Wie dem auch sei, *Habermas* glaubt jedenfalls, den Angelpunkt der positivistischen Restproblematik bei *Popper* in der von diesem unterstellten epistemologischen Unabhängigkeit der Tatsachen von den auf sie bezogenen Theorien lokalisieren zu können, die der Idee der Prüfung an Hand der Tatsachen zugrunde liegt [17]. Ich hatte in meiner Kritik darauf aufmerksam gemacht, daß *Popper* die positivistische Idee der reinen Gegebenheit, der nackten theoriefreien Tatsache, ausdrücklich kritisiert und für seine methodologische Konzeption nicht benötigt. Damit ist *Habermas* nicht zufrieden. Er kritisiert in diesem Zusammenhang vielmehr dessen Festhalten an der Korrespondenztheorie der Wahrheit, die »Tatsachen« als Ansichseiendes supponiere, ohne Rücksicht auf die Vorentscheidung der Sinnfrage durch die Definition der Prüfungsbedingungen. Nun, ich weiß nicht, inwiefern man die *Popper*sche Auffassung, die *Habermas* selbst anführt, nämlich Tatsachen seien ein gemeinsames Produkt von Sprache und Realität, mit dieser Charakterisierung vereinbaren kann [18]. Die Korrespondenztheorie der Wahrheit ist keineswegs auf nackte, d. h. theoriefreie und in diesem Sinne »ansichseiende« Tatsachen angewiesen. Auch muß man sie keineswegs im Sinne einer Abbildungstheorie verstehen, wie das vielfach von dialektischer Seite unterstellt wird [19], z. B. wenn im Zusammenhang mit

---

[17] *Habermas*, S. 241; vgl. dazu und zu der resignierenden Feststellung meines Diskussionspartners, es sei ihm offenbar nicht gelungen, mir diese Problematik überhaupt zu Bewußtsein zu bringen, seinen Beitrag zur *Adorno*-Festschrift, S. 176 ff. und passim, sowie meine Erwiderung. Ich überlasse es dem Leser, diesen Versuch und sein Mißlingen zu beurteilen.

[18] Allerdings kann ich mir erklären, wie dieser Passus zustande kam, da *Habermas* ursprünglich die Unentbehrlichkeit theoriefreier Tatsachen für die Falsifikation angenommen hatte.

[19] Vgl. dazu *Karl Popper*, Truth, Rationality, and the Growth of Scientific Knowledge, in: Conjectures and Refutations, a.a.O., S. 223 ff., wo die Korrespondenztheorie behandelt wird. *Popper* weist hier u. a. auf die »überraschend naive Bild-Theorie« *Wittgensteins* hin, auf die klare und vernichtende Kritik *Schlicks* an verschiedenen Versionen der Korrespondenztheorie (darunter auch der Bild- oder

deskriptiven Aussagen die Metapher von der »bloßen Verdoppelung der Realität« auftaucht. Im übrigen ist die Wissenschaftslehre *Poppers* nicht einmal von der Korrespondenztheorie der Wahrheit abhängig[20] und von dem bei ihm damit verbundenen Realismus. Es genügt vielmehr die Möglichkeit, daß bei der Anwendung einer Theorie auf konkrete Situationen die für diese Situationen adäquaten Basis-Aussagen der betreffenden Theorie widersprechen, d. h. die Möglichkeit des Auftretens konträrer Fälle, die schon dann gegeben ist, wenn diese Theorie überhaupt informativen Gehalt hat[21]. Inwiefern es angesichts der geschilderten Sachlage angebracht ist, *Popper* auf den »Fetisch-Charakter« des positivistischen Tatsachenbegriffs hinzuweisen, vermag ich nicht zu erkennen.

## 2 *Das Basis-Problem und die Frage des Instrumentalismus*

In meiner Kritik seiner Analyse der *Popperschen* Wissenschaftslehre hatte ich *Habermas* unter anderem eine unzulängliche Behandlung der Basis-Problematik vorgehalten[22]. Insbesondere hatte ich das Auftreten eines Zirkels bei der Anwendung realwissenschaftlicher Theorien bestritten, auf das *Habermas* auf-

---

Projektionstheorie), und schließlich auf die *Tarskische* Fassung der Theorie, die die alten Fehler nicht wiederholt. Vgl. zu dieser Problematik auch: *Günther Patzig*, Satz und Tatsache, in: Argumentationen. Festschrift für Josef König, hrsg. von *Harald Delius* und *Günther Patzig*, Göttingen 1964, wo ebenfalls u. a. die *Wittgensteinsche* Abbildungstheorie kritisiert, vor allem aber gezeigt wird, in welchem Sinne an der Redeweise von den Tatsachen und ihrer Übereinstimmung mit Sätzen ohne weiteres festgehalten werden kann.

20 Vgl. dazu die neue Anmerkung über *Tarski* in *Poppers* The Logic of Scientific Discovery, London 1959, S. 274.

21 Hier sieht man übrigens, wie *Habermas* dazu kommt, *Popper* dem Positivismus zuzurechnen, obwohl dieser explicite eine realistische Auffassung vertritt. Er orientiert sich hier an der Behandlung des »Tatsachen«-Problems. Um den positivistischen Rest über Bord zu werfen, müßte sich *Popper* also wohl dazu verstehen, konkrete Anwendungssituationen nicht nur *im Lichte* der in Frage kommenden Theorien zu interpretieren, sondern darüber hinaus *im Sinne* dieser Theorien, d. h. jeweils theoriekonform. Daß man eine solche Immunisierungsstrategie durchführen *kann*, darauf hat *Popper* selbst aufmerksam gemacht, allerdings auch auf die fatalen Konsequenzen eines solchen Verfahrens.

22 Vgl. dazu *Habermas*, Analytische Wissenschaftstheorie und Dialektik, S. 176 ff. und meine Antwort, S. 214 f.

merksam gemacht hatte, und außerdem die Frage gestellt, inwiefern hier die hermeneutische Explikation weiterhelfen könne. *Habermas* sucht nun in seiner Antwort noch einmal deutlich zu machen, worin dieser Zirkel besteht [23], über den er sich angeblich von *Popper* selber hat belehren lassen. Er stützt sich dabei auf eine Analogie zwischen einem Gerichtsprozeß und der Anwendung von Theorien, die *Popper* heranzieht, um seine Auffassungen zu verdeutlichen. In dem betreffenden Abschnitt wird die Unterscheidung gemacht zwischen dem Verdikt der Geschworenen – einer Antwort auf eine Tatsachenfrage, die nach einem von bestimmten Regeln beherrschten Verfahren zustandekommt – und dem Urteil des Richters, das durch die Anwendung der relevanten Rechtssätze auf den im Verdikt festgestellten Tatbestand gerechtfertigt werden muß. *Popper* vergleicht nun die Annahme einer Basis-Aussage mit dem Verdikt und die Anwendung der Theorie mit der der relevanten Rechtsnormen und macht darauf aufmerksam, daß in beiden Fällen die Feststellung der Grundlage der Anwendung – der Basis-Aussage bzw. des Verdikts – selbst zur Anwendung des Aussagensystems – d. h.: der Theorie bzw. des Rechtskodex – gehört und daher nach den Verfahrensregeln des betreffenden Systems erfolgen muß. Der von *Habermas* zitierte Passus des ganzen Gedankengangs kann allerdings dazu verleiten, einen Zirkel in dieses ganze Verfahren zu projizieren, aber nur dann, wenn man die vorhergehenden Abschnitte nicht zur Deutung heranzieht. Aus diesen geht nämlich deutlich hervor, daß die Verfahrensregeln, nach denen das Verdikt zustandekommt, keineswegs mit den auf den Tatbestand anzuwendenden Rechtsnormen identisch sind, obwohl natürlich beide zum Rechtssystem gehören. Von einem Zirkel in irgendeinem relevanten Sinne dieses Wortes kann also keine Rede sein. Daß die Annahme von Basis-Aussagen Teil der Anwendung einer Theorie ist, kann ebensowenig als ein Zirkel angesehen werden. Die Verfahrensweisen, die ihre Annahme bestimmen, gehen auf Regeln zurück, die zwar zur Theorie gehören, aber keineswegs identisch sind mit den anzuwendenden theoretischen Gesetzen. Ich habe daher in meiner Kritik zwischen der Verwendung der theoretischen

---

23 *Habermas*, Gegen einen positivistisch halbierten Rationalismus, S. 242 f.

Sprache[24] zur Formulierung der Anwendungsbedingungen und der Anwendung der Gesetze selbst unterschieden. Wenn man den von *Popper* deutlich zum Ausdruck gebrachten Unterschied nicht machen könnte, dann würde eine Anwendung der Theorie jeweils auf ihre Bestätigung hinauslaufen, so daß es ein müßiges Unterfangen wäre, Prüfungsversuche zu veranstalten. Ob man in diesem Falle sinnvollerweise von einem Zirkel sprechen könnte, möchte ich nicht entscheiden. Jedenfalls wäre diese Sachlage für Gehalt und Prüfbarkeit von Theorien einigermaßen fatal, ein Umstand, an dem auch durch hermeneutische Explikation nichts zu ändern wäre.

Nach der Erläuterung seiner Zirkel-These sucht *Habermas* nun seine pragmatistische Deutung der Erfahrungswissenschaften zu erhärten, für die er Anhaltspunkte bei *Popper* selbst zu finden glaubt. Gegen seine Behauptung, die Forderung kontrollierter Beobachtung als Basis der Entscheidung über Hypothesen setze voraus, daß der Sinn des Forschungsprozesses im ganzen verstanden sei, habe ich nichts einzuwenden. Die Philosophie der Realwissenschaften beschäftigt sich ja seit langem mit der Klärung solcher Probleme, ohne daß es dazu irgendwelcher Anstöße von den hermeneutischen Richtungen der Philosophie her bedurft hätte[25]. Wenn man so will, kann man zum Beispiel *Poppers* »Logik der Forschung« ohne weiteres als ein »hermeneutisches«

---

24 Die Sprache einer realwissenschaftlichen Theorie pflegt ja nicht ein bloß formales System zu sein, sondern vielmehr Anwendungsregeln zu enthalten, die sich teilweise sogar in bestimmten Meßtechniken verkörpern. Diese Regeln liegen auch der Entscheidung über die Annahme oder Ablehnung von Basis-Aussagen zugrunde, wie das *Habermas* selbst zugesteht; vgl. seine Antwort S. 242. Daß diese Regeln nur institutionell festgelegt seien, nicht logisch, wie er behauptet, ist allerdings ein etwas merkwürdiger Zusatz, wenn man bedenkt, daß sie gewissermaßen zur Grammatik der jeweils in Frage kommenden theoretischen Sprache gehören. In dem Sinne, in dem grammatische Regeln institutionell verankert sein können, lassen sich zweifellos auch logische Regeln so verankern, so daß der Gegensatz nicht sehr plausibel erscheint.

25 Das trifft auch auf den logischen Positivismus zu, der sich gerade dadurch kritischen Analysen ausgesetzt hat, daß seine Beiträge zu dieser Problematik die Vorzüge der Klarheit, Bestimmtheit und Konkretheit besitzen, die man bei Beiträgen von hermeneutischer und dialektischer Seite meist vermißt. Das ist keine Bemerkung, die sich speziell auf meinen Diskussionspartner bezieht, dessen diesbezügliche Arbeiten ohne Zweifel von dem Bestreben zeugen, sich auf die Diskussion konkreter Probleme einzulassen und dabei Klarheit und Bestimmtheit zu erreichen. Man vergleiche damit aber einmal, was *Theodor W. Adorno* in: Skoteinos oder

Unternehmen betrachten, zumal diejenigen philosophischen Strömungen, die diese Bezeichnung für sich in Anspruch zu nehmen pflegen, so etwas wie eine Methode – im Gegensatz zu einem Vokabular – nicht geliefert haben, an deren Handhabung man sie erkennen könnte [26]. Allerdings dürfte das pragmatistische Ergebnis der hermeneutischen Versuche von *Habermas* dem Sinn des Forschungsprozesses nicht näherkommen als das, was von realistischer Seite zu diesem Thema vorgebracht wird. Daß der methodische Vorgriff auf mögliche Gesetzmäßigkeiten »elementaren Bedürfnissen der Verhaltensstabilität« entspricht, ist ohne Zweifel richtig. Immerhin läßt sich dasselbe auch für mythische, religiöse und metaphysische Auffassungen aller Art, ja darüber hinaus für jedes System der Weltorientierung überhaupt sagen. Wissenschaft wird gerade da möglich, wo es soziale Bereiche gibt, in denen sich das Erkenntnisinteresse von solchen elementaren Bedürfnissen emanzipiert. Natürlich können ihre Ergebnisse trotzdem noch mit solchen Bedürfnissen in Verbindung gebracht werden. Es dürfte nämlich schwer sein, sich eine Erkenntnis irgendwelcher Art vorzustellen, die nicht auf irgendeine Weise für das Ziel der Handlungsorientierung und Handlungsstabilisierung in Anspruch genommen werden kann. Insofern trägt die *Habermas*sche These den Stempel einer gewissen Plausibilität [27]. Gerade darin liegt aber auch ihre Schwäche. Die Plausibilität dieser These leitet sich nämlich zumindest teilweise davon her, daß man für erfolgreiches Handeln auf Informationen über die

---

Wie zu lesen sei, in seinen: Drei Studien zu Hegel, Frankfurt 1963, S. 115 ff. zur Verteidigung der Unklarheit sagt, für die er gerne die Beschaffenheit des Gegenstandsbereiches verantwortlich machen würde, als ob eine klare Ausdrucksweise den Gegenstand verfälschen könne. Noch in seinem Beitrag zur *Popper-Adorno*-Kontroverse findet man bei *Habermas* ein ähnliches Verfälschungsargument in bezug auf die nichtdialektische Soziologie. Vgl. S. 156 ff.

26 Ironischerweise kann man eine solche Methode viel eher bei den analytischen Richtungen der Philosophie, vor allem den Schülern des späten *Wittgenstein* finden, der nun ja auch allmählich in den Kreis der hermeneutischen Kirchenväter aufgenommen zu werden scheint und damit interessanterweise in die Nähe *Martin Heideggers* gerät, dessen eher sprachmagische als sprachkritische Übungen bei uns immer noch Anhänger finden.

27 Ich habe die Handlungsbezogenheit der Wissenschaften früher selbst in den Vordergrund gestellt, vgl. dazu z. B. meinen Aufsatz: Theorie und Prognose in den Sozialwissenschaften, Schweizerische Zeitschrift für Volkswirtschaft und Statistik,

Beschaffenheit der Realität angewiesen ist, so daß eine realistische Deutung der Erkenntnis gewissermaßen als die natürliche Voraussetzung für die Betonung ihrer pragmatischen Verwendbarkeit zu betrachten ist. Von einem tieferen Eindringen in die Struktur der realen Welt darf man Einsichten erwarten, die auch für den praktischen Umgang mit den realen Gegebenheiten von Bedeutung sind. Die Tatsache, daß Informationen praktisch verwertbar sind und daß man informative Theorien durch praktische Eingriffe in das reale Geschehen am besten überprüfen kann, zwingt keineswegs dazu, ihre Erkenntnisbedeutung zugunsten ihrer praktischen Relevanz zu unterschlagen [28].

Hier taucht aber noch eine weitere Frage auf, die für die Beurteilung der *Habermas*schen Konzeption von Bedeutung sein dürfte. *Habermas* entwickelt seine Kritik an der Sozialwissenschaft »positivistischen« Stils ja im Rahmen einer Auffassung, derzufolge eine dialektische Sozialwissenschaft die mit jener verbundene Beschränkung des Erkenntnisinteresses zu überwinden habe. Von dieser Alternative zur positivistischen Sozialwissenschaft ist in seiner neuen Arbeit nicht mehr die Rede. Auch die These, daß die nicht-dialektische Sozialwissenschaft zu einer Objektverfälschung neige, taucht in seiner neuen Arbeit nicht mehr auf. Ich hatte aber diese Alternative und ihre angeblichen Vorzüge ausdrücklich in Frage gestellt. Es ging mir nicht nur um die adäquate Interpretation der sogenannten analytischen Sozialwissenschaft und im Zusammenhang damit um eine Kritik der

---

93. Jgg., 1957, S. 60 ff., abgedruckt in: Logik der Sozialwissenschaften, hrsg. von *Ernst Topitsch*, Köln 1965. Inzwischen habe ich mich unter dem Einfluß der *Popper*schen Kritik vom Positivismus und von der Überbetonung der unter pragmatischen Gesichtspunkten dominanten Aspekte der Wissenschaft entfernt, ohne damit deren Bedeutung bestreiten zu wollen.

28 Man wende nicht dagegen ein, daß dieses Argument nicht die pragmatische Bedeutung des Vorgriffes auf mögliche Gesetzmäßigkeit überhaupt treffe. Ein solcher Vorgriff läßt sich ungezwungen als ein Versuch deuten, immer tiefer in die Beschaffenheit der Realität einzudringen, ganz unabhängig davon, ob sich dabei positive Konsequenzen für erfolgreiches Handeln ergeben; vgl. dazu *Popper*, Die Zielsetzung der Erfahrungswissenschaft, in: Ratio, Jgg. 1, 1957; wiederabgedruckt in: Theorie und Realität, hrsg. von *Hans Albert*, Tübingen 1964. Die pragmatische Deutung ist weder im »hermeneutischen« Sinne ausgezeichnet, noch stellt sie einen »Rückstieg in die transzendentale Dimension« dar, wie er von der realistischen nicht für sich beansprucht werden könnte.

instrumentalistischen These, sondern darüber hinaus um eine Kritik der für die dialektische Sozialwissenschaft erhobenen Ansprüche, vor allem des Anspruchs, mit Hilfe historischer Gesetzmäßigkeiten bestimmten Typs die fundamentalen Abhängigkeitsverhältnisse einer konkreten Totalität und den objektiven Sinn eines historischen Lebenszusammenhangs erfassen [29] und darüber hinaus praktische Absichten aus dem objektiven Zusammenhang legitimieren zu können [30]. Gegen die logischen und methodischen Aspekte dieses Unternehmens, das mir in vieler Hinsicht problematisch zu sein scheint, hatte ich Bedenken angemeldet. Man darf wohl fragen, wie derartige Gesetzmäßigkeiten aussehen, welche logische Struktur die betreffenden Aussagen und Theorien haben und welche Methoden der Deutung und der Legitimierung hier zu verwenden sind. Es ist vor allem auch zu fragen, ob nicht gerade hier eine primär praktische Orientierung im Hintergrund steht, und zwar praktisch im normativen Sinne dieses Wortes, also in einem Sinne, der den damit verbundenen Erkenntnisanspruch problematisch macht, es sei denn, man verstehe sich dazu, den Unterschied zwischen kognitiven und normativen Aussagen zum Verschwinden zu bringen. Auf diese Problematik ist noch zurückzukommen.

Der Kern des bei der Konfrontierung der sogenannten positivistisch beschränkten mit der dialektischen Sozialwissenschaft erkennbaren Verfahrens scheint mir in der Tat darin zu bestehen, daß man versucht, auf hermeneutischem Wege eine instrumentalistische Deutung der Realwissenschaften plausibel zu machen, um dadurch Raum zu gewinnen für ein Unternehmen, das seine die Erkenntnis de facto transzendierenden Züge unter der Maske der Erkenntnis verbirgt [31]. Ohne damit irgendeine Art von Vorwurf verbinden zu wollen, kann man darin ideologische Züge

---

[29] Vgl. dazu *Habermas*, Analytische Wissenschaftstheorie und Dialektik, S. 161 ff.

[30] Vgl. S. 166 ff.

[31] Und zwar für die Autoren dieses Unternehmens, die Frankfurter Schule der Soziologie, zu der *Habermas* in dieser Hinsicht wohl noch gezählt werden muß, ebenso wie für ihre Schüler: Ich betone diesen Aspekt der Selbsttäuschung vor allem, um mir nicht Vorwürfe der Art zuzuziehen, wie sie *Habermas* in seiner Antwort auf meine Kritik für diskutabel hält. Ich möchte mich keineswegs auf die Ebene der Motivforschung begeben. Es geht nicht um Lauterkeit der Absichten, sondern um die Charakterisierung der Gedankenführung.

erblicken, die der sogenannten positivistischen Ideologiekritik seit langem vertraut und verständlich sind[32]. Wenn *Habermas* an anderer Stelle die Tatsache herausstellt, daß »eine analytisch-empirische Wissenschaft . . ., solange sie die positivistische Selbstbeschränkung nicht vorsätzlich oder fahrlässig verletzt, unfähig (ist), Zielvorstellungen und Ordnungsgesichtspunkte selbst zu produzieren, Prioritäten festzulegen und Programme zu entwerfen«[33], dann weist er damit auf eine Sachlage hin, die in bezug auf alle Realwissenschaften und darüber hinaus auf alle Systeme zutrifft, die innerhalb ihres Aussagenzusammenhangs keine präskriptiven Elemente enthalten. Wer das für einen Mangel hält, kann seine Überwindung versuchen, ohne mit den zu ergänzenden präskriptiven Aussagen Erkenntnisansprüche zu verbinden, wie das z. B. der deutsche Neo-Normativismus tut[34]. Dieser Weg erscheint den Verfechtern einer dialektischen Sozialwissenschaft offenbar nicht verlockend. Sie ziehen es vor, die Sozialwissenschaften mit ideologischen Aussagen und Funktionen zu belasten und postulieren dazu eine Erkenntnisart, deren ausschließlich praktische Leistung[35] seltsam mit dem Anspruch kontrastiert, sie überwinde gerade in kognitiver Hinsicht positivistische Beschränkungen.

Für seine pragmatistische Deutung der Realwissenschaften nimmt *Habermas* in Anspruch, daß sie *Poppers* Kritik am Empirismus berücksichtige, ohne die Schwäche seiner Falsifikationstheorie zu teilen[36], die darin liege, daß die mit ihr verbundene

---

32 Im übrigen sehe ich nicht mehr, wie die früher verfochtene These der Objektverfälschung unter dem Einfluß des technischen Erkenntnis-Interesses mit der jetzigen Argumentation noch vereinbar ist, ganz abgesehen davon, wie diese These sich ohne einen minimalen Realismus überhaupt verstehen läßt.

33 *Habermas*, Kritische und konservative Aufgaben der Soziologie, in seinem Aufsatzband: Theorie und Praxis, Neuwied/Berlin 1963, S. 226.

34 Dazu habe ich mich kritisch geäußert in: Wertfreiheit als methodisches Prinzip, Schriften des Vereins für Sozialpolitik, Neue Folge, Band 29, Berlin 1963, abgedruckt in: Logik der Sozialwissenschaften, a.a.O., und in anderen Arbeiten.

35 Zu diesem Aspekt des dialektischen Denkens vgl. z. B. *Ernst Topitsch*, Sprachlogische Probleme der sozialwissenschaftlichen Theoriebildung, im o. a. Aufsatzband Logik der Sozialwissenschaften, S. 30 ff.; sowie: *derselbe*, Das Verhältnis zwischen Sozial- und Naturwissenschaften, a.a.O., S. 62 ff.

36 Für Anhaltspunkte, die *Popper* selbst für diese Interpretation angeblich gibt, vgl. *Habermas*, Gegen einen positivistisch halbierten Rationalismus, S. 244, dazu Anm. 9

Behauptung einer prinzipiellen Ungewißheit über die Wahrheit von Aussagen der überwältigenden Evidenz bei ihrer technischen Verwertung zu widerstreiten scheint. Dazu ist zweierlei zu sagen: Erstens hat sich diese Evidenz oft als trügerisch erwiesen, und das ist gut zu verstehen, wenn man berücksichtigt, daß falsche Theorien unter Umständen technologisch durchaus brauchbar sein können[37]. Der Fortschritt der Wissenschaften pflegt solche »Evidenzen« laufend zu überwinden. Wir haben also keinen Grund, sie gegen die Ungewißheit auszuspielen, die wir dabei immer wieder erfahren. Zweitens ist das Problem der prinzipiellen Ungewißheit nicht gravierend, wenn wir von der *Popper*schen Approximationstheorie ausgehen, die den Fallibilismus mit der Wahrheitsidee und dem wissenschaftlichen Fortschritt vereinbar macht. Überdies scheint mir der Gegenvorschlag von *Habermas* nur eine verbale Lösung der Probleme zu enthalten, die an der von *Popper* analysierten Sachlage nichts ändert. *Habermas* tritt nämlich dafür ein, als empirisch wahr »alle die Annahmen« gelten zu lassen, »die ein erfolgskontrolliertes Handeln leiten können, ohne bisher durch experimentell angestrebte Mißerfolge problematisiert worden zu sein«[38]. Warum sollten wir unseren Wahrheitsbegriff so ändern, daß er sich mit einem schon vorhandenen Begriff der Bewährung deckt, und dabei die Konsequenz in Kauf zu nehmen, daß zu *Newtons* Zeit etwas anderes wahr gewesen sein soll als heute? Was wird dabei an *Poppers* Bewährungstheorie geändert, wenn man einmal von dieser verbalen Substitution absieht[39]?

Was meinen Hinweis auf die *Poppersche* Kritik des Instrumen-

auf Seite 245, wo *Habermas* auf die *Poppersche* Behandlung der Dispositionsbegriffe eingeht. Ein Vergleich mit *Poppers* Logic of Scientific Discovery, S. 423 ff., ergibt, daß diese Analyse nichts enthält, was für das Problem einer pragmatischen Deutung von besonderer Relevanz ist. Das gleiche gilt für seine Analyse der Rolle von Traditionen. Es wird ja nicht geleugnet, daß es pragmatische Aspekte in den Realwissenschaften gibt. Problematisch ist nur ihre ausschließliche Akzentuierung.

37 Auf diesen Punkt hat *Popper* mit Nachdruck hingewiesen. Als Beispiel sei hier nur die ballistische Verwendung der Parabel erwähnt.

38 *Habermas*, S. 246.

39 Poppers Vorbehalte gegen definitiv gültiges Wissen werden von *Habermas* ja anerkannt, vgl. dazu seine Anm. 10, S. 246, wo allerdings irrtümlich behauptet wird, daß *Popper* »experimentelle Prüfungen ausschließlich als Instanzen von Falsifikation gelten« läßt, während er de facto eine Bewährungstheorie entwickelt.

talismus angeht, auf die *Habermas* nicht eingehen zu müssen glaubt, weil sie sich angeblich gegen von ihm nicht vertretene Thesen richtet[40], so muß ich darauf bestehen, daß sie deutlich auf Auffassungen gemünzt ist, die sich bei ihm finden, und zwar gerade auch in den Abschnitten seiner vorliegenden Replik, die das Gegenteil erweisen sollen. *Habermas* behauptet zwar, die von ihm vertretene pragmatistische Deutung schließe die von *Popper* kritisierte Art des Instrumentalismus nicht ein: nach ihr seien nicht die Theorien selbst Instrumente, sondern ihre Informationen seien technisch verwertbar – eine Feststellung, die von keiner Seite bestritten wird. Nach einer längeren Darlegung, die mein Mißverständnis deutlich machen soll, stellt er allerdings dann fest, es sei zwar der deskriptive Wert wissenschaftlicher Informationen nicht zu bestreiten, aber er sei nicht so aufzufassen, als würden Theorien Tatsachen und Relationen zwischen Tatsachen abbilden: ihr deskriptiver Gehalt gelte vielmehr nur mit Bezug auf Prognosen für erfolgskontrollierte Handlungen in angebbaren Situationen. Abgesehen davon, daß die von *Popper* vertretene Korrespondenztheorie keine Abbildungstheorie ist, geht aus diesem Passus wohl hervor, daß hier Theorien genau in dem Sinne als Instrumente der Kalkulation aufgefaßt werden, wie das von *Popper* kritisiert wird, also im Gegensatz zu der von ihm vertretenen Auffassung, nach der sie als Versuche verstanden werden können, die strukturellen Züge der Wirklichkeit aufzuhellen[41]. Die realistische Alternative zur instrumentalistischen Deutung wird von *Habermas* zusammen mit der Korrespondenztheorie der Wahrheit, soweit ich sehe, ausdrücklich verworfen. Mit dem instrumentalen Charakter von Theorien in dem von *Popper* kritisierten Sinne ist es durchaus vereinbar, daß für die mit ihrer Hilfe produzierten singulären Aussagen, also vor allem die Pro-

---

40 Vgl. *Habermas*, S. 246 f., und meinen Hinweis in: Der Mythos der totalen Vernunft, S. 201; die hier relevanten Argumente *Poppers* sind zu finden in *Poppers* Aufsatz: Three Views Concerning Human Knowledge, in: Conjectures and Refutations, a.a.O., S. 97 ff., den *Habermas* nun selbst anführt, und in anderen seiner Arbeiten.

41 Vgl. dazu auch *Popper*, Die Zielsetzung der Erfahrungswissenschaft, a.a.O, S. 76; außerdem: *Paul K. Feyerabend*, Realism and Instrumentalism: Comments on the Logic of Factual Support, in: The Critical Approach to Science and Philosophy, a.a.O., S. 280 ff.

gnosen, deskriptiver Gehalt in Anspruch genommen wird, obwohl sich auf dieser Ebene natürlich wieder die Frage der Korrespondenz stellen kann. Ich gebe zu, daß man nicht alle Aussagen von *Habermas* in dieser Weise deuten muß, aber doch wohl gerade die, auf denen er *Popper* gegenüber insistiert, um die Inadäquatheit der Anschauungen zu zeigen, die dieser Philosoph im Gegensatz zur positivistischen Wissenschaftsauffassung entwickelt hat. Die von *Habermas* vertretene Reduktion erfahrungswissenschaftlicher Erkenntnis entspricht eher der positivistischen Tradition. Seine diesbezüglichen Aussagen dürften überdies dem »positivistischen Selbstverständnis« mancher Physiker von heute sehr gut entsprechen, das in zunehmendem Maße einer Kritik von realistischer Seite her – und zwar teilweise im eigenen Lager – ausgesetzt ist[42]. Daß *Habermas* sich mit solchen Deutungen »hinter dem Rücken der Positivisten« postiert, darf man daher füglich bezweifeln, zumal die Literatur, auf die er in immer stärkerem Maße zurückgreift, ohne weiteres dem Bereich der analytischen Philosophie zugerechnet werden kann[43].

## 3 *Zur Problematik der Rechtfertigung*

In meiner Kritik am *Habermas*schen Beitrag zur *Adorno*-Festschrift hatte ich den Einwand gemacht, der Hinweis auf die angeblich von *Popper* »beharrlich ignorierte Tatsache...., daß wir über die Geltung eines Basissatzes normalerweise gar nicht im Zweifel sind«, sowie der weitere Hinweis auf nicht formulierte Kriterien, die im institutionell geregelten Forschungsprozeß faktisch eine Rolle spielen, könne nicht als Lösung eines von *Popper* behandelten methodologischen Problems betrachtet werden. Ich

---

[42] Vgl. z. B. *Alfred Landé*, Why Do Quantum Theorists Ignore the Quantum Theory?, in: The British Journal for the Philosophy of Science, Jg. 15, Heft 60, 1965, S. 307 ff., sowie die in Anm. 41 genannten Arbeiten.

[43] Dagegen habe ich natürlich nichts einzuwenden, da ich die Berücksichtigung solcher Literatur eher als einen Fortschritt anzusehen geneigt bin. Ich habe nur den Eindruck, daß damit eine Entfernung von der Dialektik verbunden ist, die den »typischen« Dialektikern, wenn es noch solche gibt, Kopfschmerzen bereiten wird. Ich bin weit davon entfernt, die Frankfurter Schule gegen analytische Ansteckung schützen zu wollen.

hatte in diesem Zusammenhang darauf aufmerksam gemacht, daß der Dialektiker hier zum eigentlichen »Positivisten« wird, wenn er meint, er könne Probleme der Forschungslogik dadurch beseitigen, daß er auf faktische soziale Gegebenheiten verweist. *Habermas* geht auf diese meine Kritik nun keineswegs ein, sondern er behauptet, ich habe seine Fragestellung nicht getroffen, und geht zu einem neuen Problem über, nämlich dem Problem der Beziehungen zwischen methodologischen und empirischen Aussagen [44]. Zu diesem Problem macht er zunächst Ausführungen, die im wesentlichen nicht strittig sind, weil sie dem entsprechen, was seine Diskussionsgegner selbst dazu gesagt haben. Durch seine weitere Argumentation will er dann seine Kritik an der Trennung zwischen logisch-methodologischem und empirischem Bereich zum Ausdruck bringen, wobei aber diese Unterscheidung selbst nicht ignoriert werden soll. Er stützt sich dabei vor allem auf die Auffassungen des Neo-Pragmatismus [45], die er mit der *Popper*schen Lösung des Rationalismus-Problems konfrontieren möchte. Was er dabei besonders heraushebt, ist die Tatsache, daß die kritische Argumentation darauf abzielt, Einstellungen zu beeinflussen, und daß sie damit die Dimension des logischen Zusammenhanges von Sätzen überschreitet. Er stellt sie in dieser Hinsicht der deduktiven Argumentation gegenüber, um dann später zeigen zu können, daß mit ihrer Hilfe eine Rechtfertigung des Rationalismus möglich sei.

Dazu läßt sich zunächst folgendes sagen: Argumente pflegen

---

44 Was ich gegen ihn eingewendet hatte, ist nicht etwa, daß er in methodologischen Fragen nicht auf empirische Argumente verzichtet, sondern vielmehr, daß er methodologische Probleme durch den bloßen Hinweis auf Fakten zum Verschwinden bringen will, durch den Hinweis, daß sie sich gar nicht stellen, wenn wir den Forschungsprozeß in einer Weise sehen, wie es der Perspektive des Soziologen entspricht. Unter »hermeneutischem« Gesichtspunkt hätte man wohl die Problemsituation rekonstruieren müssen, der die *Popper*sche Lösung der Basis-Problematik entsprungen ist. Dann hätte sich gezeigt, daß es hier nicht auf faktische Gewißheiten ankam, wie sie im Forschungsprozeß immer wieder in Frage gestellt werden müssen, sondern auf ein davon unabhängiges Begründungsproblem, das auch dann gestellt werden kann, wenn es in manchen Zusammenhängen »faktisch« nicht auftauchen sollte. Empirische Argumente, die man heute zu diesen Problemen heranziehen könnte, werden sich wohl im allgemeinen auf die modernen Wahrnehmungstheorien zu stützen haben.

45 Genauer: auf *Morton G. Whites* bekanntes Buch: Toward Reunion in Philosophy, Cambridge 1956, in dem der *Quine*sche Holismus auf die Ethik ausgeweitet wird.

in bestimmten Folgen von Aussagen zu bestehen, die auf logischen Zusammenhängen beruhen, gleichgültig, ob sie darauf abzielen, Einstellungen zu beeinflussen, sachliche Überzeugungen zu ändern oder ein anderes Resultat zu erreichen. Die Einbeziehung der Pragmatik einer Kommunikationssituation schafft in dieser Beziehung keine neuen Probleme. Natürlich besteht ein Unterschied zwischen einer logischen Beziehung zwischen Aussagen derselben Ebene und einer Beziehung, wie sie zwischen Aussagen und ihrem Objektbereich existiert, wobei der Objektbereich bekanntlich wieder aus Aussagen bestehen kann [46]. Aber auch dieser Unterschied nötigt nicht dazu, die fundamentale Rolle logischer Beziehungen bei der Bildung von Argumenten zu leugnen, auch nicht für solche Argumente, die auf die Änderung von Einstellungen abzielen. Man kann die Logik einer Argumentation untersuchen und beurteilen, ganz unabhängig davon, ob sie de facto Einstellungen beeinflussen kann oder nicht. Andererseits kann man wieder Untersuchungen über solche faktischen Zusammenhänge machen, wie sie *Habermas* selbst erwähnt. Man kann weiter versuchen, die relevanten Aspekte möglicher Einstellungen in entsprechende Aussagen, etwa präskriptiven Charakters, zu übersetzen und wieder logische Zusammenhänge zwischen diesen und den Argumenten feststellen, die sie stützen. Das alles sind Dinge, die in irgendwelchen Zusammenhängen interessant sein werden, die man aber auseinanderhalten kann. Eine Rationalisierung von Einstellungen, wie sie *Popper* für möglich hält, würde vor allem darin bestehen, daß man die Bereitschaft erwirbt, sich auf kritische Argumente einzulassen. Das setzt voraus, daß man insoweit die Logik akzeptiert. Es setzt nicht voraus, daß man die »Gewißheit des deskriptiven Wissens«, die bei *Popper* bekanntlich keine wesentliche Rolle spielt, irgendeiner Form der Argumentation vorzieht [47].

Daß auch das Zusammenspiel von Aussagen und Erfahrungen Standards voraussetzt, mag in einem bestimmten Sinne richtig sein; daß solche Standards aber der Rechtfertigung bedürfen, ist

---

[46] Die Problematik der Sprachstufen ist in der analytischen Philosophie seit langer Zeit heimisch, ebenso die der Beziehung zwischen Sprache und Objektbereich.

[47] Vgl. dazu *Habermas*, S. 251.

erstens eine sehr problematische und zweitens eine zu wenig spezifizierte These, als daß man dazu Stellung nehmen könnte [48]. Einen Einwand, dem sich *Popper* entziehen könnte, vermag ich hier nicht zu sehen. Sein Problem ist die Frage der Möglichkeit einer Begründung des Rationalismus durch Argumente überhaupt. Da die Annahme von Argumenten irgendwelcher Art eine rationalistische Einstellung voraussetzt, kann diese nicht durch Argumente begründet werden [49]. *Popper* entzieht sich den Konsequenzen dieser Situation nicht, sondern er sucht zu zeigen, wie ein kritischer Rationalismus, der den Anspruch auf positive Begründung aufgibt, ohne dabei die Möglichkeit kritischer Prüfung zu opfern, dennoch möglich ist. Das wurde ihm von *Habermas* seinerzeit als undialektisches Vorgehen angekreidet, ohne daß dieser auf die Struktur der *Popper*schen Argumentation im einzelnen eingegangen wäre und gezeigt hätte, wie von der Dialektik her dieses Problem adäquater gelöst werden könnte [50]. Ich hatte in diesem Zusammenhang darauf aufmerksam gemacht, daß die Alternative von Dogmatismus und Begründung, an der die *Habermas*sche Argumentation offensichtlich orientiert ist, einem schwerwiegenden Einwand ausgesetzt ist, nämlich dem, daß die Rückführung auf positive Gründe selbst den Charakter eines dogmatischen Verfahrens hat.

In seiner Erwiderung findet man nun statt einer detaillierten Ausarbeitung der dialektischen Argumentation, die man mit der

---

[48] Standards dieser Art pflegen wohl selten gerechtfertigt zu werden, und wenn, dann in einem bestimmten Kontext, in dem gewisse Zwecke vorausgesetzt werden, die selbst unproblematisch erscheinen können. Mit dem Rationalismus-Problem hat das meines Erachtens wenig zu tun.

[49] Man beachte, daß sich an dieser Sachlage *nichts* ändert, wenn man deduktiven Beweis und unterstützende Argumentation unterscheidet, in der Meinung, *Popper* habe nur in bezug auf die erste Form der Argumentation recht. Ganz abgesehen davon, inwieweit sich überhaupt Arten von Argumenten herstellen lassen, bei denen die Logik keine fundamentale Rolle spielt, so daß die o. a. Gegenüberstellung überhaupt relevant werden könnte, müßte man ja wohl die zweite Art der Argumentation auch in die Charakterisierung der rationalen Einstellung einbeziehen, so daß die gleiche Sachlage zu konstatieren wäre wie bei der *Popper*schen Lösung des Problems.

[50] Vgl. dazu *Habermas*, Dogmatismus, Vernunft und Entscheidung. Zur Theorie und Praxis in der verwissenschaftlichten Zivilisation, in: Theorie und Praxis, a.a.O., S. 251 ff. und meine Erwiderung in: Der Mythos der totalen Vernunft, a.a.O., S. 225 ff.

*Popper*schen vergleichen könnte, um festzustellen, welche Vorzüge sie der letzteren gegenüber besitzt, den überraschenden Hinweis, daß *Popper* selbst sich einer »unterstützenden Argumentation« bediene, die für den Zweck der Rechtfertigung ausreichend sei, wenn sie auch für einen »logischen Absolutismus« unbefriedigend erscheinen könnte. Das heißt mit anderen Worten: *Popper*, der im übrigen als Vertreter eines positivistisch beschränkten Rationalismus figuriert, hat das *Habermas*sche Begründungsproblem durchaus adäquat gelöst, allerdings ohne das selbst genügend anzuerkennen. Worin besteht diese *Popper*sche Rechtfertigung des Rationalismus? Darin, daß er die kritische Einstellung aus philosophischen Überlieferungen expliziert, daß er die Voraussetzungen und Konsequenzen der Kritik analysiert und daß er deren Funktion in einer politischen Öffentlichkeit untersucht[51]. Das sind allerdings Leistungen, die sich offenbar auch in bezug auf andere Auffassungen erbringen lassen, ohne daß man darin eine Begründung erblicken würde. *Popper* führt diese Analyse durch, um die Möglichkeiten zu klären, zwischen denen man sich entscheiden kann, d. h. um eine Entscheidung mit offenen Augen zu ermöglichen, die – trotz der von ihm aufgewiesenen Unmöglichkeit einer Selbstbegründung des Rationalismus – durch eine solche Analyse seiner Auffassung nach durchaus beeinflußt werden kann. Soweit ich sehe, erkennt *Habermas* diese Vorgehensweise an, allerdings mit drei Zusätzen: einerseits nennt er sie eine kritische Rechtfertigung der Kritik; andererseits wendet er sich gegen die Feststellung *Poppers*, das hier behandelte Problem bestehe in der Wahl zwischen zwei Arten des Glaubens, und schließlich stellt er noch fest, *Popper* glaube, der problematischen Verquickung logischer und empirischer Beziehungen bei nicht-deduktiven Rechtfertigungen zu entgehen, wenn er auf Rechtfertigung der Kritik verzichte, dabei stecke der Schwarze Peter schon in der Kritik selbst. Diese drei Zusätze haben im wesentlichen verbalen Charakter. Sie ändern nichts an der Logik der von *Popper* analysierten Situation, sondern beziehen sich auf deren sprachliche Umschreibung[52]. Die logische Grammatik von »Rechtfertigung«

---

51 Vgl. *Habermas*, Gegen einen positivistisch halbierten Rationalismus, S. 252.

52 Solchen Fragen hatte ich ebenfalls eine Anmerkung gewidmet, ohne sie für gravierend zu halten, vgl. dazu: Der Mythos der totalen Vernunft, S. 227, Anm. 71.

und »Glaube« ist gewiß nicht sakrosankt, aber ich kann nicht erkennen, was sie mit einer dialektischen Bewältigung dieser Problemsituation als Alternative zu der von *Popper* vorgeschlagenen zu tun hat. *Popper* verzichtet der Sache nach auf nichts, was *Habermas* für wünschenswert hält, er verzichtet nur darauf, seine Argumentation eine Rechtfertigung zu nennen, und zwar aus durchaus plausiblen Gründen[53].

In meiner Analyse der *Habermas*schen Argumentation hatte ich darauf hingewiesen, daß ein konsequenter Kritizismus in der Lage ist, das Dilemma eines Rechtfertigungsdenkens zu überwinden, das nur die Wahl läßt zwischen infinitem Regreß und der Zurückführung auf ein Dogma[54]. Dabei hatte ich an die *Habermas*sche Alternative von Dogmatismus und Begründung und an sein Streben angeknüpft, die *Popper*sche Problemlösung durch eine bessere zu ersetzen. In diesen Zusammenhang gehört mein Hinweis auf die Analyse *Bartleys*, die gezeigt hat, daß ein konsequenter Kritizismus *Popper*scher Prägung im Gegensatz zu anderen Auffassungen nicht dem sogenannten *tu quoque*-Argument unterliegt[55] und daher das oben erwähnte Dilemma vermeidet. *Habermas* erklärt nun den *Bartley*schen Versuch als mißlungen, und zwar mit der Begründung, dieser entziehe durch eine Festsetzung alle Maßstäbe der Kritik, die wir für die Kritik voraus-

---

[53] Der moralische Charakter des Problems ist ihm übrigens nicht entgangen, und zwar, ohne daß er auf den Neo-Pragmatismus zurückgreifen mußte, der sich mehr als zehn Jahre später mit ähnlichen Fragen konfrontiert sah; vgl. *Popper*, The Open Society and its Enemies, Princeton 1950, S. 417 ff.

[54] Diese Auffassung geht auf *Popper* zurück. Vgl. dazu außer den früheren Arbeiten vor allem: On the Sources of Knowledge and Ignorance, in: Conjectures and Refutations; außerdem *William Warren Bartley*, The Retreat to Commitment, New York 1962, und andere Arbeiten aus dem Umkreis des kritischen Rationalismus, auf die ich z. T. schon hingewiesen habe.

[55] Dieses Argument hat den Charakter eines Bumerangs: Es zielt darauf ab zu zeigen, daß gegen eine andere Auffassung genau derselbe Einwand gemacht werden kann wie gegen die eigene; speziell: daß bestimmte Formen des Rationalismus letzten Endes ebenso auf eine dogmatisch fixierte Autorität zu rekurrieren genötigt sind wie der eigene Irrationalismus. Dieses tu quoque-Argument trifft unter anderem, wie *Bartley* gezeigt hat, noch die Form des Rationalismus, die von *Morton G. White* entwickelt wurde, auf den sich *Habermas* teilweise stützt; vgl. dazu *Bartley*, a.a.O., S. 124 ff. Es ist interessant, daß auch diese Philosophie den Rekurs auf ein nicht der Kritik unterliegendes Engagement enthält, also in diesem Sinne als ein »eingeschränkter« Rationalismus anzusehen ist.

setzen müssen. Es ist interessant, daß *Habermas* seinen kritischen Einwand nicht etwa gegen den Kern der *Bartley*schen Argumentation richtet, sondern gegen bestimmte seiner »technologischen« Überlegungen, die sich daran anschließen und die überall auftreten müssen, wo überhaupt der Anspruch gemacht wird, kritische Argumente gelten zu lassen. Es geht hier nämlich um die Rolle der Logik in der Argumentation. *Bartley* setzt sich mit der Idee der Revidierbarkeit der Logik auseinander, die vom Neo-Pragmatismus in die Diskussion gebracht wurde, und weist die Grenzen dieser Möglichkeit auf. Er zeigt nämlich, daß eine Revision, bei der bestimmte wesentliche Züge verlorengehen, einen Zusammenbruch der kritischen Argumentation bedeuten würde[56], so daß eine Aufgabe der Logik auf eine Aufgabe des Rationalismus überhaupt hinauslaufen würde. Im Zusammenhang damit macht er einen Unterschied zwischen Überzeugungen, die *innerhalb* einer gegebenen Argument-Situation revidierbar sind, und solchen, bei denen das nicht der Fall ist, und führt dann das von *Habermas* angegriffene Revidierbarkeits-Kriterium ein: ». . . whatever is presupposed by the argument-revisability situation is not itself revisable *within that situation*[57].« Dieses Kriterium nimmt offenbar überhaupt nichts von der Kritik aus, so daß alles, was *Habermas* einwendet, keine Bedeutung hat. *Bartley* macht hier weder Vorbehalte noch Einschränkungen, die irgendwie ins Gewicht fallen würden. Im übrigen stellt er diesen ganzen Gedankengang, der für seine Argumentation keineswegs die Relevanz besitzt, die *Habermas* ihm zuspricht, zur Diskussion. Wer ihn für unakzeptabel erklärt, müßte allerdings zeigen, wie man die Logik aufgeben und dennoch kritische Argumente benutzen kann[58]. Hier liegt der wesentliche Punkt des Gedanken-

---

[56] *Bartley*, a.a.O., S. 161 ff.; vgl. dazu auch schon *Karl Popper*, What is Dialectic?, in deutscher Fassung enthalten in: Logik der Sozialwissenschaften, a.a.O.

[57] *Bartley*, a.a.O., S. 173; die Sperrung, die den wichtigsten Punkt dieses Kriteriums hervorhebt, stammt von *Bartley* selbst. *Habermas* hat sie weggelassen. Das ist plausibel, wenn man sich seine diesbezügliche Argumentation ansieht.

[58] Für die Beurteilung dialektischer Versuche der »Überwindung« der Logik vgl. den in Anm. 56 genannten Aufsatz von *Karl Popper*, What is Dialectic?, sowie den IV. Teil: Formal Logic and Dialectics, des Buches von Z. A. *Jordan*, Philosophy and Ideology, Dordrecht 1963, in dem die polnische Diskussion über die formale Logik dargestellt wird.

ganges. Das *Bartley*sche Kriterium ist ein weiterer Punkt, der ohne weiteres diskutiert werden kann, ohne daß die kritizistische Position davon tangiert würde. Allerdings wird er durch die *Habermas*schen Einwände, wie schon erwähnt, nicht getroffen, da *Bartley* nichts von der Kritik ausnimmt: weder Theorien, noch Standards, noch Prüfungsbedingungen[59]. Mir scheint, die Widerlegung der *Bartley*schen Argumentation ist mißlungen, weil ihr Kern nicht einmal berührt wurde. Wenn ich im übrigen seinerzeit *Habermas* entgegengehalten habe, daß er die vernünftige Diskussion als Faktum voraussetzt[60], dann nicht, weil ich ein derartiges Faktum nicht zu würdigen weiß und seine Bedeutung verkenne, sondern weil diese Voraussetzung, wenn sie in dem von ihm explizierten Zusammenhang gemacht wird, geeignet ist, das Problem zu verdecken, um dessen Lösung es hier geht, in der *Popper*schen wie in der *Bartley*schen Analyse.

## 4 Der Dualismus von Standards und Tatsachen

In seinem Beitrag zur *Adorno*-Festschrift hatte *Habermas* die *Popper*sche These des Dualismus von Tatsachen und Entscheidungen einer Kritik unterzogen[61], die ich dann meinerseits als auf Mißverständnissen beruhend zurückgewiesen habe[62]. Ich habe meine Vermutung, daß seiner Argumentation eine Fehldeutung der *Popper*schen Position zugrunde liegt, auf die vielen Erwägungen gegründet, die er an diese Dualismus-These anknüpft und die meines Erachtens mit ihrem Sinn wenig zu tun haben. Das gilt insbesondere für die beiden Fragen, die er in dieser Beziehung offenbar für wichtig hält: nämlich einmal die Frage, ob sich der normative Sinn einer rationalen Erörterung des konkreten

---

59 Auch »die nachträgliche Revision vorgängig applizierter Maßstäbe« wird nicht ausgeschlossen, wie nicht nur aus dem Kontext, sondern schon aus dem Wortlaut des von *Habermas* zitierten Passus hervorgehen dürfte. *Bartley* zeigt außerdem sogar, wie ein Argument aussehen könnte, das diesen konsequenten Kritizismus selbst widerlegen würde; vgl. a.a.O., S. 148 f.

60 Vgl. Der Mythos der totalen Vernunft, S. 228 f., und seine Antwort, S. 254 f.

61 *Habermas*, S. 170 ff.

62 Vgl. Der Mythos der totalen Vernunft, S. 214 ff.

Lebenszusammenhanges entziehe, aus dem er hervorgegangen ist und auf den er zurückwirkt, und zum anderen die Frage, ob denn die positivistisch auf Erfahrenswissenschaft reduzierte Erkenntnis losgelöst sei von jeder normativen Bindung. Ich bin in meiner Antwort auf diese Fragen eingegangen und möchte hier zunächst nur noch einmal darauf hinweisen, daß schon die Annahme, die dieser Fragestellung offenbar zugrunde liegt, das Mißverständnis zeigt: die Annahme nämlich, der kritische Rationalismus müsse von der Dualismus-These her eine positive Antwort darauf geben. In seiner Erwiderung bescheinigt mir *Habermas* nun, daß ich seine Intention falsch aufgefaßt habe[63]. Ihm liege daran, die zuversichtliche Scheidung, die in der *Popper*schen These zum Ausdruck kommt, in Frage zu stellen, denn einerseits konstituiere sich das theoretische Wissen innerhalb eines nur der kritischen Rechtfertigung fähigen normativen Rahmens, andererseits aber schließe die kritische Erörterung von Standards empirische Erwägungen und damit den Rekurs auf sogenannte Tatsachen ein. Er leugne nicht jede Unterscheidung von Tatsachen und Standards, sondern frage nur, ob die mit der Dualismus-These verbundene Unterscheidung angemessen getroffen sei. Er diskutiert dann Einzelheiten an Hand einer neuen Stellungnahme *Poppers* zu dieser Problematik [64].

Was das Problem des normativen Rahmens der theoretischen Wissenschaft angeht, so hatte ich schon in meiner ersten Kritik darauf aufmerksam gemacht, daß es keinen Grund für die Annahme gibt, man könne daraus einen Einwand gegen die von *Habermas* kritisierten Auffassungen ableiten [65]. Auch für die Be-

---

63 Vgl. Gegen einen positivistisch halbierten Rationalismus, S. 255.

64 Es handelt sich um das Addendum: Facts, Standards, and Truth: A Further Criticism of Relativism, das erstmalig in der 4. Auflage des *Popper*schen Buches: The Open Society and its Enemies, London 1962, Band II, S. 369–396, zu finden ist und daher früher von ihm nicht herangezogen wurde.

65 Das Problem ist sogar im Rahmen dieser Auffassungen explizit behandelt worden: vgl. dazu z. B. die relevanten Abschnitte von *Poppers* Open Society und andere Arbeiten, z. B. in: Conjectures and Refutations; charakteristisch für *Poppers* Auffassung ist z. B. der Passus: »Ethics is not a science. But although there is no ›rational scientific basis‹ of ethics, *there is an ethical basis ob science*, and of rationalism«, Open Society, a.a.O., S. 238, Sperrung von mir. Auch ich habe mich mehrfach mit diesem Problem befaßt, z. B. in: Wertfreiheit als methodisches Prinzip, a.a.O.

rücksichtigung tatsächlicher Verhältnisse bei der Erörterung von Standards gibt es Beispiele im Bereich dieser Auffassungen[66], die zeigen, daß die kritisierte Unterscheidung damit ohne weiteres vereinbar ist. Es läßt sich also schwerlich behaupten, daß die Verfechter des Dualismus Zusammenhänge der von ihm angeführten Art nicht gesehen oder nicht berücksichtigt hätten. Ich muß gestehen, daß mir nun wirklich nicht mehr ganz klar ist, worauf *Habermas* in seiner Analyse abzielt. Seine frühere Argumentation zum Problem des Dualismus und der Wertfreiheit zielte auf die »problematische *Trennung*« von Naturgesetzen und Normen, von Erkennen und Werten. Weder gegen die Möglichkeit einer solchen *Unterscheidung* noch gegen die Möglichkeit, trotz dieser Unterscheidung *Zusammenhänge* zu berücksichtigen, noch auch gegen die Tatsache, daß die Verfechter der Dualismus-These solche Zusammenhänge in Rechnung gestellt und analysiert haben, hat er irgend etwas Relevantes geltend machen können. Seine an die neue *Popper*sche Arbeit anknüpfende Untersuchung bringt nun Argumente ins Spiel, die im Grunde genommen das Thema der Diskussion verschieben, neue Probleme aufgreifen und im ganzen nicht mehr recht erkennen lassen, um was es hier eigentlich gehen soll, außer darum, daß es mit *Poppers* Auffassungen irgendwie hapert.

Zunächst greift *Habermas* das *Popper*sche Thema der Asymmetrie zwischen Standards und Tatsachen auf, aber nur um zu zeigen, daß die logische Struktur der Erörterung[67] beider, die *Popper* überhaupt nicht behandelt hat, nicht verschieden sei. *Popper* selbst hat in dieser Beziehung, ohne auf Einzelheiten einzugehen, nur auf die fundamentale Gleichheit hingewiesen, die darin liegt, daß wir sowohl Vorschläge (proposals) als auch Aussagen (propositions) diskutieren und kritisieren und daß wir zu einer Entscheidung darüber kommen können, sowie auf die wei-

---

66 Man denke an die methodologische Verwertung wissenschaftlicher und anderer Tatbestände bei *Popper* selbst, aber auch bei *Feyerabend*, *Agassi*, *Bartley* und anderen.

67 Interessant ist übrigens, daß sich *Habermas* in diesem Zusammenhang in einer Weise äußert, die mit seiner Kritik am *Bartley*schen Revidierbarkeits-Kriterium nicht gerade harmonieren dürfte; vgl. dazu S. 253 und S. 256 oben. Was er auf S. 256 sagt, sieht so aus, als wolle er das zwei Seiten vorher kritisierte Kriterium hier selbst exemplifizieren.

tere Tatsache, daß wir uns in beiden Fällen an regulativen Ideen orientieren können: im einen Fall an der Wahrheit, im anderen an einer Idee, die wir mit den Ausdrücken »das Rechte« oder »das Gute« umschreiben können. *Habermas* bescheinigt nun *Popper*, daß er die von ihm angestellte Reflexion mit dem Hinweis auf die Korrespondenztheorie der Wahrheit »abschneide« – was das hier heißen soll, ist mir unerfindlich – und geht wieder, wie schon früher, auf diese Theorie ein, aber nur, um den Unterschied zwischen Wahrheitsdefinition und Wahrheitskriterium zu kritisieren, den *Popper* hier macht. Er bringt nun aber keine speziellen Argumente gegen die von *Popper* explizierte Möglichkeit, die Wahrheitsidee als *regulative Idee* zu verwenden, ohne daß man ein Wahrheits-*Kriterium* zur Verfügung hat[68], sondern wendet ganz allgemein ein, das »Vorverständnis«, das die Interpretation vor jeder Definition leite, schließe unausdrücklich Standards immer schon ein, deren Rechtfertigung im hermeneutischen Gang der Auslegung erbracht werde. Er betont dann das »dialektische Verhältnis« von Standards und Beschreibungen in diesem Auslegungsprozeß, das dann offenbar erst durch eine »Definition der Maßstäbe« und eine »Festsetzung von Kriterien« gestört wird, denn solche Festlegungen erst »schaffen einen deduktiven Zusammenhang, der eine rückwirkende Korrektur der Maßstäbe durch die gemessene Sache ausschließt«[69]. Man sieht förmlich, wie das der Sache entsprechende dialektische Verhältnis durch Festlegungen dieser Art zu einem unkorrigierbaren deduktiven Zusammenhang erstarrt, in dem sich »die kritische Erörterung der Standards von deren Gebrauch (ablöst)«. Da die Verfechter des kritischen Rationalismus trotz Verwendung der üblichen Logik ebenso in der Lage sind, ihre Standards kritischer Diskussion auszusetzen, wie diejenigen Theoretiker, deren Vokabular es ihnen erlaubt, dort, wo sie komplexe Zusammenhänge nicht im einzelnen analysieren wollen, von dialektischen Verhältnissen zu reden, kann ich in diesem ganzen Gedankengang nichts erkennen, was als Argument gegen die von *Habermas* anvisierten

---

68 Vgl. dazu seinen schon oben analysierten Versuch, den Wahrheitsbegriff mit dem der Bewährung zu identifizieren, ein Versuch, der das Wahrheitsproblem nicht löst, sondern es nur zu verdecken geeignet ist.

69 *Habermas*, S. 258.

Auffassungen in Betracht käme. Weder die Korrespondenztheorie der Wahrheit noch die in Frage stehende Dualismusthese wird hier in irgendeiner Weise getroffen, ebensowenig wie durch die folgende These, daß jener Begriff von Wahrheit, der Standards so streng von Tatsachen zu unterscheiden erlaube, seinerseits ein Standard sei, der kritischer Rechtfertigung bedürfe. Den regulativen Charakter der Wahrheitsidee hat *Popper* selbst betont. Was die kritische Diskussion dieser Idee angeht, so ist sie ebenfalls bei ihm zu finden[70]. Was *Habermas* in diesem Kontext zum »dreifachen Gebrauch der Sprache« und zum »dialektischen Zusammenhang zwischen deskriptiven, postulatorischen und kritischen Aussagen«, sagt, dem *Popper* durch Berufung auf den Korrespondenzbegriff der Wahrheit »nicht entgeht«, hat nicht den Charakter einer auf die *Popper*sche Position zugespitzten Argumentation[71]. Der metaphorische Schluß des ganzen Abschnitts kann diesen Mangel nicht heilen.

Der Dualismus von Tatsachen und Standards wird durch den *Habermas*schen Gedankengang jedenfalls nicht überwunden. Was *Habermas* feststellt, sind ebenfalls nur Zusammenhänge, deren Existenz an sich niemand bestritten hat. Seine anfängliche Frage, ob die Unterscheidung selbst angemessen getroffen sei, hat keine Beantwortung erfahren. Diese Frage ist vielmehr in der Diskussion von Zusammenhängen, in denen diese Unterscheidung schon vorausgesetzt wurde, untergegangen. Die Dimension umfassender Rationalität, die *Habermas* nun zum Abschluß erörtert, enthält nichts, was durch den »positivistisch beschränkten« Rationalismus verdrängt oder verstellt werden müßte, wenn auch die Worte, die er bei seinen Erläuterungen verwendet, Bewegungsmöglichkeiten andeuten, die den Kritikern der Dialektik versagt zu sein scheinen[72].

70 Zur Idee der Rechtfertigung vgl. die frühere Erörterung.

71 Die betreffenden Behauptungen, S. 258 f., sind teilweise plausibel und akzeptabel, teilweise auch problematisch, so z. B. wenn er seinen dreifachen Sprachgebrauch mit einer Dreiteilung von Aussagen parallelisiert oder gar identifiziert. In kritischen Argumenten können nämlich z. B. Aussagen verschiedener Art auftreten. Ich sehe davon ab, das zu diskutieren, weil ich in diesen Gedanken keine Pointe in bezug auf unser Problem erkennen kann.

72 Auf die Frage, ob *Popper* die *Hegel*sche Identitätsphilosophie nicht richtig interpretiert habe, gehe ich nicht ein. Fragen der *Hegel*deutung werden wohl immer in

## 5 Dialektik und Ideologiekritik

Der Versuch, dem kritischen Rationalismus positivistische Beschränkungen nachzuweisen, ist meines Erachtens nicht gelungen. Fundamentale Mißverständnisse auf meiner Seite kann ich nicht feststellen. Auch die Vorzüge einer dialektischen Auffassung gehen aus der *Habermas*schen Erwiderung nicht hervor. Er hat an bestimmten Stellen Anschauungen aus dem Bereich des Neo-Pragmatismus adoptiert in der Annahme, damit den Kritizismus *Popperscher* Prägung überwinden zu können. Diese neu verarbeiteten Elemente haben sich aber in dieser Beziehung als ebenso problematisch erwiesen wie die schon früher betonten Thesen aus dem Bereich des hermeneutischen Denkens. Manches, was er in seiner Erwiderung vertritt, scheint mir auf eine, wenn auch nicht sehr auffällige, Wandlung seiner Anschauungen hinzudeuten, die ihn den analytischen Auffassungen näherbringt und ihn von denen der Frankfurter Schule noch um einiges mehr entfernt, als das bisher schon zu erkennen war. Die Dialektik steht nicht mehr so sehr im Vordergrund wie früher. Was sie eigentlich leisten soll und worin ihre wesentlichen Züge bestehen, dürfte allerdings immer noch nicht sehr deutlich geworden sein. Einigermaßen sicher ist nur, daß sie sich als Waffe gegen die Beschränktheiten des Positivismus und der übrigen undialektischen Anschauungen eignet, deren Vertreter angeblich nicht in der Lage sind, gewisse Dinge noch zu reflektieren, über die der Dialektiker reflektieren kann.

erheblichem Maße strittig bleiben, denn wie jeder, der versucht hat, *Hegelschen* Texten einen Sinn abzugewinnen, bestätigen kann, ist *Hegel* ein Philosoph, wenn auch nicht unbedingt »der einzige«, »bei dem man buchstäblich zuweilen nicht weiß und nicht bündig entscheiden kann, wovon überhaupt geredet wird, und bei dem selbst die Möglichkeit solcher Entscheidung nicht verbrieft ist«. So *Theodor W. Adorno* in: Skoteinos oder Wie zu lesen sei, a.a.O., S. 107. *Hegel* hat bekanntlich auch in dieser Hinsicht Schule gemacht. Was *Habermas* der *Popper*schen Deutung entgegensetzt, ist die Behauptung, daß sie nicht stimmt. Außerdem aber behauptet er noch, daß sich in dieser Deutung die Verdrängung der Kritik bei *Popper* »spiegelt«. Woher er das weiß, vermag ich nicht zu erkennen. Selbst wenn die *Popper*sche *Hegel*deutung problematisch ist, dürfte es schwerfallen, daraus eine negative Konsequenz für die übrigen Auffassungen *Poppers* zu ziehen, denn offenbar steht *Popper* dem *so gedeuteten Hegel* mindestens ebenso kritisch gegenüber wie *Habermas*. Nur auf dem Umweg über seine merkwürdige Verdrängungsthese kann *Habermas* hier überhaupt den Eindruck hervorrufen, es könne sich daraus ein Argument gegen den Kritizismus ergeben.

In vielen Einzelfällen stützt sich *Habermas* immer wieder auf Forschungen, die eher dem weiteren Bereich der analytischen Philosophie zuzurechnen sind als der Dialektik. In manchen seiner Analysen, die sich ohne weiteres nachvollziehen lassen, erkennt man daher auch eine Rezeption von Gedanken aus diesem Bereich. Im Detail scheint ihm da alles mögliche akzeptabel zu sein. Wenn er darüber hinaus hermeneutische Verfahrensweisen für sich in Anspruch nimmt, dann läuft das teilweise auf eine Einschränkung der Kritik hinaus[73], teilweise auf die Lösung von Deutungsproblemen, die im Rahmen anderer Auffassungen ohne weiteres lösbar sind, die aber im deutschen Sprachbereich das hermeneutische Vokabular herauszulocken scheinen[74]. Den objektiven Sinn des Geschichtsprozesses wird man allerdings nicht ohne weiteres ohne Zuhilfenahme von Verfahrensweisen feststellen können, die dem kritischen Rationalismus fragwürdig erscheinen müssen, die aber dogmatisch-theologischem Denken näher stehen. Manches deutet darauf hin, als ob die dialektische Philosophie eines solchen Sinnes teilhaftig werde, wenn das auch nur angedeutet zu werden pflegt. Soweit von einem ideologischen Unternehmen dieser Art Abstand genommen wird, ist eine Klärung des praktischen Bewußtseins, eine »kritische Mäeutik politischer Praxis« mit Mitteln und Verfahrensweisen möglich, wie sie durchaus in der Reichweite des kritischen Rationalismus lie-

---

[73] Vgl. dazu meine Einwände in: Der Mythos der totalen Vernunft.

[74] Inwiefern diese Hermeneutik Leistungen erbringen kann, die den sprachanalytischen Richtungen der Philosophie nicht zugänglich sind, ist schwer zu erkennen. Was sie mit manchen Vertretern der Post-Wittgensteinschen Oxford-Philosophie teilt, ist die konservative Ausrichtung, die »Sprachspiele« nicht kritisiert, sondern sie so stehen läßt, wie sie sind. Auch in der Oxford-Analyse ist der ursprüngliche kritische Impuls positivistischer Observanz in eine Analyse des Gegebenen ausgelaufen, die eher auf dessen Konservierung als auf seine Veränderung abzielt. Die Hermeneutik teilt diese Tendenz und geht nur darin über sie hinaus, daß sogar mit einigem Recht behauptet werden kann, in ihr sei eine »Fortsetzung der Theologie mit anderen Mitteln« *(Topitsch)* zu sehen. Die quasitheologische »vernehmende Vernunft« artet hier zur Seinsmesse aus. Man darf abwarten, was bei einem dialektisch-hermeneutischen Amalgam herauskommt. Die konservativen Züge der Frankfurter Philosophie sind ohnehin schon deutlich erkennbar. Eine Analyse des theologischen Hintergrundes der dialektischen Ideologiekritik ist zu finden bei: *Ernst Topitsch*, Entfremdung und Ideologie. Zur Entmythologisierung des Marxismus, in: Hamburger Jahrbuch für Wirtschafts- und Gesellschaftspolitik, 9. Jahr, 1964, S. 139 ff.

gen[75]. Auch eine Analyse dessen, was *Habermas* »erkenntnisleitende Interessen« nennt, wird keineswegs ausgeschlossen. Die Reflexion über das, was wir tun, wenn wir unser Wissen zu erweitern suchen, ist weder ein Privileg der dialektischen noch der hermeneutischen Philosophie. Ich kann nicht einsehen, was es für einen Sinn haben soll zu behaupten, Vertreter anderer philosophischer Auffassungen litten unter Beschränkungen ihres Reflexionsvermögens, wenn diese de facto Beiträge zu den betreffenden Problemen geleistet haben, die der Verfechter dieser These teilweise selbst verwertet, und wenn andererseits der Unterschied zu diesen Richtungen nur darin besteht, daß ihre Lösungen dieser Probleme teilweise anders aussehen und von ihnen her Kritik an bestimmten Thesen der Dialektik möglich wird.

Die Behauptung, die *Habermas* als Ergebnis einer Reflexion von Erkenntnisinteressen hinstellt, daß »empirisch-analytische Forschungen technisch-verwertbares Wissen hervorbringen, aber kein Wissen, das zur hermeneutischen Klärung des Selbstverständnisses handelnder Subjekte verhilft«[76], suggeriert einen Gegensatz, der nicht die tatsächlichen Beschränkungen der Realwissenschaften widerspiegelt, sondern nur eine einschränkende Interpretation auf der Grundlage einer Unterstellung beschränkter Erkenntnisinteressen. Weder theoretische noch historische Forschungen irgendwelcher Art werden durch die von *Habermas* angegriffene Auffassung von der Bildfläche verbannt. Auch normative Probleme können in ihrem Rahmen ohne weiteres diskutiert werden und werden diskutiert. Daß die Lösung solcher Probleme dabei nicht in der Aufstellung einer normativen Dogmatik besteht, gehört zu den Zügen des kritischen Rationalismus, die mit der Ablehnung dogmatischer Auffassungen überhaupt zusammenhängen. Was eine historisch gerichtete Theorie der Gesellschaft angeht, wie sie von *Habermas* angestrebt wird, so sind die

---

[75] Dieses Thema der Klärung des praktischen Bewußtseins zieht sich wie ein roter Faden durch das o. a. Buch von *Habermas*, Theorie und Praxis. Ich bin durchaus in der Lage, eine solche Problematik zu verstehen, bin aber der Meinung, daß man ihr sogar noch im Rahmen eines Rationalismus *Max Weber*scher Prägung gerecht werden kann, ganz abgesehen davon, daß der kritische Rationalismus *Poppers* insofern über den *Max Webers* hinausgehen dürfte, als er die Immunität sogenannter letzter Wertungen gegenüber kritischen Argumenten nicht behauptet.

[76] *Habermas*, Gegen einen positivistisch halbierten Rationalismus, S. 261.

Züge eines solchen Unternehmens noch zu undeutlich, als daß man hier viel mehr könnte, als auf eine Klärung zu drängen und die Frage zu stellen, inwiefern sich dieses Unternehmen von anderen ähnlicher Art unterscheidet, die der Ideologiekritik zum Opfer gefallen sind[77].

Ideologiekritik in den Händen der Positivisten habe ja wohl den Zweck, sagt *Habermas*, die von ihm ins Auge gefaßte Aufgabe einer historisch gerichteten Theorie der Gesellschaft »ganz loszuwerden und in die Vorhöfe wissenschaftlicher Diskussion zu verweisen«; sie beschäftige sich damit, »das praktische Bewußtsein sozialer Gruppen von jenen Theorien zu reinigen, die sich nicht auf technisch verwertbares Wissen zurückführen lassen und gleichwohl einen theoretischen Anspruch behaupten«[78]. Er hält also an seiner These von der »positivistisch beschnittenen Ideologiekritik« fest, die ich in meiner ersten Kritik schon analysiert habe[79], obwohl das Interesse der von ihm apostrophierten Theoretiker an Aufklärung ihm nicht verborgen geblieben ist[80], so daß seine Akzentuierung des rein technisch gerichteten Erkenntnisinteresses auch in dieser Hinsicht gewaltsam erscheint. In Wirklichkeit braucht diese Ideologiekritik keine Erkenntnis zu vernachlässigen, die der Aufklärung und damit auch der von ihm intendierten Klärung des praktischen Bewußtseins dienen kann. Nur wo das Rechtfertigungsdenken ideologische Fassaden errichtet, um Entscheidungen als Erkenntnisse zu tarnen, wo Strate-

---

77 Quasi-Gesetze von raum-zeitlich beschränkter Geltung kennt auch die von *Habermas* kritisierte Auffassung, wenn sie auch auf die Beschränkung nachdrücklich hinweisen muß, die darin läge, wenn man die Entwicklung solcher Hypothesen zum Erkenntnisideal erheben würde. Ich bin auf dieses Thema an anderer Stelle eingegangen. Gesetzmäßigkeiten der von *Habermas* angedeuteten Art scheinen aber den beschränkten Charakter solcher Quasi-Gesetze mit weiteren Eigenschaften zu verbinden, die solche Aussagen nicht weniger problematisch machen: mit einem Bezug auf eine nicht näher charakterisierbare Totalität und einem normativen Anspruch. Amalgame dieser Art pflegen allerdings das zum Ausdruck zu bringen, was man in einem gewissen Sinne »eine dezidierte Vernunft« nennen könnte: nämlich ideologisches Denken. Warum man die Sozialwissenschaft damit belasten sollte, ist nicht ohne weiteres einzusehen.

78 *Habermas*, S. 262.

79 Vgl. Der Mythos der totalen Vernunft, S. 220 ff.

80 Vgl. dazu vor allem: *Ernst Topitsch*, Sozialphilosophie zwischen Ideologie und Wissenschaft, Neuwied/Berlin 1961.

gien der Dogmatisierung und Immunisierung angewendet werden, um Aussagen aller Art gegen Argumente zu schützen, wo Zusammenhänge verschleiert und Erkenntnisse verfälscht werden, besteht ein Anlaß, diese Art der Ideologiekritik als gefährlich anzusehen [81].

Was die immer wiederholte These angeht, daß Probleme bestimmter Art im Bereich der von ihm kritisierten Auffassungen nicht behandelt, geklärt oder gelöst werden können, so bin ich auf sie genügend eingegangen [82]. Was er die »Selbstreflexion der strikten Erfahrungswissenschaften« nennt, ist dem kritischen Rationalismus zumindest ebenso zugänglich wie der dialektischen

---

[81] Ich hatte in meiner Antwort an *Habermas* in diesem Zusammenhang an die Rolle der Dialektik als ideologischer Waffe und speziell auf die polnische Diskussion zwischen Marxismus und der Warschauer Schule hingewiesen, S. 222 f. *Habermas* nimmt darauf als auf einen »Lapsus« Bezug und schließt daran die Bemerkung, er nehme nicht an, daß ich den landesüblichen Antikommunismus zu einem Teil meiner Strategie mache. Ich muß sagen, daß mich das ein wenig stört, da ich weder sehe, wo der »Lapsus« zu finden ist, noch was ihn veranlaßt haben könnte, mich überhaupt mit der borniertierten Sorte von Antikommunismus in Verbindung zu bringen, die man bis zu einem gewissen Grade als »landesüblich« bezeichnen kann. Ich weiß nicht, inwieweit man z. B. *Leszek Kolakowski* einen Kommunisten nennen kann. Seine Philosophie hat, soweit ich sie kenne, Züge, die sie in die Nähe des kritischen Rationalismus bringen. *Habermas* dagegen kritisiert *Kolakowski* im Namen einer Auffassung, die es erlauben soll, Entscheidungen aus der Geschichte »zu begreifen und abzuleiten« (Theorie und Praxis, a.a.O., S. 328), d. h. also wohl, nach allem, was er an anderer Stelle zu derartigen Problemen geäußert hat: sie historisch zu legitimieren. Daß er diese Auffassung gegen die »beschränkte« Ideologiekritik der sogenannten Positivisten schützen zu müssen glaubt, ist ein Tatbestand, der zu denken gibt. Ich würde hier die Philosophie *Kolakowskis* vorziehen, die eine Rechtfertigung dieser Art nicht beansprucht. Nicht uninteressant wäre es übrigens zu erfahren, wo der methodische Unterschied zwischen der von *Habermas* verfochtenen Dialektik und der rechtsorientierter Denker wie z. B. *Karl Larenz* liegt, auf den ich (S. 222, Anm. 57) schon hingewiesen habe. Vgl. dazu *Ernst Topitsch*, Max Weber und die Soziologie heute, in dem gleichnamigen Tagungsbericht der Deutschen Gesellschaft für Soziologie, Tübingen 1965, S. 29 ff.

[82] Die Erläuterung der Identitätsproblematik (auf S. 262 ff. seiner Erwiderung) bringt in dieser Beziehung kein neues Argument. Die Behauptung, daß Fragen dieses Bereichs »durch empirisch-analytische Forschungen nicht geklärt werden«, entspricht meines Erachtens einfach nicht den Tatsachen, zumal die Psychologie, die solche Probleme für den individuellen Bereich schon seit längerer Zeit analysiert hat, mit der Entstehung der modernen Sozialpsychologie in den Bereich der analogen kollektiven Problematik vorgedrungen ist. Erst seit auf diese Weise die Methoden der experimentellen Psychologie in das soziologische Denken eingedrungen sind, wurden manche Probleme dieser Art lösbar. Für den komplexeren Bereich des makrosoziologischen Denkens Aufschlüsse mit Hilfe weniger entwickelter Methoden zu erwarten, scheint mir eine Illusion zu sein. Im Laufe der Geschichte ist es be-

Philosophie[83], nur kommt er oft zu anderen Resultaten als diese. Aber: darüber kann man ja ohne weiteres diskutieren, wie das hier geschieht. Bei einer solchen Diskussion lohnt es sich immer, dem anderen zumindest den Willen zum Verstehen dessen zuzubilligen, was man selbst gesagt hat. Daß dieser den verständlichen Wunsch nach Klärung zum Ausdruck bringt, hat nicht unbedingt etwas mit einer Festlegung auf eine bestimmte Sprache zu tun. Wer sollte etwas gegen eine andere Sprache einzuwenden haben, wenn sich mit ihr gewisse Probleme oder Sachverhalte besser ausdrücken lassen. Was dagegen bedauerlich ist, weil es den »Ethnozentrismus wissenschaftlicher Subkulturen« fördert, ist eine esoterische Sprache, die gerade das nicht leistet, deren wesentliche Funktion vielmehr darin zu bestehen scheint, gerade die zentralen Punkte eines Arguments metaphorisch zu paraphrasieren[84]. Wenn im ideologiekritischen Zusammenhang auf Verschleierungs- und Immunisierungswirkungen hingewiesen wird, dann pflegt man sich mit solchen Hinweisen keineswegs unbedingt auf die Ebene der Motivforschung zu begeben. Strategien, die auf solche Resultate hinauslaufen, können den verschiedensten Motiven entspringen. Sie gehören zum traditionellen Bestand des in

   kanntlich immer wieder vorgekommen, daß man versucht hat, die prinzipielle Grenze für die Anwendung sogenannter naturwissenschaftlicher Methoden da zu ziehen, wo diese gerade hingelangt waren, und ihr weiteres Vordringen als unmöglich zu deklarieren.

83 Übrigens kann man hier wohl einmal darauf hinweisen, daß auch der Positivismus im engeren Sinne des Wortes dazu Beiträge geleistet hat, die, soweit ich sehe, sachverständiger sind als die bisherigen Beiträge seitens der Dialektik. Auch *Habermas* greift ja immer wieder auf Arbeiten zurück, die eher in den Umkreis dieser Philosophie gehören, wenn er etwas Konkreteres sagen will, als daß man stets alle Zusammenhänge in die Analyse einbeziehen und alle Trennungen überwinden muß, und daß alle von anderen gemachten Unterscheidungen fragwürdig sind.

84 Ich weise es weit von mir, einen Diskussionsgegner auf meine eigene Sprache verpflichten zu wollen, zumal ich weder als Positivist geboren wurde, noch ein solcher geblieben bin. Konkretem Anlaß folgend, kann ich hier leider die autobiographische Bemerkung nicht unterdrücken, daß ich die Philosophie des Wiener Kreises erst kennengelernt habe, nachdem ich vorher »Umgang« mit wohl fast allen mir erreichbaren philosophischen Traditionen hatte, und zwar gerade auch mit den explicite antipositivistisch orientierten, die für die deutsche Kultur typisch sind. Auch ich habe sehr spät bei der Lektüre positivistischer Untersuchungen die Erfahrung gemacht, von der *Habermas* spricht (S. 266). In bezug auf die Verständlichkeit *Hegels* schließe ich mich aus guten Gründen der oben zitierten Auffassung *Theodor W. Adornos* an (vgl. oben Anm. 72), und zwar auf Grund eigener Lektüre.

weiten Bereichen praktizierten Rechtfertigungsdenkens, das der ideologiekritischen Durchleuchtung ausgesetzt ist. Daß unter dem Namen der Dialektik derartige Verfahrensweisen zu finden sind, ist wohl schwerlich zu leugnen[85]. Es besteht also einiger Anlaß zum Mißtrauen, wenn im Rahmen einer Analyse, die auf Legitimierung von Interessen aus der konkreten Totalität des historischen Prozesses zielt, die Ansprüche einer Dialektik angemeldet werden, die sich ähnlicher Sprachformen bedient und gerade in entscheidenden Punkten Klarheit vermissen läßt. Daß *Habermas* in seiner Kritik am sogenannten »positivistisch beschränkten Rationalismus« versucht hat, Voraussetzungen in Frage zu stellen, von denen ich in meiner Antwort ausgegangen bin, ist mir keineswegs entgangen. Nur scheint mir dieser Versuch mißlungen zu sein. Daß ihn sein dialektischer Umweg über den Neopragmatismus in den Rücken des Positivismus geführt hat, möchte ich bezweifeln, zumal er dabei seine Dialektik mit Auffassungen belastet hat, die in mancher Beziehung selbst den von ihm bei seinen Gegnern monierten Einschränkungen unterliegen. Noch viel weniger scheint er mir dabei in den Rücken des kritischen Rationalismus vorgestoßen zu sein. Die Frage, worin eigentlich die Dialektik besteht, welche Vorzüge sie anderen Auffassungen gegenüber besitzt und welcher Methoden sie sich bedient, hat in seiner Erwiderung keine Beantwortung gefunden. Man darf in ihr jedenfalls ein unübertreffliches Instrument zur Bewältigung komplexer Zusammenhänge vermuten, wenn auch das Geheimnis seines Funktionierens bisher verborgen blieb.

Die Intentionen der *Habermas*schen Polemik sind mir durch die Lektüre seiner Erwiderung wohl teilweise deutlicher, wenn auch nicht unproblematischer geworden. Er wendet sich gegen Beschränkungen des kritischen Denkens, wenn auch an einer Stelle, wo sie nicht zu finden sind. Er glaubt, in der dialektischen Tradition einen Ansatzpunkt für die Überwindung solcher Beschränkungen zu haben, wenn auch nicht klar zu erkennen ist,

---

[85] Vgl. dazu u. a. *Ernst Topitsch*, Sprachlogische Probleme der sozialwissenschaftlichen Theoriebildung, sowie vom gleichen Autor: Das Verhältnis zwischen Sozial- und Naturwissenschaften, a.a.O., S. 30 ff. bzw. S. 62 ff.; siehe auch *Ernst Topitsch*, Über Leerformeln, in: Probleme der Wissenschaftstheorie. Festschrift für Viktor Kraft, Wien 1960, S. 245 ff.

worin die Leistungen bestehen, die zu einer solchen Hoffnung berechtigen. Daß er die Diskussion mit anderen Richtungen sucht, darf man uneingeschränkt begrüßen. Mißverständnisse sind bei einem solchen Unternehmen wohl unvermeidlich, und zwar auf beiden Seiten. Aber es dürfte manchmal gar nicht so einfach sein, sie zu identifizieren.

HARALD PILOT

# Jürgen Habermas' empirisch falsifizierbare Geschichtsphilosophie

Jede grundsätzliche Kritik an den objektivierenden Verfahren der Sozialwissenschaften ist geschichtsphilosophischer Umtriebe verdächtig. *Jürgen Habermas* setzt dem bloßen Verdacht sogleich ein Ende: Das erklärte Ziel seiner Arbeiten ist eine »Geschichtsphilosophie in praktischer Absicht«[1]. Sie soll jedoch weder notwendige Geschichtsgesetze noch gar einen metaphysischen Sinn, sondern Programme für soziales Handeln formulieren[2]. Solche Zielsetzungen für die Zukunft einer Gesellschaft müssen jedoch auch schon in der Gegenwart realmöglich sein. Daher hängen die geschichtsphilosophischen Entwürfe von den Ergebnissen empirischer Forschung ab, ja sind durch diese widerlegbar.

Die recht verstandene marxistische Geschichtsphilosophie, so meint *Habermas*, vermag auf metaphysische Transzendenz zu verzichten, weil sie die Leitziele des zukünftigen Handelns aus den »faktischen Widersprüchen« der gegenwärtigen Gesellschaft ableitet. »Sinn der Geschichte« ist allein noch deren mögliche Zukunft, die durch Handeln verwirklicht wird. »Die experimentelle Geschichtsphilosophie fahndet nicht mehr nach einem verborgenen Sinn; sie rettet ihn, indem sie ihn herstellt[3].«

Weil der Sinn sich auf ein in Zukunft Wirkliches bezieht, lassen sich seine Bedingungen in der Gegenwart empirisch überprüfen. Die Geschichtsphilosophie in praktischer Absicht »geht darauf aus, sowohl historisch-soziologisch die Bedingungen der Möglichkeit revolutionärer Praxis zu analysieren, als auch historisch-

---

1 Vgl. hierzu vor allem: *Jürgen Habermas*, Theorie und Praxis, Neuwied und Berlin 1963, S. 261 ff.; *ders.*, Zur Logik der Sozialwissenschaften, in: Philosophische Rundschau, Beiheft 5, Febr. 1967, S. 180.

2 Die Möglichkeit von Gesetzen, die Prognosen über die geschichtliche Zukunft erlauben, hat *Popper* überzeugend kritisiert. Vgl. *Karl R. Popper*, The Poverty of Historicism, London 1961; *ders.*, The Open Society and its Enemies, 2 Bde., New York 1962.

3 *Habermas*, Theorie und Praxis, a.a.O., S. 303.

philosophisch aus dem Widerspruch der bestehenden Gesellschaft den Begriff ihrer selbst, zugleich das Maß seiner Kritik und die Idee der kritisch-praktischen Tätigkeit, abzuleiten«[4].

Geschichtsphilosophische Entwürfe unterliegen so schon vor ihrer Verwirklichung einer doppelten Kontrolle: Sowohl die Leitziele selbst als auch die Mittel zu ihrer Verwirklichung müssen sich aus dem empirischen Wissen der Gegenwart gewinnen lassen. Ein bestimmter Entwurf ist dann unmöglich, wenn er empirischen Analysen widerspricht; er ist jedoch erst realmöglich, wenn er nicht nur mit diesen vereinbar, sondern auch tauglich ist, bestehende Widersprüche einer Gesellschaft aufzulösen: Er hat sich als deren »bestimmte Negation« zu erweisen.

Doch selbst wenn ein Entwurf beiden Bedingungen genügt, sind seine Leitziele nicht theoretisch, sondern nur praktisch notwendig: Die Geschichtsphilosophie formuliert keine Prognosen über die geschichtliche Zukunft, sondern lediglich Handlungsanweisungen, »die sich mit Willen und Bewußtsein der Menschen, nicht ›objektiv‹ durchsetzen, mithin nur in ihren objektiven Bedingungen der Möglichkeit, nicht aber als solche berechnet und vorausberechnet werden können«[5]. »... ihre Richtigkeit, nämlich die Richtigkeit aller verifizierbaren Bedingungen einer möglichen Revolution, sichert sie empirisch, während ihre Wahrheit erst in der praktischen Herstellung des von ihr ausgesprochenen Sinnes selber gewiß ist[6].« Dadurch entgeht die revolutionäre Geschichtsphilosophie dezisionistischen und deterministischen Gefahren.

Dieses Programm läßt sich freilich nur einlösen, wenn die »bestimmte Negation« bestehender Widersprüche aus den Ergebnissen der empirischen Forschung gewonnen werden kann. Nur dann nämlich besteht Hoffnung, die Leitziele des zukünftigen Handelns empirisch zu kontrollieren. Doch die Selbstinterpretation der empirischen Forschung legt solchem Versuch mancherlei Hindernisse in den Weg. Nach den methodologischen Regeln der »analytischen Wissenschaftstheorie«[7] ist es zwar möglich, nomo-

---

[4] Ebd., S. 299.

[5] Ebd., S. 289.

[6] Ebd., S. 310.

[7] Vgl. zur Terminologie: *Habermas*, Analytische Wissenschaftstheorie und Dialektik.

logische Hypothesen »technologisch zu transformieren«[8], sie als Mittel für vorgegebene Zwecke zu verwenden – keineswegs gestatten es diese Regeln jedoch, auch die Zwecke selbst aus empirischen Analysen abzuleiten. Daher muß *Habermas* »die analytisch-empirischen Verfahrensweisen an deren eigenem Anspruch immanent kritisieren«[9].

Dieser Kritik ist indessen eine entscheidende Grenze gesetzt, wenn die empirische Kontrolle der Geschichtsphilosophie sich nicht skeptisch auflösen soll: Sie darf die Kriterien der empirischen Prüfbarkeit nicht zerstören. Ihr Ziel kann vielmehr lediglich ein Spielraum der Interpretation sein, innerhalb dessen sich hermeneutische Verfahren auf einen vorab gesicherten Bereich anwenden lassen. Obwohl *Habermas'* Ansatz eine solche »Grenzbestimmung« nicht prinzipiell ausschließt, überschreiten seine bisherigen Arbeiten diese Grenze in Richtung einer »Dialektik der utopischen Vernunft«[10]. Ich möchte diese These in vier Schritten diskutieren:

1. Kontingente Dialektik und empirische Analyse: die formalen Bedingungen der »bestimmten Negation«;
2. Wertimplikationen sozialwissenschaftlicher Theorien – *Habermas'* Kritik der »analytischen Wissenschaftstheorie« und ihre Metakritik;
3. »herrschaftsfreie Kommunikation« als regulatives Prinzip der Geschichtsphilosophie;
4. skeptische Konsequenzen einer »Dialektik der utopischen Vernunft«.

---

8 Vgl. *Hans Albert*, Wissenschaft und Politik, in: *Ernst Topitsch*, Hrsg., Probleme der Wissenschaftstheorie, Wien 1960, S. 213: »Eine Theorie wird ... durch tautologische Transformation in ihre technologische Form überführt, aus einer Menge nomologischer Hypothesen wird eine Aussagenmenge über menschliche Handlungsmöglichkeiten in bezug auf bestimmte Ziele. Diese Transformation setzt lediglich voraus, daß bestimmte Desiderata hypothetisch unterstellt werden, erfordert also nicht die Einführung expliziter Wertprämissen.«

9 *Habermas*, Analytische Wissenschaftstheorie und Dialektik, S. 169.

10 Diese ergibt sich dann, wenn eine Dialektik der gegenwärtigen Situation in die Zukunft extrapoliert wird, wenn die »ideologische Verzerrung« auch die Prinzipien der kritischen Praxis mitumfaßt. Dann ist zu fürchten, daß der »dialektische Vermittlungsprozeß« unendlich wird.

# I

Die »bestimmte Negation« einer widersprüchlichen Gesellschaft soll es erlauben, situationsbezogene Entwürfe des zukünftigen Handelns aus einer widersprüchlichen Gesellschaft »dialektisch abzuleiten«. Dies wird von der »analytischen Wissenschaftstheorie« aus folgenden Gründen bestritten: a) Dialektisches Denken ist inhaltsleer, weil es sich in Widersprüchen bewegt, aus denen alles folgt[11]; b) Fakten können einander nicht widersprechen; c) empirische Hypothesen sind deskriptive Sätze, aus denen Handlungsanweisungen nicht folgen können.

*Habermas* sucht sich diesen Einwänden durch eine »kontingente Dialektik« zu entziehen. Diese ist kein apriorisches Prinzip des Denkens, vollzieht sich nicht »aller Geschichte voraus und zugrunde liegend, nach dem Uhrenschlag metaphysischer Notwendigkeit...«[12], sondern resultiert aus den Herrschaftsstrukturen einer Gesellschaft, die sich noch nicht hinreichend von Naturzwängen zu befreien vermochte: »Sie ist als ganze so kontingent wie die herrschaftsmäßigen Arbeitsverhältnisse, deren inneren Widerspruch und äußere Bewegung sie ausdrückt[13].«

In einer ideologisch verzerrten Gesellschaft wird das Denken dialektisch, weil es sich nicht als freier Dialog vollziehen kann. »Wenn Dinge kategorial, Menschen aber in ihrem Verhältnis zu den Dingen wie auch untereinander nur dialogisch angemessen gefaßt werden können, darf Dialektik aus dem Dialog begriffen werden; nicht zwar selber als Dialog, sondern als Folge seiner Unterdrückung[14].« Weil der Zwang ihre notwendige Bedingung ist, muß sich mit ihm auch die Dialektik auflösen. Indem sie sich als »kritische Praxis« gegen den Zwang wendet, kehrt sie sich zugleich gegen sich selbst. »Die praktisch vollendete Dialektik ist zugleich die aufgehobene...[15].« Sie geht über in das, was sie

---

11 Vgl. *Popper*, Was ist Dialektik, in: *Ernst Topitsch*, Hrsg., Logik der Sozialwissenschaften, a.a.O., S. 262 ff.; ders., The Open Society..., Bd. 2, a.a.O.

12 *Habermas*, Theorie und Praxis, a.a.O., S. 321.

13 Ebd., S. 319.

14 Ebd., S. 318.

15 Ebd., S. 319.

ihrer Intention nach immer schon war: in den »herrschaftsfreien Dialog aller mit allen«[16]. In ihm realisiert die Dialektik ihre zweite Bedingung: das Interesse an Mündigkeit, an »herrschaftsfreier Kommunikation«. Nur wenn beide Bedingungen sich ererfüllen lassen, ist eine Kontrolle der dialektischen Bewegung möglich. Zweierlei ist also nötig: 1. Den Zwang in »faktischen Widersprüchen« empirisch aufzuweisen und 2. das »Interesse an Mündigkeit« zu legitimieren. Erst beide Bedingungen erlauben es, Zukunftsentwürfe als »bestimmte Negation« einer widersprüchlichen Gesellschaft »dialektisch abzuleiten«.

»Faktische Widersprüche« sind in den gegensätzlichen Intentionen gesellschaftlicher Gruppen gegeben, die als »Interessen«, »Einstellungen« und »Normen« zum Objektbereich sozialwissenschaftlicher Hypothesen gehören. Intentionen widersprechen einander, wenn ihre fiktiv wirklichen Zielobjekte sich ausschließen. Aus solchen konträren Intentionen ergibt sich freilich nicht unmittelbar eine weitere, die den »Widerspruch« auflöst; um die »bestimmte Negation« zu erhalten, bedarf es vielmehr noch einer »objektiven Intention«[16], des »Interesses an Mündigkeit«. Dieses schränkt konträre Intentionen ein und »vereinigt« sie in einer neuen, die die beiden ersten negiert. Nur insofern die »bestimmte Negation« den »Widerspruch« konträrer Intentionen auflöst, negiert sie ihn: Sie impliziert dessen logische Negation[17], unterscheidet sich von dieser jedoch durch den bestimmen Gehalt. In ihm ist das Leitziel gegeben, dessen Realisierung den »faktischen Widerspruch« durch kritische Praxis aufheben würde[18].

---

16 Vgl. *Habermas*, Erkenntnis und Interesse, in: Merkur XIX (1965), H. 12, S. 1139 ff.

17 Das ist nun freilich eine triviale Implikation, denn die formallogische Negation einer Kontradiktion ist immer eine Tautologie und folgt aus jedem denkbaren Satz. Die formale Logik erlaubt im Aussagenkalkül keine Differenz zwischen konträren und kontradiktorischen Sätzen. Beide sind die Negation einer Tautologie. Gleichwohl lassen sich konträre und kontradiktorische Sätze formallogisch unterscheiden. Nach dem Satz vom ausgeschlossenen Dritten (der in einer zweiwertigen Logik gilt) ist von zwei kontradiktorischen Sätzen einer notwendig wahr, während von zwei konträren Sätzen *beide* falsch sein können (freilich nicht müssen). Daher läßt sich eine Auflösung konträrer Intention vermittels einer dritten, »objektiven«, wenigstens widerspruchsfrei denken. Wären die Intentionen (sc. die Sätze über sie) dagegen einander kontradiktorisch entgegengesetzt, so müßte eine von beiden gewählt werden.

18 Diese Interpretation der »bestimmten Negation« kann sich nicht auf Äußerungen

Wenn dieses Verfahren sich durchführen ließe, entfielen die genannten Einwände. Denn die »bestimmte Negation« wird nicht aus einem Widerspruch gefolgert, sondern löst ihn auf. Sie bezieht sich auf Intentionen, nicht auf Fakten; schließlich leitet sie nicht aus deskriptiven, sondern aus normativen Prämissen normative Konklusionen ab.

Die empirische Sicherung »faktischer Widersprüche« zwischen Intentionen stößt nun allerdings auf erhebliche Schwierigkeiten. Weil nämlich Intentionen nicht unmittelbar im beobachtbaren Verhalten enthalten sind, können sie empirischen Hypothesen nur entnommen werden, wenn deren Gehalt einer Interpretation unterzogen wird. Diese läßt sich indessen ihrerseits »empirisch-analytisch« überprüfen. Wenn nun die methodologischen Regeln der analytischen Wissenschaftstheorie für *alle* Erfahrungssätze gelten, ihnen zufolge aber Interpretationen nicht empirisch zu prüfen sind, dann ist eine empirische Kontrolle von Sätzen über Intentionen und damit eine Kontrolle der »bestimmten Negation« unmöglich: Die Geschichtsphilosophie in praktischer Absicht wäre gescheitert.

Aber könnte nicht schon in den Hypothesen selber eine Intention stecken, ein bestimmter »Wertbezug« der methodologischen Regeln, der anderen »Wertbezügen« widerspräche? Dann erschlösse die »universale Objektivität« der empirisch-analytischen Regeln nur einen unter mehreren Bereichen möglicher Erfahrung – und in anderen Bereichen wären auch andere methodologische Regeln denkbar. Wenn überdies der »Wertbezug« eines anderen Bereiches einen Vorrang vor dem der analytisch-empirischen Regeln beanspruchen könnte, ließen sich diese sogar mit seiner Hilfe begrenzen. Genau dies sucht *Habermas* zu zeigen.

Den empirisch-analytischen Verfahren liegt ein »technologisches Erkenntnisinteresse« zugrunde, das dem »Interesse an Mündigkeit« partiell entgegengesetzt, gleichwohl jedoch untergeordnet

---

von *Habermas* stützen, weil der genaue Sinn dieses Prinzips bisher nicht hinreichend expliziert wurde. Sie ist daher nicht viel mehr als ein Vorschlag – dies allerdings mit einer Einschränkung: die beiden angegebenen Momente der »dialektischen Vermittlung« halte ich in der Tat für deren notwendige Bedingungen, so daß meine kritischen Überlegungen auch unabhängig von der ausgeführten »dialektischen Theorie« gelten.

ist. Daraus folgt, daß die methodologischen Regeln der »analytischen Wissenschaftstheorie« auf die Bedingungen des »Interesses an Mündigkeit«, des »emanzipatorischen Erkenntnisinteresses«, eingeschränkt werden dürfen – und sogar müssen.

»Das »technologische Erkenntnisinteresse« widerspricht dem »emanzipatorischen«, insofern es allgemeine Theorien des sozialen Handelns fordert, die den Fortschritt zur Mündigkeit behindern – wenn nicht unmöglich machen, weil sie den spezifischen Charakter »sozialer Tatsachen«, die intentionale Komponente des Handelns, nicht zu treffen vermögen. Denn »Handlungen können ohne Bezugnahme auf die leitenden Intentionen nicht aufgefaßt, also unabhängig von so etwas wie Ideen gar nicht untersucht werden«[19]. Intentionen sind jedoch allein für einen bestimmten Bereich kultur- und epochenspezifischer Normen zu bestimmen. Deshalb impliziert jede Hypothese über soziales Handeln ein Verständnis der »Bezugsnormen«, die den »Sinn« der Handlung ausmachen. Das Verhalten kann nämlich sehr verschiedenes Handeln »ausdrücken«, je nach den Normen, die es steuern. Da nun die Regeln des Handelns »nicht objektiv, durch ein Naturgesetz, sondern intersubjektiv durch Anerkennung der beteiligten Interpreten verbürgt...«[20] sind, lassen sie sich nur verstehen, nicht aber hypothetisch-deduktiv erklären. Verstehen vollzieht sich jedoch im Normenkontext einer Tradition und kann nicht auf beliebige Zusammenhänge erweitert werden. Daher gelten notwendigerweise Hypothesen über soziales Handeln in denselben Grenzen wie die dazugehörigen Normen – und nicht strikt allgemein.

Da nun das »Interesse an Mündigkeit ... a priori eingesehen werden ...«[21] kann, die Normen aber historisch zufällig sind, läßt sich mit seiner Hilfe zunächst nur postulieren, daß die Geltung sozialwissenschaftlicher Hypothesen einzuschränken sei, daß sie aber nicht deren bestimmten Bereich festlegen. Da Sätze über Normen gerade nicht empirisch-analytisch prüfbar sein sollen, gleichwohl aber kontrollierbar sein müssen (denn sie enthalten

---

19 *Habermas*, Zur Logik der Sozialwissenschaften, a.a.O., S. 76.

20 Ebd., S. 75.

21 *Ders.*, Erkenntnis und Interesse, a.a.O., S. 1150.

Behauptungen über »historische Sachverhalte«), müssen Prüfungsregeln des Verstehens, »methodologische Regeln der Hermeneutik« entwickelt werden. Sonst könnten sozialwissenschaftliche Hypothesen willkürlich in ihrer Geltung beschränkt werden. Falls jedoch Regeln der Hermeneutik ihrerseits durch empirisch-analytische Verfahren begrenzt werden müßten, wie dies aus *Habermas'* Kritik an *Gadamers* Hermeneutik[22] zu folgen scheint, geriete *Habermas* in einen Zirkel. Ich werde zu zeigen versuchen, daß *Habermas'* doppelte Kritik an empirisch-analytischen und an hermeneutischen Verfahren nur um den Preis skeptischer Konsequenzen zwingend sein kann. Wie aber läßt sich ein »Wertbezug« der empirischen Sozialwissenschaften nachweisen und folgt aus ihm *Habermas'* kritisches Programm?

2

Empirische Theorien der Sozialwissenschaften sind in dreifacher Hinsicht wertbezogen:

a) Die Wahl der Forschungsbereiche (der »Relevanzgesichtspunkte«) hängt von Wertentscheidungen ab.
b) »Basissätze«, durch die Theorien sich auf die Wirklichkeit beziehen, werden durch einen »Beschluß« diskutierender Forscher akzeptiert.
c) Die Operationalisierung »theoretischer Begriffe« setzt ein Vorverständnis voraus, das den intentionalen Strukturen solcher Termini wie »Rolle«, »Institution« und »Erwartung« beobachtbares Verhalten zuordnet.

Dieser dreifache Bezug auf Sinnsetzungen ist zusammengefaßt im »technologischen Erkenntnisinteresse« und legt seinerseits »Objektivität« und »Wertfreiheit« der empirischen Forschung erst fest. Für die Sozialwissenschaften soll sich nun erweisen, daß ein Wertbezug auf der »Metaebene« von den intentionalen Bezügen des Objektbereichs nicht klar abzugrenzen ist. *Habermas* »möchte gegen den Positivismus den Gesichtspunkt rechtfertigen, daß der von Subjekten veranstaltete Forschungsprozeß dem

---

[22] Vgl. *Hans Georg Gadamer*, Wahrheit und Methode, 2. Aufl. Tübingen 1965.

objektiven Zusammenhang, der erkannt werden soll, durch die Akte des Erkennens hindurch selber zugehört«[23].

Daß die Wahl der Forschungsbereiche von Wertentscheidungen abhängt, wird auch von der »analytischen Wissenschaftstheorie« nicht bestritten[24]. Da dieser Wertbezug die Geltung der gefundene Hypothesen nicht tangiert, beschränke ich mich auf eine Diskussion der beiden anderen Punkte.

*Habermas* zeigt an *Poppers* Explikation des »Basisproblems«, daß sich empirische Theorien nur vermittels eines Interesses auf die Wirklichkeit beziehen lassen. Aus empirischen Theorien sind (zusammen mit Anfangsbedingungen) unterste Sätze ableitbar, die sich auf beobachtbare Fakten beziehen. In dieser Beziehung steckt aber zugleich das entscheidende Problem: Wie können beobachtbare Fakten und Sätze über solche Fakten einander eindeutig zugeordnet werden? Dieses Problem der Zuordnung führt nach *Popper* auf das »Friessche Trilemma« aus Dogmatismus, infinitem Regreß und Psychologismus[25]. *Popper* löst dieses Trilemma, indem er sein Kriterium der Prüfbarkeit auch auf Basissätze anwendet. Dieses Kriterium soll das Induktionsprinzip ersetzen[26]. Es legt den empirischen Gehalt von Theorien und Sätzen in »Graden der Prüfbarkeit« fest. Je besser ein Satz sich testen läßt (ohne falsifiziert zu werden), desto höher ist sein empirischer Gehalt. »Potentielle Falsifikatoren« sind solche Sätze, deren Bestätigung eine Theorie widerlegen würde. Mit der Anzahl »potentieller Falsifikatoren« wächst auch der empirische Gehalt: Die beste Theorie verbietet am meisten. Daher müssen Theorien möglichst unwahrscheinlich sein – bis zum Grenzfall der Kontradiktion, der natürlich ausgeschlossen bleibt.

Bestimmt die »Prüfbarkeit« einer Theorie deren empirischen

---

23 *Habermas*, Gegen einen positivistisch halbierten Rationalismus, S. 260.

24 Vgl. dazu *Hans Albert*, Der Mythos der totalen Vernunft, S. 217 f.; *ders.*, Wertfreiheit als methodisches Prinzip. Zur Frage der Notwendigkeit einer normativen Sozialwissenschaft, in: *Ernst Topitsch*, Hrsg., Logik der Sozialwissenschaften, a.a.O., S. 190: »Die wissenschaftliche Tätigkeit erfordert ... *Gesichtspunkte*, die eine Beurteilung der *Relevanz* ermöglichen. Jede Problemstellung, jeder Begriffsapparat und jede Theorie enthält solche Auswahlgesichtspunkte, in denen die Richtung unseres Interesses zum Ausdruck kommt.«

25 Vgl. *K. R. Popper*, The Logic of Scientific Discovery, New York 1965, S. 94.

26 Vgl. ebd., Kapitel I.

Gehalt, so müssen alle ihre Sätze die Ableitung von Folgen erlauben. Sätze einer Theorie dürfen nur Allsätze sein, aus denen sich zusammen mit Randbedingungen Basissätze deduzieren lassen. »Every test of a theory ... must stop at some basic statement or other which we *decide to accept*[27].« Obgleich wir den Prüfungsprozeß bei einem bestimmten Satz abbrechen müssen, kann auch dieser noch weiter überprüft werden[28]. »... this ... makes the chain of deduction in principle infinite[29].« Auch Basissätze sind in keiner Weise »unmittelbare« Erfahrungssätze. »Experiences can motivate a decision, and hence an acceptance or a rejection of a statement, but a basic statement cannot be justified by them – no more than by thumping the table[30].«

Weil selbst Basissätze noch überprüfbar sein müssen, Theorien jedoch allein durch Basissätze widerlegt werden können, ist sogar die Widerlegung von Theorien nur »for the time being«[31] möglich und kann revidiert werden. Die Bestätigung und Widerlegung von Theorien erfolgt durch eine Entscheidung der Forschergemeinschaft, die darüber diskutiert, ob eine Theorie nach den gegenwärtigen Kenntnissen möglicher Testverfahren hinreichend geprüft ist (oder entsprechend ein Basissatz, der eine Theorie widerlegt). Diese Entscheidung kann nicht wiederum durch Beobachtung gesichert werden, weil sich dann das Problem erneut stellte, wie diese Beobachtungen ihrerseits überprüft werden sollen. Deshalb muß diese Entscheidung nach Zweckgesichtspunkten gefällt werden, die durch ein bestimmtes Interesse festgelegt sind. Das aber bedeutet: Obwohl empirische Theorien keine Werturteile enthalten, sind sie dennoch bezüglich ihrer – wenn auch nur »schwebenden« – Geltung auf ein Interesse bezogen.

---

27 Ebd., S. 104.

28 Zu möglichen Prüfungsverfahren (wie auch zum Ganzen) vgl. *Albrecht Wellmer*, Methodologie als Erkenntnistheorie, Frankfurt am Main 1967, bes. S. 158 ff.

29 *Popper*, a.a.O., S. 105.

30 Ebd., S. 105.

31 Vgl. ebd., S. 111; sowie die Diskussion bei *Wellmer*, a.a.O., S. 164 ff. *Wellmer* zieht die Konsequenz: »An der Verifizierbarkeit empirischer Sätze zu zweifeln, hieße an der Möglichkeit der Erfahrung zu zweifeln; auch wenn die Erfahrung sich irren kann, kann sie doch durch neue Erfahrung korrigiert werden« (S. 170). Er bestreitet die Möglichkeit einer infiniten Prüfbarkeit von Basissätzen, weil dadurch die Entscheidung für einen bestimmten Satz blind werde.

Die »Objektivität« der empirischen Forschung impliziert also eine normative Komponente, die allererst die intersubjektive Geltung und die »Wertfreiheit« möglich macht, normative und deskriptive Strukturbestimmungen sind in der Geltung untrennbar miteinander verknüpft[32].

Wenn aber sogar die empirische Basis durch Entscheidungen mitbedingt ist, muß die empirische Wissenschaft dann nicht zu einer Funktion sozialer Zusammenhänge werden, so daß im Extremfall jedes politische System, jeder »Kulturkreis« seine Sozialwissenschaft hätte? Diese Konsequenz ergibt sich allerdings erst dann, wenn das Interesse der diskutierenden Forscher nicht in Regeln gefaßt werden kann, die sich durch Institutionen sichern lassen; wenn auch die Entscheidungen der Forscher noch durch den Lebenszusammenhang determiniert sind. Immerhin schreibt auch *Popper*: »... what is usually called ›scientific objectivity‹ is based, to some extent, on social institutions[33].«

Doch selbst wenn die Motivationen, durch die sich »objektive« Entscheidungen der Forscher ergeben, von einer bestimmten Organisation der Forschungsinstitutionen abhängen, bleiben sie jedenfalls *auch* auf Erfahrung bezogen. Die Forscher sind motiviert durch Experimente, durch ihre Wahrnehmungen und durch Berichte über die Wahrnehmungen anderer. Solange es sich um Gegenstände und deren Relationen handelt, ist daher der Spielraum möglicher Entscheidungen eng umgrenzt: Die Evidenz von Wahrnehmungsurteilen ist so leicht nicht zu durchbrechen.

Nun umfaßt aber der Objektbereich, auf den sich Hypothesen in den Sozialwissenschaften beziehen, vornehmlich intentionale Strukturen: Soziales Handeln strukturiert sich durch den »subjektiven Sinn« des Handelns, der in den Intentionen der Handelnden präsent ist und durch Normen bestimmt wird. Die »unmittelbare Erfahrung« des Sozialwissenschaftlers enthält selber schon normative Komponenten, über die es keine Wahrnehmungsurteile geben kann. Daher, so möchte man meinen, kann es tatsächlich nur eine kultur- und epochenspezifische Sozialwissen-

---

[32] Daraus folgt jedoch keineswegs, daß in empirische Theorien »Werturteile« eingehen müssen, vielmehr läßt sich nur behaupten, daß methodologische Regeln eine solche Trennung nicht gestatten.

[33] *Popper*, The Poverty of Historicism, a.a.O., S. 155.

schaft geben, in der die Regeln der Sozialisation zugleich die Regeln der Forschung weitgehend bestimmen. Allgemeine Theorien sozialen Handelns wären unmöglich, weil die methodologischen Regeln sich mit dem sozialen System ändern müßten. Die Sozialwissenschaft hätte sich dann wesentlich historisch zu orientieren, den Sinn der Traditionen zu explizieren, denen sie selber auch in ihren Prüfungsregeln noch angehörte.

Diese Konsequenz ist indessen nur dann zwingend, wenn sich intentionale Strukturen nicht zureichend durch Verhaltensvariablen ausdrücken lassen. Nun ist es freilich bisher nicht gelungen, Sätze über Intentionen *synonym* in Sätze über Verhalten zu übertragen [34]. Und sicher müssen in den Sozialwissenschaften »die Gesetzesannahmen im Hinblick auf die Kovarianz verstehbarer Größen formuliert sein ...« [35]. Aber daraus folgt nur dann

---

[34] Vgl. *Rudolf Carnap*, Meaning and Necessity, 3. Aufl. Chicago 1960, § 13 ff. und den Anhang. – *Carnaps* Explikation der »believe-sentences« ist dann überzeugend, wenn die Regeln einer Kunstsprache, wie er sie einführt, zugestanden werden können. Dennoch bleibt auch für solche Kunstsprache die Umgangssprache vorausgesetzt, weil die Korrespondenzregeln für die Übersetzung in die Kunstsprache mit Hilfe der Umgangssprache festgelegt werden müssen. Die intentionale Struktur von Sätzen läßt sich nur durch Dispositionen ausdrücken. Auf diese Weise können zwar Hypothesen über den Bedeutungsgehalt von Sätzen *für* eine Person formuliert werden, aber es ist nicht zu sehen, wie ohne ein gleichartiges Verständnis der Frage »Glaubst du, daß ›p‹?« der genaue intentionale Gehalt festgestellt werden soll. Das gleichartige Verständnis der Symbole muß entweder vorausgesetzt werden oder die Übersetzung kann nur annähernd gelingen. Mir scheint allerdings eine »behavioristische« Forschungsstrategie auch dann noch möglich, wenn sich intentionale Strukturen nicht voll erfassen lassen sollten. Denn Prognosen über zukünftiges Verhalten setzen lediglich eine Wenn-Dann-Relation zwischen dem »Verbalverhalten« und den prognostizierten »Handlungserfolgen« voraus.

[35] *Habermas*, Zur Logik der Sozialwissenschaften, a.a.O., S. 65. *Habermas'* Argumentation zur Funktion des Verstehens im Forschungsprozeß enthält, wie mir scheint, einen offenbaren Widerspruch. Gegen *Theodor Abels* »The Operation Called Verstehen« (in: *Hans Albert*, Hrsg., Theorie und Realität, Tübingen 1964) wendet er mit Recht ein, daß das Verstehen sich nicht auf die Relationen zwischen sozialen Tatsachen, sondern nur auf diese selber beziehen solle: »Die verstehende Soziologie ... beansprucht Verstehen für analytische Zwecke nur insofern, als die Gesetzesannahmen im Hinblick auf die Kovarianz verstehbarer Größen formuliert sein müssen – aber für die logische Form der Analyse von Gesetzmäßigkeiten sozialen Handelns ist die Operation des Verstehens gleichgültig« (ebd., S. 65). Dagegen vertritt er in der Auseinandersetzung mit dem Funktionalismus die scharfe These, auch die Relationen zwischen sozialen Tatsachen müßten verständlich sein: »Von den sozialen Tatsachen überträgt sich der handelnd intendierte und in der Sprache ebenso wie in den Handlungen objektivierte Sinn auf die Relationen zwischen Tatsachen: Es gibt keine empirische Gleichförmigkeit im Bereich

eine Beschränkung der *Allgemeinheit* sozialwissenschaftlicher Hypothesen, wenn »eine Täuschung mit Sprache als solcher«[36] möglich ist, wenn das Symbolverstehen ideologisch kanalisiert werden kann. Genau dann aber sind skeptische Konsequenzen unvermeidlich. Inwiefern bindet aber der spezifische Charakter des Objektbereiches die Sozialwissenschaften an methodologische Regeln, die den Prüfungsprozeß selber noch vom sozialen Kontext abhängig machen?

Soziales Handeln ist regelgesteuert. Regeln lassen sich jedoch nur mit Hilfe der Verhaltenserwartungen bestimmen, die in einer Bezugsgruppe gegeben sind. Diese Erwartungen beziehen sich auf ein *zukünftiges* Verhalten, das noch nicht selber zu beobachten ist. Daher können sie auch nicht durch dieses erfaßt werden. Vielmehr müssen die Mitglieder einer Bezugsgruppe nach ihren Erwartungen *gefragt* werden. Ihre Antworten sind dann jedoch Aussagen über *zukünftiges* Verhalten. Sie bedeuten einen Sachverhalt, sind also Sätze über Tatsachen und nicht selber Tatsachen. Gleichwohl muß eine Theorie sozialen Handelns den Bereich des Interviews mit dem Bereich des manifesten Verhaltens verknüpfen, wenn sie Handlungen prognostizieren soll. Diese Verknüpfung kann nun entweder dadurch erfolgen, daß auch das Erfragen der Verhaltenserwartungen als Verhaltensrelation aufgefaßt wird oder dadurch, daß sowohl das Interview als auch das prognostizierte »Verhalten« in eine verstehbare Ebene projiziert wird. Im ersten Fall wird Sprache »behavioristisch« auf Verbalverhalten reduziert, im zweiten dagegen müssen auch die Handlungserfolge noch verstehbar, »hermeneutisch« explikabel sein. Zu dieser Alternative zwingt die logische Typenregel. Ihr zufolge dürfen die Aussagen über zukünftiges Verhalten nicht mit diesem Verhalten selber hypothetisch verbunden werden. Denn diese Relation müßte in Hypothesen formuliert werden, deren Objektbereich Sätze und Tatsachen umfaßte[37].

---

sozialen Handelns, die nicht, obschon nicht intendiert, doch verständlich wäre. Wenn aber die in Gesetzeshypothesen behaupteten Kovarianzen in diesem Verstande sinnvoll sein sollen, müssen sie selber als Teile eines intentionalen Zusammenhangs aufgefaßt werden« (ebd., S. 81).

36 Ebd., S. 178.

37 Vgl. ebd., S. 67. Allerdings ist es fraglich, ob sich die Problematik reflexiver Satz-

Wenn sozialwissenschaftliche Hypothesen sich »behavioristisch« auf einen Objektbereich des Verhaltens beziehen, dann treten Verhaltenserwartungen als Relationen des »Verbalverhaltens« auf. Die kommunikative Erfahrung des Interviews wird durch linguistische Hypothesen erfaßt, vermittels derer sich die Normen des Handelns in Wahrscheinlichkeiten des Verbalverhaltens ausdrücken und durch sozialwissenschaftliche Hypothesen mit den beobachtbaren Handlungserfolgen verknüpfen lassen. Sozialwissenschaftliche Hypothesen verbinden also das »Verbalverhalten« mit den wirklichen Handlungserfolgen einer Bezugsgruppe. Dadurch ergibt sich ein einheitlicher Objektbereich, innerhalb dessen alle hypothetischen Relationen durch Beobachtungen überprüft werden können. Problematisch bleibt lediglich die Zuordnung des Verhaltens zu den intentionalen Strukturen, die sich in ihm ausdrücken. Dies gilt vornehmlich für linguistische Hypothesen. Sie erfordern Korrespondenzregeln, um Bedeutungen in Wahrscheinlichkeiten des Verbalverhaltens zu übersetzen. Solche Regeln bleiben jedoch an die Umgangssprache gebunden, weil auch die Regeln einer Kunstsprache, nach denen sich umgangssprachliche Ausdrücke durch Verbalverhalten erfassen ließen, ihrerseits die Übersetzung aus der Umgangssprache schon voraussetzten. Ein unendlicher Regreß von Metasprachen läßt sich nur vermeiden, wenn die Umgangssprache die letzte Metasprache ist. Dann aber bestimmen umgangssprachliche Verstehensprozesse auch die Operationalisierung der Verhaltensdispositionen, die in linguistischen Hypothesen als »theoretische Begriffe« enthalten sind. In Sätzen wie »X glaubt (oder: erwartet, meint, hofft), daß p«, müssen wir »glauben« immer schon verstanden haben, wenn wir nach dem Verbalverhalten suchen, in dem »glauben« hinreichend genau ausgedrückt ist [38].

---

strukturen (die sich in den logischen Antinomien zeigte) ohne weiteres auf die Konstitutionsprobleme des sozialwissenschaftlichen Objektbereiches übertragen läßt. Denn reflexive Wendungen lassen sich gar nicht immer vermeiden, weshalb die Notwendigkeit einer strikten Trennung von Objekt- und Metabereich noch eigens nachzuweisen ist. (Vgl. hierzu *Poppers* Aufsatz: Self-Reference and Meaning in Ordinary Language, in: *ders.*, Conjectures and Refutations, London und New York 1962, S. 304–311.)

38 Vgl. *Carnap*, a.a.O., On Belief-Sentences, S. 230: »It seems best to reconstruct the language of science in such a way, that terms like... ›belief‹ in psychology are

Wegen dieser Übersetzungsschwierigkeiten impliziert die Operationalisierung »theoretischer Begriffe« ein »Vorverständnis« der intentionalen Strukturen, die im Verhalten erfaßt werden sollen. Aber dieses »Vorverständnis« kann Hypothesen über *Relationen* sozialer Tatsachen in ihrer Geltung nicht einschränken, ohne sich zugleich in deren logischer Struktur auszudrücken. Wenn das »Vorverständnis« die *Geltung* von Hypothesen begrenzt, läßt sich eine Hypothese auch nach den methodologischen Regeln der analytischen Wissenschaftstheorie verwerfen. Denn entweder ist das »Vorverständnis« für Antezedenz nud Konsequenz der Hypothese identisch, dann läßt sich die Relation beider einem Test unterwerfen, oder das »Vorverständnis« der beiden Termini ist unvereinbar, dann kann sie verworfen werden. In diesem Falle sind nämlich nur folgende Bewertungen der Relationsglieder möglich:

a) F–W; dann können die Anfangsbedingungen unrealisierbar sein, oder das Antezedenz ist selbst schon ein widersprüchlicher Begriff, was sich beides bei einiger Vorsicht vermeiden läßt.

b) W–F; dann wird sich die Hypothese immer falsifizieren lassen. (Die möglicherweise komplizierte erkenntnistheoretische Struktur dieser Widerlegung braucht dazu nicht untersucht zu werden.)

c) F–F; hier gilt das zu (a) Gesagte für das Antezedenz entsprechend.

Daher kann die Verschiedenheit des »Vorverständnisses« nie *unbemerkt* über Wahrheit und Falschheit von Hypothesen entscheiden. Auch wenn ein »Vorverständnis« für die Operationalisierung nötig ist, sind folglich *allgemeine* sozialwissenschaftliche Theorien möglich, die keine ideologische Festlegung enthalten.

Dies gilt allerdings nur solange, wie die Relationen zwischen sozialen Tatsachen nicht ebenfalls durch ein »Vorverständnis«

---

introduced as theoretical constructs rather than as intervening variables of the observation language. This means that a sentence containing a term of this kind can neither be translated into a sentence of the language of observables nor deduced from such sentences, but at best inferred with high probability.« Dieser Sachverhalt zwingt in den Sozialwissenschaften zu einer heuristischen Verwendung des »Vorverständnisses«.

bestimmt zu werden brauchen. Sollte sich dagegen zeigen lassen, daß auch die Relationen *verständlich* sein müssen, dann hätte sich der Charakter von Hypothesen je nach dem »Vorverständnis« zu ändern. Dann ließe sich eine ideologische Verzerrung schon der Operationalisierung von Hypothesen nicht mehr mit Sicherheit ausschließen – wenn es nicht gelingt, das jeweilige »Vorverständnis« selber auf seine ideologischen Implikationen hin zu untersuchen.

*Habermas* behauptet nun sowohl, »daß die sinnhafte Strukturierung der Tatsachen, mit denen es die verstehende Soziologie zu tun hat, eine allgemeine Theorie des sozialen Handelns nur erlaubt, wenn auch die Relationen zwischen Tatsachen verständlich sind«[39], als auch, daß diese Konsequenz sich notwendig aus der Struktur des Objektbereiches in den Sozialwissenschaften ergibt. Der Wechselzusammenhang zwischen Sprache und Praxis erfordert nämlich einen verständlichen Universalzusammenhang, innerhalb dessen jede Regel festgelegt ist. Regeln ändern ihren Sinn, wenn sie auf einen anderen Kontext übertragen werden und können daher nicht vom bloßen Verhalten her hinreichend bestimmt werden; denn dieses ist mehrdeutig gegenüber den Bedeutungen, die es durch verschiedene Kontextbestimmungen gewinnt.

Wenn aber Regeln in diesem Sinne kontextbestimmt sind, dann bleiben sie abhängig vom jeweiligen praktischen Zusammenhang, in dem sie auftreten – damit jedoch auch von den ideologischen Verzerrungen, die durch Herrschaftsstrukturen in das Handeln eingehen. Wie aber läßt sich eine solche These begründen? Weshalb sollen die Regeln der Sprache »von Praxis ihrem *immanenten Sinne nach* ...«[40] abhängen?

*Habermas* geht davon aus, daß das Programm einer Kunstsprache nicht einzulösen ist, weil die Übersetzungsregeln ihrerseits umgangssprachlich formuliert werden müßten. Deshalb ist die Umgangssprache die letzte Metasprache und kann nur vermittels ihrer selbst überliefert, gelernt und verstanden werden. Das bedeutet jedoch: »Weil die Umgangssprache letzte Meta-

---

39 *Habermas*, a.a.O., S. 87.

40 Ebd., S. 139.

sprache ist, enthält sie selber die Dimension, in der sie gelernt werden kann; darum ist sie aber auch nicht ›nur‹ Sprache, sondern zugleich Praxis. Dieser Zusammenhang ist logisch notwendig, sonst wären Umgangssprachen hermetisch verriegelt; sie könnten nicht tradiert werden [41].«

*Habermas* argumentiert aus einer reductio ad absurdum: Gesetzt, Sprache sei nicht an Praxis gebunden, so könnten Regeln überhaupt nicht expliziert werden, da die Sprache im Zirkel ihrer eigenen Regeln gefangen bliebe. Nun ist aber Sprache explikabel. Aber daraus folgt nicht notwendig, daß sie auf *Praxis* bezogen ist, denn der Zirkel sprachlicher Regeln löst sich auch dann auf, wenn die Regeln in einer anderen »Außendimension« der Sprache »präsent« sind: im Verhalten. Beide Möglichkeiten sind wenigstens logisch gleichwertig; die Entscheidung für den Praxisbezug ist nicht logisch zu motivieren, wenngleich sie logisch auch nicht zu widerlegen ist [42].

Für *Habermas* ist die Sprache jedenfalls notwendig auf Handeln und nicht nur auf Verhalten bezogen. Dies bringt ihn in erhebliche Schwierigkeiten, vermag jedoch zu begründen, warum auch die Relationen zwischen sozialen Tatsachen verständlich sein müssen. Sprache und Handeln bilden ein einheitliches Regelsystem, dessen einzelne Glieder durch den Gesamtzusammenhang bestimmt werden müssen. Der Sinn der Regeln hängt dann jedoch nicht nur vom augenblicklichen Handlungs- und Kommunikationszusammenhang ab, sondern zugleich von vergangenen Prozessen der Internalisierung von Normen, von vergangenen Sozialisationsprozessen. Dies gilt entsprechend für nomologische Hypothesen. Das Verstehen selbst ist ein fiktiver Lernprozeß, der eine virtuelle Sozialisation vollzieht. Weil diese jedoch ihrerseits von den wirklich internalisierten Normen bestimmt wird, kann sich das Verstehen nur als fortschreitende Integration des zu verstehenden Normensystems in das durch die vergangene Sozialisation internalisierte vollziehen. Die internalisierten Nor-

---

41 Ebd., S. 142.

42 Denn die Auflösung eines Zirkels (oder des infiniten Regresses von Metasprachen) folgt nicht aus diesem selbst. In unserem Fall bleibt jedoch auch noch die Möglichkeit, den Zirkel durch einen Verhaltensbezug zu lösen. Diese Möglichkeit kann nicht allein durch den Hinweis auf eine andere ausgeschlossen werden.

men vergangener Sozialisationsprozesse bestimmen das Verstehen neuer Normen und werden durch diese umbestimmt. Jedes Verstehen bleibt daher einem »Vorurteil« verpflichtet, das aus den früheren Sozialisationsprozessen resultiert; diese hängen aber ab von den spezifischen Traditionen, in denen der Verstehende aufgewachsen ist – freilich auch von deren ideologischen Verzerrungen.

Weil das Verstehen jedoch an frühere Sozialisationsprozesse, an ein Vorurteil, gebunden bleibt, das durch die jeweils eigene Tradition gegeben ist, muß das »Vorurteil« reflexiv erfaßt und unschädlich gemacht werden. Dies geschieht mit den Mitteln hermeneutischer Verfahren. Doch eine reine Hermeneutik »wendet die Einsicht in die Vorurteilsstruktur des Verstehens zu einer Rehabilitierung des Vorurteils als solchem um«[43]. In den Regeln der Sprache artikuliert sich jedoch auch ein Zwang, dessen ideologische Konsequenzen von der reinen Hermeneutik nicht durchschaut werden können: »Sprache als Tradition ist ... ihrerseits abhängig von gesellschaftlichen Prozessen, die nicht in normativen Zusammenhängen aufgehen. Sprache ist *auch* ein Medium von Herrschaft und sozialer Macht[44]. Dieses ideologische Moment der Sprache vermag die Hermeneutik nicht zu erfassen, weil sie allenfalls eine sprachliche Norm in eine andere integrieren kann, nicht aber deren Bindung an Naturzwänge erkennt.

Eine reine Hermeneutik hat daher ideologischen Charakter. Dieser tritt allerdings nur dann hervor, wenn das »Vorverständnis« (Vorurteil) auf die objektiven Zwänge bezogen wird, von denen es zuweilen abhängt. Diese Zwänge selbst können aber nur mit den objektivierenden Verfahren der analytischen Wissenschaftstheorie aufgenommen werden; unter dem hermeneutischen Zugriff müßten sie sich in Bewußtseinsphänomene auflösen. Wenn nun aber die methodologischen Regeln einer ideologiefreien Hermeneutik solche Naturzwänge mit aufnehmen sollen, dann müssen die Regeln der analytischen Wissenschaftstheorie zu diesen hermeneutischen Regeln hinzukommen. Der vollständige Satz methodologischer Regeln der Hermeneutik hätte mit *allen* Regeln

---

[43] Ebd., S. 174.
[44] Ebd., S. 178.

der analytischen Wissenschaftstheorie kompatibel zu sein. Dies gilt nun insbesondere für das Allgemeinheitspostulat. Eine Hermeneutik, die allgemeine Theorien sozialen Handelns nicht zulassen könnte, machte sich der Ideologie verdächtig. Denn nur um den Preis, jedes – auch ein zwangsbestimmtes – »Vorverständnis« zulassen zu müssen, sind die Einwände gegen die analytisch-empirischen Verfahren in den Sozialwissenschaften aufrechtzuerhalten.

*Habermas'* Kritik an der Hermeneutik ist zwingend, wenn er wenigstens ein Vorverständnis vorlegen kann, das ideologische Struktur besitzt. Dies ist jedoch nur möglich, wenn sich auch der Zwang objektivieren läßt, von dem es herrührt. Die Kritik an der Hermeneutik setzt daher die Regeln der analytischen Wissenschaftstheorie und besonders das Allgemeinheitspostulat voraus. Andererseits setzt jedoch die Kritik an allgemeinen Theorien sozialen Handelns voraus, daß ein »Vorverständnis« auch für Relationen zwischen Fakten angenommen werden muß, das ideologische Züge aufweist. *Habermas'* Kritik an der analytischen Wissenschaftstheorie setzt die ideologiefreie Struktur der Hermeneutik voraus, seine Kritik an der Hermeneutik dagegen die ideologiefreie Geltung *allgemeiner* Hypothesen (die Allgemeinheit ist Bedingung für deren Prüfbarkeit) und insofern der analytischen Wissenschaftstheorie. Beide Kritiken schließen sich also wechselweise aus.

Dieser Widerspruch der Kritiken beruht nun freilich auf einer unvollständigen Disjunktion, denn die Voraussetzungen beider Kritiken könnten von beiden kritisierten Verfahren verschieden sein. Ideologische Strukturen müßten dann unabhängig von beiden mit Hilfe des emanzipatorischen Erkenntnisinteresses aufzuweisen sein. Das setzt jedoch dessen unabhängige Legitimation voraus. Da aber der Regelzusammenhang einer Gesellschaft jegliche Struktur bestimmt, muß auch jede Realisierung dieses Interesses den Verzerrungen unterliegen, die für die kritisierten Regeln gelten sollen. *Habermas'* Kritik setzt daher ein »ideologiefreies« Interesse an Mündigkeit voraus, andererseits behauptet sie, daß dieses Interesse gar nicht wirklich ist, solange die ideologischen Verzerrungen der kritisierten Gesellschaft nicht beseitigt oder wenigstens durchschaut sind: »... einerseits läßt sich die Dogmatik der geronnenen Gesellschaft nur in dem Maße durchschauen, in dem Erkenntnis sich entschieden von der Antizipation einer emanzipierten Gesellschaft und der realisierten Mündigkeit aller Menschen leiten läßt; zugleich verlangt aber dieses Interesse umgekehrt auch schon die gelungene Einsicht in Prozesse der gesellschaftlichen Entwicklung, weil es sich in ihnen allein als ein objektives konstituiert [45].«

Selbst wenn sich das emanzipatorische Erkenntnisinteresse legitimieren läßt, bleibt zu fragen, auf welche Weise mit seiner Hilfe die analytische Wissenschaftstheorie kritisiert werden könnte. Denn dazu ist noch der Nachweis nötig, daß das emanzipatorische einen Vorrang vor dem technologischen Erkenntnisinteresse besitzt. Dieser Vorrang müßte es ermöglichen, das Allgemeinheitspostulat der analytischen Wissenschaftstheorie einzuschränken. Diese scharfe Forderung kann jedoch nur dann durchgesetzt werden, wenn das technologische Erkenntnisinteresse das emanzipatorische nicht nur voraussetzt, sondern impliziert. Denn nur dann besteht ein logischer Zwang, alle Ergebnisse, die mit den methodologischen Regeln des technologischen Erkenntnisinteresses gewonnen werden, auf die Bedingungen des emanzipatorischen einzuschränken. Nur dann ließe sich von einer ideologischen Verzerrung der notwendigen (des emanzipatorischen Interesses) auf eine solche der hinreichenden Bedingung (des technologischen) nach dem modus tollens schließen. Widersprächen Hypothesen dem emanzipatorischen Interesse, so könnten sie verworfen werden, weil ihre Geltung von dessen »Möglichkeit« abhinge.

(Wollten wir hingegen die logische Relation umkehren und das technologische als notwendige Bedingung des emanzipatorischen Interesses auffassen, so würde mit dem technologischen Interesse auch die Objektivität der empirischen Sozialwissenschaften logisch unabhängig vom emanzipatorischen Interesse. Dann aber wäre *Habermas'* Kritik nicht mehr zwingend [46].)

---

45 *Habermas*, Theorie und Praxis, a.a.O., S. 239.

46 *Habermas* hat die logischen Relationen zwischen den Erkenntnisinteressen nicht explizit geklärt. Mir scheint jedoch aus seinen Ausführungen in »Erkenntnis und Interesse« hervorzugehen, daß das emanzipatorische Interesse dem technologischen vorgeordnet ist. Jedenfalls muß eine zwingende Kritik die angegebenen logischen

*Habermas'* Kritik an den empirisch-analytischen Verfahren setzt daher voraus, daß das emanzipatorische Erkenntnisinteresse mindestens eine notwendige Bedingung empirischer Objektivität ist, folglich, daß es in der gelungenen empirischen Erkenntnis immer schon wirklich vollzogen sein muß. Da nun das Interesse an Mündigkeit fordert, daß unverzerrte (ideologiefreie) Erkenntnis in einem »herrschaftsfreien Dialog« gewonnen werden soll[47], muß sich ein solcher Dialog und damit eine »emanzipatorische Objektivität« empirischer Analysen auch für eine ideologisch verformte Gesellschaft wenigstens denken lassen. Dann können jedoch die methodologischen Regeln nicht selber ideologisch verzerrt sein, sondern dies darf lediglich für deren *Gebrauch* gelten[48].

Soll dieser Gebrauch nun kritisiert werden, so muß in der Kritik der »herrschaftsfreie Dialog« wirklich sein – sonst unterläge die Kritik ihrerseits einem reflexiven Ideologieverdacht: Ihre Maßstäbe könnten eine ideologische Verzerrung ausdrücken. Da sich die Kritik aber nicht auf die methodologischen Regeln selber beziehen kann, sondern nur auf deren Gebrauch, ist ihre Bedingung sogar, daß der »herrschaftsfreie *Forscher*dialog« schon wirklich ist. Denn nur dadurch ließen sich ideologische Forschungsergebnisse von anderen unterscheiden.

Dies ist jedoch nicht nur eine Bedingung möglicher Kritik an empirischen Theorien, sondern auch eine solche der Geschichtsphilosophie in praktischer Absicht. Denn das Interesse an Mündigkeit setzt nur einen Gesichtspunkt, und nicht einen Bereich«[49]. Die inhaltlichen Leitziele des Handelns, die Mittel zu ihrer Verwirklichung und die eventuellen Nebenfolgen ergeben sich mit Hilfe dieses Gesichtspunktes erst aus dem Vorrat getesteter Hypo-

---

Relationen behaupten. Allerdings wären logische Relationen zwischen Interessen in der »deontischen Logik« noch genauer zu untersuchen.

47 Vgl. *Habermas*, Erkenntnis und Interesse, a.a.O., S. 1151.

48 *Habermas* insistiert freilich mit Recht darauf, daß der freie Forscherdialog in den gegenwärtigen Institutionen nur partiell wirklich ist. Denn zu einem freien Gebrauch der methodologischen Regeln sind auch demokratisch organisierte Forschungsinstitutionen nötig, die in der gegenwärtigen Universität nicht allgemein gegeben sind.

49 *Habermas*, Theorie und Praxis, a.a.O., S. 289.

thesen. Wenn nun die *Geltung* dieser Hypothesen (die von der Entscheidung der Forschergemeinschaft abhängt) ihrerseits ideologisch verzerrt sein könnte, wenn die Relationen zwischen sozialen Tatsachen in der Theorie »ideologisch« repräsentiert sein könnten, dann würden sich entweder die Mittel und Nebenfolgen nicht mehr auf ihren ideologischen Gehalt hin abtasten lassen oder der Gesichtspunkt würde selber zur Bedingung der »Geltung«. Das »Interesse an Mündigkeit« müßte es dann nämlich erlauben, »ideologisch« bestimmte von »emanzipatorischer Geltung« zu unterscheiden. Dann entschiede der utopische Gesichtspunkt über die Struktur der Tatsachen und ihrer Relationen – und nicht die Erfahrungswissenschaften.

Ist dagegen die Forscherdiskussion eine *reale* Antizipation des »herrschaftsfreien Dialogs«, so können zum einen allgemeine Theorien sozialen Handelns zugelassen, zum andern aber auch deren »ideologisch« verformte Anfangsbedingungen in kritischer Reflexion isoliert und womöglich durch Praxis beseitigt werden. Muß *Habermas* daher nicht auf eine *universale* Rehistorisierung der Soziologie verzichten? Indessen orientiert er sich gerade nicht an der Möglichkeit eines »herrschaftsfreien Dialogs« auch in einer ideologisch verformten Gesellschaft. Wie läßt sich das »Interesse an Mündigkeit« aber dann noch denken?

## 3

»Das Interesse an Mündigkeit schwebt nicht bloß vor, es kann a priori eingesehen werden. Das, was uns aus Natur heraushebt, ist nämlich der einzige Sachverhalt, den wir seiner Natur nach kennen können: die Sprache. Mit ihrer Struktur ist Mündigkeit für uns gesetzt. Mit dem ersten Satz ist die Intention eines allgemeinen und ungezwungenen Konsensus unmißverständlich ausgesprochen. Mündigkeit ist die einzige Idee, deren wir im Sinne der philosophischen Tradition mächtig sind[50].« Als bloße Intention läßt sich das Interesse an Mündigkeit einsehen. Die Idee eines herrschaftsfreien Konsensus rechtfertigt sich in ihrer Antizipation:

---

50 *Habermas*, Erkenntnis und Interesse, a.a.O., S. 1150 f.

in sprachlicher Kommunikation. Das Verstehen eines Satzes kann nicht durch Gewalt erzwungen werden; sprachliche Kommunikation ist nur möglich, wenn Herrschaft wenigstens partiell außer Spiel gesetzt ist.

Weil die Sprache jedoch auch durch den Handlungskontext bestimmt ist, bleibt sie in einer von Zwängen verzerrten Gesellschaft ständig ideologischen Entstellungen ausgesetzt. Trotz ihrer Intention auf Zwangsfreiheit ist sprachliche Kommunikation in einer unmündigen Gesellschaft von den Spuren der Gewalt verzeichnet. Daher »würde sich erst in einer emanzipierten Gesellschaft, die die Mündigkeit ihrer Glieder realisiert hätte, die Kommunikation zu dem herrschaftsfreien Dialog aller mit allen entfaltet haben, dem wir das Muster einer wechselseitig gebildeten Identität des Ich ebenso wie die Idee der wahren Übereinstimmung immer schon entlehnen«[51].

Diese Wendung läßt zwei verschiedene Interpretationen zu, denen zwei ideologiekritische Positionen entsprechen, die *Habermas'* Ansatz zu sprengen drohen. Sie kann erstens bedeuten, daß der »herrschaftsfreie Dialog« in einer unmündigen Gesellschaft zwar nicht ein solcher von »allen mit allen« sein kann, gleichwohl jedoch innerhalb engumgrenzter Bedingungen möglich ist und dort auch keine ideologischen Verzerrungen aufweist; zweitens dagegen, daß die ideologische Verzerrung in einer unmündigen Gesellschaft universal ist und auch die Idee der Mündigkeit selbst umfaßt. Im ersten Falle kann die Idee der Mündigkeit Prinzip der Geschichtsphilosophie in praktischer Absicht sein, im zweiten dagegen sind skeptische Konsequenzen unvermeidlich.

Nach der ersten Interpretation ergeben sich folgende Bedingungen der Geschichtsphilosophie in praktischer Absicht:

1. In der »herrschaftsfreien« Diskussion der Forschergemeinschaft sind Hypothesen zu bilden und empirisch zu testen, die sowohl die sozialen Tatsachen beschreiben als auch deren Relationen durch Erklärungen bestimmen. Im *empirischen* Gehalt solcher Hypothesen sind dann freilich auch solche Tatsachen und Relationen enthalten, deren Struktur dem »Interesse an Mündigkeit« »widerspricht«. Daher »wider-

---

[51] Ebd., S. 1151.

sprechen« die Inhalte sozialwissenschaftlicher Theorien den notwendigen Bedingungen ihrer Geltung. Diese Klasse von »Widersprüchen« liegt zugleich faktisch vor, weil die Forschungsinstitutionen einen freien Dialog garantieren müssen, die Tendenzen der Gesellschaft jedoch diesem freien Dialog »widersprechen«. Da die Institutionen aber auch eine Bedingung der Geltung sind, impliziert die »Objektivität« der theoretischen Einstellung (von der die Geltung abhängt) ein Interesse an der Veränderung ideologischer Strukturen in der Gesellschaft. Dieses Interesse der Forscher geht jedoch primär auf die Erhaltung und Maximierung eines schon bestehenden »herrschaftsfreien« Dialogs der Forscher und nicht etwa auf dessen Abbau zugunsten irgendwelcher sozialpolitischer Ziele aus. Daher vermag sich eine freie Wissenschaft gegen reaktionäre Tendenzen in der Gesellschaft zu wenden – und sie muß es sogar –, ohne von der »Wertfreiheit« abzugehen, die die »Objektivität« garantiert.

2. Der jeweils vorliegende Vorrat an getesteten Hypothesen ist mit Hilfe der kritischen Reflexion daraufhin zu untersuchen, »wann die theoretischen Aussagen invariante Gesetzmäßigkeiten des sozialen Handelns überhaupt und wann sie ideologisch festgefrorene, im Prinzip aber veränderliche Abhängigkeitsverhältnisse erfassen ... Ein kritisch vermitteltes Gesetzeswissen kann auf diesem Wege das Gesetz selbst zwar nicht außer Anwendung setzen«[52]. Denn zuweilen gehört »falsches Bewußtsein« zu den Anfangsbedingungen von Hypothesen. (So können Wahlergebnisse einen scheinbaren Konsensus ausdrücken, der auf psychologisch gesteuerter Manipulation beruht. Ein so hergestellter Konsensus resultiert nicht aus objektiven Interessenkonstellationen, sondern aus »zufälliger« Reizbeantwortung. Dieser scheinbare Konsensus löst sich auf, wenn die Subjekte über den Mechanismus seiner Herstellung aufgeklärt werden.) Wenn zu den Anfangsbedingungen einer Hypothese Interpretationen der handelnden Subjekte gehören, die auf ideologischer Verzerrung beruhen, dann kann die Reflexion diese Interpretationen beseitigen,

---

[52] Ebd., S. 1147.

wodurch auch die nach den Hypothesen hypothetisch-notwendigen Handlungen verschwinden müssen.

Weil jedoch nicht jeder äußerer Zwang, der sich in subjektiven Interpretationen einer Situation widerspiegelt, durch Reflexion aufgehoben werden kann, ist die Möglichkeit solcher reflexionsbedingten Aufhebung durch einen Test zu bestätigen. Weil die Einwirkung äußerer Zwänge auf die subjektiven Interpretationen in vielen Fällen durch Institutionen gesichert sein wird, ist auch die bestimmte Institution jeweils festzustellen, die den Zwang perpetuiert. Dazu reicht nämlich eine Prüfungssituation keineswegs aus, in der sich lediglich die abstrakte Möglichkeit feststellen läßt, *daß* eine subjektive Interpretation auf Zwang und nicht auf anthropologischen Invarianzen beruht; zusätzlich ist auch die Kenntnis der bestimmten Institutionen nötig, die ideologisch verzerrte Sozialisationsprozesse stabilisieren. Denn nur wenn die Institutionen erkannt sind, können sie womöglich durch emanzipatorische Praxis beseitigt werden.

Eine solche Prüfung der Interpretationen ließe sowohl eine ideologiekritische Prüfung von Gesetzeshypothesen (ohne Einschränkung der Geltung) als auch eine Kontrolle des traditionsbestimmten »Vorverständnisses«, also der hermeneutischen Verfahren zu. Ein Stichprobenverfahren ist denkbar, das mit Hilfe psychoanalytischer Techniken »emanzipatorische« Hypothesen testet, denen zufolge bestimmte Anfangsbedingungen soziologischer Gesetze verschwinden können, wenn ein allgemeiner Bildungsprozeß in der Gesellschaft eingeleitet und durchgesetzt wird. Dadurch lassen sich die Chancen einer revolutionären Praxis abschätzen, vor allem aber die möglicherweise gefährlichen Nebenfolgen besser kalkulieren.

3. Die »strukturelle Zwangsfreiheit« sprachlicher Kommunikation ist als »Intention auf eine mündige Gesellschaft« auszuweisen.

Diese letzte Bedingung führt uns zur zweiten, wie ich glaube, unhaltbaren Interpretation der »Intention auf Mündigkeit«. Sie nämlich mag *Habermas* vor allem dazu gezwungen haben, das regulative Prinzip seiner Geschichtsphilosophie in einer Dialektik zu bewähren, »die aus den geschichtlichen Spuren des unterdrückten Dialogs das Unterdrückte rekonstruiert«[53]. Denn der Versuch, die Idee der Mündigkeit aus den strukturellen Bedingungen der Sprache zu entnehmen, sie aber gleichwohl notwendig auf Praxis zu beziehen, gerät in das Dilemma, einen notwendigen Bezug der sprachlichen Kommunikation auf Praxis nur annehmen zu können, wenn nicht nur »Täuschungen in einer Sprache, sondern... Täuschung mit Sprache als solcher«[54] möglich ist – oder aber auf den notwendigen Zusammenhang beider verzichten zu müssen. Nur wenn Sprache zugleich Lebensform ist, kann die sprachliche Intention auf Mündigkeit mit einer praktischen Intention auf eine zukünftige mündige Gesellschaft identifiziert werden[55]. Genau dann aber hat die Sprache teil an der ideologischen Verzerrung der Gesellschaft, in der sie gesprochen wird. Verzerrt wäre dann jedoch auch die Idee der Mündigkeit selbst: In einer unmündigen Gesellschaft enthielte die Idee der Mündigkeit selber noch ideologische Verzerrungen, die erst durch eine kritische Praxis beseitigt werden könnten. Zusammen mit den ideologischen Verzerrungen der unmündigen Gesellschaft verschwände auch die verzerrte Utopie einer mündigen Gesellschaft. Der wirkliche »herrschaftsfreie Dialog aller mit allen« ermöglichte allererst, die »wahre« Idee der Mündigkeit zu denken. Daraus folgt nun freilich, daß die Idee der Mündigkeit eine kritische Praxis nicht unmittelbar anleiten kann, weil sie selber dem Ideologieverdacht ausgesetzt ist. »Dialektisch« hätte sich dann

---

53 Ebd., S. 1151.

54 *Habermas*, Zur Logik der Sozialwissenschaften, a.a.O., S. 178.

55 Sicher läßt sich ein Zusammenhang von Sprache und Praxis auch dann behaupten, wenn Sprache gerade nicht strukturell ideologisch verformt ist. Dann aber ist vermutlich die Konsequenz nicht zu vermeiden, daß die Regeln der Sprache, weil sie von den Regeln der Lebenspraxis nicht zu trennen sind, bestehende Herrschaftsverhältnisse stabilisieren.

Diese Überlegung leitet die Kritik an *Ludwig Wittgenstein*, dessen Satz »Die Philosophie darf den tatsächlichen Gebrauch der Sprache in keiner Weise antasten... Sie läßt alles wie es ist« (Schriften, Frankfurt am Main 1960, S. 345), der marxistischen Theorie zum Skandalon geworden ist (vgl. *Herbert Marcuse*, Der eindimensionale Mensch, Neuwied und Berlin 1967, S. 184 ff.). Dennoch vermag *Wittgenstein* der Aporie zu entgehen, in die sich eine »dynamische« Ideologiekritik verstrickt, wenn sie sprachliche Regeln als Lebensformen bestimmt und sie gleichwohl ideologischer Verzerrungen verdächtigt.

nicht nur die Interpretation der Gegenwart zu vollziehen, sondern auch die Antizipation der zukünftigen Mündigkeit. Eine Geschichtsphilosophie, deren regulatives Prinzip solcherart dialektisch ausgewiesen werden sollte, erforderte eine »Dialektik der utopischen Vernunft«. Ist sie möglich?

4

Wenn das regulative Prinzip der Geschichtsphilosophie seinerseits »dialektisch« strukturiert ist, ergibt sich folgendes Dilemma:
1. Entweder seine Dialektik ist nicht kontingent, sondern Universalstruktur des Denkens – das widerspräche *Habermas'* Voraussetzung und führte vermutlich zu einer apriorischen Geschichtsmetaphysik.
2. Oder seine Dialektik ist kontingent und beruht auf der ideologischen Verzerrung – dann ist weder zu sehen, wie die Standards der Selbstreflexion noch a priori gewiß sein können, noch auch, wie Wissen überhaupt möglich sein soll.

Die universale Dialektik des Denkens liegt nahe, weil das »Interesse an Mündigkeit« a priori eingesehen werden kann. Wenn nun dieses Interesse selber dialektisch strukturiert ist, gleichwohl jedoch a priori eingesehen werden kann, dann muß auch seine Dialektik a priori gesetzt sein. Demzufolge müßte aber umgekehrt eine kontingente Dialektik des »Interesses an Mündigkeit« auch ein kontingentes a priori implizieren. Wir lassen das auf sich beruhen und fragen nur, welche Konsequenzen sich aus einer solchen kontingenten Dialektik für die Geschichtsphilosophie in praktischer Absicht ergeben.

Die kontingente »Dialektik« entspricht den ideologischen Verzerrungen durch gesellschaftliche Zwänge. Der »Zufall«, der sie hervorruft, liegt in der Organisation des Arbeitsprozesses. Das Denken wird »dialektisch«, wenn es ideologisch verzerrt ist. Gilt dies nun auch für das »Interesse an Mündigkeit«, so beginnt die »kritische Theorie« zwischen ihrem Prinzip und den vermittels seiner analysierten gesellschaftlichen Verhältnissen zu oszillieren. Der Ideologieverdacht wird reflexiv, wendet sich auf seine Voraussetzungen zurück und von diesen wieder hin zu den Bedingungen in der Gesellschaft. Diese Oszillation führt in einen skeptischen Regreß, der sich nie in einem Wissen beruhigen kann. Solch skeptische Theorie kann eine emanzipatorische Praxis nicht mehr anleiten; sie verharrt in ihren Skrupeln, und ihnen soll sie überlassen bleiben.

Mir scheint, die Bewegung des skeptischen Regresses läßt sich nur aufhalten, wenn das regulative Prinzip der Geschichtsphilosophie zugleich als *»objektives«* Interesse und als Interesse an Objektivität bestimmt wird: als wirkliche Antizipation des herrschaftsfreien Dialogs in der Diskussion der Wissenschaftler. Dies nun freilich in doppelter Funktion: zum einen als Interesse an der Stabilisierung, Reproduktion und Maximierung wissenschaftlicher Objektivität, zum anderen jedoch als Interesse an der praktischen Negation aller Regeln des sozialen Handelns, die dieser »Objektivität« widersprechen.

Die »wissenschaftliche Einstellung« der Forscher bedarf institutioneller Sicherungen: Diese implizieren ein *praktisch* gerichtetes, ein politisches Interesse der Wissenschaft. Ein solcher »Widerspruch« zwischen herrschaftsfreiem Dialog der Forscher und gesellschaftlichen Verhältnissen mag nun freilich kein »dialektischer« mehr sein – aber was liegt an der Dialektik?

HANS ALBERT

# Kleines verwundertes Nachwort zu einer großen Einleitung

Der unbefangene Leser wird sich möglicherweise wundern, daß ein Buch dieser Art so merkwürdige Proportionen aufweist. Nun, wer seine Entstehungsgeschichte kennt, weiß, welchen Umständen dieses Mißverhältnis zu verdanken ist. Die hier abgedruckte Diskussion begann 1961 zwischen Karl Popper und Theodor W. Adorno, sie wurde 1963 mit dem Nachtrag von Jürgen Habermas fortgesetzt, auf den ich 1964 replizierte, worauf im gleichen Jahr eine Antwort aus seiner Feder und im darauf folgenden wieder eine Entgegnung von mir erfolgte. Wenn ich ihn recht verstanden habe, so war die Idee des Redaktors ursprünglich die, diese Diskussion einem weiteren Leserkreis zugänglich zu machen. Ich habe diesem Vorschlag zugestimmt und habe auch spätere Modifikationen hingenommen, obwohl sich in ihnen allmählich jene eigentümliche Verschiebung der Proportionen bei gleichzeitiger Aufblähung des Umfanges andeutete, die dann schließlich zustandekam. Die Genehmigung für einen bloßen Abdruck der ursprünglichen Beiträge zu dieser Diskussion war offenbar von der anderen Seite nicht zu bekommen, und so hat sich auch das Erscheinen des Bandes seit etwa drei Jahren immer wieder hinausgezögert. Um die Veröffentlichung zu beschleunigen, habe ich schließlich auf Anregung des Redaktors zunächst auf mein Nachwort verzichtet, allerdings ohne zu ahnen, in welcher Weise einer der Beteiligten seine Funktion – die Einleitung des Bandes – ausbeuten und welches Ausmaß die erwähnte Umproportionierung annehmen würde. Immerhin kann ich, wie mancher verstehen wird, angesichts des Eifers, der hier am Werke war, eine gewisse Genugtuung nicht ganz unterdrücken.

Wie dem auch sei: ich erlaube mir nun doch zum Schluß noch einige kurze Bemerkungen zur Sache. Zunächst möchte ich feststellen, daß ich nicht nur über den Seitenaufwand frappiert bin, der auf der anderen Seite getrieben wird – obwohl ich für ihn natürlich Verständnis habe –, sondern auch über die inhaltliche Gestaltung der Ergänzungen zur bisherigen Diskussion, vor allem – um es etwas deutlicher zu sagen – über die trotz gewohnt komplizierter Ausdrucksweise doch im Grunde genommen verhältnismäßig einfache Art und Weise, in der Adorno alle möglichen Mißverständnisse reproduziert, die sich in der seit dem Beginn unserer Diskussion und teilweise unter ihrem Einfluß entfachten allgemeinen Positivismus-Kontroverse im deutschen Sprachbereich eingenistet haben – Mißverständnisse, die, wenn nicht schon durch die Lektüre der vorliegenden Diskussionsbeiträge, so doch durch das Studium anderer Arbeiten seiner Diskussionspartner von vornherein hätten vermieden werden können. Wie früher schon Habermas – und, auf seinen Spuren, eine ganze Reihe von Geistesschaffenden – so wird nun Adorno zum Opfer seines eigenen etwas verwaschenen Positivismus-Begriffs und der tendenziösen, wenn auch durchaus landesüblichen, Art, unter diese Kategorie jeweils das zu subsumieren, was ihm kritikwürdig erscheint. Auch Adorno hat in seiner Einleitung ein heute schon sehr weit verbreitetes Verfahren adoptiert: er suggeriert dem Leser die Identität oder zumindest die nahe Verwandtschaft der für diese Diskussion in erster Linie in Betracht kommenden gegnerischen Auffassung in den relevanten Hinsichten mit einem kruden Positivismus, wie er teilweise im sozialwissenschaftlichen Forschungsbetrieb etabliert sein mag, oder mit dem logischen Positivismus der 20er oder 30er Jahre, und läßt dann seine Einwände gegen diese Auffassungen hören, ohne dabei die Stellung des kritischen Rationalismus ausreichend klar zu machen und zu berücksichtigen.

Ein wesentlicher Teil seiner Argumentation erweist sich schon dann als gegenstandslos und darüber hinaus irreführend, wenn man nur die einschlägigen Arbeiten seiner Gegner in dieser Kontroverse daraufhin konsultiert, was *sie* zu den betreffenden Punkten zu sagen haben. Das gilt zum Beispiel für seine Einwände gegen positivistische Sinn-Kriterien, gegen die Philosophiefeindschaft mancher Denker, gegen Phantasieverbote und andere sogenannte Verbotsnormen, gegen die Ablehnung der Spekulation, gegen die Berufung auf zweifelsfreie Gewißheit und absolute Sicherheit, auf die unbefragte Autorität des Wissenschaftsbetriebs und auf Vorurteilsfreiheit, gegen die Trennung von Erkenntnis und realem Lebensprozeß und was dergleichen Dinge mehr sind.¹ Geradezu grotesk mutet in diesem Zusammenhang der Adornosche Subjektivismusvorwurf und die Bezugnahme auf Berkeleys *esse est percipi* an angesichts des Umstandes, daß man sich über Poppers Kritik dazu ohne große Mühe Kenntnis verschaffen kann.² Ich erinnere daran, daß zum Beispiel Lenin – obwohl nicht Philosophieprofessor – durchaus imstande war, zwischen Positivismus und Realismus zu unterscheiden. Die Frankfurter Schule scheint dagegen in dieser Beziehung große Schwierigkeiten zu haben, was möglicherweise mit ihren idealistischen Tendenzen zusammenhängt, auf die ich in anderem Zusammenhang noch zurückkommen werde.

Auch hinsichtlich des Prüfbarkeitsproblems brauche ich nur eine etwas genauere Lektüre der einschlägigen Arbeiten zu empfehlen, abgesehen davon, daß mir die mehr oder weniger impliziten Zugeständnisse, die in dieser Hinsicht in den in letzter Zeit erschienenen Arbeiten meiner Diskussionspartner enthalten sind, kaum noch etwas zu sagen übrig lassen.³ Was sich Adorno an Bemerkungen über Einfachheit und Klarheit leistet, hat wenig Zusammenhang mit dem, was seine Gegner zu diesem Problem zu sagen haben. Wie auch sonst nicht selten in dieser Einleitung, stellt er eine Beziehung dazu mehr durch freies Assoziieren als durch ein Eingehen auf ihre Argumente her. Meinen Einwand gegen die konservative Bindung der Erkenntnis an »vorgängige

---

1 Vgl. zu solchen Fragen etwa die in Karl Poppers Aufsatzband: Conjectures and Refutations, London 1963, abgedruckten Arbeiten, sowie mein Buch: Traktat über kritische Vernunft, Tübingen 1968.

2 Vgl. außer den betreffenden Abschnitten in seiner: Logik der Forschung und in seinem o. a. Aufsatzband z. B. folgende Arbeiten, in denen seine Kritik am Subjektivismus in der Erkenntnistheorie, der Wahrscheinlichkeitstheorie und in der modernen Physik deutlich wird: Epistemology without a Knowing Subject, in: Logic, Methodology and Philosophy of Sciences III, ed. by van Rootselaar and Staal, Amsterdam 1968; Probability Magic or Knowledge out of Ignorance, Dialectica, Vol. 11, 1957; Quantum Mechanics without »the Observer«, in: Studies in the Foundations, Methodology, and Philosophy of Sciences, Vol. 2, ed. by Mario Bunge, Berlin/Heidelberg/New York 1967.

3 Das bezieht sich sogar auf Adornos Einleitung selbst; vgl. dazu den auf Seite 59 oben erscheinenden aufschlußreichen Nebensatz: »es sei denn, einem fielen besonders ingeniöse Experimente ein«. Ein Kommentar erübrigt sich.

Erfahrung« – das induktivistische Moment im Habermasschen Denken – hat Adorno offenbar überhaupt nicht verstanden. Er deutet meinen Hinweis auf die Bedeutung neuer Ideen in einer Weise, die dem unbefangenen Leser sein vollkommenes Mißverständnis offenbaren dürfte.[4] Hinsichtlich der Wertproblematik wäre es für die Vertreter der Frankfurter Schule wohl ratsam, die von ihren Kritikern vorgeschlagenen Lösungen im Detail zu diskutieren und dabei zu zeigen, inwiefern sie ihren Einwänden ausgesetzt sind. Die These der Verdinglichung zum Beispiel mag sich gegen die gängigen Formulierungen von Leuten gut ausnehmen, die sich in wenig differenzierter Weise mit dieser Problematik beschäftigt haben, sie dürfte aber weder Max Weber, noch Karl Popper, noch auch die Vorschläge treffen, die ich zur Lösung der betreffenden Probleme formuliert habe.[5]

Ein wesentlicher Punkt muß hier in aller Kürze noch erwähnt werden: der angeblich absolute Primat der Logik, den Adorno bei seinen Gegnern identifizieren zu können glaubt, und was damit an Einwänden und Thesen bei ihm zusammenhängt. Welche Rolle die Logik im kritischen Rationalismus spielt, darauf haben seine Diskussionspartner so deutlich hingewiesen, daß es kaum notwendig erscheint, das hier nochmals zu klären[6]: vor allem die eines Organons der Kritik. Ob Adorno sie in dieser Hinsicht entbehren kann, das wage ich zu bezweifeln. Auch er wird im allgemeinen nicht bereit sein, das Prinzip der Widerspruchsfreiheit zu suspendieren, obwohl er in seiner Einleitung wieder mehrfach entsprechende Formulierungen bringt. Daß ein »dialektischer Widerspruch«, der »die realen Antagonismen« ausdrückt, unter Umständen durchaus mit diesem Prinzip vereinbar sein könnte, kommt ihm offenbar nicht in den Sinn. Die Resultate bisheriger Diskussionen über Logik und Dialektik – zum Beispiel die der polnischen Diskussion – und die Vorschläge seiner Diskussions-

---

[4] Vgl. dazu oben S. 15. Auch hier kann ich mir wohl Erläuterungen ersparen. Noch frappierender ist seine Reaktion auf Helmut F. Spinners ironische Verwendung des Ausdrucks »große Philosophie« in einem Kontext, der dem normalen Leser wohl kaum Deutungsschwierigkeiten bereiten würde; vgl. S. 16 oben.

[5] Da ich mich sehr ausführlich zu solchen Fragen geäußert habe, versage ich es mir, hier nochmals darauf einzugehen.

[6] Vgl. dazu Poppers o. a. Aufsatzband und mein o. a. Buch.

partner zu diesem Problem scheinen ihn überhaupt nicht zu interessieren. Mir ist die Aversion gegen die Logik, die er zur Schau trägt, ihrer Herkunft nach durchaus verständlich. Es handelt sich dabei um jene fatale Erbschaft des Hegelschen Denkens, die in der deutschen Philosophie auch heute noch eine so bedeutende Rolle spielt. Ich bin mir nicht ganz klar darüber, inwieweit die Frankfurter Schule in diesem Punkte noch eine einheitliche Auffassung vertritt. Möglicherweise wird manchen Vertretern dieses Denkens die fahrlässige Polemik gegen Logik, Widerspruchsfreiheit, deduktives und systematisches Denken, die in letzter Zeit in weiten Bereichen Schule gemacht hat, allmählich eher peinlich sein.

Was *Adorno* zur politischen Manipulierbarkeit des Positivismus sagt, dürfte als eine Replik auf *Ernst Topitschs* entsprechende Argumentation gegen die Dialektik aufzufassen sein.[7] Ich möchte hier darauf verzichten, eine Bilanz zu präsentieren, obwohl man eine solche kaum zu scheuen braucht. Es sei nur darauf hingewiesen, daß *Adorno* sich die Sache etwas zu leicht gemacht hat, denn der kritische Rationalismus, der hier mitgetroffen werden soll, ist keineswegs eine apolitische Philosophie, wie er es seinen Lesern suggeriert. Seine Polemik gegen die Neutralität der positivistischen Skepsis und ihren ideologischen Mißbrauch trifft ins Leere, soweit unsere Diskussion in Betracht kommt. Warum sollen solche Assoziationen geweckt werden? Warum gibt er sich dazu her, die Verwirrungen noch zu unterstützen, die in der deutschen Positivismus-Kontroverse von offensichtlich uninformierten Teilnehmern gestiftet wurden? Wozu soll überhaupt die durch seine Strategie unspezifischer Einwände hervorgerufene Verwischung der gegnerischen Argumentation dienen? Ich kann nicht umhin, darin eine Bestätigung dessen zu sehen, was der Frankfurter Schule von vielen ihrer Kritiker vorgeworfen wird. Eine Dialektik, die der Logik entraten zu können glaubt, scheint mir einen der gefährlichsten Züge des deutschen Denkens zu unterstützen, vermutlich ganz im Gegensatz zu den hinter ihr stehenden Intentionen: die Tendenz zum Irrationalismus.

---

7 Vgl. dazu seine Schrift: Die Sozialphilosophie Hegels als Heilslehre und Herrschaftsideologie, Neuwied/Berlin 1967.

# Quellenverzeichnis

Theodor W. Adorno, Soziologie und empirische Forschung. Vortrag zur Eröffnung einer Diskussion im Institut für Sozialforschung, Frankfurt, März 1957.
*Zuerst gedruckt in: Wesen und Wirklichkeit des Menschen, Festschrift für Helmut Plessner, herausgegeben von K. Ziegler, Vandenhoeck und Ruprecht, Göttingen 1957, S. 245 — 260.*
*Aufgenommen in den Sammelband: Max Horkheimer/Theodor W. Adorno, Sociologica II, Reden und Vorträge, Frankfurter Beiträge zur Soziologie Band 10, Europäische Verlagsanstalt, Frankfurt 1962, S. 205 – 222.*
*Nachgedruckt in: Logik der Sozialwissenschaften, herausgegeben von Ernst Topitsch, Neue Wissenschaftliche Bibliothek Band 6, Kiepenheuer & Witsch, Köln–Berlin 1956, S. 511 – 525.*

Karl R. Popper, Die Logik der Sozialwissenschaften.
Referat bei der Tübinger Arbeitstagung der Deutschen Gesellschaft für Soziologie, Oktober 1961.
*Abgedruckt in: Kölner Zeitschrift für Soziologie und Sozialpsychologie, 14. Jahrgang 1962, Westdeutscher Verlag, Köln und Opladen, S. 233 – 248.*

Theodor W. Adorno, Zur Logik der Sozialwissenschaften.
Koreferat zu Popper, Oktober 1961, *abgedruckt aaO. S. 249 – 263.*

Ralf Dahrendorf, Anmerkungen zur Diskussion.
*Ebd. S. 264–270.*

Jürgen Habermas, Analytische Wissenschaftstheorie und Dialektik. Ein Nachtrag zur Kontroverse zwischen Popper und Adorno.
*Zuerst in: Zeugnisse. Theodor W. Adorno zum sechzigsten Geburtstag. Im Auftrag des Instituts für Sozialforschung, herausgegeben von Max Horkheimer. Europäische Verlagsanstalt,*

*Frankfurt 1963, S. 473 – 501. Vom Autor leicht gekürzte Fassung auch in: Logik der Sozialwissenschaften, herausgegeben von Ernst Topitsch, Neue Wissenschaftliche Bibliothek Band 6, Kiepenheuer & Witsch, Köln-Berlin 1965, S. 291 – 311.*

Hans Albert, der Mythos der totalen Vernunft. Dialektische Ansprüche im Lichte undialektischer Kritik.
*Zuerst in: Kölner Zeitschrift für Soziologie und Sozialpsychologie, 16. Jahrgang 1964, Westdeutscher Verlag Köln und Opladen, S. 225 – 256.*

Jürgen Habermas, Gegen einen positivistischen halbierten Rationalismus. Erwiderung eines Pamphlets.
*aaO. S. 636 — 659.*

Hans Albert, Im Rücken des Positivismus. Dialektische Umwege in kritischer Beleuchtung.
*Ebd. 17. Jahrgang 1965, S. 879 – 908.*

Harald Pilot, Jürgen Habermas' empirisch falsifizierbare Geschichtsphilosophie.
*Ebd. 20. Jahrgang 1968, S. 288 – 308.*

Hans Albert, Kleines verwundertes Nachwort zu einer großen Einleitung.

Prof. Albert wollte und sollte ursprünglich ein zusammenfassendes Nachwort zu dem Sammelband beisteuern. Er hat darauf verzichtet, um das Erscheinen des Buches nicht länger hinauszuzögern. Die Einleitung hat nun doch ein »kleines verwundertes Nachwort« provoziert. Sie war von Anfang an zwischen Verlag und Prof. Adorno vereinbart. Seine Ausführlichkeit geht auf die in den Beiträgen von Prof. Albert immer wiederholte Bitte zurück, die dialektische Position deutlicher zu entfalten. Mit dieser Anregung ist die Redaktion an Professor Adorno herangetreten. Dabei hat Prof. Adorno sich auf wiederholte Bitten der Redaktion möglichst eng an die vorliegenden Texte gehalten, seine Darstellung nicht auch auf andere Veröffentlichungen aus dem Kreis der Positivisten ausgeweitet.

Verlag und Redaktion danken der Europäischen Verlagsanstalt

für das freundlich und ohne Zögern gewährte Nachdrucksrecht an je einem Beitrag der Professoren Adorno und Habermas.

Insbesondere gilt ihr Dank dem Westdeutschen Verlag, Köln und Opladen, der dem Nachdruck der Aufsätze aus der Kölner Zeitschrift für Soziologie und Sozialpsychologie zugestimmt hat, obwohl dadurch ein dort geplanter Sammelband zurücktreten mußte.

Nicht zuletzt war Herr Prof. Dr. René König als Herausgeber der Kölner Zeitschrift bemüht, den Sammelband zu fördern. Der Redaktionssekretär der Zeitschrift, Dr. Fritz Sack, Köln, hat dadurch, daß er den Schlußaufsatz von Harald Pilot vorabdruckte, dessen Aufnahme an dieser Stelle ermöglicht.

# Personenverzeichnis

Abel, Theodor 318
Adorno, Theodor W. 7, 9, 17, 20f, 23f, 31, 50f, 71, 87, 93, 146ff, 150ff, 155ff, 158, 160, 163, 168, 173, 186, 194, 197f, 207, 209, 212, 218, 221f, 235, 239, 270, 276, 279, 280, 293, 298, 303, 335ff, 338f.
Agassi, Josef 295
Albert, Hans 7f, 11, 15ff, 19f, 27, 32f, 36, 40f, 46, 58, 71, 73, 75, 77ff, 198, 235ff, 238, 241f, 249, 252, 254f, 260f, 265, 281, 309, 315, 318
d'Alembert, Jean le Rond 63
Allport, F. H. 131

Bacon, Francis 71, 132, 137, 265
Bartley, William Warren 252ff, 275, 291ff, 295
Baumgarten, Eduard 148
Benda, Julien 122
Benjamin, Walter 28, 50
Bergson, Henri 132
Berkeley, John 13, 337
de Boer, Wolfgang 221
Borkenau, Franz 184
Bröcker, Walter 173
Brunner, Otto 213
Bunge, Mario 252, 274, 337

Cantril, Hadley 131
Carnap, Rudolf 11f, 30, 36, 65f, 77, 318, 320
Colodny, Robert G. 271
Comte, Auguste 43f, 63, 79, 125, 128, 142
Croce, Benedetto 203

Dahrendorf, Ralf 9, 40, 77f
Darwin, Charles 272
Delius, Harald 277
Descartes, René 24, 51f, 63, 132
Dewey, John 133, 175
Dilthey, Wilhelm 160
Durkheim, Emile 7, 20, 35, 37, 73, 76, 89, 139, 141

Engels, Friedrich 151

Festinger, Leon 251
Feyerabend, Paul K. 201, 228, 233, 271, 285, 295
Fichte, Johann Gottlieb 25, 79
Ficker, Ludwig von 64
France, Anatole 143
Francis, Emerich 148
Freud, Siegmund 58f, 68, 96, 263, 272
Freyer, Hans 22, 166, 190
Friedeburg, Ludwig von 7
Fries, Jakob Friedrich 229, 230

Gadamer, Hans Georg 180, 314
Galilei, Galileo 184, 272
Gehlen, Arnold 172
Giap 62
Goethe, Johann Wolfgang 48
Gomperz, Theodor 164
Gutman 61

Habermas, Jürgen 10f, 13f, 17, 19f, 23, 30, 32f, 36ff, 40, 46f, 50f, 150, 194ff, 197, 198ff, 201ff, 204ff, 207ff, 210ff, 213ff, 216ff, 219ff, 222ff, 225ff, 231ff, 234f, 267ff, 270ff, 273ff, 276ff, 279ff, 282ff, 285ff, 288ff, 291ff, 294ff, 297ff, 300ff, 303f, 307ff, 310ff, 313ff, 318, 322f, 325ff, 328f, 331ff, 335f, 338
Hare, R. M. 171f
Hartmann, Nicolai 171
Hegel, Georg Friedrich Wilhelm 11, 15f, 19f, 25f, 32, 40, 46, 49, 67, 69, 79, 86, 94, 100, 128f, 133f, 136, 138, 146f, 152, 155, 183, 188, 193f, 197, 207ff, 222f, 227, 239, 249, 259, 263, 266, 280, 297f, 303, 339
Heidegger, Martin 280
Heinrich, Klaus 262
Helvétius, Claude Adrien 137
Herzog, Herta 60
Horkheimer, Max 12, 18, 25, 40, 53, 87, 93, 135, 140, 156, 173, 187, 222

Hume, David 12f, 66f
Husserl, Edmund 129, 160, 178, 239, 248

Jaerisch, Ursula 50
Jaspers, Karl 172
Jordan, Z. A. 222f, 292

Kant, Immanuel 25, 30, 34, 42, 53, 65, 67, 79, 86, 135, 138, 146f, 239, 249
Karl der Große 121
Kaufmann, Walter 209
Kepler, Johannes 119
von Kempski, Jürgen 198, 203f, 208, 211, 227
Kinsey, Alfred 87
Kierkegaard, Sören 46
Klüthenbach, Hans 36
König, René 41, 96, 128
König, Josef 277
Kolakowski, Leszek 223, 302
Kraft, Viktor 218, 304
Kraus, Karl 56f

Landé, Alfred 286
Larenz, Karl 222, 302
Lasson, Georg 227
Lazarsfeld, Paul F. 39
Leibniz, Gottfried Wilhelm 24
Lenin, Wladimir Iljitsch 337
Lichtenberg, Georg Christoph 35
Lotze, Rudolf Hermann 74
Ludz, Peter 31, 146, 151
Lukács, Georg 57

Mach, Ernst 12
Mannheim, Karl 36, 136
Marcuse, Herbert 223, 332
Marx, Karl 29, 33f, 37, 52f, 73ff, 136f, 151, 196, 223, 272
Merton, Robert 17
Montaigne, Michel de 40
Moore, George Edward 248
Mühlmann, Wilhelm E. 150
Mussolini, Benito 39
Myrdal, Gunnar 187f, 219f

Nagel, Ernest 155, 198, 211
Nelson, Leonhard 230
Neurath, Otto 36, 56, 66
Newton, Isaac 118f, 284
Nietzsche, Friedrich 18, 44, 86, 122

Pareto, Vilfredo 14, 29, 39, 136
Parsons, Talcott 24, 79
Pascal, Blaise 62
Patzig, Günther 277
Peirce, Ch. S. 177, 245
Platon 46, 65, 100, 183
Pole, David 228, 254
Popper, Karl 7, 9, 20, 23, 25ff, 31ff, 34, 36ff, 39, 41, 49, 51ff, 66, 71f, 74, 77, 79, 125f, 128ff, 131ff, 134, 136ff, 139ff, 142f, 146ff, 149ff, 155, 162, 167ff, 174ff, 177ff, 180, 194, 196ff, 200ff, 204, 207f, 211ff, 214ff, 217, 224, 226ff, 231f, 235ff, 239f, 242, 244ff, 248ff, 251f, 255ff, 258ff, 266ff, 269ff, 274ff, 277ff, 280f, 283ff, 286ff, 289ff, 292ff, 295ff, 298, 307, 310, 315ff, 320, 335, 337f

Quine, Willard V. O. 287

Reichenbach, Hans 41
Reigrotzki, Erich 90
Reinisch, Leonhard 212
Rickert, Heinrich 126
Robespierre, Maximilien de 100
Rosenmayr, Leopold 148ff
Russell, Bertrand 236

Saint-Simon, Claude Henri 62, 125
Sartre, Jean Paul 172, 221
Simmel, Georg 13, 96, 130
Sokrates 46, 123
Sombart, Werner 200
Spinner, Helmut F. 16, 338
Szczesny, Gerhard 233

Scheler, Max 36, 72, 93, 171
Schelsky, Helmut 41, 69
Scheuch, Erwin 48, 67
Schiller, Friedrich 57
Schlick, Moritz 12, 18, 236, 276
Schmitt, Carl 172, 221f
Schütz, Alfred 160

Stegmüller, W. 164
Stoltenberg, Hans L. 149
Streeten, Paul 188

Tarski, Alfred 129, 277
Topitsch, Ernst 175, 217f, 222, 224, 226, 281, 283, 299, 301f, 304, 309f, 315, 339
Trakl, Georg 64

Vartley, William Warren 228
Veblen, Thorsten 128

Weber, Max 22, 26f, 36, 45, 47, 57, 67, 71ff, 81, 137, 139, 172, 187f, 190, 193, 217, 300, 302, 338

Weippert, Georg Heinrich 146, 148ff
Weisser, Gerhard 230
Wellmer, Albrecht 7, 25, 61, 65, 77, 316
White, Morton G. 250, 269, 287, 291
Wittgenstein, Ludwig 9, 12, 28, 51f, 55f, 63ff, 77, 171, 226, 236, 269, 276f, 280, 299, 332

Xenophanes 123, 143

SOZIOLOGISCHE TEXTE
*Klassiker, Quellen, Monographien*
*Herausgegeben von Heinz Maus und Friedrich Fürstenberg*

1 Friedrich Fürstenberg (Hrsg.): Industriesoziologie
2 Max Weber: Rechtssoziologie
3 Emile Durkheim: Die Regeln der soziologischen Methode
4 Kurt Lenk (Hrsg.): Ideologie
5 Josef Gugler: Die neuere französische Soziologie
6 Georges Gurvitch: Grundzüge der Soziologie des Rechts
7 Theodor Geiger: Arbeiten zur Soziologie
8 Charles Wright Mills: Kritik der soziologischen Denkweise
9 Georg Lukács: Schriften zur Literatursoziologie
10 Ernst Topitsch: Sozialphilosophie zwischen Ideologie und Wissenschaft
11 Stanislaw Ossowski: Die Klassenstruktur im sozialen Bewußtsein
12 Seymour Martin Lipset: Soziologie der Demokratie
13 Herbert Marcuse: Vernunft und Revolution
14 Eric J. Hobsbawm: Sozial-Rebellen
15 Talcott Parsons: Beiträge zur soziologischen Theorie
16 Hans Kelsen: Aufsätze zur Ideologiekritik
17 Arnold Gehlen: Studien zur Anthropologie und Soziologie
18 Jürgen Habermas, u. a.: Student und Politik
19 Friedrich Fürstenberg (Hrsg.): Religionssoziologie
20 Theodor Geiger: Vorstudien zu einer Soziologie des Rechts
21 L. Rosenmayr, E. Köckeis: Umwelt u. Familie alter Menschen
22 Herbert Marcuse: Die Gesellschaftslehre des sowjetischen Marxismus
23 Georges Gurvitch: Dialektik und Soziologie
24 Wilhelm E. Mühlmann: Rassen, Ethnien, Kulturen
25 Joachim Matthes (Hrsg.): Soziologie in den Niederlanden
26 William I. Thomas: Person und Sozialverhalten
27 Leo Löwenthal: Literatur und Gesellschaft
28 Karl Mannheim: Wissenssoziologie
29 Lucien Goldmann: Dialektische Untersuchungen
30 Lewis A. Coser: Theorie sozialer Konflikte
31 Paul Trappe: Die Entwicklungsfunktion des Genossenschaftswesens am Beispiel ostafrikanischer Stämme
32 Emile Durkheim: Der Selbstmord
33 Vittorio Lanternari: Religiöse Freiheits- und Heilsbewegungen unterdrückter Völker

34 Maurice Halbwachs: Das Gedächtnis und seine sozialen Bedingungen
35 Heinz Maus, Heinrich Düker, Kurt Lenk, Hans-Gerd Schumann (Hrsg.): Gesellschaft, Recht und Politik. Wolfgang Abendroth zum 60. Geburtstag
36 Hans Albert: Marktsoziologie und Entscheidungslogik
37 Leo Löwenthal: Das Bild des Menschen in der Literatur
38 Leo Kofler: Zur Geschichte der bürgerlichen Gesellschaft
39 Renate Mayntz: Formalisierte Modelle in der Soziologie
40 Herbert Marcuse: Der eindimensionale Mensch
41 Hans Peter Dreitzel (Hrsg.): Sozialer Wandel
42 Paul A. Baran: Politische Ökonomie des wirtschaftlichen Wachstums
43 Ludwig Bendix: Zur Psychologie der Urteilstätigkeit des Berufsrichters und andere Schriften
44 Arnhelm Neusüss (Hrsg.): Utopie
45 Martin Irle (Hrsg.): Texte aus der experimentellen Sozialpsychologie
46 Norbert Fügen (Hrsg.): Wege der Literatursoziologie
47 Wolfgang Abendroth: Antagonistische Gesellschaft und politische Demokratie
49 Paul F. Lazarsfeld, Bernard Berelson, Hazel Gaudet: Wahlen und Wähler
51 Georg Lukács: Schriften zur Ideologie und Politik
53 Kurt H. Wolff: Versuch zu einer Wissenssoziologie
54 Norbert Elias: Die höfische Gesellschaft
55 Richard A. Cloward, Lloyd Ohlin: Verbrechen und Gelegenheit
56 William F. Ogburn: Kultur und sozialer Wandel
57 Ludwig von Friedeburg u. a.: Freie Universität und politisches Potential der Studenten
58 Theodor W. Adorno, Hans Albert, Ralf Dahrendorf, Jürgen Habermas, Harald Pilot, Karl R. Popper: Der Positivismusstreit in der deutschen Soziologie
60 Georg Herbert Mead: Sozialpsychologie
61 Lucien Goldmann: Soziologie des modernen Romans
62 Friedrich Fürstenberg: Die Soziallage der Chemiearbeiter
63 Siegfried Braun, Jochen Fuhrmann: Angestelltenmentalität
64 Henry Jacoby: Die Bürokratisierung der Welt
65 Wolfgang Kaupen: Die soziale Herkunft, Erziehung und Ausbildung der deutschen Juristen
66 Niklas Luhmann: Legitimation durch Verfahren

SOZIOLOGISCHE ESSAYS
*Begründet von Friedrich Fürstenberg und Frank Benseler*
*Herausgegeben von Frank Benseler*
*Redaktion: Jürgen Hartmann*

1. Leo Löwenthal, Norbert Guterman: Agitation und Ohnmacht
2. Thomas Neumann: Sozialgeschichte der Photographie
3. Paul Trappe: Warum Genossenschaften in Entwicklungsländern?
4. Francisco Ayala: Spanien heute
5. Wido Mosen: Eine Militärsoziologie
6. Friedrich Lenz: Friedrich Lists Staats- und Gesellschaftslehre
7. Georg Lukács: Lenin
8. August M. Knoll: Zins und Gnade
9. Hanna Deinhard: Bedeutung und Ausdruck
10. David Kettler: Marxismus und Kultur
11. Lucien Goldmann: Weltflucht und Politik
12. Ernst Topitsch: Die Sozialphilosophie Hegels als Heilslehre und Herrschaftsideologie
13. Torgny T. Segerstedt: Gesellschaftliche Herrschaft
14. Friedrich Tomberg: Mimesis der Praxis und abstrakte Kunst
15. Vilfredo Pareto: Der Tugendmythos und die unmoralische Literatur
16. Kurt H. Wolff: Hingebung und Begriff
17. August M. Knoll: Katholische Kirche und scholastisches Naturrecht
18. Hans Heinz Holz: Herr und Knecht bei Leibniz und Hegel
19. Theodor Geiger: Ideologie und Wahrheit
20. Ulrich Küntzel: Der Dollar-Imperialismus
21. Peter Cornelius Mayer-Tasch: Autonomie und Autorität
22. Georges Haupt: Einführung in die Sozialgeschichte der II. Internationale
23. Walter Hollstein: Der Untergrund
24. Lucien Goldmann: Der christliche Bürger und die Aufklärung
25. Ernst Topitsch: Die Freiheit der Wissenschaft und der politische Auftrag der Universität
26. Hans G. Helms: Fetisch Revolution
27. Ferenc Tőkei: Zur Frage der asiatischen Produktionsweise
30. Gerhard Schmidtchen: Manipulation – Freiheit negativ